大明海医

郑和下西洋之医行风云录

谭金土 著

四川文艺出版社

图书在版编目（CIP）数据

大明海医：郑和下西洋之医行风云录 / 谭金土著 .
— 成都：四川文艺出版社，2024.1
ISBN 978-7-5411-6809-3

Ⅰ . ①大… Ⅱ . ①谭… Ⅲ . ①历史故事—作品集—中国—当代 Ⅳ . ① I247.81

中国国家版本馆 CIP 数据核字（2023）第 212834 号

DAMING HAIYI： ZHENGHE XIA XIYANG ZHI YIXING FENGYUN LU

大明海医：郑和下西洋之医行风云录

谭金土　著

出 品 人　谭清洁
封面题字　戴　卫
责任编辑　朱　兰　蔡　曦
封面设计　叶　茂
内文设计　史小燕
责任校对　段　敏
责任印制　崔　娜

出版发行　四川文艺出版社（成都市锦江区三色路 238 号）
网　　址　www.scwys.com
电　　话　028-86361802（发行部）　028-86361781（编辑部）

邮购地址　成都市锦江区三色路 238 号四川文艺出版社邮购部　610023
排　　版　四川胜翔数码印务设计有限公司
印　　刷　成都东江印务有限公司
成品尺寸　169mm × 239mm　　开　本　16 开
印　　张　30.75　　字　数　510 千
版　　次　2024 年 1 月第一版　　印　次　2024 年 1 月第一次印刷
书　　号　ISBN 978-7-5411-6809-3
定　　价　78.00 元

- 代序 -

“海医”下西洋

/谭金土

大明永乐三年（1405），郑和率二万七千余众，乘坐二百多艘大小舰船开始了七下西洋的历史壮举，历时三十年，行程百万余里，访问三十多个国家。六百多年前的郑和下西洋，是一件具有世界性意义的重大历史事件，留给后人一笔宝贵的文化遗产，值得我们去深入地研究。当今，在中国乃至世界的范围内，“郑和下西洋”正成为一门显学，学者们从不同角度撰写的鸿篇巨著汗牛充栋。但作者发现，研究郑和下西洋的论文中，对随郑和下西洋的医生们的研究并不多见，为此作者不避浅陋，撰写《“海医”下西洋》一文，求教大家。

作者对郑和下西洋的关注是因为在多年前收藏了两块随郑和下西洋的苏州医生——陈良绍的墓志铭开始的。我因撰写《苏州儒医陈良绍墓志铭研究报告》[1]一文，入选了2005年7月在江苏南京召开的《纪念郑和下西洋600周年国际学术论坛论文集》，以新的物证受到与会专家的好评。如今这两块墓志已捐赠给郑和下西洋的始发地——中国江苏太仓市博物馆永久收藏。

本文所称的“海医”是指明永乐年间随郑和下西洋的一百八十多名医生。医生在中国民间称作郎中，与外国西医相对应即中医。本文之所以把随郑和下西洋的中国医生称作“海医”，是因为他们长年航行在海洋上，肩负下西洋的二万七千余众海员的保健医疗的使命，兼及与“西洋”各国开展医药学交流、为当地百姓诊病施药的任务。这里说的“西洋”，是明代初年的定义，即以婆罗、文莱为界，以东称为“东洋”，以西称为“西洋”，本文沿用这一地理称号。

“海医”的遴选和人员构成

一、阵容强大的“海医”

根据《郑和家谱》《瀛涯胜览》记载，随郑和下西洋的人员多达二万七千余人，其中医官、医士则有188人之众。一般每位医生皆三下西洋，郑和七下西洋，且第七次下西洋已到宣德五年（1430），离第六次下西洋已相隔八年多时间，因此我们把每次下西洋的医生人数除以2，也就是94人，下西洋的约每300名海员中平均就有1名随行“海医”，这一数字远远高于明代军队配备医生17300：1—1000：1的比例。据《明史》载：洪武四年（1371），京师陆军三大营共有兵士207300名，配备的医务人员只有12人，平均每17275名兵士中才有医官或医士1名。《宣宗实录》载：“宣德五年十月，边关卫所如缺军医可由总兵奏请，由太医院拨用，每一千至一千五百人中给医生一名。”由上可以看出：医务人员配比的多少是由兵士所处环境的优劣决定的，京师陆军身处城郊，随时可以就地就医用药，万余人配一名医生；边关卫、所，处境险恶，缺医少药，但依然可以与内地周边调度，千余名配一名医生；而在下西洋的海途上所处的可谓绝境，同时还有随时可能遇到不测情况，下文论及，是京师、边关所不能比拟，所以必须约三百海员配一名医生。

二、精心遴选的“海医”

随郑和下西洋的一百八十多名“海医”中，到目前为止，尽我所能搜寻到的有史可查的有名有姓的有如下人员：

陈以诚：康熙《嘉兴府志》载：“陈以诚，号处梦，风径人，善诗画，尤精于医。永乐间，应选隶太医院，累从中使郑和往西洋诸国，擢院判归。”

彭正：康熙《太平府志》载：“彭正，字思直，永乐间以良医再使西洋。”

陈常：正德《松江府志》载：“陈常，字用恒，上海汉成里人，世业儒，（陈）常传外氏（外祖父）邵艾庵医，即有名。永乐丙申（1416），遣使下西洋，（陈）常以医士从，历洪熙、宣德，凡三往返。恭勤厚懿，上官皆器重之。”

匡愚：明弘治本《常熟县志》卷四载：“匡愚，出身世代医家，善医术，征随中使郑和三使西洋，其道大鸣。”

郁震：太仓人，曾三次跟随郑和下西洋，任医官，有“砭（针灸）焫（艾灸）妙术”，因功勋卓著，“授苏州医学正科赐三品”。

吴仲德：《赤松丹房记》载：吴仲德，华亭（今上海松江）人，中医世家，“永乐五年（1407），以名医征隶太医院，达官贵人以及闾阎士庶，求治病者，往往著奇效，尝三次从诸太监往西洋爪哇、柯枝、锡兰、阿丹等国，经历海洋，往回数万里”。[2]

张仕奇：字文美，别号齐庵，应天府医学正科，“太宗（永乐皇帝）时以太医院医士征”。（近年张仕奇墓志出土）[3]

陈良绍：苏州人，《陈良绍墓志铭》载：“永乐中应荐使海外诸国。”

在随郑和下西洋的已知“海医”中，因各自的身份不同，我遴选的方式也是不同的。陈以诚和张仕奇是皇家御医院的医官，所以他们是作为郑和的“随从”出使西洋的；匡愚是常熟惠民药局的医官，他被“征从”“随中使郑和三使海洋”。而陈常和陈良绍是民间大夫，他们是“遣使”和“膺荐使”西洋的。他们在随行“海医”的队伍中不是医官，而是医士。陈常的“遣使”或许是受地方官府的派遣，而陈良绍则是因有人推荐出使西洋的，那么是谁推荐陈良绍随郑和下西洋的呢？从陈良绍的墓志铭中可以看出，他的前岳父韩公达是御医院的医官，或许是因他年老体弱无法随从郑和下西洋，因而推荐了女婿陈良绍出使西洋。或许更多的医生是从地方推荐征召下西洋的。

三、博学多才的“海医”

古代的医师郎中，多是熟读圣贤典籍的儒生，所以又称儒医。民间有句俗语，“不为良相，便为良医”，这是古代的读书人走的两条路。“学而优则仕”，历经科举，考中进士，便可取得功名，为官从政；没有考取功名的，很多读书人便走上行医这条道。

从地方文献有记载的对随郑和下西洋的海医的只言片语的评价中，我们可以大致了解这些海医的博学和高超的医术。陈以诚，“善诗画，尤精于医”。彭正，“良医”。陈常，“世业儒，（陈）常传外氏（外祖父）邵艾庵医，即有名”。匡愚，“世代医家，善医术”。郁震，有“砭（针灸）焫（艾灸）妙术”。吴仲德，“名医”。张仕奇的曾祖父就是有名的医生，他本人为“应天府医学正科”，选为太医院的医士。

为了充分说明“海医”们的博学多才、医术高超，本文以《陈良绍墓志铭》所刊资料作典型说明。

《陈良绍墓志铭》在诉说陈家的世系时说道：“先世居永嘉。六世祖讳文骥，仕宋苏州茶盐常平司干办公事，子孙遂家于吴。五世祖讳子荣，元汾水县儒学教谕。高祖讳天佑，曾祖讳原善，皆仕元平江路医学。正祖讳桓，字希武。考讳谦，字孟敷。皆以儒医鸣。”陈家是在南宋末年从浙江的永嘉（今浙江温州）迁居苏州的，因为陈良绍的六世祖陈文骥在苏州的茶盐常平司做干办公事的官，这茶盐常平司是南宋时在路府一级设置的对茶叶和食盐实行专卖的官商机构。官虽小，但实惠。于是，陈文骥便将全家从浙江永嘉迁到了苏州，苏州当时叫平江府。陈良绍的五世祖陈子荣是由儒入仕的，官至汾水县（今山西汾阳地界）儒学教谕。

陈良绍的高祖陈天佑、曾祖陈原善是医官，都在元代的平江路（今江苏苏州）任医学。这医学既是官办的管理和培养医学人才的机构，也是医官的称谓。祖父陈桓、父亲陈谦也都是名医，陈家四代名医，陈良绍秉承家学也成了一位儒医。

儒医不同于民间的游方草医，儒医是三坟五典的饱学之士。墓志铭中评价陈良绍“性坦夷，不为外物累，世其家学。尝从翰林典籍同轩梁先生游，工于诗，平居所著有《清赏集》”。他性格直率，不愿为官名利禄所牵累，而传承祖传的儒医家学。他与官至翰林典籍的儒学大师梁同轩先生结为至交，陈良绍也作得诗赋，与梁翰林时有唱和，并撰有名为《清赏集》的诗集。

从陈良绍的姻亲关系来看，也可见儒医的儒的学识和医学专长的痕迹。墓志铭说：陈良绍“娶韩氏，太医院院判公达之女，先卒。继王氏，翰林侍讲讳进之女”。第一位夫人是皇家太医院院判韩公达的女儿，第二位夫人是翰林侍讲王进的女儿，旧时婚姻重视门当户对，陈良绍的婚配极能说明儒医的儒与医的结合性。

陈良绍作为随郑和下西洋的一百八十余名“海医”之一，他不是医官，而是一名普通医士，而陈良绍的个人经历和学识充分说明当年随郑和下西洋的

“海医”没有一个是等闲之辈，他们是一群博学多才、医术高明的杏林高手。

“海医”的困境和医疗实践

一、海阔天空，困难重重

郑和下西洋，大容量、高质量地遴选“海医”是极其明智的决策，万里远航将等待这些“海医”施展才华，保障航行。

首先，是因为航程远，续航时间长。13世纪前，船民一般都是近岸航行，船上的伤病员都是送到陆地治疗处置的，而郑和的船队是远洋航行。巩珍《西洋番国志》说：“经月累旬，昼夜不止。”《明史·西域传》说：“天方，古筠冲地，一名天堂，又曰默伽。水道自忽鲁谟斯四十日始至。”一般航程都在2—36日不等，每次往返二至三年，最长的一次航程达七万海里以上。

其次，航行区域属气候炎热的热带海域。郑和的船队从江苏太仓启航，经中国东海、南海，中南半岛，纵横东南亚一带，过马六甲海峡，到锡兰山、印度东西岸，抵波斯湾忽鲁谟斯。再经阿拉伯半岛南岸、红海，直达非洲东部沿岸索马里、肯尼亚一带。航海海域主要在赤道两侧、南北回归线之间的热带范围。热带海域全年气温较高（平均25—30℃、极值温度达40℃以上）、湿度大、闷热多雨、四季变化不明显。海洋上常发生热带风暴，自然条件恶劣，海员机体常处于热应激状态。

第三，海员蜷曲于船舰之上，活动范围狭小，作业强度大。虽然郑和的船队是当时世界上最大和集团化航海的船队，但长年累月的海洋生活极其枯燥。船队主要靠季风张帆航行，但在赤道附近的无风带，有时仍需要摇橹行驶。据《南京静海寺残碑》记载：“永乐三年，将领官军乘驾二千料海船，并八橹船。”这里的“料”是容量单位，“橹”是无风时靠人力驱动船舶前行的桨。据分析，二千料船可载200—300人，八橹即每舷有橹八挺，橹大如桅，每挺需15—30人摇动，差不多全船的人员都要一起来划橹才行。如果遇到大风浪，全体船员还得与风浪博斗，劳动强度是可想而知的。

第四，郑和下西洋是和平之师，高扬睦邻友好的行事准则，但是郑和下西洋的征程也是不平静的。除了与大风海浪博斗外，还常常会遇到海盗及敌对势力和族群的抵抗。如亡命旧港（今印度尼西亚巨港）的海盗陈祖义，横行海上，劫掠商船。如锡兰的王亚烈苦柰儿欲加害郑和，“乃诱和至国中，发兵五万劫和，塞归路”。［4］因此，郑和的船队一路上也打过几次仗。打仗就有伤亡。

综上所述，这样的海上远航，是对海员的体力、耐力、战斗力和心理承受力的极大考验。要完成这样艰巨的远洋航行，必须保障海员有健康的身体和充沛的体力，充分的医疗保障措施是必备的条件，这对“海医”是极大的考验。

二、重在预防，化解温病

根据上述下西洋海员所处环境的分析，“海医”们面临的病症主要有以下几类。

第一类为与内陆居民共生的一般性疾病。这对医术高明的“海医”来说应当是手到病除的。但是舰船与陆地相比，空间狭小，人员密集，生活单调，心理疾病会比内陆居民多得多。因此增加娱乐活动、转移思乡情绪是“海医”必定会考虑的。据传麻将起源于郑和下西洋的船队。麻将中有东、南、西、北风，据称与航海船员关心风向有极大关系。又如中、发、白则分别代表中华、发财、白浪，万、饼（铜）、索（条），则代表钱款、大饼食品、缆绳的圈数（或捕获的鱼）等。这种民间传说应当是符合实情的，而且麻将的发明或许就是“海医”们治疗心理疾病的一种创造。

第二类是战伤、海难事故引发的创伤等。作为军事化管理的船队中的“海医”，应当是做好充分准备的，不会成为问题。

第三类疾病是食物中毒及营养缺乏造成免疫力降低。郑和的船队有极严密的管理体系，很少发生大面积的食物中毒事故。有记载在早期航海中船员多发生维生素C缺乏症，导致坏血病。郑和船队也没有大面积发生坏血病的记录，这一方面说明郑和的船队是和平之旅，每到一地都能与当地土著和侨民搞好关系，及时补充食物、蔬菜、果品；同时，中医很讲究养生之道，遵循药食同源的道理，船上储备的干果、醢制品如酒浸杨梅、话梅、陈皮一类食品本身就含有多种维生素，既是消闲食品，也是防病健体的药食，如其中所带的茶叶，它含有丰富的维生素C。早在宋代，中国的海船上就有“一舟数百人，中积一年粮，豢豕酿酒其中”的记载，明末罗懋登所写的《三宝太监西洋记通俗演义》第十五回中记载，郑和下西洋的船就有五种：九桅宝船、八桅马船、七桅粮船、六桅坐船、五桅战船。［5］《三宝太监西洋记通俗演义》虽是小说，但很多细节却是引用了马欢的《瀛涯胜览》等资料。关于郑和宝船的大小争论很大，但基本一致倾向于2000吨级的。八桅马船和七桅粮船是后勤补给船，也应当都在千吨级以上。船上除养马储粮外，还可养各种家畜家禽。甲板上种植葱、蒜、姜、瓜之类蔬菜，甚至有花草。

第四类是“海医”最难对付的热带传染病。《瀛涯胜览》苏门答剌国载：“其国四时气候不齐，朝热如夏，暮寒如秋，五月七月间亦有瘴气。”费信《星槎胜览》：“古里地闷国，气候朝热暮寒，凡其商舶染病，十死八九，盖其地多瘴气。”还载：“商舶到彼，皆妇女到船交易，人多染疾病，十死八九，盖其地瘴气及淫污之故也。”

用现代医学来理解，瘴气其实是在高温湿热的气候条件下，导致病菌快速滋生、迅速传播的多种疾病的综称，它包括疟疾、斑疹、伤寒、霍乱、天花等十多种传染病的传染源。后来的西方医学把这些在热带环境下广泛传播的疾病称之为热带传染病。而在当时统称为瘴气，把因染瘴气所得的病称作温病。

江南吴地是温病学派理论的发源地，明末苏州人吴有可在《瘟疫论》中提出了瘟疫流行是由于“疫邪”由口鼻而人，伏于膜原，然后向表或向里，以九种不同方式传播，提出了阻隔“戾气”和治疗温病的一系列方法。但是，一种学说的最终确立是要经过几代人甚至几十代人的艰苦努力的。中医史学者认为温病学说源于《黄帝内经》，发端于金、元时代的南方，盛行于明代的苏南地区，著述于明末清初的苏州医家。［6］上述马欢的《瀛涯胜览》和费信《星槎胜览》对瘴气和它的传染疾病的危害性的描述就显示了早期温病学说的端倪，虽然马欢和费信只是通事（翻译），不是医生，但他们对于这种因湿热致病，由瘴气和淫秽物传染疾病的认识是与“海医”们的宣教大有关系的。

从已知的随郑和下西洋的“海医”的籍贯看，郑和遴选的“海医”皆为南方人，这应与这些南方医师具防备瘴气、治疗温病的经验有关。明代初年，江南地区湖荡开阔，河网纵横，堪称泽国，南方商舶自宋、元以来就有与“西洋”各国民间通商和交流的历史。南方百姓整日与水打交道，使用的交通工具多为船舶，夏日里天气炎热，植被情况也大致与西洋各国相似，得的病也多是湿热症，对亚热带瘴疠疫情有所了解，南方一带医生根据地域病症的治疗和研究，积累了宝贵的经验，形成了治疗温病的一整套医方。中医与西医相比较，西医侧重于术，术者治已得之病，中医更重视道，道法自然，除治病外，更重视通过整体、系统、辨证的方法，调整人的生命达到平衡状态，强调预防功能。所谓“上工治未病、下工治已病”。“海医”们更在后来的医疗调查中发现，流行于东亚各国的香料熏蒸法可以避除瘴气，郑和船队在东南亚各国大量采购香料的史实正是“海医”们对付瘴气的重要佐证。

三、减员率低，海医神功

根据史料分析，郑和七下西洋有去有回，没有发生严重的减员现象。郑和七下西洋，历时三十余年，《明史》记载，朝中车驾郎刘大夏持反对意见，曾向宣宗（洪熙）皇帝上奏说：“三保下西洋，费钱粮十万，军民死且万计，纵得奇宝，于国家何益。”若以刘大夏的说法，郑和下西洋的减员数不到10%，这只是个约数。以有明确来去人数记载的第三次下西洋考察，这一次郑和率27000余人，于1409年10月出发，经马六甲海峡，远抵非洲西海岸，并在锡兰打了一仗，于1411年7月返航归国，据《明实录》记载，归来受赏的人数为20754人，约减员6300多人，减员比例约为23%，而且减员的人员并非全属死亡人员，有的留在了马六甲官厂下西洋转运基地，有的因种种原因暂留海外，有的因船只遇风浪倾覆等不可抗力造成人员失踪，实际减员大约在5000人，减员比例约为18.5%。

再看比郑和第一次下西洋晚了114年的葡萄牙籍西班牙航海家麦哲伦的环球航行。他们于1519年9月出发，共有5艘船270人，1522年9月返航时只剩下了一条船，18个人。很多船员死于坏血病和热带传染病，减员率高达约93%。麦哲伦的船队上也配备了4名医生，医生与船员的比例高于郑和船队的2倍，而减员人数的比例却高出郑和船队减员比例5倍，而且有3名医生也病死了。据海洋学家统计，在16—17世纪的200年间，西方各国死于坏血病的海员高达100万人以上，而死于热带传染病的则更多。［7］上述的比较或许并不完备，但多少也可说明随郑和下西洋的“海医”在保障船员健康、减少疾亡方面是起到了重要作用的。

“海医”的功绩和郑和的神化

随郑和下西洋的“海医”在海外开展医学交流活动可以分三个部分来说。一是开展卫生状况及流行病的调查，二是采购异邦的药材，三是为当地百姓施药治病。

一、开展卫生状况流行病调查的情况从随郑和下西洋的马欢、费信和巩珍所撰写的著述中可以看出。前面已提及马欢的《瀛涯胜览》和费信的《星槎胜览》中关于瘴气和疾病传染的记录，现再引巩珍《西洋番国志》中的几条：

“爪哇国：所食槟榔烟叶就于压腰巾内包裹腹前，行走坐卧嚼咂不止，唯睡着时不食。其槟榔椰子类同茶饭，不可稍缺。”

“爪哇国：国人坐卧无床凳，饮食无匙筯。饭用盘盛，沃以酥汁，手撮而食。凡鱼虾蛇蚓蛆虫等物，以火燎过即啖之。”

“天方国：其处气候常热如炎夏，并无雨雷霜雪，夜露甚重，置碗露中，及旦可得水三分。”［8］

马欢、费信、巩珍都是通事，而且大多是出自行伍，他们的文字水平有限，他们只是以一个通事的眼光和兴趣来观察“西洋”各国的医疗状况，在“海医”作为翻译为异国居民进行诊疗和医药交流的过程中会有更多的体验，“海医”也曾记下他一路的见闻，有更多异国流行病和卫生状况的详细记录，如陈良绍《遐观集》、匡愚的《华夷胜览》等，很可惜都已被历史淹没了。

二、采购西洋各国的药材，特别是香料。这在《明史》中就有大篇幅的记载。采自西洋各国的香料品种繁多，主要有龙涎香、沉香、乳香、木香、苏合香、丁香、降真香、豆蔻、胡椒等。这些香料既是奢侈品，也是药材，它们大多具有醒脑提神、除秽避邪的功能。采自西洋各国的药材有大枫子、阿魏、没药、荜澄茄、血竭等植物类草药，也有海洋动物类生物药材如海珠、玳瑁、海龟等，还有些矿物类药等。“海医”们从西洋各国采购的药物数量很多，张燮《东西洋考》卷七《饷税考》提及多种药材系以百斤为单位计税的。

“海医”们采购的各种香料和药物，当时就广泛用于配方治病。张洪的《华夷胜览序》中就提到“海医”匡愚把海外出产的犀角、羚羊角、阿魏、丁香、乳香、血竭、木别子等充实到自己配制的药物中，提高了医疗效果。

1579年至1582年，明代医学家李时珍在南京调查研究了静海寺郑和下西洋带回的药材和南京药王庙药材市场进口于海外的各种药物，他的《本草纲目》就收录了出自西洋的物产。如占城稻、胡萝卜、番爪、苦瓜、巴旦杏、波罗蜜、五敛子、乌木、木棉、番木鳖、蠵龟、狮子等，他把这些西洋的物产，作为药物写进了《本草纲目》，丰富了我国的中医药学。

关于“海医”们为西洋各国百姓施药治病的事至今虽没有文献记载，但是我们可以从郑和出使过的东南亚各国的郑和传说中考证出来。

曾有学者称，在东南亚诸国，建有郑和的各种寺庙60座，而又有学者通过近10年的亲历调查，目前在东南亚各国确证可考的郑和的寺庙尚存14座，其中印度尼西亚有6座，马来西亚有4座。［9］由崇敬郑和到崇拜郑和，再到神化郑和，这是民间英雄崇拜的民俗风尚。在这种英雄崇拜和神化人神的过程中，郑和个人与随郑和下西洋的团队逐渐模糊，神化中的郑和已经成了随郑和下西洋这个团队的符号。如今，在泰国的一些旧街巷许多家庭依然把郑三宝作为门神，以避灾除邪。

在中国台湾及东南亚一带有很多关于郑和治病的神话传说：

清人陈伦炯《南洋记》载：“暹罗（今泰国）番病，每向三保求药，无以济施，药投之溪，令其入浴，至今唐人尚以浴溪浇水为治疴。”

清康熙年间修撰的《台湾府志》所载“药水”条称：“在凤山县淡水社，相传明三保太监曾投药水中，今土番百病，水洗立愈。”

清代的王士桢《香祖笔记》载：“凤山县有姜名三宝姜，相传明初三宝太监所植，可疗百病。”台湾的《凤山县志》则说得更神奇：“明太监三保，植姜冈上，至今尚有产者，有意求觅，终不可得。樵夫偶见，结草为记，次日寻之，弗获。故道，有得者，可疗百病。”

东南亚国家的一些物产和动物有关的传说也常常带上郑和的印记，更与治病联系了起来。如有，一个流传颇广的有关东南亚水果之王榴莲的传说，该水果是由郑和粪便演变而成的。并说那时瘟疫流行，染病死者十有八九，于是郑和便教人们食榴莲，浑身再涂上榴莲，以榴莲作药消除了瘟疫的传播。

东南亚一带不但有三宝庙，还有三保山、三保城，甚至还供奉着三保脚印、三保矛、三保锚等圣物圣迹。而更多的是三保井的种种传说。在印度尼西亚三宝垅有三宝井，茂物有三宝井，马来西亚马六甲三宝山有三宝井。这些井都传说为郑和亲自开掘，井水长年不竭，井水甘洌，不但可以饮用解渴，而且可以治病。如印度尼西亚爪哇三宝垅三保庙前侧的三宝井，又名龙潭，长年不竭的井水被人们视为圣水，可抵御百病，治疗绝症，甚至还能“返老还童，永葆青春”。

在历史的语境中，郑和已成为下西洋团队的代名词，特别是在郑和船队到过的东南亚诸国，郑和船队上任何人做的事便是郑和做的事。例如关于郑和是否到过台湾，一些学者至今争论不休，但大家都不否认会有离散的船只去过台湾，在民间传说中把从郑和船队中离散的船只去了台湾说成是郑和去了台湾完全符合民间传说的特征。因此，从这个角度理解，我们就可以从种种关于郑和施药治病的神话传说中剥离出那些施约治病的事是随郑和下西洋的“海医”们的功绩。

挖井，既是解决饮用水的问题，也是取得清洁水源、阻断污染水体，防止疾病传染的有效方法。一般说来，东南亚地区水源是丰沛的，但受病菌污染的水体又是传染各种流行病的媒介，这与江南一带每逢大疫便会大量开挖水井是一个道理。因此为了解决郑和船队获得清洁水体的难题，郑和在所到之处指挥船员大量开挖水井取水应当是出于“海医”们的建议，而这些水井同时也为当地百姓获得了清洁水源，减少了疾病的传播，这就是东南亚各国“三宝井”崇拜的实质。

药溪、药浴的传说也是出于同样的道理，热带、亚热带地区气候湿热，毒虫叮咬等因素常会引发各种疥疮一类皮肤病，郑和船队的船员也会得这种皮肤病，“海医”们上岸后便会寻找水体并施放治疥疮之类皮肤病的药物，如硫黄供船员们沐浴疹治，为了取得当地百姓的好感，“海医”们也会为他们施放治湿症的药物，并取得了很好的疗效，这或许就是药溪、药浴传说的渊源。

关于药姜治病的说法其实也是“海医”们给当地百姓治病后留下的一段记忆，历史的记忆常常会时断时续，接续的历史记忆会抓住其中的一件事夸大、移植以至神话。榴莲治病的说法或许是颠倒了主次，它的原始形态应当是郑和的“海医”们向当地土著学到的一种食物治病方法和食用尝试，随着历史的演变而改变了形态，在神话故事中常常由于英雄崇拜而把一切好事、善事移植到英雄名下。但不管神话传说如何演变，我们还是可以从曲折隐晦的关于郑和治病的传说中，揭示出随郑和下西洋的“海医”们与东南亚各国及在台湾地区开展医药交流的真实内涵。

另外，在东南亚国家神化和神话郑和的另一个重要原因是大量中华侨民怀念故地、崇敬祖先的情感因素起了作用，强烈的思乡情结使侨民们把郑和庙、郑和下西洋的遗物、郑和下西洋的传说作为对象来寄托。在郑和下西洋曾到过的非洲国家就不存在这类神化郑和和神话郑和下西洋的情景，这反证了文化传承和民族情感的内在关系。

据说在也门共和国依然有用拔火罐治病的方法，并说这种方法是当年郑和船队到了那儿为百姓治病时传授给当地人的，而这种方法的阿拉伯语称作“哈贾麦·撒尔宝”［10］，哈贾麦的意思是拔火罐，撒尔宝是伊斯兰教历八月的意思，如果我们把“哈贾麦·撒尔宝”直译成汉语就是“八月拔火罐”，或许它是用最直接的语言记录了那一年的八月，郑和船队到达当地，并用拔火罐的方法为当地百姓治过病。在西亚地区的也门，这种用直白记录历史事件的语言完全没有东南亚各国传说中的情感色彩。情感是文化传播的发酵剂。但《回回药方》及其治病药材和治病工具的传入都可视为中外医学交流的实证。

◇注◇

［1］谭金土：《苏州儒医陈良绍墓志铭研究报告》//《纪念郑和下西洋600周年国际学术论坛论文集》,社会科学文献出版社，2005.7，第899—905页。

［2］陈琏：《琴轩集》卷十五《赤松丹房记》。

［3］虞金永、王志高：《明初下西洋使团中的医者——从新出张仕奇墓志谈起》《中国国家博物馆馆刊》2020年第10期。

［4］《明史·锡兰山传》。

［5］《三宝太监西洋记通俗演义》第十五回，上海古籍出版社，1982。

［6］温病学说参阅华润龄的《吴门医派》，苏州大学出版社，2004.4。

［7］上述部分数据转引自颜夏梅《郑和远航医疗队和中国传统医药学》及龚锦涵《对郑和远洋船队医学保障工作的探讨》//《纪念郑和下西洋600周年国际学术论坛论文集》，社会科学文献出版社，2005.7，597—603页。

［8］明·巩珍：《西洋番国志》，中华书局，2000.4，5、8、19、45页。

［9］孔志远：《论郑和在海外的影响》//《纪念郑和下西洋600周年国际学术论坛

论文集》，社会科学文献出版社，2005.7，115页。

［10］陆静波：《郑和七下西洋》，古吴轩出版社，2005.7，389页。

（本文在马来西亚槟城召开的“世界华人华文论坛”演讲，先后发表于《华人文化研究》第二卷第一期和《郑和研究》2010年第四期，总第80期，作为本书代序时作了修改。）

主要人物表

◎皇帝及官员◎

永乐皇帝朱棣

建文帝朱允炆

朱清，本为海盗，被招安官至元代漕运万户

张宣，本为海盗，被招安官至元代漕运万户

郑和，下西洋正使三宝太监

王景弘，下西洋副使太监

洪保太监，宣德年下西洋正使

姚广孝，少师道衍大和尚

韩公达，御医，韩小玉之父，陈良绍第一任岳父

王进，翰林，陈良绍第二任妻子王氏的父亲

解缙，翰林侍读大学士

刘大夏，兵部尚书车驾郎

姚善，苏州知府

苏州知县等

◎下西洋医师◎

陈良绍，苏州医师

綦缥缈，陈良绍医助、妻

匡愚，常熟医师

郁震，太仓医师

陈以诚，嘉定医师

李铁庵，蕲春药师

张仕奇，应天府医师

彭正，太平医师

李海，泉州医师

洪涛，舟山医师

沈舟，湖州医师

朱溪，婺州医师

陈小狗，海宁某药店学徒

周吉宁，海宁某药店少爷

鲁逢来，蓬莱长岛医师

王宾，苏州画家、医师

◎通事◎

费信，昆山人，通事

马欢，绍兴人，通事

巩珍，应天府人，通事

◎火长、星相师、军人◎

黄开洋，莆田人，火长

黄海，莆田人，船工

黄涵，莆田人，莆戏演员，落海获救

马怀德，苏州人，天文星相家

周闻，太仓卫所副千户长

周满，太仓卫所百户长

周密，五虎门卫所千户长

周秘，卫所百户长

周德兴，明代开国将领，江夏侯

◎关系人◎

甫里翁，洞庭西山明月湾名士

梁同轩，元末进士翰林

黄大仙，吴王张士诚军医

洁庵和尚

顾阿瑛，昆山名士

顾品莲，顾阿瑛孙

柳如玉，歌伎

韩小玉，陈良绍妻

王氏，陈良绍续弦

准提寺小沙弥

秀秀，宫女

吴克海、吴懋光、吴从德等，东山吴家湾人

陈颀，陈良绍大儿子

陈颙，陈良绍二儿子

陈海漂，陈良绍小儿子

杜兰尼，捏泥匠

周沈，壁画雕塑师

◎外国人◎

蔡缥缈，渤泥国侨民

蔡大哥蔡莫厘

蔡大嫂麻娜姑

摩诃贵来，占城国国王

马留留，占城国人，汉守将马华宾后裔，因病称尸头蛮，获救后留医船学医

吴士海、吴香山，琉球火长

韦查耶利，爪哇国国王

内龙，爪哇国王子

甲耗，爪哇国御医

吴巫医，爪哇国人

李海生，爪哇国人

拜里迷苏拉，满剌加国王

宝丽王后，满剌加国王夫人

丽鹿，满剌加公主

艾哈迈德·阿布丁，波斯商人

麻那惹加，渤泥国国王

渤泥国王后

麻那惹拉，渤泥国国王麻那惹加的叔叔

罕难阿必镇，苏门答剌花面国国王

苏门答剌花面国王后

罕难阿拉勐，苏门答剌花面国王子

渔翁老王

苏干喇，渔翁老王儿子

亚烈伟苦奈儿，锡兰国国王

亚烈伟奈儿，锡兰国新国王

世利巴交喇，锡兰国王子

希瓦希里，锡兰国佛牙寺住持

◎匪徒◎

陈祖义

林海狗

太湖湖匪

◎各方病人◎

略

目录

【第一回】

龙涎香气引帝梦　解梦引发下西洋

龙涎香气蕴清梦，梦里朱张献瑞祥。
解梦臣僚说海事，君臣议定下西洋。

燕王朱棣以清君侧为名，攻入南京，他的侄子建文帝见大势已去，在皇宫中杀了一批后宫嫔妃，又放了一把火。烈焰腾空，黑烟蔽日，皇宫里一片鬼哭狼嚎。

燕王大军占了皇宫，立即率众扑灭了大火，抓来一群太监，寻找建文帝的下落。一群大小太监跪在燕王面前说："宫中起火后，纷纷传言说建文帝投火自焚了。"

朱棣命太监在灰烬中寻找朱允炆的尸骨，太监们扒拉出十几具面目全非的尸骨，有一截掌骨上有金练缠着一枚金印，辨识得是"朱允炆印信"几个字，便指认说这就是建文帝的尸骨了。朱棣当众挤出几滴眼泪说："皇叔不过是要清君侧，并不想夺你的皇位，何必如此痴呆就自焚了呢？"

朱棣没有在皇宫中找到九叠纹刻制的"大明传国之宝"，虽然将信将疑，也就将疑认定为真。即使错了，也就将错就错。叫建文帝的驸马梅殷为建文帝发丧，追谥孝愍皇帝。

大明国不可一日无君，在燕王强大的武力威摄之下，杀了一批不愿归顺的大臣，在一大批归顺臣子的拥戴下，朱棣坐上了金銮殿，当上大明朝的皇帝，取年号为永乐。

当了永乐皇帝的朱棣住进南京的皇宫，传来种种的信息告诉朱棣，建文帝没死，而是在谋士程济等人的策划下化装成和尚从地道逃出了皇城，不知所踪。更兼得登基前方孝孺不但拒绝起草即位诏书，还受到方孝孺一顿奚落，朱棣发恨凌迟了方孝孺，还诛灭了方氏十族。这场争夺皇位的争斗，鲜血淋漓。一旦独处皇宫，朱棣也是夜不能寐，既是兴奋，也有忧虑。不明下落的朱允炆让他辗转反侧，一连几天，朱棣总是睡不着。郑和等侍御在侧，见朱棣脸色苍白，精神萎靡，神情恍忽，倒也十分着急，便对朱棣说："皇上，您得请御医开几帖药，调理调理啦！"

朱棣便对郑和说："那你给我宣御医院韩院判前来！"

韩院判就是大明御医院的副院长韩公达。朱棣想起了十几岁的时候，他有一次肚子痛得在地上打滚，弄得一帮太监手足无措，马皇后立即吩咐太监赶紧去太医院请医生过来为皇子看病。此时正是御医韩公达当值，问明情况，已心中有数，马上背上药箱，跟着太监来到后宫，看到朱棣痛得满头虚汗，韩公达马上跪在皇子的身边，为朱棣搭了脉，尺脉强劲，寸脉紊乱，心跳加快，又看了朱棣的舌苔，淡白不腻，没有风寒症状，知病在胆。他知道皇子从小顽皮，喜欢捏土扬尘，又按了按朱棣的右腹，确诊朱棣是蛔虫攻胆，遂取金针在朱棣的内关、合谷上扎了两针，朱棣立即痛疼减轻，他立即写下了一张处方：乌梅三十枚、细辛一钱半、干姜三钱、黄连五钱、当归一钱、附子一钱半、蜀椒一钱、桂枝一钱半、人参一钱半、黄柏一钱半、甘草三钱，煎服。

韩公达对马皇后说："皇子之病乃蛔虫攻胆所至，因胃热肠寒，蛔动不安乱窜。本方所治蛔厥，蛔虫得酸则静，得辛则伏，得苦则下，故方中重用乌梅味酸以安蛔，配细辛、干姜、桂枝、附子、蜀椒辛热之品以温脏驱蛔，黄连、黄柏苦寒之品以清热下蛔；更以人参、当归补气养血，以充正气之不足。全方合用，具有温脏驱蛔，寒热并治，邪正兼顾之功。"

马皇后点头称是。

太监到药房取来药，立即煎药，待药微温，服侍朱棣喝下。当晚，朱棣有了便意，屙出一盆蛔虫，太监数了数，计有六十九条，当即禀报马皇后，说皇四哥落下金虫六十九条。朱棣当晚再没有肚子痛，从此也没再发过闹蛔虫肚子痛的事情。

马皇后对韩公达赞赏有加，从此朱棣也记住了韩公达的名字，知道他是苏州府选送到宫里来的名医，马皇后在朱元璋面前提起这事，朱元璋下旨表彰苏州知府为宫中选才有功。

韩公达为朱棣治蛔虫这事留给朱棣极深的印象，郑和一提起叫御医开方调理的事他第一个想到的就是韩公达。

韩公达应诏来到皇宫，见到永乐皇帝立即下跪："皇上万岁万岁万万岁！微臣应召前来拜见皇上。"

朱棣亲自扶起韩公达，吩咐："给韩御医赐座！"

韩公达坐在永乐皇帝的侧边，永乐皇帝伸出手来让韩公达诊脉。

少顷，韩公达说："皇上初登基，事务缠身，夙夜在公，夜有不宁，并无大碍。皇上龙体健硕，尚不需要药石，只要在寝宫中点燃一炷龙涎香或降真香，便能落枕安眠。"

韩公达说："这龙涎香出自西洋大海中，为海中之鲸龙所吐出的涎沫，经海浪涤荡清洗、日月光华蒸腾、千百年聚结凝合而成。宋淳熙年间一位叫周去非撰写的《岭外代答》一书中说：'大食西海多龙，枕石一睡，涎沫浮水，积而能坚。鲛人采之以为至宝。新者色白，稍久则紫，甚久则黑。因至番禺尝见之，不薰不莸，似浮石而轻也。人云龙涎有异香，或云龙涎气腥能发众香，皆非也。龙涎于香本无损益，但能聚烟耳。和香而用真龙涎，焚之一炷，翠烟浮空，结而不散，座客可用一翦分烟缕。此其所以然者，蜃气楼台之余烈也。'龙涎香有辟邪、安神、镇静功效，皇宫中点上一炷，定会奇香异常，白天醒脑神清，晚上忘忧安眠。皇上可以一试。"

朱棣觉得这龙涎香很是神奇，便要韩公达立即点燃一炷试试。

韩公达说："这龙涎香是稀罕之物，曾记得太上皇在世时曾有渤泥国进贡过龙涎香，并由大内制香师傅制作过几箱，由龙涎香混杂降真香、奇楠香等香料制作成的线香，但这些名贵的龙涎线香御医房没有，都是皇宫大内保管的，没有皇帝亲自下令是取不出龙涎香来的。"

朱棣遂吩咐郑和即刻去大内取来龙涎线香，在皇宫中点燃。

郑和领旨即去大内调取来一箱龙涎线香，回禀朱棣："皇上，大内总管说，这降真香就是龙涎香，是用渤泥国进贡的众多香料配制而成，这是大内仅存的一箱，不知何时才有西洋番国进贡龙涎香了。”

韩公达说：“确实，郑公公从大内调取的降真香就是龙涎香。据传，将龙涎香改称降真香的是宋徽宗皇帝。宋徽宗信奉道教，把龙涎香藏在宣和内府，他常常在寝宫中点燃龙涎香，在香烟缭绕中看书或作画。据说一天晚上，宋徽宗点上龙涎香后，竟然引来一群仙鹤，在宫殿前盘旋起舞不去，宋徽宗分外高兴，即兴画了一幅《瑞鹤图》以志祥瑞，又觉得龙涎香之名不雅，遂改龙涎香为降真香。”

朱棣得知大内的降真香只有一箱了，舍不得白天点燃，当晚朱棣在他的寝宫里点燃了降真香，点燃后的降真香果然一股青烟笔直向上，不弥不漫，香气优雅，似兰香而浓烈，如麝香而清幽，气韵直达脑门，心神为之振奋，胸臆顿觉通达，他捧着一本由宋濂、王袆主编的《元史·食货志》，翻阅着宋元年间江南苏州人朱清、张瑄开拓海洋运输的故事。朱清、张瑄因搞海运结交海盗而发家致富。归顺元朝后，造平底大船，率六十多条海船，开通了从太仓刘家港经崇明沙入黑水大洋，取成山沙门岛，于莱州大洋入界河达直沽，只花了七天时间就将南方的几万石粮食运抵元大都，解决了运河堵塞粮运不畅的难题，朱清、张瑄因开通海运，多次升迁，任江南宣慰使，后因一位和尚告发贪贿之事而被杀了头。

读着读着，朱棣迷迷糊糊地进入了梦乡，梦见朱清、张瑄两人各自捧着龙涎香向他进呈，还说他们知道建文帝朱允炆正坐着海船逃往海外，只要永乐皇帝为他们平反，他们一定会帮助皇上抓住朱允炆，并指引大明的海船去西洋采集龙涎香。朱棣一阵高兴，连说好啊好啊。一梦已醒，一炷龙涎线香已经燃尽，朱棣立即叫太监续上一炷龙涎香点上，心上便念念不忘地想着这个梦境。

第二日早朝后，朱棣留下了谋臣姚广孝、翰林侍读学士解缙及中官太监郑和谈起昨晚的梦，欲各位来帮他解梦。

姚广孝说：“皇上，常言道日有所思，夜有所梦。皇上初登基，对朱允炆的下落自然关注，据各方密报，朱允炆确实逃出了皇宫，在向东海舟山、南海福建一带的海上流窜，是否逃到了西洋番国倒不得而知。”

永乐皇帝说：“对朱允炆的下落必须查个水落石出，活要见人，死要见尸。”

永乐皇帝又对解缙说："大学士，你是神童，无所不知，无所不晓。你给朕说说朱清、张瑄这两个人的事迹。"

解缙曾奉洪武帝之命修订宋濂、王祎主编的《元史》，已完成《元史订正》一书，准备重编《元史》，他说："皇上，说到元代的海运，朱清、张瑄这两个人可是个大功臣。我正准备在新编的《元史》中为朱清、张瑄立传呢。"

接着解缙绘声绘色地讲起了朱清、张瑄的故事。

朱清，字澄叔，崇明西沙人，身材魁伟，身长八尺，貌如彪虎，性格刚果，足智多谋。集亲旧十余家，在崇明沙洲上缚芦为屋，捕鱼以给衣食。他曾在崇明富户杨家佣工，因与杨妻勾搭成奸，事发后两人将被沉江处死。朱清在朋友帮助下杀了杨氏，逃亡海上。浪迹沙门岛、高句丽水口、文登夷维诸山、燕山碣石一带，往来若风如鬼。在海上，他认识了平江嘉定的张瑄，两人结为兄弟，合伙贩卖私盐，做起海上贸易生意。

"皇上知道的，那时的海疆荡荡，没有人管理，谁强横谁就是海上的大王，因此朱张两人在海上也有抢掠兼并事，队伍壮大，积聚巨财，势力大增，也曾接受南宋朝廷招安，被封为防海义民，甚至管理起广州的海船所来。元至元十二年（1275），元兵南下，攻占崇明西沙，朱清被元朝招讨使王世强招降，授职管军千户。翌年，奉丞相伯颜之命，将南宋库藏图籍及大量宝玩从临安经崇明取海道运往大都。当时，运河隘浅，不容大舟，且途中也不安宁。这一次的海运经历，使元世祖认识了海运的重要性。

"元大都的粮食来自江南，历来北方的粮食都是通过运河运送的，而运河因黄河改道，多处断航，又荒于疏浚，粮船途中要反复转驳，转输艰难、耗时漫长，且运费昂贵，朱清、张瑄海运南宋库藏的成功经历，让元世祖看到了开辟海上运粮的新通道。元至元十六年（1279），朱清偕同张瑄在丞相伯颜的引见下赴元大都拜见元世祖，提出了通过海道将粮食运到京城的建议，获准试行。

"他们建造了六十艘平底沙船，大者可装粮千石，小者装粮三百石，挑选年壮精健者押运粮食四万六千余石，自刘家港入海，至崇明三沙放洋，经舟山，进入万里长滩，过青水洋、黑水洋，转过成山刘公岛、登州沙门岛，于莱州洋西入内河抵直沽到达元大都。这要比以往沿着海岸线航行的海道大大缩短了航程，用风帆作动力，一昼夜可行千里，从太仓刘家港抵达京师，不过旬日。元世祖十分赞赏朱清、张瑄开辟的这条海上运粮海路，于是设置了一个新的机构——运粮万户府，任命朱清、张瑄为万户侯，赐金虎符。先后数十年，至天历二年（1329），通过他们开辟的海道运粮至京多达三百五十余万石。

“自从朱清、张瑄开辟刘家港通往直沽的海道后，太仓南门刘家港成为商船云集的码头。朱清、张瑄多次立功升职，分别升为河南参政、资善大夫、大司农江南行省左丞，赐玉带。

“朱清、张瑄因从事海运，富贵显赫、权倾一时，田地、房屋、粮仓遍布东南八路十五州。朱清、张瑄曾向元朝皇帝忽必烈表示愿出家资以砖石包敷元大都的内外城墙，筑城的一片诚心，堪与洪武年苏州富户沈万三修南京城墙一般。

“朱清、张瑄由海盗而招纳承办海运升官发财，这些都自然而然遭致他人忌恨。元世祖忽必烈在位时两人就屡被人言，但元世祖不为所动，认为朱清、张瑄有功劳于国家，有大功勋，应当重其功劳，予以保护。元成宗继位后，在不断有人告发的情况下，朱清、张瑄及其子孙均被逮捕入京，查封家产、没收军器船舶，朱清在狱中自杀，张瑄则瘐毙狱中，其子张文虎在大都西市被斩首，两人的其他子孙流放漠北。直至武宗大德年间，朱清、张瑄流放的子孙才予放归。”

永乐皇帝和姚广孝、郑和像听故事一般听朱清、张瑄开辟海疆的事和他们跌宕起伏的人生经历。

永乐皇帝说：“解缙大学士，这朱清、张瑄列传写好后呈朕一阅，将来列入新编《元史》之中，也算朕梦中对两位古人的承诺。但愿这两位航海前辈能暗中助朕大明开辟海疆的一臂之力。”

姚广孝说：“解缙大学士所讲的朱清、张瑄在元代开辟海上航道对我们很有启发，因为我大明朝终将迁都北平，先皇帝在世的时候就有迁都的想法，北平是当今皇上的龙飞之地，迁都北平将有利我大明皇朝的皇基稳固，中兴繁盛。而迁都北平后，就有一个将南方粮食运抵京城的大事要做，除了要拓宽疏浚运河外，也要进一步开拓从南方到京城的海道。建议在朱清、张瑄的老家为他们建祠立祭，以圆皇上之梦。”

永乐皇帝说：“迁都是得从长计议，这件事由少师作个规划，专题上奏给朕。”

姚广孝接着说：“臣遵旨。不过当下要紧的事还有两项，一是要下海去寻找朱允炆。二是要赴东西洋各国宣告新皇登基，同时采购香料药材。连同前项迁都大事，这三件事都与海上航行有关，需要着实办理。”

永乐帝说：“众爱卿所议极好。朕准备依各位所议，组织一支大船队下西洋，一是追缉朱允炆，并向西洋各国通报大明国永乐皇帝已经登基，各国不得接纳废帝朱允炆。二是向西洋番国赠送大明国瓷器丝绸，表达通好之意，宣扬我大明国威。三是开辟西洋海道，绥清海盗，促进大明国与各国的交通往来，促进海上贸易，采购西洋各国的香料和药材。姚少师继续搜集朱允炆的下落情报，务必找到朱允炆。解缙大学士草诏向各国宣示的国书。中官郑和拟定一项下西洋的计划书，筹办打造海船，征召下西洋将士、海员和各种航海人才等一应事项，奏报给朕，这将是一项惊天动地前无古人的大事，务必精心准备，三年内准备起航下西洋。”

姚广孝、解缙、郑和各自俯首领旨。

【第二回】

龙江建舶创奇迹　姑苏觅才撞了船

无心插柳柳成行，缘到相撞也相知。
诊脉欲遮尴尬事，郑和意外觅良医。

郑和领旨拟定了一项下西洋的筹备方案。这一方案简要地说来有几条，一是建造下西洋的船只，二是搜罗下西洋的人才，三是调运征集下西洋的物资。对这个方案，永乐皇帝很快便批准了，并授予他钦差总兵太监、下西洋正使的头衔，立即按下西洋筹备方案着手实施。

郑和，原本姓马，回族。元朝初年，郑和的祖先移居云南，是元朝云南王麾下的贵族。洪武十四年（1381）朱元璋发起平定云南之战。十一岁的马和被明军俘虏，被阉割后送入宫中。马和十四岁那年，朱元璋把他送给燕王府作内侍。燕王朱棣见马和聪明伶俐，便把马和留在身边。马和天资聪颖、勤奋好学，阅读了内府中的大量藏书，结识了各方人士，因而学识渊博，八面玲珑，思维敏捷，出色地完成燕王委派他的使命，由于马和身材魁梧，又武功高强，在靖难之役中，为护卫燕王立下赫赫战功，特别是在一个叫郑家庄的地方与建文帝派来围剿燕王的战斗中，曾用身体为燕王挡过一支暗箭。朱棣称赞马和"内侍中无出其右者"。朱棣登基后，论功行赏，御书一"郑"字，赐马和郑姓，以纪念战功，从此马和便改称“郑和”了。

古人云，兵马未动，粮草先行。对郑和下西洋来说，当然是航海未行，造船为先了。郑和下西洋的首要条件是要设计建造出大量适合航海的船舶。

在哪里造船？造什么样的船？

郑和知道先帝洪武皇帝开辟大明王朝时曾与自封为大汉皇帝的陈友谅有过水战，陈友谅据长江江夏及鄱阳湖一带，善乘舟船水战，洪武皇帝为与陈友谅水战，曾在南京长江边建起龙江船厂，开建战船。

郑和实地考察了龙江船厂，龙江船厂建在都城西北隅的一块空地之上，西接长江、东邻秦淮河。洪武初，因为洪武皇帝实行片帆不准下海的政令，当年龙江船厂的盛况已在近几十年来衰败，荒草凄凄，人去厂空。只有十几条还没造好的船只浮在船坞水中。

长江边上停泊着一艘大船，这是洪武皇帝当年与陈友谅水战后缴获的战利品，陈列在江边以示洪武皇帝战果的辉煌。这是陈友谅当年所乘的一条帅船，船舰高数十丈，外饰以丹漆，上下三层楼，上下人语不相闻，每层设置走马棚。陈友谅的帅位设于最高层，设施极奢侈，雕梁画栋，座椅卧榻用纯金打造，地上铺着从波斯商人处购来的地毯。下层设板房，其中置橹数十把，用铁棚遮蔽，以免敌方射箭伤了橹工，船舵皆裹以铁，以防毁伤。

在那时，陈友谅的帅船可算是天下第一巨船了，尽管现在搁置在江边四十多年了，金椅金榻早被化成金锭，表面的漆饰已经剥落，桅杆已被砍走，舱底漏水，半沉在江边，郑和还是看到了它的价值，那正是他下西洋欲建造的模型，而且要造得比陈友谅的帅船更高更大更坚固。除了帅船，还要造兵船、粮船、马船等各式下西洋的船。

在郑和的提议下，永乐皇帝告谕各地向龙江船厂调集大木，专门要求浙江、江西、湖北、湖南、福建、南直隶滨江府县，选拔造船的三千工匠来京造船，编为四厢：一厢为船木梭橹索匠，二厢为船木铁缆匠，三厢为艌匠，四厢为出棕篷匠。

工匠调集齐全，材料备齐。为了建造下西洋的巨舶，龙江船厂在原有厂址的基础上再向南越过秦淮河，直达下保、中保、上保村及三汊河地区，东西横阔一百三十八丈，南北纵长三百五十四丈，船厂面积达五万余平方丈。设有可以启闭的石闸，用以控制水量。造船时将水排出，关上闸门，在船坞里施工；

船造好后，开闸进水，将船体浮起，放船入江。

在龙江船厂造船的同时，各沿海地区的直隶、浙江、福建也收到建造海船任务。龙江船厂及沿海各地建造的下西洋的海船大致可分为五大类：

第一类叫作“宝船”，也称帅船，长四十四丈，宽十八丈，船有四层，船上九桅挂十二帆，锚重有几千斤，要动用两百人才能启航，底尖上阔，可容千人。

宝船主要是乘载下西洋大元帅三宝太监郑和等一众大小官员、通事和仪仗队等随从，还有船队的指挥人员、神职人员，船上可举办大型宴会，接待外国使臣要员等。同时搭载大量瓷器、丝绸等赠送给外国的礼品，以显示大明王朝的富足和强大，也收藏西洋各国回赠的礼物。

第二类船只叫作“马船”。它的体积相对宝船来说要小很多，马船形体如马，船上养着马匹，以备郑和等官员上岸时驾乘所用，马船上还可以饲养猪羊鸡鸭等牲畜家禽，以备海上宰杀烹调。

第三类船只是“粮船”。这种船的功用就如同它的名字一般，是用来运输粮草的。两万七千余人长期在海上航行，需要储备充足的粮草，还有腌腊食品、干果、耐存储的蔬菜、酒浆之类，粮船上还有酒坊、豆腐坊和各式手工作坊等。

第四类叫作“水船”，也称“坐船”。海水苦咸，是不能食用的，也不便洗涤，水船的舱底储存着大量的淡水，供船中煮饭和生活起居使用。水舱的上方是供船员起居的场所。当然各船在船底的水密舱中都备有淡水的，这种称作“水船”的海船可以载更多的淡水。

第五类船是“战船”。体积相对来说最小，灵活轻便，承载雄壮的士兵，储存大量的刀枪弓箭火药火炮，如果遇到敌国侵袭、海盗作乱而引发战争，可以随时应战，当然战船也是可用来对突发的海难作应急之需的。

龙江船厂的事务告一段落后，郑和乘着造好的第一条船，从龙江船厂出发沿着长江到刘家港考察，以确定刘家港能作为下西洋的始发港。这个始发港既要方便全国督造好的船只调集方便，也要便于屯集、装运各地调集来的下西洋的大量物资，如粮食、燃料、瓷器、丝绸等。郑和之前听了解缙大学士对朱清、张瑄的介绍，对刘家港留下了深刻的印象。

据说朱清、张瑄两人发迹后徙居刘家港，大起宅第，疏浚航道，拓建码头，建造储存转运货物的仓库，是行泉府司的主要官员，具有海洋贸易管理职权。他俩组织大家开通了刘家港海道，刘家港由不满百人的海滨僻壤一跃成为“市民漕户云集”，外国客商也都聚集于此的“万家之邑”。诸国商舶咸集太仓。太仓称天下第一都会，号称六国码头。吴王张士诚曾设立太仓卫，洪武皇帝打败张士诚后，将太仓卫迁移到长江入海口的刘家港一带，主要执行片帆不准下海的禁海政策，刘家港一带逐渐荒芜，但依然有外国商船前来交易。

郑和乘坐的船停泊在刘家港码头，边上刚好停泊着一艘外国商船，卫所的一位年轻人正与外国商人叽里呱啦地交谈，验证了外商提交的货单，交与司舶所的人员验货交易。

郑和站在船头，听那青年和外国人讲话。他一句也听不懂，但他知道那青年是卫所的通事。他们是在用番语交谈。将来下西洋与番国人交谈联络，正需要这类懂番语的通事。等年轻人与番国商人交谈结束，郑和吩咐左右招呼那位与外商交谈的年青人来他的船上见面。

郑和问道：“你姓甚名啥，是怎么学的外国话？”

年轻人打量了这位问话的人，虽没穿着官服，但高冠博带，气宇轩昂，当是位大官。回禀道：“大人，在下姓费，单名一个信字。昆山人，原是我的大哥在卫所服役，前两年大哥病体难支，便由我来顶替。在这卫所，常有东、西洋的番国商人前来贸易，我便暗下决心学习番语，在卫所几位通事的悉心传授之下，终于掌握了与番国商人对话交流的本领，刚才那条船是从爪哇国来的，运来的是大明国需要的胡椒、沉香等香料。”

郑和见这年轻人谈吐优雅，不卑不亢，便心生好感，懂得番语，正是下西洋不可多得的人才。便对年轻人说：“在下是中官郑和，正奉皇上之命征集各方下西洋的人才，你从今天开始就跟了我做通事兼秘书吧！”

费信听闻，心中大喜，立即下拜：“小人愿随大人奔走天涯海角，谢大人收留小人。”

郑和即刻召见卫所官员，嘱立即整治码头，修葺仓房，准备迎接下西洋的船队和调运来的物资；即刻整饬武备，选拔一批下西洋的兵士。

郑和说：“通事费信从今天起便跟着我了，卫所若有精通番语的人才可具名荐来。”

卫所官员诺诺领命。

刘家港位于长江入海口，向东远眺是渺渺无际白浪涛天的大海，崇明沙若隐若现，海面上偶有帆船驶来。海口向南是浙江福建那边的东海，海口向北是直隶、山东连接直沽的黄海。太仓境内有一座穿山，高一十七丈，是天目山的余脉，更像是海中的一座孤岛，千百年的风雨侵蚀和海浪的冲激，岩石风化剥蚀如雕刻，在山峰中间形成了一天然的南北相通的圆洞，故名穿山。它更像是一片船帆孤零零地漂浮在海边，听从大海的召唤，欲驶向远方。

因为得到郑和的赏识，费信兴致很高，不由得吟颂起元代诗人郭翼的《昆山谣送友人》的诗来：

吴东之州娄东江，民庐矗矗如蜂房。
官车客马交驰横，红尘轧投康与庄。
鸡鸣闹市森开张，珠犀翠象在道旁。
吴艎越舰万首骧，大帆云落如山崩。
舟工花股百夫雄，蛮音獠语如吃羌。
水仙祠前海茫茫，鱼鳖作道虹作梁。
龙堂贝阙当中央，灵女媛歌吹笙簧。
冯夷伐鼓相铿轰，或乘飞龙下沧浪。
大樯小樯火流光，翠旃摩云互低昂。
……

郑和拍手叫好，说道：“费通事好记性！”刘家港素属吴门，在元代时是一个重要的南北海航港口，也是与东西洋通商的口岸。郭翼的《昆山谣送友人》诗，描述了当年六国码头的繁盛景象，不久作为下西洋的始发港，将会重振旧观，更显繁华。

郑和带了一帮随从，继续由太仓刘家港出发顺娄江前往苏州，准备到苏州面见太守、采办物资、寻觅人才。

郑和乘坐的官船气度非凡，红油亮堂，金漆描绘，船头雕着虎头，虎嘴大张，吞吐春水。船挂三帆，东南风鼓，桅顶杏黄旗上斗书“郑”字。

船舷上有八名兵丁执枪挂箭，前后左右如铁钉般站定。

时值仲春，两岸桃红柳绿，麦苗青青，菜花嫩黄，间有大片的紫云英，春风劲吹，江南水乡被春风涂抹得色彩斑斓。

有村姑在田间踏青，见远处白帆飘来，歌声响起：

东南风起打斜来，好朵鲜花叶上开，后生娘子家弗要嘻嘻笑，多少私情笑里来。（笑）

思量同你好得待，弗用媒人弗用财，丝网捉鱼尽在网眼上起，千丈绫罗梭里来。（睃）

姐儿窗下绣鸳鸯，郎君摇船正出浜，姐儿看了郎君针捌子手，郎看娇娘船也横。（看）

船楼中富丽堂皇，端坐在太师椅中的郑和听到歌声，不由得站起身，来到甲板上立定，赏江南美景，听村姑唱曲。郑和不懂南音，转头问询费信。

费信倒是位万事通，通番语、知风俗、会昆曲和南音。郑和晓得费信是昆山人，对村姑哼的民歌听得懂。

费信对郑和说："禀明大帅，村姑唱的是民间俗词，男女调情而已。"

郑和笑着说："风和日丽，村姑思春，当其时也，费信何不对唱几句？"

见郑大帅如此说，众人一片附和："费通事，和一首。"

于是，官船落了帆，放慢了速度。费信登上船楼，向岸上的村姑招手，扯开嗓子唱起了民歌：

姐有心，郎有心，思量无处结同心。好像双拼板壁眼对眼，蜡烛上无油空费心。

姐有心，郎有心，屋少人多难近身。胸前头个镜子心里照，黄昏头团子夜头盛。

姐有心，郎有心，吭怕人多屋又深。人多吭有千只眼，屋多吭有万重门。

一时间，村民纷纷向河边拥来，民歌此起彼伏。村姑向船上抛撒鲜花，花雨纷纷。郑和命人向村民抛撒罗帕相赠作答。

三桅帆挂起来了，风鼓帆满，官船向苏州方向急驶。

郑和又端坐在船楼的太师椅中，回想着恩主永乐皇帝的嘱托。

永乐皇帝在后宫对他殷殷嘱咐：“三宝啊，这次下西洋非同一般，海途艰险，海盗横行，番国强横，既要寻找朱允炆，更要向番国扬我大明国威，令其归附东土，结为友邻。你将统兵三万，督造大舟，广罗人才，认真准备，早日下西洋，以成大业。”

郑和俯伏在地：“恩主所嘱，和万难不辞，定当兢兢业业，成就下西洋大业。”

皇后将贴身宫女赐予郑和，嘱宫女一路照料郑和的起居生活。皇后赐宫女姓郑，取名秀秀。

秀秀端庄秀丽，才情双绝，只是郑和这身子，实在辜负了秀秀的一片柔情。

郑和想起秀秀，如堕迷雾……

突然，船激烈震动了一下，郑和从遐思中回过神来。船头传来一片吆喝声，不一会侍卫押上一位头戴儒冠，身着玄衣的中年男子。男子脸面白净，隆鼻大眼，神定气闲，腰间悬一宝葫芦，两眼与郑和沉着对视，毫无惧色。郑和分析来者当是一位儒医。

侍卫令男子下跪，郑和喝道：“不得无礼，为先生备座。”

男子落座后，郑和问话：“先生做何职业，怎么冲撞官船？”

男子抱拳作答：“官家，小生一儒医耳！适才我的医船因救一名危急病人全速赶路，官船也没尽瞭望之责，致两船相撞，冒犯之处盼官人见谅。并恳请官人速速放归，病家危急，迟到了可能性命不保。”

郑和从未遇到过如此傲岸之人，但想到医家救命心切，情有可原，便说道：“既是医家，不妨为郑某切脉号诊，不过一刻时分，留下仙方我便放行！”

儒医陈良绍也不推辞，伸出右手将食指、中指、无名指切在郑和伸来的左手腕上。郑和的脉搏强有力地反弹在良绍的指肚上，稳而匀，强而刚，畅而舒，只是无名指的脉动有点异样，强刚的末稍似有一点绵软，舒畅的律动中有一点滞碍。良绍抬眼看郑和的气色，满面红光，印堂中无暗色，说明不是谷道不畅，却见郑和眉宇间有常人难以觉察的隐忧，良绍便猜出郑和的尿道似有不畅；但是，又见郑和端坐如钟，不像有尿潴留之态，难道是郑大人房事不畅？

良绍不便明言，也不宜久停，便配了七剂顺畅汤嘱郑和服用，以便从速脱身。

郑和却不接方，要良绍言明病理药效。目的是想考考这位江湖医生是否真有本事。

“大人本无大病，只是……”陈良绍不便在广众之下明言。

“只是什么，但说无妨。”郑和说道。

“只是……”陈良绍还是支吾不言。

“快说，说不清你就别走，你这庸医！”郑和的随从喊了起来。

陈良绍看这架势是非说不可了，不说就脱不了身，便心一横，说了出来：“只是房事不畅，我用的是顺畅汤，七贴用完，必定痛快淋漓。”

“快把这厮给我捆了，丢进河里！”费信大叫起来。郑和的左右一拥而上，将陈良绍捆绑了起来。

“哈哈哈，言之有理，言之有理。各位不得胡来，赏银五十两，送先生下船。”郑和大声说。

众人只得给陈良绍松绑，递上银两，送下官船，登上医船。郑和站在船头向陈良绍挥手，陈良绍向郑和作揖告别。郑和见陈良绍的船如刀鱼般两头尖尖，扯帆后疾驰如飞，帆顶一醒目的黄灯笼上书“医”字，另一只红灯笼上书一“陈”字。郑和突然觉得这刀鱼快艇不是善物，属官禁民用之强盗船，一个儒医怎好使用这等强盗船的，觉得其人不是个常人，便大声追问：“先生尊姓大名？”

刀鱼快船已驶出好远，“陈——良——绍”三字随风飘到船上。

“陈良绍、陈良绍？”郑和反复念叨着这三个字，似乎有点耳熟，只是一时想不起来了。

郑和想了片刻，突然想起，这陈良绍不就是太医院判韩公达的女婿吗？韩公达曾向他推荐过陈良绍。如此，他这次去苏州是一定要会一会陈良绍的。

【第三回】

良绍快船遭讼狱　辩词一纸救儒医

良绍医名匪亦闻，劫医治病获刀船。

辩词纠法出牢门，济病扶危名鼎鼎。

陈良绍为郑和脉诊后，被送回了刀鱼快船，陈良绍的刀鱼快船很快淹没在芦苇荡的深处，刀鱼快船上那一片白帆如一朵白云飘过江南的绿色田野，桅顶上红灯笼和黄灯笼明晃晃的，远远地就能看到。

吴县陆巷，太湖洞庭东山的一个大村子，村头的水陆码头，一群人翘首以盼。突然，有人看到了远处太湖碧水中移动的黄灯笼、红灯笼，看到了那一片飘来的白云，看到了那黄红灯笼上的黑色的“陈”字和“医”字。

“陈先生来了！陈先生来了！”先是低语，慢慢地变成了欢呼。

内屋，一位产妇已处于昏迷状态，守在边上的丈夫手足无措，几位年长的产婆也是一声声叹息。小姑子跌跌撞撞奔进了内屋，大喊：“陈先生来了！”

丈夫到产妇的耳边轻轻地说：“陈先生来了！”产妇像是听见了似的滚出了热泪。

陈良绍下船直奔内屋。屋外的人们屏气息声。病家祖宗的供桌上香烟缭绕，婆婆蜷曲在地念叨：“不能断了香火呀，列祖列宗保佑我媳妇顺产啊。”

不多时，内屋传来了清脆的哇哇哇的啼哭声，陈良绍走出内屋向老婆婆道喜：“添了孙子，恭喜呀！”

老婆婆喜极，抱着陈良绍的双脚磕头，喊着救命恩人，眼泪鼻涕沾湿了陈良绍的芒鞋。

在江南一带，陈良绍的名字就是生的希望。

据说有一次，陈良绍外出就诊时，见一行人抬着一只薄皮棺材迎面而过，陈良绍看到棺材底下有鲜血滴下，便大喊：“停下，停下。抬回去，棺材里的人还活着！”

众人将信将疑，棺材里是一位难产的妇女，她的丈夫听说人还活着，大喜过望，就叫人把棺材抬了回去，请陈良绍帮助救治。棺材抬回家中，陈良绍叫人把妇女抬回房中床上，叫众人回避，解开那妇人的丧衣，抽出一根金针，在妇人的腹部深深地刺了一下，不一会，只听得一阵孩子哇哇的哭啼声，女人也醒了过来。

众人皆说陈良绍是神医，有起死回生的能耐。陈良绍说：“人死何能复生，只是这妇女本没有死呀。她的鲜血从棺材里滴下，就证明她并没有死。只是胎儿的手抓住了这妇女的胞络，而胞络连着心脏，妇女痛得昏死了过去，我那一针是刺在胎儿的手上，让胎儿松了手，小孩生下来，母亲也就醒过来了呀。”

从此，陈良绍的医术在乡间广为传扬，来找他看病的人络绎不绝。

陈良绍从病家出来，他的刀鱼快船又湮没在了江南的绿野中，白帆如飘动的白云，红灯笼、黄灯笼如两只掠过江南大地的雨燕。

陈良绍坐在舱房里看书，几上放着《黄帝内经》《伤寒论》《千金方》《本草衍义》等医书，也有《山海经》《太平广记》《搜神记》等志异类图书。

蔡氏女正在案头秉笔抄写，帮良绍整理医案。蔡氏女正当妙龄，素衣，腰束绿巾，头插茉莉。

一股幽香惹得良绍放下书卷，两眼深情地注视蔡氏女片刻，闭目陷入了回忆。

旬日前，陈良绍从府衙大堂开释出狱，第一个迎上来抱住良绍痛哭的就是蔡氏女，好一个知恩有情的小女子啊，想不到这领养的孤女已出落得如花似玉了。

这是一桩冤案，为的就是这条乘坐的刀鱼医船。

一年前的秋天，陈良绍坐着一条摇橹的小船穿行在芦花吐白的河荡中，天快黑了，看了几个病人，急着赶路回家，遥见葑门城头上城旗招展，一轮红日挂在城楼的翘角上。橹工加快了摇橹的速率。

陈良绍不由得吟起了诗句：

葑门城阙夕阳红，一苇迢迢正驭风。
应诊不为鲈脍美，悬壶济世乐无穷。

突然，一艘快船拦在了陈良绍的船前，几只铁锚抛上船来，死死地钉牢陈良绍的医船，几个大汉跳上船来，不由分说地用黑布蒙了陈良绍船上的人，一位长者在陈良绍的耳边说："先生不必害怕，我家大王病痛难耐，久闻先生医术高明，嘱我等在此等候多时，请先生走一趟。"

陈良绍也不说话，端坐船舱，任这伙强人把他掳去。他知道自己手无缚鸡之力，与这帮强人争斗是没有益处的，只能见机行事。

船在芦苇丛中穿行，天渐渐黑了，只听得船底水声哗哗，船帮擦着芦苇沙沙，陈良绍估摸着这是一帮太湖湖匪，怕暴露行踪故意拐弯抹角地在河道湖汊中穿行，约莫夜半子时，陈良绍被带上岸，扯掉了黑布，带到了寨子的大堂中。

大堂里灯火通明，大堂正中临时支起一张大床，床上躺着一个大汉，病病歪歪，大汗淋漓，牙关咬紧，不吱一声。一位军师模样的书生对陈良绍一阵耳语，嘱他不要害怕，绑他来此只是想请陈大师为床榻上的大王治病。

陈良绍一点也不害怕，因为他的眼里只有病人。他伸手为大王把脉，又看了大王的舌苔，用食指和中拇轻轻分开大王的眼皮，看了看大王的瞳仁和眼白。陈良绍心中已明白：草寇大王不过是蛔虫攻胆，并无大碍。治疗方案：先止痛，再驱虫。

陈良绍从袖袋中摸出一管竹筒，取出银针三支，在大王左侧的合谷、内关、足三里三个穴位各刺入一针。

神了，大王冷汗停了，人坐稳了，眼睁开了。因为三天没进食了，大王有点绵软虚脱，目示左右给先生坐上座。

陈良绍想起了岳父御医韩公达给他讲过为燕王治蛔虫攻胆的故事，他也背下那张打蛔虫的药方。

但是，陈良绍翻遍药箱，既没一粒乌梅，也没一钱黄连，配不齐打蛔虫的药来，中医看病虽带着药箱，只是带些膏丹丸散一类常用药，他们都是开了药方由病家去药材店配药的。在这不知方位的土匪窝中，到哪里去配药，且这种急病也等不得摇着船取药的。怎么办？金针止痛只能是暂时的，一旦大王腹痛发作，说不定翻脸不认人的，这倒让陈良绍急出了一身冷汗。

他突然想到一次到乡间为病家看病时，一位乡间郎中告诉他打蛔虫的土方：掘楝树根几枝，洗净熬汤，不出三个时辰，便会把蛔虫打下。并说这个土方累试累验。于是，陈良绍招呼军师，问附近有没有楝树，军师说："有啊，这厅堂前就有一棵大楝树。"陈良绍叫他找个篓子，马上掘几条楝树根来，剥皮洗净，放在瓦罐里煎熬。陈良绍知道这楝树根很苦，便从药箱中抓了一把甘草和几根参须放进瓦罐中同煎。

煎了半个时辰，陈良绍把药汤倒在一只粗瓷大碗中，一股怪味刺鼻，大王迟疑不肯进食。良绍示意再取一碗，把药分作两半，大半碗递与大王，小半碗咕咕咕地自饮，大王见状也一饮而尽。

军师对陈良绍说："夜太深了，明天送先生出寨。"

陈良绍知是已被扣作人质，也不争辩，便在强盗寨中过夜。

第二天一早，大王竟早早等在陈良绍的卧室外前来致谢。大王喝了汤药三个时辰后，谷道大开，竟屙出了一大尿盆的蛔虫来，大王胃口大开，吃了三碗饭一斤肉，命人抬了一箱金元宝前来致谢。

陈良绍喝道："快快将金子抬将出去！我若受财，便是与贼为伍，害我英名，陷我不义。"

大王见陈良绍态度坚决，不敢勉强，便命人摇来一条刀鱼快艇，单桅有篷，有浆有橹，桅上挂一只黄灯笼，上书"医"字。

大王说："先生清名，草寇实不敢污，这条快艇请先生收下，江南水乡，乘此艇快捷，便利先生出行，有利病家治病。桅上黄灯笼上书一'医'字，我已号令江湖，见这高悬的灯笼不得拦截。"

大王由不得陈良绍再三推辞，便派人依旧将陈良绍及陈良绍的随从用黑布蒙上双眼，送出水寨，七拐八弯绕了半天，到中午时分船到了胥口水域，匪兵才解下陈良绍和随从的黑布眼罩放行。

陈良绍为匪治病获赠刀鱼快船的事，被人告到了官府。长洲县令判陈良绍通匪大罪，移送苏州府判斩。

陈良绍陷狱之后，父母忧急，病卧在床，无法动弹。陈良绍的续弦王氏虽出自名门，却因家中老的老、小的小、病的病，无法到官府支应。这事只得交由蔡缥缈全力打点。

这蔡缥缈是西山东蔡村一位漂洋过海在渤泥国经商的蔡姓人家的孤女。前几年回乡祭祖时，蔡父海途颠簸，回到东蔡后不久便染病而亡，蔡缥缈也染疾卧床，高烧昏迷，奄奄一息。蔡氏族人无人敢领养她，被遗弃在蔡氏祠堂一角。恰逢陈良绍到西山出诊，好心人领了陈良绍到祠堂为蔡缥缈诊治，陈良绍诊脉后确诊为伤寒，伤寒症需要药物饮食调理，蔡缥缈举目无亲，只能等死了。征得族长同意，陈良绍把她带到家中，在陈良绍和全家人的精心照料下，蔡缥缈得以救活。蔡缥缈无家可归，从此跟定了陈良绍，为陈良绍背药箱，料理医室。

这蔡缥缈聪明伶俐，跟定陈良绍经年，学了文化，识字断文，懂了医术，抄写医方，又一直跟随陈良绍各处奔波，彼识时务。陈良绍陷入冤狱后，蔡缥缈不但一日三餐为陈良绍送饭，还四处为陈良绍奔走申冤，找了曾找过陈良绍看过病的有社会名望的医患人家，为陈良绍写申诉状。

苏州府尹读了蔡缥缈递上来的申冤状子，连连点头，啧啧称好。有段精彩的文字不由得读出声来：

> 官家职在治匪，医家职在治病。盗贼蜂起，乃官家治匪不力，何责医家？治病救人乃最高医德，医家眼中只有病人，匪有病即为病人，若要医家杀病匪，如同欲医家杀病人，医家若可杀病匪，则医家也可杀仇人、杀交恶之人、杀欲杀之人。如此，医德大悖，医家尽成杀家也，呜呼，悲哉！哀也！

这状子写得义正词严，又入情入理，知府读来也不得不拍手叫好。原来这状纸正是陈良绍的忘年交——前朝翰林梁同轩写的。梁同轩从来不为人写状子，但与陈良绍关系非同一般，这张状子他一定得写。梁同轩的这张状子救了陈良绍一命，刀笔可致人死地，刀笔也可救人性命，苏州知府拍案称奇。他要把这张状子编入他的笔记中，传诸后世。

苏州知府于是择日开庭重审陈良绍通匪大案，府尹最终判曰："官家治匪不力何责医家，医家治病救人不当获罪。"

府尹将没收的刀鱼快船以官府名义赠与陈良绍，并手书一"陈"字于红灯笼上，悬于桅顶，通告各地关卡，见挂有红灯笼的陈氏医船一律放行。

冤狱雪清，陈良绍的刀鱼快船又在江南水乡穿行，好像一片树叶在无边的天空飘动。

陈良绍记起了明天与好友们有个约会，前往太湖中的洞庭东西山踏春，实为报答忘年交梁同轩帮助申冤的情谊。

【第四回】

梁同轩洞庭话古　吴凌云红橘换金

太湖三万六千顷，流水向东入大洋。
顺水逐波去经商，钻天洞庭美名扬。

陈良绍约了四位好友，他们是诗友梁同轩，医友匡愚和郁震。

陈良绍虽是个医生，也是个儒生，读得医书，更熟读四书五经、诸子百家，常与乡贤文人互有唱和，编过医案，也出过诗集。出诊途中或闲暇时节，常到各处寻访名胜古迹，搜罗各地传闻奇事。

这四人中，梁同轩年龄最大，学识也最高，他本是元朝的末榜进士，点为翰林，算是一位前朝元老了。元亡后，梁同轩隐居吴县浦庄乡间，因治病与陈良绍相识。梁同轩年事已高，体弱多病，陈良绍便自动成为梁同轩的保健医生，每月都要上门为梁同轩巡诊。陈良绍晓得梁同轩的学识了得，便拜他为师，向他求教，两人互有唱和，结为忘年诗友。

匡愚是常熟人，郁震是太仓人，他们俩是与陈良绍在苏州府医学一起学医的同学。苏州从隋唐开始就建立了官办的管理医药行业、培养医学人才的机构——苏州府医学，苏州医学学正为从六品官员。

陈良绍的七世祖自南宋从浙江永嘉迁来苏州，任平江路茶盐专卖局的官员，此后祖上曾做过三任苏州医学学正，陈良绍的父亲陈谦也因得世医家传，医术高明，被聘为苏州医学教习。

匡愚生于常熟城里的医药世家，其父匡忠，为常熟惠民医局医正，医名远扬。郁震本是世居常熟的医家，元末为避战乱，搬到了太仓沙溪乡下居住，以针灸治病闻名。

大明一统后，苏州医学又得以恢复。陈良绍、匡愚、郁震就是第一批被选送到苏州府医学进行正规修学的医药世家子弟。这三人结业后各自在苏州、常熟、太仓一带行医，并常常联络，聚会宴饮，切磋医术。

为了这次聚会，陈良绍从苏州城里雇了一艘精致画舫，这画舫是一艘两层的楼船，楼顶甲板上搭了竹编雨篷，竹编是活动的，天晴时可以卸却，便于登顶观光。船舱里布置得富丽典雅，各处栏杆皆雕有花草瑞兽。船仓一隔为二，小间安置一黄杨木雕小床，有沉香木迷人焚香溢出，是为密室，其实就是好与游客狎妓之所。大间放一张红木精雕八仙桌椅，便于客人品茶、饮酒、叙谈、游乐，隔屏处置一张酸枝木镶珠贝的卧榻，卧榻上安置一张酸枝木矮几，供两人或卧或躺，下棋、叙话皆宜，画舫上端挂一块匾，上有松雪道人书写的“兰桂舫”三字。舱外置舵处设有小厨房，聘名厨做菜供客人享用。

这一日天朗气清，柳芽吐丝，春水泛绿，太湖中白帆点点，独桅船、三桅船、五桅船、七桅船穿插其间。陈良绍他们在船楼甲板上喝茶赏景。梁同轩指指点点地讲起了太湖洞庭东西山的发展史。

浩渺太湖，号称三万六千顷，连接江浙皖三省，波光潋滟的太湖中，漂浮着七十二座山峰，其中最大者是东西两洞庭山。洞庭东山的主峰是莫厘峰，高百丈。洞庭西山的主峰名缥缈峰，高一百五十丈。众山相随主峰，水如碧玉山如黛。太湖中大大小小的岛屿山峰，都是天目山的余脉。天目山如一条巨龙，从浙西逶迤而来，游莫干、经阳羡，由宜兴而跃入太湖，出马山，隆无锡又再次没入水中，在太湖的东岸露出虬角，化为洞庭东山和西山两座岛屿。

亿万年的风雨吹拂、消融着洞庭东西山的山峰，亿万年的海水、湖水把洞庭东西山的山峰淹没又托起，亿万年的浪花抚摸着、荡涤着洞庭东西山的山腰、山脚。石灰岩质的洞庭山被掏空了，穴穴相通的林屋洞据说北通琅琊东武县，西通湖南巴陵湖。

石灰岩质的山石变瘦了、变皱了、变漏了、变透了、变丑了，丑得更美了。于是，产自太湖东西山的太湖石成了富户、官家竞相寻觅的奇珍。宋徽宗派朱勔到江南采奇石异花，在洞庭东西山留有不少遗迹，石公山和三山岛就是当年朱勔采石的两处要地，朱勔当年没来得及运走的太湖石，被搬进了东山的陆巷、西山的东蔡西蔡和苏州的私家花园之中。

在西山的缥缈峰南侧的梭山和龙山之间有一万亩水湾称作消夏湾，据说吴王夫差曾带着西施和一群宫女来此荡舟玩月、采荷消夏。西施是一个多情的美女，她特别喜欢玩月，传说西施去过的地方，总有西施玩月的遗迹。西施来到洞庭东西山，杨湾的明月、消夏湾的明月、明月湾的明月总是让她流连忘返。

唐代任苏州刺史的白居易，每逢旬日放假，常坐画舫到太湖郊游，他在《宿湖中》诗中写道：

幸无案牍何妨醉，纵有笙歌不废吟。
十只画舫何处宿，洞庭山脚太湖心。

洞庭山脚就是洞庭东山、洞庭西山伸向水滨的地方。白居易是懂得玩赏太湖美景的，山以水袭为奇，水以山袭为胜，洞庭东西山的山脚既有水袭山，又有山袭水，乘着画舫在东西山脚游荡，那景致是美不胜收的。

听着梁先生这样解释和指点，陈良绍他们对洞庭东西两山增加了无限的兴趣，也更想快快登岛去寻觅宋元留下来的遗迹。

上船之前，陈良绍专门请了苏州有名的歌伎柳如玉为大家助兴。上船后柳如玉一直在小间休息，待船到太湖中间时，陈良绍便叫船主领柳如玉上甲板来演唱添乐。

不一会，舫主领得一抱瑟琶的女子上得船楼，只见这柳如玉纤纤如柳，穿一袭淡绿紧身绸衣，尽展婀娜，素面略施白粉，唇上点了胭脂，卧眉如黛，凤眼清莹，云鬓上斜插一枝梅花，如出水芙蓉，有仙家风姿。柳如玉端坐后，略一凝神，纤指轻轻拨动，红唇微微开启，一曲吴歌让陈良绍他们听得如痴如醉。

网有眼，妹无眼，有眼的鱼网趟趟打鱼勿落空，无眼的妹妹航船的哥哥看不中。

……

桅要挺，帆要张，三桅过洞庭五桅跨海渡东瀛，七桅船装筐橘子下得西洋换金银。

梁同轩老先生也忍不住摇头晃脑地跟着歌女唱了起来。一曲停顿，陈良绍向姑娘抛去了一把碎银作为答谢。

梁同轩问道：“各位，有谁知道这‘七桅船装筐橘子下得西洋换金银’的故事？”

陈良绍摇头，匡愚和郁震也摇头。

梁同轩说：“现在起风了，我们一齐到船舱里去，我来和诸位说说‘洞庭红橘换金银’的故事吧。”

诸人和柳如玉一起下到了船舱之中，围坐在八仙桌旁，已是中午时分，船主给船客先是端上了冷盘八道：豆腐皮腰片、鲞鱼卷、出骨虾卤鸡、排南、炝虾、糟鹅、脂脂鸭、熏青鱼。

柳如玉给各位斟上酒，她则端坐船侧，手抱瑟琶，弹起了《梅花三弄》《春江花月夜》《高山流水》等曲子，为大家助兴。

酒过三巡，接着是八个热菜：珠圆玉润、翠堤春晓、满天星斗、黄袍加身、王不留行、赤壁遗风、红粉佳人、独钓寒江。无非是蒸熘烩炒的各式荤素佳肴，以太湖鱼鲜为主，用文人的笔法来作描绘。文辞虽艳，但口味却很清淡鲜美。

最后上来的是面点：有四粉，为玫瑰松子石榴糕、薄荷枣泥蟠桃糕、鸡丝鸽子团、桂花糖佛手，有四面，为蟹粉烧卖、虾仁春卷、眉毛豆酥、水晶紫球。最后是两道甜点：银耳燕窝羹、杏仁芡实羹。面点品种虽多，但做得极精致小巧，用精美的青花白瓷装着，一口一个，恰到好处。

本来大家喝酒要划拳行令，吟诗填词，为了听梁同轩的“洞庭红橘下西洋换金银”的故事，大家也都省却了，喝好吃饱，舫主收拾残羹，端上香茗，听梁老开讲。

梁同轩清了清嗓子说道：话说这宋室南迁，成了太湖发展的一个黄金时段。南逃的北方贵族如惊弓之鸟，到处寻觅偏安享乐的场所。他们在洞庭东西山找到了理想的人间天堂，哗啦啦的黄金白银变成了庭院深深的豪宅大院、石板叮咚的繁华街市。东山的陆巷、杨湾……，西山的东蔡、西蔡……，绿树丛中，宋室的皇亲国戚们建起了安乐窝。

历经南宋一百五十多年的安乐时光，洞庭东山西山的小岛逐渐繁荣了起来，元代九十多年的统治是松散的，太湖中的岛民生活是闲适的、安乐的。虽然也有湖匪滋扰，但终究湖匪们也懂得兔子不吃窝边草的道理，总体上还算相安无事。

然而，人们总说富不过三代，南迁的宋室权贵们的财富总有散尽的时候。于是，有头脑的岛上大户便把资金投向运输业和商贸经营。他们造大船，那独桅船只能在太湖地区的河港中往来，三桅以上的可以通江海了，只有那五桅以上的大船才能漂海过洋。洞庭两山之人，善于货殖，八方四路，去为商为贾，所以江湖上有个口号，叫作“钻天洞庭”。这“钻天洞庭”的意思就是只要船能到达的地方，洞庭东西山的船民就会过去做生意。

这一天，在太湖西山岛的一个码头上，有三条七桅大船在装货。丝绸、布匹、瓷器、铁器、铜器……一筐筐地往船上运。这时有一条小船，穿过石拱桥，摇过山湾，向七桅大船靠来。船上有位叫吴凌云的穷书生，他身穿长衫站在船头向大船上喊：“舅舅——，舅舅——。”

七桅船上，一位长者站到了船头，皱眉、摇头：“这个书呆子，硬缠着要渡海过洋去凑热闹，真没办法。”

舅舅向小船送过去一块跳板，吴凌云晃悠悠地上了大船。舅舅又命人用吊杆把吴凌云的行李和两筐货物吊到大船上来。

“带的啥样货？”舅舅问。

“一筐书籍，一筐橘子。”吴凌云答。

舅舅摇头：“你真是个书呆子，哪里晓得外面的行情呀！”众人哄笑：“凌云，这橘子在海上一飘，说不定会变成金子银子呢！”

吴凌云也不多言，在大船舱里挨着舅舅的床铺了被子后，就又展开书读起来了。

七桅大船在大海上颠簸。

海浪滔天，海岛数点。

吴凌云经历过一番搜肠刮肚的晕船煎熬后，渐渐地适应了海上的波涛，海上的一切使他好奇，他整日坐在船楼上不停地问询、观望、记录。

一日，七桅船泊了岸。船到了忽鲁谟斯国。船员均带着丝绸瓷器上岸交易，吴凌云无货，众人嘱他看守船只。吴凌云带的红橘吃了一些，他把存下的大半筐红橘搬上甲板翻晒。红艳艳的橘子摊在甲板上十分显眼。

一位穿赭色长袍的骑驼人沿码头款款而来，为红艳吸引。停在船边观察良久，见吴凌云剥皮吃橘子，便向吴凌云哇啦哇啦地喊着、用手比画着要吴凌云的橘子吃。

吴凌云抛了一只橘子给骑驼人，骑驼人食着，表情复杂：皱眉、开颜、啧嘴……

接着骑驼人掏钱袋用仅存的五块银洋换了五个橘子，然后骑驼而去。不一会，骑驼人带来一队人，抬来一袋金银，换走吴凌云的半筐橘子。吴凌云这半筐橘子比船上做丝绸、瓷器买卖的所有人赚的钱都多。

“这吴凌云何方人氏？”陈良绍问。

梁同轩答：“乃西山明月湾人氏，在明月湾还有他的祖屋遗迹。关于吴凌云的故事，西山有位甫里先生最清楚，甫里先生是个怪人，不知从何处来这西山岛上隐住，专门搜集民间奇闻异事。上了洞庭西山岛后，我们可以到明月湾去拜访这位甫里先生。”

【第五回】

甫里翁著述西洋经　众医生盟约浮大海

南珠粒粒大如蛋，龟甲恢恢可作棚。
夜读西洋萌壮志，下洋立约结同盟。

画舫终于摇进了西山明月湾码头。巨大的青石板砌就的码头长达五十多丈，突兀在太湖中，已是夕阳西下时分，晚霞映得湖面艳若锦被。

画舫顺着码头摇进了一处避风的港湾，太湖石的驳岸显出离奇的孔隙和斑驳的纹饰。岸上梅花如云，花雨缤纷，花香袭人。画舫在花港中穿行，村头一棵大樟树如绿云浮空，亭盖郁郁，一座石拱桥连着一处依山而筑的村落，一条青石板铺就的村道蜿蜒通向云雾缭绕的山腰，正是袅袅炊烟升起的时候，这座岛上的村庄变得虚无缥缈了起来，陈良绍他们站在船头如痴如醉，似乎进入了一处世外桃源。

梁同轩要带陈良绍他们去明月湾村寻访甫里先生。他们下了画舫，走过石桥，迎面一位村姑，陈良绍上前打探，村姑遥指身后的山头说："甫里先生在万寿亭喝茶，你们沿着这石板路一直走过去就是万寿亭了。"

陈良绍一行穿过橘林梅海，踏着石板小径向万寿亭走去。远见山梁上建有尼庵一间，临湖的崖边有亭翼然。有一位鹤发老翁独坐亭心，想来那就是甫里先生了。四人加快了步伐，沿石阶向山崖攀登。

近前，梁同轩先向甫里先生作揖：“甫里翁，多日不见，今日带三位小生来向先生求教。”

甫里先生略一点头，示意各位就坐。命身边的童子到庵中取来四只白泥瓷杯，先将白泥瓷杯分发给客人，由童子向白瓷杯中注入沸水。然后甫里先生亲自捧出一只贮茶的陶罐，从中攫取一撮墨绿色卷曲状的茶叶，分别投入各位客人的杯中。陈良绍细看那卷曲如螺的茶叶一入水便纷纷旋转着下沉，在下沉的过程中，卷曲的茶叶慢慢舒张开身子，似一个个身着绿衣的女子在水中舞蹈，最终，一枚枚绿茶在杯底站立，如舒袖绿女的舞阵。沸水洇出淡绿，接着阵阵幽香随着热气逸出，沁入茶客的心扉。客人们看得入迷了，为那幽香吸引，不由自主地捧杯细啜，异口同声赞道：“好茶！”

甫里先生说道：“此茶只种在这崖头，由庵中小尼素手采来，一年也只三两光景，梁先生和诸位远道而来，略表敬意。”

陈良绍本想问甫里与尼庵关系，觉得有点唐突，便冒出一句话向甫里先生发问道：“甫里先生，为什么这个亭子叫万寿亭？”

甫里先生不答话，抬手指亭棚。

陈良绍他们仔细察看：一个灰白色的不规则亭棚，非草木搭建，也不用瓦片琉璃建造，好像是一个完整的骨质的东西作的亭盖，陈良绍从来没有见过这种东西。

“求教先生。”

甫里先生指着亭柱上的一副对联，示意陈良绍他们读一读。

陈良绍读出了声：

远方藏奇水流长倚帆蹈海达蓬莱

西洋有龟万年寿凌云携归观洞庭

甫里先生说道：“这是本地乡贤吴凌云下西洋经商从海岛上拾来的一只海龟壳。”

“这么大的海龟壳？”陈良绍等惊讶不已。

甫里先生与陈良绍等人说起了吴凌云的海上奇遇。

吴凌云红橘换金银回来之后，洞庭东西山掀起了一场出洋发财的热潮，然而海上并非坦途。这一次许多人都抬了一筐筐的红橘出海，吴凌云只带了一坛酒泡杨梅上船。

船到了海上，突遇大风大浪，几艘商船向远处的一座海岛寻找避风港抛锚。第二日，风平浪静，艳阳洒金。船上的人被一夜风浪颠簸得筋疲力尽，唯吴凌云吃了几粒酒泡杨梅，顿觉神清气爽，被海岛风光吸引，放下小划子独自上岛游玩。

海滩洁白，五颜六色的贝壳和珊瑚让吴凌云爱不择手。

一只色彩斑烂的野鸟引导吴凌云向山顶攀去。翻过山顶是一片开阔地，有无数的海龟在产卵。

一间如白屋子的东西吸引了吴凌云的眼光。近前看时却是一只大海龟的壳。高与肩平，宽约一丈，长约丈八。龟肉早已被虫咬风蚀得干干净净了。吴凌云在龟壳腹中掏出了十八颗鸽蛋大小的珍珠，珍珠洁白晶莹，世所罕见。

吴凌云把珍珠装进口袋，解下腰带把海龟壳拖向商船。

吴凌云好不容易把龟壳拖到船上。众人虽惊奇龟壳之大，但并不认为龟壳有什么用场。

“龟壳中怎么会有珍珠呢？”陈良绍等不解。

甫里先生说道：“也曾怀疑真假，但是吴凌云先生亲自告诉我的。我再三思索，只能有一种解释，是大龟吞食了大海蚌，大海蚌体内的珍珠留在了大海龟的胃里，这大珍珠撑在海龟的肚子里，撑死了大海龟。”

陈良绍对甫里先生的分析点头称是。

甫里先生接着说：“这十八颗大珍珠让吴凌云发了大财。”

吴凌云他们的商船一进广州港，早有小船把商船引进外埠街。外埠街是葡萄牙商人开设的专门搜罗出洋经商人带回的货物的商埠。

商船进埠，照例会有外商举行宴会。宴会以客商从外洋带回来的货物的多少排座次，吴凌云觉得出海没有带货，便坐在了末席的末座。

商行老板一桌桌地敬酒，一个个地询问带回来的货物。

商行老板来到了吴凌云面前敬酒，吴凌云显得窘迫，哆哆嗦嗦地从口袋中掏出珍珠。

商行老板见到第一颗珍珠眼珠子就亮了，见了第二颗珍珠嘴巴发出了一声

“啊”声，见了第三颗珍珠嘴巴就合不拢了，他招呼伙计拿来一只绿瓷盘，吴凌云把十八颗大珍珠“当当当”地全摆在了绿瓷盘里，宴会厅里顿时显得亮了、静了。

商行老板命人重排首席，请吴凌云坐上首座。

经过一番叫价邀价，一位葡萄牙老板以十八间铺面换得了吴凌云的十八颗大珍珠。

吴凌云在广州经商发了大财，他带回的龟壳葡萄牙商人本愿高价收购，吴凌云不从。他把龟壳一分为二，底板在广州商埠造了个福寿亭，龟背运回家乡造了这座万寿亭。为了造福乡里，吴凌云出资在梅花坞明月湾村修了一条十里长的石板街。

陈良绍等人听得出了神。甫里先生看看时间不早，便带着梁同轩、陈良绍他们向梅花坞明月湾村他的家中走去。

傍晚时分，渔人唱晚，樵夫牧歌。

月亮湾，湖水清，月亮照面湖水明。月丫年幼脸儿瘦，月姑脸圆早嫁夫，月娘脸亏乳小人。月不照面湖不明，不如西洋去航行。

梅花坞，梅花开，梅树开花香雪海。人人欢喜闹梅花，闹落梅花梅结子，咬只青梅喊姆妈。石灰渍梅缸装船，送到西洋换块金。

石板街，石板长，石板底下水哗哗。吴家凌云化钱铺，凿好水沟盖石板，大雨过后穿绣鞋。山泉雨水沟底流，夜头泉水响咚叮。

当晚，甫里先生宴来客后，还要与梁同轩长叙，便把陈良绍等人安置在西书房。西书房是二楼的厢房，可以西望梅花坞，南眺月亮湾。陈良绍等见书房布置雅洁，图书满架，书桌上摆放着文房四宝，一座七桅海船的模型引人注目。

甫里先生给陈良绍他们送来了他亲自撰述的笔记小说《西洋经》稿本，《西洋经》共三十六卷，分订六册，用红木书函装着，木函上阴文篆书《西洋经》，旁署“缥渺道人”。“缥渺道人”是甫里先生的号，署名为草书，均用绿泥填镶，十分显目。

梁同轩早已读过甫里先生的《西洋经》，并应邀为其写了序言。书中记述了洞庭商人漂洋过海所经历的种种奇闻异事，红橘渡海换金银、海岛捡宝的故事在书上均有记载。陈良绍、匡愚、郁震三人如获至宝，西窗夜读，三盏青瓷油灯，九支苎草灯芯，明光亮屋。一只三足蟾蜍铜熏香炉内冒出青烟缕缕，炉内燃着陈良绍带来的醒脑除虫香。

他们读到了不少《西洋经》中的稀奇记录：

> 爪哇国风俗条：爪哇国古名阇婆国也。其国有四处，一曰赌板，一曰革儿昔，一曰苏儿把牙，一曰满者伯夷。其国王蓬头跣足，头戴金叶花冠，身无衣袍，腰以下围丝嵌手巾，出入骑象。国人男子蓬头，妇人椎髻，上不著衣，下围手巾。其手巾比世用者倍阔，名曰打布，男女皆从腰下臀上围起，起于脐下掩闭，却以狭布巾一条系于打布上面，名为压腰。所食槟榔、烟叶就于压腰内包裹腹前，行走坐卧嚼咂不止，唯睡着时不食。其槟榔椰子类同茶饭，不可稍缺。

> 又爪哇赌板条：此在约千余家，中国广东及漳州人多逃居于此，以二头目为主。其海滩上有小池，甘淡可饮。传说元朝命将史弼、高兴伐阇婆，经月阻风不得登岸，军士渴欲死，二将仰天祝曰："奉命伐蛮，天若兴之则泉生！"乃以枪掘地，泉随涌起，至今呼为圣水云。其地鸡羊鱼菜贱。

三人边读边议，种种奇闻，新鲜奇特，直欲亲临亲见为快。

> 又占城国尸头蛮条：其国中有人家女人，呼名尸头蛮者，唯以目无瞳人为异。夜寝时头能飞去，食人家小儿粪尖，则妖气入儿腹必死。其头复回本体，相合如旧，曾有人将妇人之体移置他处，其妇亦死，但知人家有此妖异不报官者罪及合家。

郁震指着这条说："像这条尸头蛮的记载真是不可思议。这种事只在唐宋志怪类小说中可能读到，怎会在西洋的现实中发生这种事？"

匡愚说："或是愚民胡说八道，街巷里人传来传去的变了原形，用来吓吓小孩子的说法。我们这里小儿闹腾，不是有句吓小孩的话：再闹腾，把你丢到爪哇国去！”

陈良绍说：“亦或是一种病态，说胡话，梦游。如果我们有机会下到西洋去，真想去见识见识这种尸头蛮！”

“哈哈哈，那千万不能在占城国国界上屙屉屉，你的香屉屉尖不要真的被尸头蛮婆吃了，那就要命送占城国了。”匡愚开起了玩笑，惹得三人大笑。

“嘘！”郁震用手指按在嘴上，示意别发大声，打扰了隔壁的梁同轩和甫里先生。

陈良绍三人剪烛西窗，交换阅览，西洋的种种奇珍异闻皆为三人闻所未闻，三人兴奋异常，油灯直亮到天明。

陈良绍提议：“匡兄、郁弟，我等身为医生，也该学学神农氏尝百草的精神，到西洋去闯一闯，《西洋经》中所记述的一些虫草禽兽物产为中土所没有，那里一定可以找到治病的良药和西洋人士治病的良方，使我大明医药发扬光大。”

匡愚和郁震一致表示赞同，并由陈良绍起草，写下了共赴西洋行医采药的“生死合约”。

立盟约人苏州陈良绍、常熟匡愚、太仓郁震

兹等三人本为苏州医学同科有济世救民之志立光大中土医学宏愿生逢大明一统天下归心

万方来朝国门大开海疆四达

余等闻听西洋远胜蓬莱怪物奇珍无数或有增寿之药不老之方愿仿神农尝百草之精神

效法华佗访土方之楷模寻机蹈海西洋焉

虽然此去西洋浪涌波高风大雾黑暑热瘴毒余等亦愿万死不辞共赴西洋

大明永乐元年孟春立此誓盟

三人各自押了印章，相约各作安排，研习预备，准备药材，寻找机会，共同行动。

第二日，三人把“生死合约”送给甫里先生和梁同轩先生过目，想听取二老的意见。

梁同轩先生略作呻吟，含蓄地说：“赴西洋非同小事，得从长计议，早做准备。”

甫里先生捻着胡须，表示赞同：“好啊，好啊，我中华医药学定会因苏州医生下西洋而有突破，你们真下得西洋回来后，我这《西洋经》可就有了续集啦。”

在甫里先生的劝说下，梁同轩先生留了下来，陈良绍、匡愚和郁震乘上了返程的画舫。

【第六回】

姑香楼受命下西洋　医药船整装制方药

良绍郑和重相逢，姑香楼上聘三雄。

医船筹妥制方药，药味香飘满碧空。

郑和领旨下西洋将统率二三万之众，估计万里海疆来往将长达三年时间，环境恶劣，急需各种人才，其中医生是不可缺少的。所率海船将有二百多艘，如果按每条船上配备一位医生计算，就需要二百多位医生，而且不能是冒牌医生，需要医术精通，身体强健。

到哪里去征集这么多的合格医生呢？少师姚广孝给他出了一条计策，姚广孝说，太医院中有六十多位资深的医生，他们是给皇亲贵戚看病的，可以抽调年富力强的几位，但不可能抽调太多，但可以请他们帮助推荐人才呀。郑和想这是一条妙计，请太医院的医生推荐下西洋的医生是一个好办法，太医院的医生皆是从各地的名医中选调来的，他们与各地的医生都有联络，请他们推荐人才是最合适不过了。郑和怕这些太医对下西洋不感兴趣，更怕他们推荐别人担着下西洋的风险，会得罪被推荐的人家，便向皇帝求得了一道圣旨，到太医院去宣旨：

奉天承运，皇帝诏曰：

着中官郑和率百舸万员巡视西洋，弘扬我大明国威。郑和此去，万里涛涛，毒雾瘴疠险恶，应派医药高强之人随征，一可为保障船员康健，二可为土著施医，睦邦友邻，三可采西洋医药为我大明所用。命太医院医官各各举荐三名世医子弟，随征西洋，不得推委搪塞。

钦此。

郑和请旨宣敕这一招甚是厉害，因为这下西洋的事儿，可是海途艰险呀，能去是不是能回，还是说不定的事情，举荐的事是得罪人的事啊。但是这又是皇帝的命令，举荐三人必须完成，举荐的人才必须合格，违背皇命那可是大罪呀。太医们与郑和达成了一个协议，那就是举荐可以，但不能向被举荐人透露是谁举荐的。郑和答应了太医们的条件。这一下子，郑和手中就有了二百多名可以选用的随征医生名单了。郑和想起来，这陈良绍正是太医院院判韩公达所推荐的世医。韩公达可是个大名医，为洪武皇帝和永乐皇帝都治过病，他推荐的三位医生一定是医术高超的人才。

自从那日两船相撞相识，郑和就再忘不了陈良绍三字，服了陈良绍的七贴药之后，郑和竟然第一次有了性欲，第一次与郑秀秀来了个痛快淋漓。与苏州太守交代了采购苏州丝绸的事之后，当提起陈良绍医生的名字时，苏州太守又说了一段陈良绍遭通匪蒙冤的故事。郑和越发要见一见陈良绍了，他一定要邀陈良绍随船队出征西洋。

这一日，郑和通过苏州太守找到陈良绍，约定与陈良绍在苏州姑香楼茶馆见面。

这姑香楼设在苏州玄妙观的西脚门，为一座两层楼的建筑，楼上为雅座，可品茶，听曲，并供应苏式小吃面点。

自从与郑和相撞之后，陈良绍也耳闻朝廷有下西洋之举，已派朝中大臣来苏州采购丝绸、搜罗人才。这天，陈良绍正把常熟匡愚和太仓郁震约来苏州，商议与官府联络下西洋的事情，以了却心愿，不想官府已经派人找上门来了。

官府中的差人把陈良绍用八抬官轿抬到了姑香楼茶馆，匡愚和郁震也雇了小轿跟随在官轿后面。匡愚心想：这官府来传人，还派轿子来接，这陈良绍在苏州城里倒是真有面子呀。

陈良绍一行人到了姑香楼，郑和正在听苏州著名歌伎柳如玉唱《洞庭商人下西洋》的吴歌。护卫将陈良绍已到楼下报告给郑和，郑和起身下楼相迎：

“陈先生，我们是不撞不相识呀！请！”

陈良绍一看，此人原来就是几日前自已的医船与他的官船相撞并要他诊脉的那位官人。

郑和自我介绍：“我是中官郑和，受皇上指派正欲组织船队前往西洋。先生前次给我的药神奇无比，今日一是表示感谢，二是要与先生商量共赴西洋的大事。”

陈良绍听到郑和说他是中官，吃惊不小，因为这中官就是太监，前几日在船上竟说他房事不畅，这不是冒犯尊颜吗？那一日如果不是郑和大度，我早被他的手下捆绑丢进娄江中了。他今日却说我的药神奇无比，这是怎么回事？

郑和俯在陈良绍耳朵边说：“正如先生所言，七贴药后真正是痛快淋漓呀，哈哈哈！”

陈良绍也有点糊涂起来了：“大人，你刚才是说你是中官？”

“是呀！”郑和并不回避。

“啊啊啊！——那请大人再把手伸过来让我诊一诊脉象。”郑和伸过左手，陈良绍三只手指轻轻搭在郑和的腕上，郑和的尺、关、寸三脉的脉搏强有力地反弹在他的指肚上，稳而匀，强而刚，畅而舒，原来反射在无名指上的寸脉的绵软、滞碍的异样脉动已经消失，陈良绍抬眼看郑和的气色，满面红光，印堂中也一片明亮，原来诊断的房事不畅的脉象与面相均已消失。

陈良绍悄悄地对郑和说：“大人，如果我没有猜错的话，你当年割掉的只是一只睾丸，另一只在你的身体里面隐藏着，因为心情抑郁等因素，体内的那只睾丸一直没有起用，当你外放出宫，领命下西洋，又受了我的药物的刺激，这一只体内的睾丸终于苏醒了，有了一般人应有的快感。”

郑和哈哈大笑，不置可否地说道：“你知我知，天知地知，哈哈哈！”

陈良绍说：“差一点忘了，我还有两个弟兄要来见大人，他们也想与大人一起下西洋去。”

郑和大喜：“快请，快请！”心想，别处觅医随行，皆是哭哭啼啼，唯在苏州竟有找上门来要下西洋的医生。

郑和请陈良绍、匡愚、郁震坐定，倒上茶来。陈良绍将匡愚和郁震一一向郑和介绍，并拿出他们三人在太湖洞庭西山明月湾村甫里先生家写的“生死合约”递与郑和，郑和看到“万死不辞，共赴西洋”的誓言后大喜，当即拍板，礼聘三人一起随同下西洋。

郑和向陈良绍三人介绍了下西洋的大致线路，气候特征，出征船只，人员数量等情况。陈良绍他们对西洋早有研究，只是郑和将率二万七千之众出征是他们没有想到的，他们研究过一些出洋的自备药材，现在要考虑的必须是大部队的疾病的预防和治疗，二百人左右的医生队伍需要管理，更需要储备大量的药材和病床。

郑和说：“我决定，这近百人的医生由陈良绍先生任领队，匡愚和郁震先生任队副。三位请不要推辞呀！”

陈良绍、匡愚和郁震诺诺领命。

陈良绍说：“郑大人，这么大的一支船队，这么多的人员出海，一般的药材各船应当储备，但还是需要有一只大船专门作为医药船，用来作诊室、病房、药房及一应用房。”

郑和说：“好，为了采购药材的方便，我马上命人从龙江船厂调一艘船过来，你们负责把它改作医疗船。我给三位留下三百万两的银票，请抓紧时间采办药物、改造和布置医船，一定要在明年七月七日之前做好所有准备工作。另外，我将把从各处征召来的医生名册抄录一份派人给你们送来，以便你们联络。”

陈良绍等三人齐声允诺。郑和请三人吃了面点，苏州府专门从太湖捕来活虾，制作三虾面。三虾面不是三只虾的面条，而是剥取活虾的虾籽、虾仁、虾脑，用香油清炒作为浇头的特制面条，母鸡油汤，精粉细面，顺滑鲜美。

吃过面点，陈良绍三人告辞，郑和也急着赶回南京向永乐皇帝报告刘家港考察情况。郑和有了陈良绍这样一批自愿蹈海的儒医随征，对出征西洋又增添了一份信心。

陈良绍他们应下了随郑和下西洋的许诺后，既觉得是遂了下西洋的心愿，也增添了重大的责任，二百人的医生队伍要管理，二万七千人的医药要保障，这可不是坐在船里漂荡一样舒坦呀。

隔了几日，郑和便从龙江船厂将一艘大船调来苏州，停泊在娄门水城门外的码头上。这是一艘双层宽体五桅船，陈良绍三人上船作了一番筹划，计划将底层各舱分类储存药材和存放将来采集来的西洋药材。

将二层改为四间大病室，一个大药房，药房壁间安置百眼药橱，犹如一家大药铺，药房边上，是一间大诊室，陈良绍、匡愚和郁震及各方征调来的医生都可以安排在二层起居。三楼顶层是船工瞭望室和船工们的工作间和起居室。

不久，郑和又抄发来近期征集到的下西洋的六十多名医生的名册，从中选择邀请了嘉定的陈以诚、湖州南浔的沈舟、安徽太平的彭正、安徽婺州的朱溪、福建泉州的李海、宁波舟山的洪涛以及陈良绍、匡愚、郁震等十人齐聚苏州，就住宿在医疗船上，研讨西洋物候、气象、海潮、流行病况，共商配制下西洋的药方。

这十位医师都出自医学世家，囊括医经、经方两大流派，又囊括了江南一带的伤寒学派、丹溪学派、温补学派、温病学派、攻邪学派，有人偏重外科兼推拿针灸，有人偏重内科兼小儿妇科。

这十人经过认真讨论，拟出了一份采购药品的清单。

这些药材可分为三大类：第一类是要储备镇静类药物，近三万之众，长期蜗居在船舱里，漂泊在大海上，必定会心烦气躁，需要镇静药物和相关的方法来安抚。第二类是要采办暑热风寒类药物，西洋疆域长年酷暑难耐，西洋诸国毒雾瘴疠弥漫，这种气候必然会招致暑热风寒痢疾之类疾病，并有传染的危险。第三类是要备好金疮类药物。虽然郑和的船队人员众多，兵精马壮，但毕竟海路生疏，前途险恶，为了完成使命，与海浪博斗、与海盗作战、与敌国争锋的事看来是免不了的。因此救治皮破骨裂、刀枪金疮之类的药物是少不了的。

这十位医师大都会开方，虽然也研习药材，配制膏丹成药，但配药都是到药材店去的。医生们常说药材便是医德，药材好药才好。他们商量应当找一位药材师，才能制成地道的药来，从下西洋医生的名册中，他们挑中了湖北蕲春征招来的药师李铁庵。李药师本来在家中开着药铺，也上山采药，对药材深有研究，还编写过一本《本草纲要》。

李铁庵药师的到来，使下西洋医疗船变成了一所制药厂。他们共同研讨，借助中药古方，结合各自的经验，针对下西洋热带地区的气候特征和易发病症的预测，共同商讨出了“浮海四膏四丸”药方，以方便在海上治疗。

四膏是：毒虫止痒膏、疔疮消炎膏、金疮止血膏、麝香止痛膏。

四丸是：苍术藿香正气丸、鸦胆止痢固肠丸、三黄清热解毒丸、枇杷川贝止咳丸。

除了这些成药，还开列了大量适用治疗温热带潮湿气候条件下易病的药材，就地挂牌采购。他们在岸上搭了药棚，大量收购各类药材，药师李铁庵精心把关选材，开始制作膏丸，他们征用了苏州各药房的师傅伙计，将收购来的药材根据不同药方制作成药。

制配膏丸，分别需要清洗、曝晒、露凉、浸泡、切削、研磨、炮烙、烘烤、炙焙、煨炒、捣炼等一道又一道的工序。根据需要，制作好的药材或分类装箱，或蜜制成膏，或搓捏成丸。一时间，娄门外娄江岸边送药来的药农络绎不绝，煎熬药材的炉火日夜不熄，药香四溢，人声鼎沸，形成了一条热热闹闹的药厂街。

正在大家忙着购药制药的时候，嘉定的陈以诚医师向陈良绍提出："中国的医药学讲究上工治未病，防患于未然。如何防患于未然，这个事我们要研究一番。"

陈良绍赞赏陈以诚的提议，对大家说："陈先生考虑得好，治未病，防患于未然说得对。大家思考一下，我们要就治未病做个专题研究。"

【第七回】

治未病重预防未雨绸缪　防心病调药食大开医路

医者上工治未病，绸缪未雨健心身。
食医同理议良策，防病修生四季春。

他们在医疗船的诊室召开了下西洋的第一次专题研讨会。陈良绍把蔡缥缈叫来，从家里带来了上等的碧螺春茶叶和瓜子糕点，为大家沏茶续水。

蔡缥缈煮开江水，在上等白瓷茶杯里各放一撮碧螺春，用略温的开水将碧螺春先泅开，然后再斟满开水，不一会如玉似冰的白瓷茶杯里的碧螺春似倩女舒袖，绿云氤氲，暗香浮动了。

陈良绍请陈以诚先讲讲“上工治未病”的想法。

陈以诚喝了一口碧螺春：“好茶！茶色如碧，香气涌动，喝一口唇齿生香。大家先喝两口香茶，再来讨论，不要辜负了蔡小姐的沏茶功夫！”

“好茶！好香！”众人齐赞！

在大家对碧螺春一片叫好声中，陈以诚说道：“医生的责职叫‘防病治病’，这句话其实是讲的医生的两种职能，首先是防病，所谓上工治未病，就是搞预防。另一个职能就是治病，病人来了，我给病人看病。这防病多数时候是尽义务，是投入，如浚义井、施药膳，需要与官方一起行动才有效，而给人看病是能得到诊金的，好的医生不应当像开棺材店的老板，希望死的人越多生意越好。”

陈良绍赞同道：“陈兄讲得好，也讲到了一些钻钱眼的医生的痛处，医生绝不能像棺材店老板，只讲生意经！”

陈以诚继续说：“预防的概念最早见于《周易·既济》‘君子以思患而豫防之’，当然这并不是专指预防疾病。但是对于疾病的预防早在《内经》中就明确地提出了，如《素问·刺法论》说：‘五疫之至，皆相染易，无问大小，病状相似，不施救疗，如何可得不相移易者？’又《素问·四气调神大论》中说‘圣人不治已病治未病。’‘夫病已成而后药之，乱已成而后治之，譬犹渴而穿井，斗而铸兵，不亦晚乎？’《灵枢·逆顺》也说‘上工治未病不治已病’，《淮南子》也说‘良医者，常治无病之病’。在《诸病源候论》中又进一步提出温病、时气等，可以‘预服药及为法术以防之’。在葛洪《肘后备急方》中列有许多预防传染病的方剂。《千金要方》还把预防传染病的方剂列于伤寒章之首。”

匡愚说：“陈兄厉害，引经据典，说了圣人先哲提倡治未病的要义，我等都记下了，只是当下最要紧的是我们下西洋应当预防些什么病，做些什么准备。”

陈以诚说：“匡兄说得对，我想预防是两方面的，一是要针对在西洋上航行船员们会生些什么病，要怎么预防；二是海员们长期浮泊在大海上，会发生什么心理精神方面的疾病，要如何预防。”

陈良绍说：“好，那么我们就先来议一议海员们在海上航行会得什么病，如何预防？”

匡愚快人快语：“人在海上漂，大海无边，还会遇到大风大浪，最怕的是掉进大海溺水身亡。要备好救生器材，要训练一批人掌握对溺水者进行救治的方法。”

陈良绍说：“好，这一条我先记下来，向郑大帅提议备好救生器材。待船队会齐后，每条船上都要派两个人来训练救治溺水者的方法，这事由匡兄负责。”

福建泉州来的李海医师说：“西洋一带海上太阳直晒，气候炎热，人在船上或者在甲板上操作容易中暑，建议要多喝水，但是这海水不能喝，船上的水金贵，这是一对矛盾，要准备一些防暑的药品，建议一旦出汗过量就要喝些盐水茶，多备一些金银花、菊花、夏枯草这类防暑降火的药草。”

陈良绍说：“记下了，多采购些金银花、菊花、夏枯草降火的草药，铁庵药师请记着。”

李铁庵说：“我记住了，金银花全株都可用来泡茶防暑消火，效果最佳。这菊花要待秋天，菊花孕苞未开之前采摘后阴干或生晒、蒸晒、烘焙，味甘苦，性微寒，有散风清热、清肝明目和解毒消炎的作用。著名的菊花茶有杭菊、亳菊、滁菊、怀菊。它号称“四大名菊”，我们都采购一些备用。”

宁波舟山的洪涛说：“我们那边渔民下海捕捞，船上都要种几盆藿香、薄荷，用洗脸的水浇花，泡茶时摘几片新鲜藿香叶、薄荷叶，防暑降火的效果最好！”

陈良绍说：“船上种藿香、薄荷这办法好，我们现在就派人到刘家港去采购两千个泥盆，开始培植藿香、薄荷，南京龙江船厂的船来了就安放到船甲板上。这事请洪涛医师负责。”

洪涛医师说：“好的，我想多采购些泥盆，还要买些菜籽、花籽，在船上种植，能吃点新鲜菜，能看到鲜花。”

洪涛医师补充说：“说到浇花的水，在海上这淡水太金贵了，大家知道海水是不能喝的，也是不能用来浇花的。这些霍香、薄荷等植物放在甲板上，太阳直晒着，很容易干死，光用一点洗脸水来浇它是不够的，船上储存的淡水用不得，我建议还要在船上置备一些大缸，用来积雨水，这些雨水既可以浇花，在缺饮用水时，也可以用来救命。”

陈良绍：“太好了，大家出点子就是好！积雨水的缸也请洪涛兄一并办理。”

江西南昌的朱溪医师开了腔：“江西多山，一到夏天，蚊虫、毒虫不堪侵扰，我想到西洋各国会更热，蚊虫、毒虫会更多的，防蚊虫毒虫侵扰要想些办法，做些预防。”

陈良绍说：“我们制作的中药膏剂中有毒虫止痒膏、疔疮消炎膏，这两种膏可以治蚊子、毒虫咬了之后的发痒发炎，在船上避蚊避虫可制作一些驱虫香熏跑蚊虫，这事请李铁庵药师精选一些草药，如野菊、艾蒿，加上香料之类来制作。”

李铁庵说："用熏香法来驱虫的办法古已有之，让我和几位医师一起商量一个好的配方，在船舱里点燃，既可以驱虫，也可以清洁空气，消除浊气。我们也可以用这个配方制作一些驱虫药膏或药水。如果登岸到了海岛上，可以涂抹头面和暴露的身体，防止蚊虫叮咬。海岛上的人或许也有土法避蚊虫，我们可以随时学习他们的方法。"

陈良绍说："铁庵师，这驱蚊熏香就由你负责制作了。数量也不会少，定好配方后可以委托香烛店来制作。另外铁庵师提出的要向岛民学习驱蚊虫的方法这一点给我们很大启发，海岛上的民众肯定有他们的一些土方药，我们大家都要注意采集和吸收。"

陈以诚医师说："'在野学野，近夷学夷'是中医吸收外来医学的好机会，一定要向西洋各国的医生虚心求教。我们要把下西洋行医当作一次很好的学习机会。"

李铁庵说："陈医师说得好，正所谓'民间丹方，气死名医'。良医在民间呀！我是采药工，最喜欢的就是向药农学习求教。"

大家热烈鼓掌，赞成良医在民间的说法。

讨论在深入，话题转入了药食同源上来了。

湖州南浔的沈舟说："咱们中国人讲'药食同源'。中药是怎么发展起来的？它本就是可以吃的植物、动物甚至矿石、泥土，中国人讲究吃得好才会身体好，吃得饱是最基本的。吃得好，一般人认为是菜肴的味道好，厨师会做菜，其实这是片面的。吃得好更主要的是吃得有营养，吃出健康，吃出一个好身体。"

陈良绍说："药食同源，这是一个很好的议题，也属于预防疾病的范畴，请大家一起来议论。"

看来陈以诚书读得多，他引经据典地又发了一通议论："古人很重视保持食物的清洁、新鲜。如《论语·乡党》中说'鱼馁而肉败不食，色恶不食，臭恶不食；祭肉不三日，出三日，不食之矣'。就是说不可食用腐败变质的食品。汉代王充的《论衡》也提出'饮食不洁净，天之大恶也'。还说'虫堕一器，酒弃不饮。鼠涉一筐，饭捐不食'。张仲景在《金匮要略》中提出了许多不可食用的食物，如'猪肉落水浮者''六畜自死'等皆不可食。巢元方在《诸病源候论》中也提出了'勿食鼠残食'。孙思邈在《千金要方》中说'勿食生肉’等。这些都表明了古代人们已认识到饮食不洁净是产生许多疾病的原因，因而十分强调注意饮食卫生以防疾病。”

郁震说：“海船上恐怕都是腌腊肉食和干果食品，长时间地在闷热潮湿的海上航行，这些腌腊肉食和干果食品大概是会发霉腐烂的，吃这种食品不得病才是怪事，得想办法！”

匡愚说：“下西洋的船很多，如果像我们医船这样大，我倒觉得船上是可以养些活的猪羊和牛，船上可能有回民，所以要养牛，那养鸡养鸭更是不成问题的。”

安徽太平府宣城的医师彭正一直没有发言，听了匡愚说在船上养猪养羊的话，他开了腔：“船上可以开几间豆腐坊，磨豆腐，喝豆浆，豆渣用来喂猪羊。黄豆绿豆可以发豆芽！”

这一席话说得大家脑洞大开，大家你一言我一语，提出了不少储存和制作新鲜食材的建议。有的说，塘藕池菱可以带着泥保鲜，可以收购大量的黄鳝，用缸装着，放点水，丢进几条泥鳅，养它几个月不成问题。还有的说可以养乌龟、甲鱼、菜花蛇等。还有的提出最简单的办法是组织一个采购队，一上岸就去购买当地的蔬菜水果和粮食。

陈良绍说：“大家的提议都非常好，我都记下了，有的我们自己采办，有的向郑大帅提议，让船队的相关人员去办。我倒觉得我们可以拟一个食补食疗的单子，交给厨师们去做。”

大家你一语我一言，提出了几十种食补食疗单，十样汤如莲藕花生汤、绿豆薄荷汤、当归牛肉汤、海带豆腐汤、黄芪鲍鸡汤、天麻鱼头汤、黄精老鸭汤、枸杞鱼片汤。五羹五粥有：银耳莲子羹、红豆百合羹、薏米葛粉羹、银耳燕窝羹、鱼丸豆腐羹，茯苓山药粥、糯米章鱼粥、山药黑米粥、五籽养心粥、桂圆八宝粥。这些食材都是普通易得的药材和食粮，有的在下西洋的途中可就地取材。

陈良绍说：“我们的这份食补食疗单只是一份建议，可以在下西洋的过程中根据食材和药材以及船员的实际身体状况进行调整。在下西洋之前，我会向郑大帅提议先把各船的厨师集中起来，办一个培训班，把我们刚才的提议向各位厨师讲清楚。船上的厨师可以看作是我们医师队伍的一种补充，让他们知道食疗同源、饮食卫生的道理，让下西洋的船员吃得卫生，吃得营养，吃出健康。”

这时，陈以诚又提起了一个新的话题：“我们刚才议论的备好药材、配合食疗食补只是预防疾病的一个方面，即只考虑到增强体质、抵御疾病的问题，我认为预防疾病，特别是针对长时间坐在船上漂浮在海上的船员来说，另一个方面是精神方面的抚慰和调剂。”

郁震说：“这个话题有新意，愿闻其详。”

陈以诚喝了一口碧螺春，继续说道：“圣医华佗激怒某太守咳出腹内淤血、医圣张仲景开假药让老名医沈槐讪笑自己而治好抑郁的故事大家都知道，我就不展开说了。这两个通过调节病人的心理来治病的故事说明精神因素与疾病是有很大关系的。我们中医向来认为‘正气存内，邪不可干’，这正气我理解就是一个人要保持一个正常的心理精神状态，要乐观开朗，民谚说‘一天三大笑，百病都笑跑’。而我们下西洋的人绝对是海途艰险，同时又海船闭锁，山河阻隔，在这样的情况下，人会忧思惊恐，愁肠百结，如何消除船员的忧愁抑郁，保持开朗豁达的心态，这要想些办法。”

郁震说：“陈医师讲得好。心情好，身体才会好。人烦躁了睡不好，休息不宁，会得病。人抑郁，忧愁善感，身体也会得病。调节人们的身心，让大家有个快快乐乐的心情，病就会少，有战胜风浪的决心，才能团结一心战胜风浪。我姓郁，就是那个抑郁的郁。抑郁不好，所以起了个名字叫震，把抑郁震掉。我会一点武功，可以在船上教大家练五禽戏、打太极拳、练气功，强身健体震郁！”

蔡缥缈听郁震讲得有趣，便插嘴说：“要说到让船员们不寂寞，让大家开开心心的，这些茶水瓜子蜜饯是少不了的。让船员们坐在船上就像坐在茶馆里一样，谈天说地，听书看戏，逗逗狗、惹惹猫，热热闹闹，不知不觉就到了西洋大海、爪哇国。”

“好！蔡姑娘说得好！确实，就像今天，大家坐在一起商量，喝着香茶，嗑着瓜子，嘴里又嚼着九制话梅、酒浸杨梅，倒真的是很悠闲。”郁震叫好。

众人热烈鼓掌，大家的喝彩声倒让蔡缥缈脸涨得通红起来。

彭正说：“每条船上养两条狗几只猫很有创意，猫可以捉老鼠，可防鼠害，它小巧可人，逗逗猫，听听狗叫，也可忘忧。猫呀狗呀不要采购，只要鼓励征召来的下西洋的人自己带着就行，我就要把我养的那条大黄狗带上，我舍不得离开它，它也舍不得离开我。”

郁震说：“一提倡带狗带猫，恐怕这船上的猫狗要成群了，会与人争食啦，哈哈哈，要做一些限制。”

陈良绍说：“带狗带猫的想法好，限制数量也有必要。每条船会有船长纲首，建议就让船长纲首来批准带狗带猫的数量吧！彭正医师的那条大黄狗请一定带上，人狗难舍呀，彭医师与大黄狗一定有不少故事吧！”

陈良绍又拿起一粒话梅说：“这梅子是苏州的特产，春天的时候太湖东西两山，漫山遍野开得如雪花飞舞，清香弥漫。梅花开过，它结的果子就是梅子。曹操为激励干渴的将士前行用的‘望梅止渴’计策指的就是这种梅子。这梅子酸得不得了，想起来就会生口水，但它是不能生吃的，它需要经过石灰水泡、盐水渍、太阳晒、夜露凉、寒霜打、蜜汁浸等九道工序，号称九制梅，一只鸽蛋大小的梅子，缩成了比鹌鹑蛋还小的九制话梅，放在嘴里慢慢含着、细细嚼着，先觉得咸酸，再体味出甘甜，以至口舌生津、一嘴清香，它能生津开胃，提神安魂，愉悦心情。”

陈良绍把话梅说得如此神奇，一个个都拿了一粒话梅放进嘴里，细细品味，说果真不假。

李海医师嚼着话梅说：“这话梅和我们福建广东一带的九制陈皮一个味道，我们福建广东那边熬汤一定会放陈皮一起熬的，这东西清火除湿解毒，不可少。”

陈良绍又拿起一粒酒浸杨梅放进嘴里，叫大家也一起品尝。陈良绍介绍说：“这是酒浸杨梅，用糟烧白酒浸泡，杨梅本来是鲜货，而且产在黄梅天阴雨季节中，不宜保存，但用烈酒浸泡，放二三年都不会坏。”

南浔的沈舟品味着酒浸杨梅开了腔：“还有一种白糖杨梅干，黑乎乎的杨梅干上沾上一些白糖，吃起来有点甜味，已尝不出酸鲜味来，它已经失去了生命的红艳和活力，而且都是用那被风吹落而夭折的杨梅制作的。只是这用烈酒浸泡的杨梅，杨梅的紫艳荡漾在白酒中，它把生命交给了白酒保鲜，在醉生梦死中闪耀青春的火焰，酒浸杨梅是一味药，杨梅可品尝，酒更好喝，治痢、解暑、清肠。”

听得沈舟诗一般的语言，大家都激动了起来，说这酒浸杨梅一定要多带些。

沈舟看到有医师嚼了酒浸杨梅把杨梅核吐了，说：“这杨梅核千万别吐掉，它就像是一粒不化的丸药，吞下肚里，吸附在核上的杨梅绒毛便会涨开，像一团绒布一样，把你胃肠里的脏物毒素抹干净。”

陈良绍说：“沈医师要么不开口，一开口就像在作诗。吃杨梅不吐核讲得极有道理。这采购话梅、酒浸杨梅还有瓜子炒货的事就由沈舟医师和匡愚医师来办，九制陈皮请李海医师采购。”

大家还议论到为了让下西洋的船员不寂寞，提议船上组织钓鱼、放风筝、打牌、下棋等娱乐活动，组织乐队唱宣卷、说书、演剧，凡是能让人高兴、忘忧就好。

有人提出遇到敌军俘虏伤病怎么办、遇到外国人生病怎么办的问题。

陈良绍说了他为湖匪治病蒙冤的往事后说：“医家眼里只有病人，不管他是生病的俘虏、海盗还是外国人，我们都要一视同仁。”

【第八回】

百舟齐聚刘家港　却有药工要回乡

为治未病作提防，药食源源囤货仓。

医护药师皆就位，有人哭喊返家乡。

经过两年多的准备，龙江船厂和江浙福建一带的船厂建造的二百多条海船陆续调集到了刘家港码头，郑和与王景弘两位正副使的四层楼船像两座高大的楼房锚定在外海上。各条船根据它的功用按照“大明永乐”四字为首分别编了序号，标了字符，如大鹏一号、明光一号、永胜一号、乐凯一号等依次编写船名，油漆在船头两侧。船首分别又雕了图案，如郑和与王景弘的船头雕着龙，兵船的船头雕着虎，马船的船头雕着海马，粮船的船头雕着鲸鱼。医船是一艘特别的船，它雕着两条蛇缠绕的一枚金针，这是陈以诚医师的设计。他说他的设计来自《山海经》的启发，缠着金针的蛇象征着病痛，蛇要不断地蜕皮，也象征着重生；而金针也泛指一切砭石针灸，是中国医生最早的治病工具；蛇虽毒，但蛇毒也是药，咱们中医讲究的就是辩证施治。船头两侧用红漆写上了“大明海医”四个大字，这一艘三层楼船在船队中分外显眼。

刘家港从来没有聚集过如此浩浩荡荡的船队，一时间吸引了无数百姓前来观望。

重新整修好的太仓码头仓库里堆满了从全国各地调集来的丝绸、瓷器、珍玩、粮食及海员用的各种生活用品，各条船的船长和纲首们已经先期上了船，正忙碌有序地分别在码头上指挥搬运各种物资上船。各条船聚集到刘家港之前，舱底的密封舱内已灌满了淡水，就像是压舱石一样让船稳稳地在长江和近海航行。

由宁波舟山医师洪涛采办和种植的藿香、薄荷等花草已长得青枝绿叶，生机勃勃。他们将这些种植好的藿香、薄荷等花草一盆盆运到各条船的甲板上，准备积雨水的大缸按照船的大小或三或五地配置，雨水缸里也灌满了淡水。为了防止海浪颠簸，都用木格子把这些花盆、水缸牢固地定格在甲板上，并详细告知船长这些花草的用途和养护方法。

分别由李铁庵负责制作的驱虫香，由福建泉州医师李海和湖州南浔的沈舟医师等采购的各种茶叶、话梅、陈皮、酒浸杨梅、瓜子等也分别装箱送上了各条船。

在整个船队中，医船上的医生是最忙碌的，只有医船和医生们在还没有航海之前就与每一条船有着这么密切的联系。

刘家港在元代时就建有一座天妃宫，天妃娘娘是海洋的保护神，下海的船员下海前和归来后都要去天妃宫祭祀。郑和来到刘家港考察时也祭祀了天妃娘娘。他看到元代建造的天妃宫已经破败，专门拨款重新修建，给天妃娘娘和众海神重装金身，并请得永乐皇帝“敕建天妃宫”的御笔题额，新建天妃宫门楼，从湄洲岛请来道师住持重新修整天妃宫。重修后的天妃宫面对大海，紧邻刘家港码头，一时间引来信众前来祭拜，特别是被应征下西洋的人家，牵家带口来到刘家港天妃宫祭拜，托庇天妃娘娘保佑家人平安归来。

陈良绍应征下西洋的事在陈家引起了轩然大波。他的父母亲虽然竭力反对陈良绍出海，然而见不可挽回，陈良绍的父亲也就积极出谋划策了。只是当他从别的渠道知道这是良绍的前岳父、太医院院判韩公达推荐的，心中略有不满。陈良绍的原配韩氏死于难产，虽然陈家有失责之处，但究其原因，韩公达亲家应当可以谅解的呀，怎可陷良绍于抛家别子的悲苦之中呀？！他并不知道这是陈良绍自愿要去西洋闯荡一番的。

陈良绍的续弦王氏就更是割舍不了了。王氏是吴县浒关人，一门三进士，身世显赫。她的父亲排行老三，是当朝进士翰林侍讲王进，后来参与编写《永乐大典》。她曾为陈良绍下西洋的事写信给父亲恳请在皇上面前帮助说项，以挽留良绍。父亲却回信说："大男儿在庙堂当为国尽忠，在野也当另有作为，为民谋利。你爹年轻时便为国戍边，下西洋乃国家大事，良绍能参与其中也是幸事。你当鼎力支持，在家谨遵妇道，尽心照料翁姑尽孝才是。"父亲的这一纸教训，王氏不再反对陈良绍下西洋。她想到陈良绍身体单薄，身边应当有一个人照料，她想蔡缥缈跟着陈良绍背药箱行医也有多年了，且是渤泥国侨民，会说番语，跟着陈良绍下西洋去，一可照料良绍，说不定还可找到蔡氏留在渤泥国的亲人。这个话不能当着蔡缥缈讲，怕引起误会，由翁姑讲比较合情合理。其实蔡缥缈得知陈良绍要下西洋去，早就缠着陈良绍要一起去，蔡缥缈也多次向陈良绍的父亲提出。蔡缥缈的公开请命正与陈父、王氏不谋而合。陈家人一番商量后，决定让蔡缥缈女扮男装，随同陈良绍上船去照料生活，辅助医药，并与匡愚、郁震通了气，共守机密，在适当时候再告知郑和大帅。

陈家一家老少选择了一个良辰吉日，雇了一条船来到刘家港天妃宫祭拜天妃娘娘。他们在天妃宫敬了香，呈了献祭，抽了一支上上签。其实，道长早就得到郑和的指令，为了不扰乱人心，签筒里的所有签都是上上签，即使那些模棱两可的签也可解读出吉语来。拜祭了天妃宫后，他们一家人又上了医船参观，对这一条豪华的医船一家人感到满意，对下西洋不安的心事算是放下了一半。参观结束，与家人惜别后，陈良绍和蔡缥缈就留在了医船上。

医船院长和副院长与众医师都安排在船的第二层。陈良绍觉得全由苏州医师任正副院长不妥当，应扩大不同地区和医科有专长的医师来担任副院长。根据陈良绍的提议，请求郑大帅批准，又任命了嘉定的陈以诚、泉州的李海和蕲州的药师李铁庵来任副院长。因为李铁庵坚持住在药房，这样陈以诚和匡愚住了一间，郁震和李海住了一间。

陈良绍和蔡缥缈的一个房间还是隔成了两间，临走廊的一间陈良绍作起居和办公所用。里面一小间作为蔡缥缈的卧室。隔而不断，可以互相照应。

船的最高层三楼除了驾驶舱和驾驶员的宿舍，还有一间院长会议室。

坚持要住在药房里的李铁庵说，长期以来与药材打交道，只有闻到药香才能睡得踏实。应他的要求，药房里隔出了三间宿舍，每间宿舍住四位药师或药工。李铁庵说，船员随时可能生病，医生夜里需要人值班，而药房也一样，有人看病就要配药，住在药房里就可以随时配药、煎药。

根据年龄长幼、地域和爱好，医生们四人一间，近百名医生、医工住得挤挤挨挨，也热热闹闹。

在二楼的药房隔壁就是三大间外科、内科、针灸推拿科诊室，还有九间七十二个床位的病房。

一条大医船就是一座门类齐全的海上医院。

彭正医师带了他那条大黄狗上船。这条大黄狗长得十分硕大，有半人高，直立起来与常人齐平。到了一个新地方，见了那么多新人，狂吠不止，被彭正喝住。彭正带着它与各位医师和药工见面，让各位医师和药工在它的头上摸一摸，大黄狗轻轻地叫两声，似乎是说我认识你了，你是彭正的朋友，也是我的朋友了。

陈以诚带了一大堆宣纸，笔墨纸砚文房用品齐全，还有两只小花猫。小花猫是它的写生对象。他在房间里布置了一方画桌，他作画时，小花猫就安静地卧在桌上，看着主人作画。陈以诚把小花猫关在房间里。它们刚到新地方，他怕它们跑散了找不到主人。

新来乍到，或许各位医生带来的宝贝还都藏着掖着不轻易展示呢。

这一日，郑和与王景弘向永乐皇帝报告下西洋的各项准备工作已经办妥，恭请皇上颁发下西洋诏书。由永乐帝口授，解缙拟了一道下西洋的圣旨，太监在金鸾殿上向早朝的百官开宣：

奉天承运，皇帝诏曰：

天地洪荒，天圆地方，漠北有胡，东瀛已达，南国葱茏，西陆高岗，唯西洋茫茫。宣内侍三宝太监郑和、王景弘领征西洋大元帅正副帅印，统兵二万七千八百员，驾乘宝船，择日下西洋，以探其详，赐我大明文物，扬我大明国威。令其归附东土，与结友邦，荡涤海匪，绥靖海途。

钦此。

郑和、王景弘俯伏在地接旨。

永乐皇帝另有寻觅追踪建文帝朱允炆的密诏专授郑和、王景弘，不在金銮殿上宣读。

大明永乐三年（1405）七月初七，郑和率众隆重祭祀天妃宫后即鸣号开船，一时间，船上岸上彩旗翻飞、鼓乐大作、鞭炮齐鸣，船员齐集甲板挥手，码头上万人送行，有人欢呼，有人挥泪，悲欣交集。

这是一个欢乐的时刻！这是一个历史性的日子！这是中华开启大航海时代的起点！

这也是一些人、一些家庭生离死别的时刻，海途漫漫，海浪涛涛，前程不明，生死未卜，这是让一群个体悲伤的时刻！

大明永乐医船上，一位来自浙江海宁的年轻小伙子闷闷不乐，似乎心事重重。陈良绍询问了他的名字年龄，他结结巴巴，说自己叫周吉宁，陈良绍总觉得这小伙子有什么不对劲的地方。

这小伙子从来没有坐过船，船一开启晃动，竟然晕船得厉害，呕吐不止，大喊大叫："我要回家！我要回家呀！"

周吉宁哭叫着要下船回家，他的哭叫也引来一些医师和药工暗自悲伤落泪，船上原来还算欢乐的气氛一下子变得沉闷起来。

这时船已离开港口，怎能把这小伙子送回岸上。况且，既然已被征召来下西洋，想回家就能回家了吗？

陈良绍请李铁庵熬了一剂晕船汤，由蔡缥缈服侍小周喝下。蔡缥缈像个大姐姐一样帮他擦拭呕吐的污物，清洗衣服。服了药，周吉宁迷迷糊糊睡了一觉。

等周吉宁醒来，经过陈良绍一番询问，周吉宁说了实话，他说他并不叫周吉宁，周吉宁是他药材店周老板的儿子的名字，他的本名叫陈小狗，因为家里穷，父亲得了重病，欠下了药店一大笔药费，无力偿还，就把儿子送到药店里来做工，以还欠账。

恰逢官家征招下西洋的医师和药工，镇上人对下西洋说得海途凶险，弄得不好有去无回。官府招不到下西洋的医生，便摊派海宁镇必须出一名医生或药师下西洋，镇上的医药公会只好想出一种抓阄的方式来派人。药材店的周老板抓阄前虽然到关帝庙烧过香，但却偏偏抓到了下西洋的阄。药店老板的儿子周吉宁是花花公子，怎吃得了下西洋的苦，一家人哭哭啼啼，药店老板的儿子死活不愿下西洋，也想到逃避躲藏，但被官府抓到要坐牢，这药材店也要充公，怎么办？周老板忽然心生一计，让穷小子陈小狗冒充周吉宁前去下西洋，条件是免除陈家所欠的一切药费，下西洋官府的补贴全归陈家所有，另外赠送一笔银两，以作额外补偿，陈小狗将来下西洋回来，作为正式药师来周家药材店当伙计。

郑和为了组织三万人下西洋的队伍，带着皇帝的诏命，派出多支征召使者到全国征召下西洋的各种人才，虽然开出了优惠的条件，官吏将官若选中，下西洋返回后可以晋升；家中若有人选中，其家可蠲免五年税粮，每位下西洋的人每月可领取三两银子，如果途中亡故，可得一百两银子的抚恤款。但是毕竟海途凶险，前途未卜。有些地方征召使所到之处官吏百姓唯恐避之不及，特别是选调兵丁，有些兵营里的士兵甚至一夜逃光；还有些船户，开了船只躲进海岛藏匿。郑和只得向相关各州各府指定征召名额，各州各府再把名额下达各县各乡村，强行征召，府州县官吏为保乌纱帽，只得派出军队抓人。

陈小狗家里实在穷，陈小狗的父亲卧病在床，想到让陈小狗顶替周吉宁下西洋去，可蠲免五年税粮，每月可领取三两银子，周老板还另支付一笔酬金。想想穷人的命也不值钱，就答应了周老板。周老板为怕担冒名顶替的罪过，又贿赂了官府，就让陈小狗顶了周吉宁的名字下西洋了。

陈良绍等听了陈小狗的一番叙述，也只能是声声叹息。一边安慰他，一边说你真要下船，待船到了五虎门，我们向郑大帅报告，看看能不能送你上岸回家。不过，你本来是小药工，我们这条医船上正也用得着，药房的李铁庵药师可是赫赫有名的药材师，你在这医船的药房上，李铁庵药师将会把他采药、辨药、配药、制药的经验全部传授给你，你这趟下西洋就是免费的学徒，回到家乡就可以满师了。

李铁庵药师看了看陈小狗，冷冷地说道："好男儿志在四海，晕个船就这样怕得要死，没有一点男儿样，我可不想收这样的徒弟。"

晕船不是病，吐三五天躺三五天，自然便会好。晕船的几天里，陈小狗感受了这个大家庭的温暖，周边都是医师药师，想学医学药，那是天赐良机。在周家药房，他只有抹桌子扫地倒尿盆的份。再说了，回到家里，谁来为家里还债？弄得不好还要以冒名顶替的罪被官府捉去坐牢。他想前思后，觉得还是留下来为好。

像陈小狗这样的人在船上不会少，即使在医船上也不是人人都像他们几个是自愿下西洋来的。了解各人的情况，有针对性地安抚他们的情绪，是当务之急。

经过一番问询调查，有三分之一是自愿来的，他们想看看西洋的风景，领略异国的风情，了解西洋各国的医药状况或经验，增长才干。这些人多是儒医，医术高超，家学渊源，家底也比较厚实，走趟西洋也不会影响家庭生活。三分之一是轮派来的，出于无奈，但也不激烈抵抗下西洋，可有可无，来了，同行交流交流也蛮好。三分之一是强招来的，是手气不好，医生同业，大家抓阄抓到了下西洋的阄，没得法子才上了船。这三分之一中像陈小狗这样冒名顶替来的倒也是极少数。

【第九回】

明月萧萧海上风　一往情深会梦中

明月萧萧海上风，君归泉路我飘蓬。

我思小玉归何处，来路艰险可相逢？

郑和的船队驶出刘家港，沿着海岸线在东海上向南行驶。开始，医师药工们还登上甲板好奇地欣赏海上的美景，海浪拍岸，雪卷千堆，朝阳升腾，海天霏红，落日金辉，耀金散银。前船千帆过，后船帆翩翩。医师们在甲板上指指点点，欢声笑语随着海浪传扬。

起风了，涨潮了，海浪一浪高过一浪，船只随着海浪摇晃起来，有人开始呕吐起来，脚步不稳了，医师药工们觉得天旋地转了，呕吐像传染病一样，一个又一个地呕吐起来，一个个赶紧摇摇晃晃地回到了房间躺下。

虽说晕船并不是病，但是肠胃翻江倒海呕吐和头昏目眩的感觉也是一种煎熬。人们在煎熬困苦的时候，便会胡思乱想，当然在这茫茫大海上，想得最多的是家人，是亲人。

蔡缥缈从小就漂泊在海上，经历过大风大浪煎熬过的，这些风浪对她来说是司空见惯，根本不会使她晕船。陈良绍的身边虽有蔡缥缈照料着，但是蔡缥缈只是陈良绍带出来的药童，她还得照料医船上其他的晕船的医生们。她要清理船上的呕吐物，要为各位医师擦拭被污物沾染了的衣物，要整理被颠簸得散落一地的药物。陈良绍不由得想起他年迈的父母、贤惠的续弦王氏，但想得最多的还是亡妻韩小玉。

小玉娇小可人，体贴温柔，陈良绍与韩小玉婚后恩爱有加，小玉家学源渊，耳濡目染，熟知病理，陈良绍白天为人诊病，小玉晚间秉烛与夫君共同整理病案，有时也互有唱和，日子过得温馨和美。

陈良绍祖上原是浙江永嘉人，他们家是从六世祖迁来苏州的。那是在南宋年间，苏州称平江府，他的六世祖叫陈文骥，做一个小官，调任平江府任茶盐常平司干办公事。这茶盐常平司就是官办的茶叶和食盐的专卖局。陈文骥在平江府的茶盐专卖局中做公干，那倒是一个肥缺，油水还是蛮足的。比起永嘉那个滨海城市，平江府可算是人间天堂了，于是便把一家子迁到了苏州。到了五世祖的时候，金兵已占了苏州，朝代的更迭，对那些基层的管理经济事务的小官来说并没有忠于前朝的义务，五世祖叫陈子荣，做了元朝时汾水县儒学教谕。元代对汉民族来说是个乱世，对于教谕这样的小文官来说早把世时看透了，他们的子孙也是读书人，是所谓儒，处于乱世的儒，便生出了宁为良医不为良相的选择，于是陈子荣的子孙便走上了从医的道路。陈良绍的高祖叫陈天佑，曾祖叫陈原善，都在元朝的平江路任医学，犹如现在的卫生局的医学官员或医学教授。陈良绍的祖父叫陈桓，字希武。陈良绍的父亲叫陈谦，字孟敷，此时已是明朝初年，他们都是苏州城里著名的医生，陈良绍的母亲姓杨，杨家也是苏州的名医。可以说陈良绍家是三朝五代行医了，家学渊源深厚得不得了，陈良绍在这样的医学世家，耳濡目染，早就精于此行了。

陈良绍家住在黄鹂坊桥边。黄鹂坊桥下是一条很宽的南北向的河道，河道两旁种了柳树桃树，春天里桃红柳绿，甚是好看，树上黄鹂鸣唱。河边房舍低平，河里停着小船，太湖渔民摇来各种湖鲜和菜蔬，城西的七指、灵岩、天平诸峰如黛横亘，苏州城西的山岭虽只在冬天偶有积雪，但意境和画面十分生动，犹如杜甫的一首《绝句》仿佛是写的他家门口的景。陈良绍特别喜欢杜甫的这首《绝句》，他请医门同道嘉定县的陈以诚依据杜甫的诗意结合黄鹂坊桥一带的景色画了一幅黄鹂胜景图，并请他的朋友翰林典籍梁同轩在画上题上杜甫的诗句，装裱后挂在自己的诊室壁间。陈良绍诊医空闲时便要看看画读读诗：

两个黄鹂鸣翠柳，一行白鹭上青天。
窗含西岭千秋雪，门泊东吴万里船。

在黄鹂坊桥的东南方向，有一座乐桥，乐桥横跨在干将河上，桥堍住着韩氏大家族。韩家与陈家是世交，韩氏先祖韩琦祖籍河南安阳，韩氏家族是在元代迁入苏州的。韩琦是宋天圣年间进士，官至陕西经略招讨使，与范仲淹同名于世，民谣有“军中有一韩，西贼闻之心胆寒；军中有一范，西贼闻之惊破胆”。韩琦曾拜右仆射、封魏国公，逝世后皇帝谥号忠献。韩氏家族还是著名的医家，设有“韩府药局”，后世均以医药传世。

从元代迁入苏州的韩氏先祖与陈氏先祖都是平江医学学正。这医学学正既是官职，负责培养教育考核当地医生的职责，管理当地医疗事务，为开业医师、药局的开设发照核准事项，也是地方上的医官。两家的渊源可谓深矣。

到了陈良绍祖父、父亲那一辈，陈家已不做医官了，只是民间开业医生，而韩家的医官却越做越大。明洪武、永乐年间，韩家兄弟韩公达和韩公茂都曾在苏州医学任职，后来又先后入选太医院为皇家看病。

韩公茂去世得早，因在太医院为皇室治病有功，洪武帝以三品礼厚葬韩公茂。韩公茂去世后，皇上又征召韩公达到太医院任御医，并赐予致和街府邸。

文渊阁大学士金幼孜还手书《赠太医院判韩公达》的五言律诗，称颂韩氏兄弟的医术。

昆弟俱荣遇，相承领国医。济人惟药物，种德在书诗。
姓字公卿重，勤劳圣主知。杏林千树好，雨露日蕃滋。

物以类聚，人以群分。但是也有人说同行是冤家，医生间就常有互相拆台、相互诋毁的事情，那大多是小郎中为了争地盘、抢生意所致。而在名医之间，他们一般都是学问高深、修养高雅之士，很少有这种事情发生。陈家和韩家既是世交，他们不但互相切磋医技，还时常相互唱和，更重要的是他们后辈之间都有通婚结成儿女亲家的亲密关系。

陈良绍二十岁了，陈家看中了韩公达的小女儿韩小玉。韩小玉十八岁，长得楚楚动人。

这年腊月，陈家向韩家下了聘礼，定了婚期，办了酒宴。前来贺喜的宾客如云，有些曾得到过陈氏医局救治的病家，得知陈家大婚，也都前来送礼。陈良绍吩咐把所收到的三万两礼金全部捐出，分别捐给养恤院一万五千两，捐给济民药局一万五千两，免费给贫苦百姓施药。韩小玉还从她的嫁妆中捐出二千多银两，他们聘请了一个专业的甃井工程队，在苏州城里的大街小巷中开甃井一百眼，这一百眼水井统一命名为“良玉泉”。分别取他们名字中的一个字，作为结婚纪念。同时，良玉泉也是好水如玉般洁净清凉的意思。

根据陈良绍的观察，每年夏秋季节，苏州城里总要暴发流行性痢疾或者瘟疫，从就诊的众多病人处得知，这些人多是喝了生冷的不洁河水感染的，而喝井水的人家很少有感染痢疾、瘟疫的，在苏州城里甃井百眼是医家为百姓防疫治病的义举。

婚后，陈良绍和韩小玉恩爱有加，不到一年时间，小玉的腹中隆起，韩小玉怀孕的消息让陈家上下沉浸在无比的幸福之中。陈良绍更是像个小孩一样，每天都要摸摸小玉隆起的肚子，听听小玉腹中的胎音，猜测小玉为他怀的是小子还是女儿。

然而，悲剧总是随着喜剧而来，想不到陈良绍在苏州城里建的最后一眼水井竟是为纪念韩小玉的。

韩小玉生来娇小，体弱多病，从小就捧着药罐子，怀孕后更是反应强烈，呕酸少食，面黄肌瘦。陈韩两家也多次为小玉会诊，开出各种滋补药、保胎药让小玉服用，小玉怀孕期间喝的药汤比喝的粥汤还多。

韩小玉的预产期是在金秋十月。陈韩两家上下怀着喜悦又忧虑的心情等待着小玉顺利分娩。陈良绍从八月开始就挂出一律不外出诊治的告示，目的就是要精心护理小玉顺利分娩。

然而这一年八月十二，太平乡的一位王姓大爷急奔陈良绍诊室，请陈良绍挽救处于难产危急中的儿媳妇。陈良绍告以不出诊原委，并请王大爷另请他医前去就诊。

王大爷一听陈良绍不肯出诊，急得连忙下跪，抱住陈良绍的大腿大喊救命。原来王家儿媳妇怀的是他儿子的遗腹子，儿子去年在阳澄湖中打鱼时忽遇狂风打翻渔船，儿子被卷进鱼网中无法脱身，淹死了。王姓三代单传，如果遗腹子死于腹中，王家就要绝了香火，千万请陈先生救陈家于危难之中。王大爷说只有陈良绍可救他儿媳妇及腹中胎儿性命，因为几年前也是他们村子里的一位妇女难产，人已昏死过去，恰遇陈良绍行医路过，闻得乡民哭声，为难产妇搭脉诊治，拔出金针在产妇天门穴上扎了一针，救活了产妇，产下了胎儿，此事传遍渔乡，因此唯有陈先生能救苦救难了。

王大爷哭救的事惊动了韩小玉。韩小玉挺着肚子出来，了解了全部原委，便对陈良绍说："我腹中这几天还没有动静，你救王家人危难要紧，你就赶紧答应了王大爷吧！"王大爷听韩小玉如此说，又朝着韩小玉磕头，说是遇到了救苦救难的观世音菩萨了。

听得韩小玉如此说，陈良绍吩咐家人细心照料小玉，并把各种预设的处置方法告知家人，一有紧急情况火速告知他。

陈良绍乘着自备的小快船带上王大爷去阳澄湖边上的太平乡王家庄去抢救难产的孕妇。陈良绍察看了产妇的状况，判断是胎儿横于产门，他指导产婆理顺胎儿，又在命门、合谷、人中三个穴位扎下金针，不多时只听得哇哇哭声，产妇腹中的王家遗腹子呱呱落地了，王家大喜，陈良绍真如王家的再生父母，给陈良绍谢了又谢。陈良绍没有心思领王家的情，连夜乘了自备的快船往家中赶，快船开到陆慕的河道，遇上了陈家赶来的小船，陈良绍心中咯噔一下，想必韩小玉有情况了。

确实是韩小玉出了事。当陈良绍乘上快船向太平乡为王家去抢救产妇的时候，韩小玉送陈良绍上船回房间时打了个趔趄，腰闪了一下，躺到床上时便觉得腰痛得厉害。当晚竟然大出血，羊水好像也破了，血水和羊水湿了棉被，家人们七手八脚，就是止不住流血，陈家立即通知韩家，韩小玉的父亲在京城太医院做医官，消息无法快速传达，陈韩两家懂医术的人也不少，但就是对产妇大出血没有良方。那些止血的虎狼之药又不敢使用，怕伤了胎儿。

当陈良绍赶回黄鹂坊家中的时候，韩小玉已经奄奄一息，陈良绍拉着韩小玉的手不肯松手，轻声呼唤着"小玉、小玉"。

韩小玉终于微微睁开了眼睛，轻轻地说了句："良郎，亨泉！"就此闭上了双眼，断了气息。

陈良绍抓牢小玉的手不肯松手，直至渐渐冰凉。陈良绍知已是无力回天，心中无限悲伤。

他记住了小玉最后的一句话：“良郎，亨泉！”亨泉、亨泉，他陷入深深的沉思。突然他想起了结婚不久，他与小玉到娄门外杉窦桥泗洲寺去进香，在寺前有一口宋代水井，水井的井栏用青石制成莲花座式样，井栏上刻着“亨泉”两字，刻石的时间是南宋咸淳元年（1265），刻有住山明叟的字号。

他们绕着井栏转了一圈，发现井栏上还刻有诗：

超拔幽魂去，刊题施主名。
共资功德水，法界永流品。
浚井无穷碧，良缘属泗洲。
清境因刹利，土厚得泉洇。

韩小玉不懂这口井的缘由。陈良绍先给韩小玉说了一段《左传·隐公元年》记载的一篇千古流传的“郑伯克段于鄢”的故事。说郑庄公出生时是双脚先出母胎，是“寤生”，即难产，因此他的母亲姜氏不喜欢他，而溺爱他的弟弟共叔段。在郑庄公即位后，姜氏与共叔段密谋推翻庄公的王位。事败后，郑庄公把他的母亲幽禁在城颍这个地方，并发誓说：“不及黄泉，无相见也。”事后，郑庄公又怕担不孝的恶名，后悔事情做得过分了，但是王命难以收回，怎么办呢？这时，小官颍考叔向郑庄公献了一条既不违王言，又可做“孝子”的妙计，他说：“如果大王派人挖一条通达地下泉源的隧道，然后大王与母亲在这隧道中相见，谁能说不是‘黄泉相见’呢？”颍考叔把人们想象中的阴曹地府具体化了。最后郑庄公依了颍考叔的办法，演出了一场母子“黄泉相见”的喜剧。

陈良绍讲了这个故事后继续说：这个水井题名为“亨泉”。这个“亨”字在《易经》卜辞中为常见字，是通达顺利之意。亨泉的字面意思就是水源通畅的一口水井。然而这口井乃泗洲寺僧住持开挖，就又大有讲究了。井栏上落款“明叟”的这个人是位和尚，他是南宋咸淳年间泗洲寺的方丈。

这是一口由一位施姓施主出资，由泗洲寺明叟方丈住持开凿的一口水井。姓施的施主为什么要请和尚住持来开凿这样一口水井呢？陈良绍继续向小玉解释说:

这位施姓施主的妻子因为难产去世了，人们认为妇女难产死后身上沾满了污血，通不过“黄泉路”，阴曹地府不接受她们的亡灵，以致她们的幽魂到处漂泊，闹鬼兴灾，人畜不宁。为了超度难产死去的女子，人们就按照郑庄公的办法设想出一种由当事人家出钱，寺院住持开凿一口水井，并由高僧住持开设道场，念经烧香化纸，为亡妇发放通向阴曹地府的通行证。亨泉在这里除了有水源的本意外，也兼有了黄泉阴府的含义，泉属阴，通阴间地府。

韩小玉听得入神，却又突然神伤，冒出了一句："假使我有一天难产去世，良郎可要为我捐一口亨泉啊！"

陈良绍知道自己讲多了，吓着了小玉，连忙说："别瞎说，你不会难产的，即使难产，还有我这位神医呢！"

想不到韩小玉在泗洲寺前亨泉边说的话真的一语成谶。

陈良绍记起这段往事，心中无限悲伤，韩小玉难产，自己竟不在身边，救了别人，却没能救活妻子。他决心为韩小玉做九九八十一天的道场，捐一口大大的"亨亨泉"，为韩小玉超度亡灵，在"亨亨泉"挖通后，他也要到井底走一走，与韩小玉在阴曹地府相见。

韩小玉难产去世后，韩小玉的父亲十分难过，对陈良绍也颇为不满。有人说这次陈良绍被推荐随郑和下西洋就是韩公达为了表达对陈良绍的不满，目的是让陈良绍吃吃苦头。不过，这是传言。对陈良绍来说，他是极愿意到西洋去闯荡一番的。

因晕船而躺在船舱里的陈良绍便有了一首悼亡诗在心头涌出：

明月萧萧海上风，君归泉路我飘蓬。
我思小玉归何处，来路艰险可相逢？

陈良绍就这样迷迷糊糊地忆起了亡妻韩小玉。迷糊中，感觉韩小玉来牵他的手，小玉还俯下身子来贴在他的身上，一阵少女的奶香味让他不能自抑，他一把将韩小玉搂在怀里，深情地呼唤："小玉、小玉！"

当他睁开眼时，才明白怀里搂着的是蔡缥缈。蔡缥缈见陈良绍躺在床上，手伸在被子外，是过来给他盖被子的。陈良绍一把搂住蔡缥缈，蔡缥缈也顺势躺在了心仪已久的陈良绍的怀里。

【第十回】

慰魂灵良绍用美声　组乐队郑和有高见

海上明月共潮生，悠悠乐声慰我情。

万里远征不寂寞，乐队从此壮旅程。

下西洋的船队从太仓刘家港出发，沿着海岸线向南，渡过杭州湾，驶过舟山群岛，转过石塘尖，通过霞关卫就到了福建海域，风景秀丽。午间虽然闷热，但甲板上凉风习习，除了少数旱鸭子晕船厉害，大多数从沿海一带招来的兵士和船员都没有太大的反应。船员们都喜欢在早晨和傍晚到甲板上来看日出日落，观月升月降，晨风清凉，晚风习习，惬意凉爽，有些人禁不住哼起了小调，吟起了诗文。

船到了福建长乐的五虎门港。五虎门港处在闽江口，闽江口与东海交汇处有“双龟把口”“金鸡报晓”“白猴锁江”“五虎守门”等岛礁，特别是“五虎守门”礁，如五只大虎守住海口。这些岛礁挡住了海浪，形成了一处风平浪静的天然良港。郑和下西洋的二百多艘海船要在这里编组、操练、演习、整训，熟悉联络方式，明确规章制度，待郑和率众再次上岸祭祀天妃娘娘后，才正式宣告开港远征。

老船工、老水手知道，只有从五虎门出发后，才能称得上是真正地开始海上航行了。他们想，那些天哼哼唧唧的书生们、旱鸭子们马上就要哭爹喊娘了。

船队从五虎门出发后，风正紧，帆扯满，船队浩浩荡荡地向万里石塘海域全速进发，半天工夫，海面上已是水天一色，云翻浪涌了。船舰开始激烈地摇晃起来，除了那些老艄公、老水手，船上众多的士兵、伙夫、杂役、医生、官员无一不翻胃卷肠，把吃的吐得干干净净，还不停地打干呕，有的甚至把黄水胆汁也呕出来了。一个个瘫倒在船上，闭上眼睛还是觉得天旋地转。

这时，郑和的船向医船发来了旗语，要陈良绍想法子来治治这晕船症。这时候医船上除了蔡缥缈外，陈良绍、匡愚、郁震他们也都东倒西歪，瘫软得不能动弹，比在东海上晕船更厉害。蔡缥缈在颠簸的船上如鱼得水，忙碌地给陈良绍他们擦拭、洗涤、清扫，给他们喝些醋茶，讲些笑话，让他们分散注意力以减缓晕船的症状。蔡缥缈知道这晕船是没有药治的，她便自作主张，叫船上的旗语兵向郑和的船发去医嘱：不必惊慌，晕船是常事。不治自愈，各船分发话梅。

原来陈良绍他们采购的三百缸九制梅、五百坛酒泡杨梅除了储存在医船上一部分，早已分发到了各条船上，由各船自己掌握使用。晕船对绝大多数人来说是一个过程，并没有治晕船的特效药，给大家吃几粒酸涩咸甜的九制梅，是一种刺激或安慰，刺激人们振作，安慰人们自愈。

一连三天，晕船的人们精疲力竭，如九死一生。船队终于到了万里石塘。万里石塘是由千万个珊瑚岛群组成的，珊瑚海藻把这岛礁染得淡黄粉绿，像一串连着一串的鲜艳项链，一座连着一座的小岛，又似海上的万里长城，形成一个又一个的天然避风港。郑和的船队到了万里石塘已是黄昏时分，风小了，浪平了，月亮升起来了，海上一片银辉，船队找了一处港湾抛锚停船，给晕船的人们一个休整。

医船上的蔡缥缈是从小就在海上闯荡过的，这点风浪对她来说毫无影响。陈良绍他们在蔡缥缈的精心照料下最先恢复了元气。

当晕船的人们缓缓走上甲板来的时候，一阵悠扬的笛声从医船上传出，吹笛人高冠博带，穿着一袭淡绿色的衣裳，宽大的衣袖和腰间的绸带在晚风中飘逸，笛声划过水面，飘过桅顶，送到了每个船员的耳朵里。那是一曲《姑苏行》，欢快明亮，让人们疲惫的身心一下子振奋了起来。

一曲笛子演凑后，医船的甲板上走来一位头扎银白素巾，身穿银白素衣的吹箫人。他在船头站定，一支长箫抱在胸前，略一凝神，竹箫中翻腾出一曲如诉如泣、哀哀怨怨的《汉宫怨》，箫声如海面上一圈一圈的涟漪，不由得让人想起千里之外的亲人。这时，风正爽，月正圆，一股乡愁涌动在船员们的心头。几滴清泪，沾湿了衣襟。

箫声收起，瑟琶弹响，叮叮咚咚，如玉珠落盘，如春蚕噬桑、雨打芭蕉，一位红衣女子坐到了船头，云鬓高耸，琵琶遮面，歌声唱起：

春江潮水连海平，海上明月共潮生。
滟滟随波千万里，何处春江无月明。

这是一曲《春江花月夜》，这高雅的曲子本来不是船夫和士兵们喜欢的，但在这天低波阔的万里海疆上，唯有这一支皇家船队漂浮在海上，几天来的晕船呕吐，很的人觉得似乎刚从鬼门关活过来，有这样清丽婉转的歌声在海面上荡漾，真如痛饮琼浆玉液一般。

于是有人喊道："拿酒来！喝一壶！"

酒香飘过了船梢，船员们一个个兴奋了起来。

"好，唱得好！再来一个！"喝彩声此起彼伏。

江天一色无纤尘，皎皎空中孤月轮。
江畔何人初见月？江月何年初照人？

红衣女子唱得更动情了。江畔的月何似今日海上的月呀！写诗人只见过江上月光明，唱曲人却观赏了海上明月升。古人江边望月，我在海上赏月。古人看过的明月，今日在这茫茫海上照着我，红衣女子感动得掉下了眼泪。这或许是万里海疆上响起的第一次歌声吧：

人生代代无穷已，江月年年只相似。
不知江月待何人，但见长江送流水。
白云一片去悠悠，青枫浦上不胜愁。

船队的所有人似乎被红衣歌女的歌声征服了一般，人们若有所思，心有所动，感受着思念，享受着美好。

一曲终了，人们长时间地欢呼，尽情地享受美酒和食品，晕船的苦痛随着歌声的远逝抛到了海里。

唢呐响起来了，两位汉子，着黑衣裳，显得精悍，十指捏着唢呐对着天，向着海，吹奏出高亢、嘹亮的乐曲，这热辣辣的乐曲震动着人们的耳膜，激荡着人们的心胸。

随着唢呐声，锣鼓队上场了。他们红衣红裤，大鼓挂在胸前，腰鼓吊在身体两侧，鼓槌系着红绸。铜锣又分钲锣、筛锣、大锣、小锣，锣槌也是系着红绸。又有各种大钹、小钹，也系着红绸，鼓声咚咚，锣钹锵锵咣咣，如震天霹雳雷声隆，如排山倒海浪涛涛，锣鼓队表演时或仰面朝天，或骑马蹲裆，狂跳狂舞，如醉如痴，气势恢宏，酣畅淋漓。

一时间，海员们齐声随着锣鼓的节拍欢呼，欢呼声盖过了海上的浪涛声，把海员们的情绪调到了极致，晕船引起的头昏、呕吐导致的不适，胸中的烦闷都被抛到了九霄云外。

整场演出都是在医船的甲板上进行的，船只在夕阳的余晖映照下显得光辉灿烂，万里石塘成了一片欢乐的海洋。

当陈良绍他们同样沉浸在欢乐之中的时候，郑和的帅船上传来了号令，着陈良绍和乐班人员上帅船面见郑大帅。

郑和刚才与秀秀也在楼船上听得出了神。郑和与秀秀过去在宫中天天听宫廷音乐。皇帝上朝要奏乐，皇帝出行要奏乐，皇帝吃饭要奏乐，在宫廷里奏乐的时候是他们最忙碌的时候，没有一次是在这样海阔天空的环境中和晕船后如死后复生的心境来欣赏音乐的。这乐师、歌者和唢呐锣鼓的演奏，好似天庭中的仙乐，让郑和与秀秀如痴如醉。

郑和毕竟是一个清醒者，他突然想到，医船上有这么一支乐队陈良绍怎么没有和我说过呀，而且还招了几位女歌伎上船，弄得不好是要引来灾祸的呀！得把陈良绍找来问个清楚。

郑和派来了一艘快艇靠上了医疗船，快艇上伸上来一架木梯搭上了医疗船，陈良绍和乐队众人爬着梯子上了快艇，快艇抽下梯子驶向了郑大帅的宝船。

陈良绍不知郑大帅召见他的用意，是对他们的演出表示肯定和赞赏？是要这支乐队到帅船上单独演出？还是因为他们招徕演员没有向郑大帅打招呼有所冒犯要当面斥责他？陈良绍心里忐忑不安。

不一会，快艇就到了郑大帅的宝船上。郑和乘坐的帅船长四十四丈，宽十八丈，是一艘五层楼船，像一座琼楼阁宇浮在大海上。快艇来到宝船下，像一叶扁舟，它们本是系在宝船两侧用来与各船联络的。他们被帅船上的吊篮吊到了帅船的甲板，再从甲板被护卫带进了议事大厅。议事大厅设在楼船的三层，议事厅里布置豪华，一式的红木座椅，地上铺了波斯地毯，十八个绢制的大灯笼高悬，把议事厅照得通明。

郑和坐在帅位上，陈良绍领着乐队向郑和下跪："良绍和乐队前来参见大帅。"

郑和缓缓地说："免礼，平身。给陈先生和各位乐师赐座。"

陈良绍坐定后，郑和问道："先生带来的乐队是怎么回事？"

陈良绍说："本欲向大帅禀报，只因大帅太忙，还没有来得及说明。他们其实也算是我征集的医疗队的成员，我们此前在和各位医师商量的时候，曾经想到海上生活枯燥，容易引起船员心神烦乱，光靠药物是无能为力的，需要精神抚慰，我们匆匆组建的这支乐队今天是第一次演出，还请大帅批评指点。"

绿衣歌女上前说道："郑大人，我们几位是卖艺的伶人，对西洋早有耳闻，听说大人率众下西洋，陈先生要我们到船上来献艺，与我们的想法一拍即合。我们很想随大帅一起到天涯海角闯荡闯荡，长长见识，我们就上船来了。"

郑和一看，此人面熟，正是那日在苏州姑香茶楼唱曲的歌伎柳如玉。郑和看着这如花似玉的女伶越发可爱了，便说道："既然如此，甚好。只是这船上忌讳女子上船，为避舵工们非议，从此后，柳如玉和几位歌女还是来帅船上作天妃娘娘的侍应吧，也好陪陪秀秀。"

"刚才乐队的表演很精彩，确实如陈医师所说，鼓舞了士气，振作了大家的精神，各位医师们想得周到。"郑和继续说道，"不过，我想到了海上，各位医师诊病配药会很忙，组织乐队训练和演出会忙不过来。另外，你们的这次演出给我启发很大，我要在下西洋途中组织一支大乐队。你们这些乐师演员全部住到帅船上来，我要从各船士兵中再挑选十几位会吹拉弹唱的人来，由乐师们培训他们。平时在帅船上演出，娱乐大众，每到祭日，向天妃娘娘献乐，出使诸国和迎接来宾时，作为我大明船队迎送的仪仗。”

陈良绍不知船上忌讳如此严格，想到郑和能想出这一妙计来保护柳如玉，心里不由得更感激郑大帅了。郑大帅又从全局出发正式组织船上的乐队，使他们医师也免除了安置伶人们的起居生活，演出费神费力，心里反倒宽松了不少。便向郑和说道：“大帅想得周到，乐队归帅船管理极好。”

从此，陈良绍招募来的一批伶人便成了大明下西洋乐队的正式教习，他们悉心向业余乐手教授音乐，练习唱腔。郑和又派人按照皇家乐队的仪规制作服饰行头，回忆记录宫廷曲谱。同时，也编写一些沿途见闻、民风俚俗的艳词，以娱乐船上的海员。一支受医师们启发，由郑和组织的三十六人的乐队，成了下西洋船队上大明威仪的阵列、宣扬和平的使者和抚慰船员心灵的巫师。

陈良绍想到曾带着蔡缥缈上船，还没有机会向郑大帅禀报，他趁机向郑大帅说明了情况，因为蔡缥缈会番语，这次带蔡缥缈上船来是作为医船的通事来的。

郑大帅早已知道蔡缥缈的身世，这是位知恩图报的奇女子。大帅对陈良绍说：“以后如果有人对蔡小姐上船提出议异，你就说是郑大帅批准的。她是医船上的通事，她还要跟着船去渤泥国寻找亲人。对了，帮蔡缥缈寻找失散的大哥你可要用点心啊！”

陈良绍所有悬着的心事都放下了，他感激郑大帅的大度和仁爱。

郑良绍又把陈小狗被逼冒名周吉宁下西洋的事向郑大帅作了汇报，并说根据他的调查，船上有三分之一的人是被官府强征被逼上船下西洋的。

郑大帅长叹一声说道：“海途艰险，小民畏死，情有可原。官府强征，实属无奈，既然来到了船上，我们都要好好善待，风雨同舟，命运相共。愿妈祖和所有的神灵都保佑我们下西洋的船员平安往返吧！请你转告医船上的所有医师和药师，定当尽心尽力，保障海员的健康。你们都是读书人，所谓不为良相，便为良医，你们懂得的道理更多，更要为朝廷尽忠，为下西洋出力啊！”

陈良绍叩谢郑大帅的教诲，下了宝船，乘上快艇回到了医船上。

【第十一回】

作画吟诗组诗社　纪闻述奇娱众生

儒医本是孔门生，书画琴棋亦擅名。
天海浪涛皆入画，诗骚词赋述真情。

陈良绍回到医船上，召集所有医师和药师传达郑大帅的指令，特别强调医务人员作为孔子门生要为朝廷尽忠，与下西洋的近三万海员风雨同舟，命运与共，全力保障下西洋海员的健康，为下西洋出力。

陈良绍还专门找来陈小狗和药师李铁庵，转告郑大帅对陈小狗的关心，尽管他是冒名顶替来的，但来到船上就是一家人，要他好好珍惜这个机会跟药师李铁庵学技术。

陈小狗十分感动："感谢大帅的关心，几天来我已体会到医船上的各位师傅对我的关心体贴了。医船就像一个大家庭。我一定要像一个男子汉一样，振作起来，向各位学医学药，成为一个好医师、好药师。"

李铁庵拍拍陈小狗的肩膀说："你有这句话，我就正式收你为徒了！"

陈小狗立即向李铁庵下跪："师父在上，请受徒弟一拜!"

陈良绍请来陈以诚，写下了陈小狗拜李铁庵为师的拜师帖，师父李铁庵、徒弟陈小狗双双在拜师帖上画押按印，陈良绍和陈以诚作为证人也在拜师帖上签名画押。这是下西洋医船上的第一份拜师合约，此后又签订了多份拜师合约，从此医船上成了传授医术的大学堂。为此陈以诚还写了首打油诗：

铁庵药骨硬似铁，小狗汪汪追随啃。
海浪涛涛医船过，天涯归来狗成才。

郑和的船队穿过万里石塘，继续南下。浪涛涛，波汹涌，船员们也渐渐适应了海船的颠簸。

下西洋的船队的动力有三种，一是自然风，二是洋流，三是人力。在这三种动力中，郑和下西洋是万里远航，自然风和洋流是主要的，人力只是一种辅助动力，是在靠岸或启动阶段使用橹和桨把船推向顺风顺水后利用风力和洋流前行。

洋流按成因分为风海流、密度流和补偿流，掌握洋流才能顺势而行。郑和统率的船队是帆船，它的主要动力是风。我们知道亚欧大陆是世界最大的大陆，东临世界最大的洋——太平洋，海陆热力差异大，因而亚洲南部、东南部和东部，季风气候显著。季风随着季节的变化风向相反，又由于表层海水在风的吹拂下会沿着一定方向流动，这种现象称之为风海流，是洋流的一种。特别是在北印度洋，受热带季风的影响，夏季吹西南季风，海水按逆时针方向流动，冬季则相反。郑和的船队就是巧妙地利用了不同时间的风向和洋流流向，风帆高举。郑和下西洋的船上根据不同的载重量的船，船上的桅杆有一至九杆不等，所挂帆篷从一帆到十二帆不等，正是凭借着季风和洋流完成下西洋的壮举的。

我们常说一帆风顺，以为顺风是帆船的风帆利用风力最大、推动船向前航行最快捷的时机。其实这种理解是错误的。一般人对于帆船往往会有一个错误观念，以为帆船是被风推着跑的。其实帆船的最大动力来源是当空气流经船帆类似机翼的弧面时，产生的一种向前向上的推动力，因此，帆船才有可能朝某角度的方向前进。而当顺风航行时，船只反而不能达到最高速度前行，弄得不好还会阻碍帆船前行。

相对来说，帆船在横风的时候，速度是最快的。也就是说，航行的方向和风向接近垂直的时候，帆船的速度是最快的。逆风时，调整帆的方向，使吹来的逆风鼓动风帆推动船向左前或右前移动。前进一段时间后，再把方向改向另一边，这样逆风时帆船就可以沿Z字形路线前进了。

这些道理都是海上航行者在实践的摸索中得知的，也是口口相传中传给一代又一代航海人的。

中国的中医药知识与航海技术一样，也是由师傅传徒弟口口相传的，有文化的医师便把这些医术药学知识记录下来，形成医书药书，传诸久远；而航海者大多没有文化知识，极少有航海的专著问世。

郑和下西洋的船队基本上都是在赤道附近的低纬度航行，对低纬度太平洋和印度洋季风和洋流的认识是在前人航海经验积累的基础上得出的。郑和下西洋前做了大量的前期准备，从浙江、福建沿海挑选了大量的具有航海经验的航海人才下西洋。这其中的火长、舵工、水手、民稍和班碇工就是长期航海的熟练海员，世代相传，他们有着张帆、转篷、驾舵、锚碇等航海的丰富经验。

郑和的船队在海上鱼贯前行，前面为先锋船，中间是帅船、货船、医船，后面还有后卫船。这样庞大的编队船舰是有史以来第一次出现在海洋上。

船队的前方即将驶入占城国了。占城国是一个傍着大海的国家，海中有一大群大大小小的海岛。这些海岛或称海上峰峦，有许多不可名状的奇石，有的如屏风隔浪，有的像仙人赶脚，有的似樵夫观棋，有的若飞鱼逐浪……更兼有海浪侵蚀礁根，礁石与海面相接处千疮百孔，稍大的礁石上便有苍树异卉，鸟兽奔夺……

是谁把桂林的山水搬到了海上？有谁在这海上仙岛栖息繁衍？这么美丽的景色吸引了海员们来到甲板上欣赏，发出一声又一声的赞叹。

医船上的医师和药师也都来到了甲板上欣赏海景。他们中不乏诗人和画家。他们本来就是孔门徒孙，熟读圣贤经文，有的是没能敲开科举仕途的大门而走上行医的道路，更有的是移情别恋，寄情物外，借医道游山玩水而别有情趣的人。这样的仙岛美景，怎能不燃烧起他们胸中的块垒？他们不禁吟哦起来。那吟哦便是他们对海外仙岛赞美的诗句。

常熟的匡愚作诗有板有眼。他吟了一首五言绝句：

积水起寒烟，海舟路几千。
孤猿啼海岛，群雁起桑田。

众人连忙叫好。赞声刚落，太平府的医师彭正已经一挥而就，他高声念道：

人生意气豁，不在相逢早。
游子无根株，茅斋付秋草。
西洋乘星槎，挂帆穷海岛。
苍茫风尘际，蹭蹬麒麟老。
志士怀感伤，心胸已倾倒。
采得不死药，人好乌亦好。

听得“人生意气豁，不在相逢早”，众人已拍手说妙。最后听得结句“采得不死药，人好乌亦好”，众人更是兴奋不已。

陈以诚是松江府嘉定征召来的医生，在各位儒医拈须吟诗、挥毫录诗的时候，便在甲板上铺开宣纸，取出笔墨，润墨作画。如黛的群岛、怒涛拍岸的海浪、远近丛生横虬的树木、迤逦前行的帆船，一幅海上风景水墨画便出现在纸上。众人拍手称好。

陈以诚请陈良绍为画作题诗，陈良绍也不推辞，略一沉吟，便在陈以诚的画作上题下七言律诗一首：

倒影群峰山入海，欲飞孤岛九天汇。
黑云翻墨未遮山，白浪跳珠幻五彩。

众人拍手称这是诗书画三绝。

湖北蕲春征招来的药师李铁庵在家中开着药铺，也上山采药，对药材颇有研究。平时不声不响，见众医师纷纷作诗吟诗，也吟了两首药名词。

生查子二首

相思意已深，白纸书难足，字字苦参商，故要槟榔续。　　分明记得约当归，椰果菠萝熟，何事龙涎屿，香馨回乡曲。

朝廷数擢贤，旋凯凌霄路，自是浮槎人，艰险无夷处。　　也是没药疗孤寒，食薄何须误，大幅纸连粘，砗磲归田赋。

众人鼓掌叫好。

陈良绍说：“李药师念念不忘采集海药，槟榔、椰果、菠萝、砗磲、龙涎香，种种海药入词，妙妙妙！”

陈良绍说：“趁着有以诚医师现成的笔墨和宣纸，请大家把诗词录在纸上，将来请裱匠裱起来办个下西洋诗画展览会。”

轮到郁震作诗了，只听得他不慌不忙地念道：

莫话桑田成大海，敬呈清爽雪山糕。
冤禽填海海不涸，请赏吾家延寿桃。

郁震念完诗，拿出一只口袋，向大家分发雪山糕和延寿桃。这雪山糕是用雪白的糯米加上薄荷、桔梗等中药制成。既可充饥，吃在嘴里更是清凉满腔，暑火全消。而延寿桃也是用桃干加甘草、冰糖、雪梨、梅汁配制而成。吃了生津通气。众人听了郁震的诗，又尝了他的雪山糕和延寿桃，更是兴致大增。众人纷纷向郁震讨要雪山糕和延寿桃，一时热闹非凡。

正在大家哄闹时，引来了郑和从帅船上乘了快艇向他们的医船驶来。郑和上得医船见大家兴致很高，问道：“各位医师什么事情这样高兴？”

陈良绍向郑和介绍说：“刚才大家见这海岛美景便心生诗意，在这里作诗画画呢。又有郁震向大家散发雪山糕和延寿桃，吃得开心，惊动了大帅，现有各位的诗作和画作在此，敬请大帅指教。”

郑和说：“有好吃的先拿来给我尝尝呀！”

郁震拿出一块雪山糕和一枚延寿桃递给郑和：“大帅来得正好，只剩下最后两块了。”

郑和一边吃一边说好，听郁震说只剩最后两块了，便揭穿郁震说：“哈哈哈，你别骗我！你那船舱里藏了不少！你是不到关键时候是不会拿出来分发给大家品尝的。”

郁震接大帅的话，不说有也不说没有，只是神秘地微笑。

郑和走到铺满诗作和山水画稿的甲板上，低头欣赏，有时低声吟咏，有时颔首称赞。

欣赏完所有诗作画稿，郑和对大家说："各位儒医，你们不但医术高明，满腹经纶，还是诗仙画神，真的是应了那句'不为良相，便为良医'的俗语。既然各位有如此雅兴，不如在我们的船队上成立一个诗画社如何？请各位一路上用书画诗文记录所见所闻，把下西洋的大事记录在案，让我大明的伟业流芳百世。我提议就叫'海樵诗画社'，我也算一个。还有船上的几个通事，像费信、马欢等，凡有文化能记事吟诗作画的人都可以参加进来。你们如果笔墨纸砚带得不够，我那帅船上可以派人给你们送来，那可是皇家作坊制作的上等笔墨纸砚啊！给你们正派得上用场。"

郑和的提议正合众医师药师的心愿，大家齐声叫好，并恳请郑和当诗画社社长。

郑和说："我的事情多，社长我就不当了，我提议让陈以诚和陈良绍来做海樵诗画社的正副社长，我就当个名誉社长吧！如果大家同意，就请鼓掌通过！"

众人热烈鼓掌。

郑和说："我既然是名誉社长，也来作诗一首，与大家同乐！"

陈以诚铺开八尺大宣，陈良绍递上饱蘸香墨的羊毫，只见郑和略一沉吟，便大笔一挥，龙飞凤舞般写下一首诗：

龙船浩荡下西洋，海道通连达八方。
日月大明千载照，太平永乐万年长。

郑和的诗中规中矩，气势浩然，众人齐赞。

郑和说："我来医疗船倒不是知道你们在吟诗作画才来的，我是有一件事要与你们商量，就是你们这批医师药师不能只等着病人上船来看病，虽然我们是一个船队，但是船与船之间隔着大海，船与船之间来往不是很方便，我特地为医船派来一条快艇，希望你们派医师药师分批乘着船到各条船上去看看，了解船员的情况，看看他们有什么病痛和用药的需要。就像医师有两种看病的方法，一是坐诊，等病人上门看病。还有一种是巡诊，上门为病人看病。希望你们商量一下，搞一些巡诊活动。”

陈良绍说：“郑大帅想得周全，我们一定照大帅说的搞好巡诊，大帅为我们送来了快艇，我们与各船联络就方便了。”

郑大帅说：“我一来扰了大家的诗情画意，你们继续吟诗作画，我就不打扰大家了，待会我就派人将笔墨纸砚送来供大家写诗作画，记录下西洋的历程。”

大家恭送大帅上船，诗画活动继续进行。

正在这时，一条小艇送来了一位病人到医船上来急救。这是一位烧伤病人，名叫杜兰尼。

杜兰尼的烧伤是因失火引起的，这失火又是杜兰尼为祭奠他的师傅而起，他的师傅是著名的泥人王，杜兰尼是在监狱里跟泥人王学的捏泥人。

话得从头说起，杜兰尼本是庄稼汉，曾经因为欠缴租粮，被地主告到县衙，被县老爷判了抗租顽民，关了大牢。他有一双勤劳的双手，蹲在大牢里实在闲得发慌，娘子还要四处借粮煮了粥来送牢饭，想想实在难熬，他想一死了之，但总找不到机会。

同牢房的有一位捏泥人的师傅人称泥人王，因为风水纠纷坐牢。他捏的一只大老虎，虎口对着屋后居姓人家的大门。这居姓人家主人突然暴病死了，找不出原因，请一位风水先生来相宅子。这位风水先生东瞧瞧西看看，祖屋坐北朝南，东邻茶馆，属水，西邻钱庄，属金，屋后是一土山，后有靠，左右金水相补，是个良宅。前面是个捏泥人的铺子，属土，虽南北之间夹在土堆之间，略嫌局促，但人只要立得正倒不失为一个“佳”宅。再细看对面泥人铺的摆设，屋里摆满了各式各样的泥娃娃、泥鸟泥兔泥狗泥猫泥马泥牛泥龙泥虎，刷红挂绿，点睛描花，如同活物，甚是热闹。这些活物摆在泥人铺里，泥人铺如同生气勃勃的山林，这居姓人家的祖屋倒是一座很有生气的佳宅呀！

风水先生又站到居家的门前抬头察看，猛地一惊，原来泥人铺屋后的窗口，摆着一只白额大虎，张牙舞爪，虎口大张。这只白额大老虎是泥人王应一位武姓人家捏的。武姓人家喜添一男丁，生下来就有九斤，如武二爷再世之相，开心得不得了，就来请泥人王捏一只大大的老虎，泥人王捏好大老虎后没地方安放，就放到了楼上北窗口阴干，却不意间吓着了居家主人。

这风水先生又听说死者死前曾大叫“虎虎虎”，一口气没说完就咽了气，便认定主人是被这只张着血盆大口的老虎摄了魂。主人娘子听得风水先生如此说，便想起丈夫这几天总是魂不守舍，曾与对面捏泥人的师傅吵过一架，说他捏的泥人勾他的魂，要对方搬家另寻店铺开张。对这无理要求，捏泥人的师傅当然不同意。但这风水先生如此一番描述，居家便找了人打上门来，把对着他们家的那只老虎砸个粉碎。捏泥人的师傅也生起气来，对着砸泥虎的人当胸就是一拳，那人却不经打，扑通朝后倒下，便气绝身亡。本来风水一说只是风水先生胡说一气，倒也判不得罪，关不了牢，但因这打死人的事，泥人王被判了个死刑，等待秋决砍头。

捏泥人的师傅也只得认命了。两人关在一起，捏泥人的师傅说了，你这后生，关几天牢多大事呀，就寻死觅活的。小伙子，我看你是个实在人，你这糊弄庄稼的双手，要靠天吃饭，不如让我来把捏泥人的手艺传给你，认我做个师傅，我也不收你的拜师费，人皆说教会徒弟饿死师傅，我已判了死刑，还怕饿死不成？我是光棍一个，将来我砍头后，你来帮我收个尸，筑个坟，在我的忌日给我烧几张纸，免得我成孤魂野鬼。你将来靠手艺吃饭，天荒饿不死手艺人，把租田退了，别再守着两块租田受地主的气。

杜兰尼听泥人王讲得有理，于是当晚便开始学和土、调泥、捏形、划面、细雕、上浆、涂彩等各道工序，有的就地取泥，手把手地捏泥，有的工序受制于牢房，泥人王只能详细叙说，种种关节，道道秘术，原原本本，清清楚楚给徒弟说了。半年多时间，徒弟捏泥人技术学得差不多了，这时地主家来了位说客，说只要杜兰尼肯顶替主人家儿子下西洋去，他们马上叫县官免了他抗租的罪，放他出狱。还说官府给予下西洋的人的一切补贴他照拿之外，地主家可以免去杜家所有地租，并且还可以在杜兰尼下西洋期间供他家人钱粮度日，下西洋期间如有不测，除官家的补助外，还将拿到比官家多一倍的补助。杜兰尼也不知道下西洋是怎么回事，但有这么多好处，他也就答应了顶替地主家儿子下了西洋。

出狱前泥人王再三关照杜兰尼别忘了承诺，杜兰尼说："一日为师，终生为父，请师父放心。"出了狱，杜兰尼才听人们说下西洋很可怕，什么滔天大浪，有去无回呀什么的。但既然应承了，他也就不再反悔了。出狱不久，他的师父就在秋决时被砍了头，杜兰尼如约为师父收了尸，筑了坟。

到了船上，他想起了师父的忌日，就在这一天偷偷地在船舱里烧纸祭奠师父，想不到船舱仄小，海上风大，便呼呼地烧着了舱内的柴草。他一看不得了，就用身体死死地扑着火堆，硬是靠着身压手拍，把明火压了下去，同船的人赶来才一起扑灭了大火。因为他失火救火，胸腹和手掌都烧伤了，被人送到医船上来救治。

药师李铁庵精心配治了火烫膏，日日为杜兰尼涂抹换药，才不致发炎溃疡，一月余便结了疤，平复如初。杜兰尼无以为报，即扫起医船角角落落的尘土和以雨水，反复捶打，清除杂质，炼成精泥，因李铁庵天天为他涂药换药，杜兰尼对李药师的面相已烂熟于心，他的长马脸、尖下巴、突额隆鼻、倒三角眉、眯细眼、薄皮嘴巴，印象极深，杜兰尼用他的手指捏呀按呀，用指甲抠呀挖的，用指面沾上口水抹呀摸啊，半天的光景，捏出了一个惟妙惟肖的李铁庵头像，他先放在床底下阴干，再移到窗口晾得发硬，又放到太阳底下去晒了两天，待它干透了，想找点油脂来给它涂抹一通，使它油润，因找不到油脂，便用李铁庵为他配制的火烫膏来上油，因这火烫膏中有冰片、朱砂、香油、没药、香料一类防腐药物和油脂，涂抹后倒也油润光亮且有香味。

分别的时候，杜兰尼拿出了他捏的头像送给李铁庵作纪念，引起众多医师的围观和赞赏，有人提出要请杜兰尼捏像，这事引起陈良绍他们几位院判的重视，便以留下杜兰尼继续治疗为名，让他为各位医师捏像。船上少泥，少料，到了停靠码头，各位医师就争着下船去挖泥找料。甚至一些年轻人也跟着杜兰尼学起了捏泥人。这倒是解决长期在船上生活呆板、无所事事，容易生厌烦躁的好办法。于是，陈良绍报告郑大帅，提出由医船组织办一个捏泥人培训班，各船轮流派人来医船学习，既可消磨时光，又可提高大家的生活情趣。郑大帅同意了。就这样，捏泥人成了下西洋船队上一项吸引人的有趣且有意义的活动了。

【第十二回】

大海变幻五彩色　良绍演说沧浪客

大海神奇多彩色，洛河幽秘无人测。
千金一诺传书信，南海龙宫藏柱侧。

郑和的船队缓缓通过一处浅海区，海底的礁石上长满了五颜六色的珊瑚，各种奇形怪状的海鱼在珊瑚丛中穿行，五彩的贝类或开或闭，悠闲自得的样子，海马直立着身子，似乎一动不动，只待船靠近了，才将身体一弓一弓地逃离。大如铜锣的海龟懒散地在礁石上晒太阳，乌贼喷出一股黑水来吓跑张嘴欲来吞吃的大鱼，多足的章鱼会把它的吸盘牢牢地吸住船体，甚至用它的长足在甲板上舞动，有人用砍刀砍下了章鱼的足，说要红烧着吃。只要用线绕上一点鱼饵，就可以钓上一大串龙虾，海鲜大餐的食材取之不尽。露出水面的礁石是黑色的，浸在海水中的礁石四周是淡黄的、浅蓝的，那是珊瑚和海藻染成的色彩。

风正帆举，郑和的船队快速前进，海水从澄碧变成了蓝色，渐渐地海底看不见了，海水从微波变成了涌浪，海越来越黑了，黑得有点可怕，那是海越来越深了。阳光透不过深深的海水。海究竟有多深？海医们感到好奇，匡愚用一根长长的线系了一块石头将它丢到黑色的海水里，十几丈长的线团到了尽头，石头还没有到海底，有人说，它是深不见底的，那底下是南海龙宫，万丈深渊。

匡愚有点不解："据说深深的大海中有龙王的龙宫？龙王家里怎么这样黑灯瞎火的呢？他们在龙宫里看得见吗？"

陈良绍读过唐人小说，他说："哈哈哈，这里可是南海龙王家的哟，南海龙王家可像皇宫里的金銮殿呢，金碧辉煌的。从这里跳下去你会淹死。你要想到龙王家做客的话可以到泾河一处桥下敲敲桥墩，龙王就会派人来接你到龙宫去做客了。那座桥墩据说是南海龙王与中原大地的联络站，桥下有条暗道直通南海龙宫。如果你到龙宫走一趟，说不定龙王的女儿会喜欢上你，招你做驸马爷呢！"

众人见陈良绍说得神秘兮兮，便要陈良绍讲讲南海龙王的故事。陈良绍便讲了一则《苏州客》的故事。陈良绍说，这个故事是唐朝时在苏州做太守的李谅写的。

陈良绍喜欢听书。他家黄鹂坊桥附近就有一家书场，那里有他的专座，他一进书场就有跑堂的给他泡来一壶好茶，他便一边品茗一边听书。既然各位要他说故事，他就学着说书人的腔调，一拍惊堂木，说起了《苏州客》：

有一位洛阳的穷书生名叫刘贯词，唐大历年间流落到咱们苏州来讨饭时，遇到一位叫蔡霞的年轻人。这蔡霞长得眉清目秀，性格极其爽朗，常常接济刘贯词，从不厌弃他这位叫花子。有一天，蔡霞拉着刘贯词进了一家僻静的酒馆喝酒。两人频频举杯，酒喝得尽兴时，蔡霞问刘贯词："老兄今泛浮江湖间，是何原因？"

刘贯词回答道："家道中落，人财两空，一言难尽啊！"

蔡霞也不问究竟，接着又问："你行乞是想有所企盼，还是想周游郡国天下呢？"

刘贯词说："如今不过是戴着草帽遮颜到处走走而已，江南是个富庶之地，盼着遇到一位救苦救难的大士，能助我一臂之力，以求东山再起呀。"

蔡霞说："哈哈哈，这位救苦求难的大士远在天边，近在你的眼前呀！我可以助你东山再起，你需要多少钱？"

刘贯词将信将疑，随口答道："十万。"

蔡霞说："戴着草帽无目的地行乞而希望乞讨到十万，就好像是没有翅膀又想飞翔一样啊。如果你肯帮我一个忙，我倒可以给你十万。”

刘贯词一听说可以给他十万，便问：“真的给我十万？要我帮什么忙？”

蔡霞说道：“我家住洛河中，亲戚朋友也不穷，只是因为有点小事回不了家，而躲避在苏州，与家中好久没有通音信了，想请你代我跑一趟，帮我给家中送个信。当然了，途中的一切开销、还有你想得到的十万钱，只要你走这么一趟就全有了，你看行不行？”

刘贯词见有如此好处，马上答应说：“我当然愿为老弟效劳。”

蔡霞当即给了刘贯词十万路费，并交给他一封家书，恳切地说道：“咱们萍水相逢，但我一见你就知道你是一个诚心实意的人。我蔡霞家住洛河长鳞虫，你到渭桥下只要闭上眼睛，敲敲桥墩子，就会有人应声而出，他会邀请你到我家去。不过有一点你一定要记住：就是我娘见你的时候，你务必要请求与我的小妹见面。我们既是兄弟，当然你与我的小妹就不必回避了，在我的信中，我也要求我的小妹出来拜见你。小妹虽然年纪小，但她聪慧伶俐，家里的一切事务都是她帮助掌管，我说的另外还有十万之赠，她一定会应诺你的。”

刘贯词本来就是洛阳人，对洛河一带很熟悉，于是便怀揣着蔡霞的家书，由苏州向洛阳而去。这一天刘贯词寻到了洛水边的渭桥下，只见桥下河水涛涛，桥墩边有水潭，潭水泓澄碧绿，他在渭桥上下周边寻找了半天，依然是无路可寻，无屋可找，不知蔡霞的家在哪里，信送何处。刘贯词在渭桥下盘桓好久，想起临别时蔡霞讲过的话，认为蔡霞不像是愚弄他的人，于是便依着蔡霞的话闭上眼睛，轻轻地叩了几下渭桥桥墩。

这一敲真的就听到有人响应了，当刘贯词睁开眼睛时，他站立的地方桥墩和水潭都不见了，只见朱门甲第，楼阁参差，金碧辉煌，有穿着紫衣的仆人垂手拱立在他面前，问他何事而来。

刘贯词对紫衣仆人说：“我从苏州来，你家郎君托我送来一封家书。”

仆人拿着信进去一会便出来对刘贯词说：“我家太夫人请你进去。”

刘贯词跟着仆人到了蔡家厅堂中，看到蔡霞的太夫人四十多岁模样，穿着华丽的紫色衣裳，容貌举止亲切和善。便上前拜见，太夫人也回礼答对，开口说道：“我的儿子外出远游，久绝音信，有劳您数千里传送书信。我儿子因为年少气盛，失意于上司，上司的憎恨至今未消减，儿子也回不来，至今已经三年了，没有一点消息。如果不是您捎信回来，我心中的愁绪就难以消释啊。”

太夫人命仆人请刘贯词上坐。

刘贯词说："我与您的郎君已经结为兄弟。郎君说他有一个妹妹，当然也就是我的妹子了，希望也能见上一面。"

太夫人答道："先生说的是，我儿子的信中亦提起这事。她在后院梳好头马上就会出来与您相见。"

不一会，有一青衣女子上前说道："小娘子拜见兄台。"

刘贯词循声望去，只见这小女子十五六岁模样，容色绝代，口齿伶俐，聪慧过人。小女子拜见刘贯词后便坐在母亲边上。

接着太夫人便吩咐仆人铺排丰盛的宴席，宴请刘贯词。正在觥筹交错之间，太夫人忽然双眼通红，直直地盯着刘贯词。她的女儿见母亲的这个样子有点着急，马上对母亲说："哥哥信中要我们对来客以礼相待，何况他还是为了消除哥哥的灾祸而来呢，母亲不可任性啊。"

青衣小妹又对刘贯词说："我哥哥的信中嘱我认您为兄，并要我们以十万奉赠，只是没有这么多现钱，但也不会少给。我们送您一件宝器，宝器的价值相当于十万，您看行吗？"

刘贯词见小妹如此说，忙道："我与蔡霞已是兄弟，只是顺带一封信札，怎好接受如此丰厚的赏赐呢？"

太夫人见刘贯词推辞，忙说道："我儿子再三交代过，我们不能违背他的许诺，您也不要推辞了！"见太夫人也如此说，刘贯词表示感谢。

太夫人于是命人从库房取出镇国碗来，大家又接着欢宴。不一会，太夫人又再次瞪眼直勾勾地盯着刘贯词，两眼通红，嘴巴两角还流下涎水来。小妹急忙过来一边挡住太夫人的嘴，对太夫人说："哥哥诚意托人送信，你不应当这样。"一边又向刘贯词掩饰道："我母亲年纪大了，发了风疾，只是对不住您了，望兄及早出府。"

蔡霞的妹妹似乎很怕会发生什么事，急忙差遣青衣仆人拿了碗，亲自跟随在刘贯词的身后，把碗赠送给刘贯词的时候还再三嘱咐："这是罽宾国的宝碗，是罽宾国用来镇灾除疠的。你这位唐朝人得到这只碗，实在是没有什么用场。您拿去有人出钱十万就把它卖了。如果不足十万，千万别卖。我因为母亲发病，要服待在左右，不能远送了。"小妹拜别刘贯词后就进屋去了。

刘贯词拿着赠送的碗出了蔡家，没有走几步，再回头看时，楼台屋宇已经看不见了，只看到碧潭高桥，好像初到渭桥下的一般情景。再端详手中器物，实在是一只普通的黄色铜碗呀，估计也就值个三贯五贯罢了，想来蔡霞的妹妹号称值十万的说法是夸大其词了。

刘贯词拿着这只铜碗到市场上去出售，有出价七百八百的，也有只肯出价三百五百的。但心想蔡霞的妹妹是一个讲信用的人，不会欺骗他。刘贯词天天拿着这只铜碗在市场上待价而沽。一直到这年的岁末，西市上忽然来了一位西方胡地来的客商，他拿着这只铜碗瞧了又瞧，面露喜色，并向刘贯词询价。

刘贯词随口说道：“二十万。”

胡客道：“这价钱倒是物有所值，或许还不止二十万呢，但是它并非中国的宝物，你拿了它也没有什么用场。我出十万行吗？”

刘贯词想起当初蔡的妹妹讲的价格也是这么多，于是不想再多要了，便以十万卖给了西方胡地来的客商。

钱物两相交割停当后，胡客说起了这只铜碗的来历：“这是只罽宾国的镇国碗，镇国碗在国内，便能福佑罽宾国风调雨顺、五谷丰登，国人忠君爱国，家庭和睦相处。自从这只碗失窃以后，罽宾国便年年闹饥荒，处处兵戈乱起，国家不得安宁。我听说这只碗被龙王的儿子窃走已近四年了，罽宾国国君愿意拿国家征收的半年赋税来赎回它，不知你是怎么得到它的？”

刘贯词把来龙去脉一五一十地告诉了客商，这位胡商说道：“镇守罽宾国的龙王曾向天庭上诉，要求严密侦查破案，那位化名蔡霞的小龙所以逃到苏州去躲避起来了。阴间冥界的律法严酷，盗窃犯是不许自首的，所以窃碗的小龙就借托你来把这只碗暴露于世了。与你殷勤相见的所谓蔡家妹妹，其实并不是他的亲妹妹，因为顾虑老龙嘴馋，怕老龙把你吃了，所以装作他的妹妹处处护卫着你罢了。作为赃物的这只碗既然已经出了他家，那条窃碗的小龙将会回到洛水龙宫来，这也是一种消除祸患的办法啊。五十天以后，洛河渭桥下的水将波涛翻滚，竟日不息，那是化名蔡霞的小龙从苏州归家的征兆。”

刘贯词有一点不明白：“蔡霞为什么要五十天以后才回家呢？”

胡客笑道：“那是因为他盘算着我已拿着这只碗翻过了山岭回到了罽宾国，到那时他才敢回家呀。”

刘贯词记下了胡客的这番话，隔了五十天后再到洛水渭桥边看时，果见波涛汹涌，竟日不息，真的是小龙回家了。

陈良绍说得绘声绘色，众医生听得如痴如醉，故事终了，大家鼓掌。匡愚说道："到了西洋各国，我们口袋里存放一些钱，说不定淘到西洋宝物，如淘到这样一只镇国碗，那就发财啦！"

彭正说："哈哈哈，我捧着我的饭碗也去卖它十万贯！"

陈以诚说："我要去卖画！哈哈哈，不过，不知外国人能不能看得懂我的画，我的画在嘉定可是要一百两银子一张的哟！"

郁震说："以诚兄，医师只能买画收藏，不能卖画赚钱。医师一卖画，就有逼病家买画的嫌疑，怕不买你的画就不给他好好看病了。"

陈以诚忙说："郁震兄，你是怀疑我敲诈病家？我的画可从来不卖给病家，只是那些附庸风雅的官员前来买画。你知道的，他们一些人的钱来得容易，敲点他们的钱，来壮大医室有何不可？对穷人来看病，我是分文不取的呀！"

郁震说："以诚兄是真君子，取财有道，又散财有义。哈哈哈，好！"

这一天，郑和也有事来到了医船上正为商量如何搞点娱乐活动给闷在船舱里的船员解乏的事，见陈良绍正在讲《苏州客》的故事，便叫人不要惊动。听了大家关于做买卖的一番议论，郑大帅才站起来说道："到了西洋各国，各人想办法淘点宝贝，做点买卖赚点钱，是可以的。各位医师都是饱学之士，大家先想想还有什么番国的故事，可以到各条船上去讲讲，给船员们解解乏。这事由良绍医师负责，组织一个说书队，如何？"

陈良绍说："大帅之令，遵命便是，咱们的海樵书画社原本只是自娱自乐，现在再增加一项编故事、说故事的任务，以娱乐大众如何？"

众人齐说好！

有人说可以说柳毅传书，有的说可以说精卫填海，有的说可以说南海观音，有的想说妈祖救难，有的想说哪吒闹海，有的想说四海龙王，还有的说要讲言情故事，有的说要讲笑话杂俎，凡此种种。众医师一番搜肠刮肚，报上了各种各样的故事。陈良绍说："各位说书先生，请各位认真准备，届时请各位到各条船上去拍案开讲。"

一阵七嘴八舌后，各自归位，船队继续前行。

【第十三回】

访火长领航稽海图　治雀蒙食疗明目力

火长领航图必稽，星师定位判高低。
观星识路全凭眼，治得雀蒙航不迷。

这一天，陈良绍和陈以诚医师、李铁庵药师等几位乘着快艇来到船队的最前方的一条船上。这是一条领航的三层楼船，导航室设在最高层，导航室外的雨棚下，有五六个人正在向四处观察。导航室内摆着一张长条桌，桌子上摊着一张长长的地图，这是画在绵帛上的地图。图上用石青、朱砂、墨色画着长长短短、高高矮矮的岛屿的形状，岛屿边上用朱砂标明了岛屿的名称，石青画着这些岛屿上的有特殊标示的大树和巨石。在一些特定的部位还标了针位，如乙未针、丙午针等。地图两头卷着，随着航行线路的延伸卷起和展开。

陈良绍他们看不懂这航海图。船员说："请我们的黄火长来给各位医师、药师作个介绍吧。"

陈良绍不解地说："请厨师来作介绍？烧饭的师傅也看得懂航海图？"

船上的人笑了，他们介绍说："黄火长是泉州人，出身航海世家，大名叫开洋，火长是他的职务，他也是领航的人。他们家和其他从事航海的人家一样，家里存放着不少祖祖辈辈绘制的更路簿。永乐帝宣布下西洋后，中官太监王景弘等一帮官府人员专门来福建一带的航海世家征集过大量更路簿。根据官府保存的海图加上民间保存的更路簿绘制了下西洋航海图，并复制了几十份，存放在帅船上并分发给领航的各船以备指引导航。”

大家正说着，黄火长来了，矮矮胖胖的一位中年人，长年海风吹拂，黝黑的脸膛中透出红润。

陈良绍向黄火长作揖：“黄先生，他们说你是火长？我还以为你是烧饭的厨师呢！原来你是领航的，失敬！失敬！”

黄火长也笑了，说：“各位医师光临，有失远迎，我刚才确实去了厨房一趟，肚子饿了，去找点东西填填肚子。至于领航的人为什么叫火长嘛，你们先看看这个东西。”

说着黄火长从船头拿过来一个仪器，陈良绍他们看了，一个圆圆的木盘子，与他们看到的风水先生的罗盘差不多，上面刻着子丑寅卯甲乙丙丁等二十二个字符，木盘子中间盛着水，水面上浮着一根不断摇晃着的针。

黄火长说：“这就是航海罗盘，浮在水上不断摇晃的细针一头漆着红色，一头漆着绿色，绿色的一头指向北方，那红色的一头永远指向南方，这就是祖先发明的指南针。因为指南针一端永远指向南方，根据五行学说，南方属火，指南针的针一直指向南方，也就是指向火位，故指南针也就属火了。这样，掌管指南针的人就自然成了掌管火的人。我们这里有一帮看海图、看指南针的人，他们称作火员，大家认定航向一致时，那就继续航行，如果大家有不同意见，就由我来决定航向，因此我就被称作了火长。我们这支下西洋的船队有好几条船是作引航船的，某条船的火长对某一段线路比较熟悉，而另一条船的火长对另一段的线路比较熟悉，这样就让大家轮流来导航。在郑大帅的船上还有总的导航的火长，他们如果发现航向有误差还会发来指令质疑，最后校正航向。”

黄开洋火长指着一段航海图对医师们说：“你们来看这一段航海图，右边的图上大洋中上方有独潴山岛，下方为石塘岛，朱砂标出的航线指向左方的交趾洋中的两个岛屿，一座岛屿上标着外罗山的字样，另一座岛屿上标着石牌蛟的字样，用红色的朱砂点出了海船前行的线路，在朱砂标识的航线上用毛笔写着一行字：‘独潴山外过，丁未及单未针，二十一更船平外罗山。’我们现在的位置就在外罗山边，也就是说我们用了两天又一更的时间从独潴山那边航行到了交趾洋的外罗山这边。丁未针是按罗盘上的指针指向丁未标示中间的位置，也就是南偏东方向行驶，而单未针就是指南针直指罗盘上标示的未的位置行驶，它比丁未的方位再向东偏一格。按一更航行六十里算，我们从独渚山到外罗山已航行了一千二百六十里海路了。”

黄火长继续说：“我们再向图的左边看，图的上方指着占城国，在新洲港那边标着五层宝塔，朱砂标出的航线从左下方经过筊杯屿和洋屿之间向南转过官墓山，就要到占城国了。我们现在的船在外罗山这里，我们要向筊杯屿那边航行，航海图上标着‘外罗山丙午针七更船平筊杯屿外过’字样，也就是说船按指南针偏东半格指向丙午标志中间的方向再航行七更，走四百二十里就到筊杯屿了。”

黄火长拿着航海罗盘叫大家看，指南针的针头正指向罗盘上刻着的丙午两字的中间，丙午针的指向就是正南偏东的方向。

黄火长指着航海图说：“我们现在就在交趾洋上。你们看那航海图上画着两只相对的蚌壳一样的岛屿就是筊杯屿。你们大概也明白，这筊杯就是我们在寺庙道观中求神拜佛时笃的两片筶子。”

陈良绍他们当然知道筊杯在古代是用蚌壳来笃筶的，后来才用竹子或木片制作成蚌壳一样的筶来在神前笃筶，是老百姓寻求神灵指示的工具。拜过神佛后，他们把供桌上的筶投掷于地，视其俯仰情形，由庙神或道长来断定吉凶。

黄火长一边向陈良绍介绍一边发着指令：“左舵一，左舵二，右舵一……”他的口令从航船的前方依次传到船后方的舵工的耳朵里，由舵工不停地操纵着舵的方向。

黄火长继续介绍说：“再有两更的时辰，我们的船就要航行到筊杯屿了。我们民间把航海图叫作更路簿，更路就是一更天船只航行走过的路程，把路程中的标记物记载下来的簿记，我们把一天分成十更，海船在海上一更航行的路程大概是六十里，也就是再行二更的时辰，航行一百二十里，船就到筊杯屿了。这筊杯屿也很神奇，若两座相对的岛屿间云罩雾障，前面的海途便会风雨交加，海浪滔天，若两座相对的岛屿间光明灿烂，那么前面的海路便风平浪静。过了筊杯屿那边有一座洋屿岛，远看像朵百合，近看是五座小岛相连。在筊杯屿与洋屿岛中间向官墓山那边拐就向占城国去了，如果沿着洋屿下方向西南航行就向真腊方向去了。”

黄火长介绍说，这一卷长长的航海图标着一千五百个地名，标明了航线所经各国的方位，航道远近、海水深度，何处有礁石或浅滩，也都一一注明。还标明了三百多条针路，指示着船行的航向。

陈良绍他们听着黄开洋火长的介绍，觉得火长们很神奇，船在海上航行，怎么个走法，就靠他们的观察，对比根据民间的更路簿制作的航海图和经验来指引航向。

陈以诚医师感慨地说："黄火长，你做领航船的火长眼睛倒是一刻不停地盯着前方左右的岛屿岸线标识，又要对照航海图比对，还要看着航海罗盘的方位，确实很费眼力啊！"

黄开洋火长说："是啊，是啊，火长的眼力一定要好。这航海图上画的岛屿特征只是一个大致的意思，大概的形体，真正要认识这些岛屿、线路，还得凭经验，得仔细辨认每一座岛屿山体的细小特征，如某一块石头像个狮子，某一块石头像个猴子，某一座岛礁上有一棵大树等，没有航行过这条线路，光看图是不行的。我是跟着祖父、父亲走过好多趟的，他们一路讲，一路记才熟悉的。火长一要记性好，二要眼睛好。记性好主要记住海岛的特征，找到特征才能确认。眼睛好，有时要透过风雨也能看清岛屿的特征。只可惜长时间在海上航行，吃的都是腌腊食品，没有新鲜蔬菜吃，这眼睛很容易得雀蒙眼，一到黄昏的时候就看不清岛屿了。特别是有的地方还有水下的暗礁，如果一不当心，船触上暗礁，那就麻烦了。"

陈良绍知道黄开洋火长讲的麻烦是指沉船或翻船的意思。船上人有避讳，沉呀翻呀这样的话是不能说出口的。连吃鱼吃了一边，也不能说翻个身，要说另一半。

医师们知道这雀蒙眼就是夜盲症，就是像鸟雀一样在白天可以看见东西，一到夜晚便看不清楚东西了。鸟雀很少在晚上飞行，据说就是因为它们晚上看不清飞行路线。雀蒙眼就是夜盲症的俗称。

听得黄火长说火长容易得雀蒙眼，陈良绍与众医师对黄火长说："这雀蒙眼我们可以治呀！"

黄火长一听众医师可以治雀蒙眼，很高兴。他说："我现在还没得雀蒙眼，我们船上有位牵星师他倒是得了雀蒙眼，你们赶快给他治治吧。"

黄火长说："牵星师是晚上才值班的。黄海，你快去舱房里把马罗锅喊起来，说有医师来船上给他治雀蒙眼了。”

黄海是黄火长的儿子，黄火长要把火长这独门绝技传授给他的儿子。火长这行当有风险，但是也是能赚钱的行当。不管是官家还是私家航海都抢着要有经验的火长来导航的。他是带着儿子来走这条航线，让他熟悉更路航道，火长这行当不上船走几趟光看更路簿本子是学不到真本领的。

马罗锅来了，他弓着腰，驼着背，偏要抬着头看天。原来是他，马怀德，苏州人，陈良绍一眼就认出大家称为马罗锅的人就是苏州赫赫有名的马怀德马罗锅了。在苏州城里人人都叫他马罗锅，他就是住在陈良绍家黄鹂坊桥不远处皋桥头的一位官宦子弟。但他父亲做的官却与众不同。他的父亲是天文生。天文生是在皇家观星台观察星象的，星象是秘而不宣的，天文生从不与凡官百姓打交道，不为一般人所了解，也没有什么实权，所以家里并不显赫。有人把天文生当成了民间专事占卜、相宅、相墓、圆梦等的风水先生，觉得阴阳先生身上有股阴气，除非家中有事，都不大愿与风水先生打交道。马怀德作为天文生的儿子，人家也不大愿意与他多来往。

马怀德家中藏书巨风，特别是天文、堪舆、术数方面的书很多，他也就学着父亲日测山川夜观星宿起来了。他在屋顶搭了一间窝棚，每夜在窝棚中观察星空，什么东方苍龙、北方玄武、西方白虎、南方朱雀三垣二十八宿二百八十三个星官一千四百六十五颗星星他都背得滚瓜烂熟。因为他日不出，夜观星，就很少有人知道马怀德这个人。

陈良绍所以熟悉马怀德，是有天晚上马怀德夜观星象，从屋顶上摔了下来，被家人抬到他的医室诊治。他摔断了腿骨和胸椎，抬来时已经奄奄一息，接好了大腿，胸椎却难以复位，虽然捡回了一条命，却留下了驼背的残疾，便有了罗锅的外号。其他罗锅走路总是低着头看地下，由于他夜夜抬头观星象的习惯，即使白天偶尔外出办点事，也是抬头走路的，这奇特的模样给人们的印象很深刻。

由于残疾，马怀德受人歧视，因此性格也就越来越孤僻，变得沉默寡言，与人相见，终日缄默，然与论古今，则纵横不穷，间有会意，即大喜雀跃。若有朋友与他谈起诸如割圆勾股测量之法，他便目眩心迷，手画口谈，如指黑白。他说每日坐卧好像有一浑天在前，日月五星横行其上，天地都在他心里装着。

他就一门心思钻在书堆里和观察星象术中。在读书人都为科举钻在四书五经里做着八股文的群体中，他是个另类。他又从观察星象转入研读术数，他推崇魏晋时代刘徽的《九章算术注》和《海岛算经》，把书中的每道开列的测量题都作了计算和实地测量，他用一根直杆和一条绳子远远地就能测出城墙的高度或宝塔的高度。

马罗锅的脾性倒很受陈良绍的推崇，也不时约他出来喝喝茶，听他谈谈阴阳易理，数算玄学。陈良绍有好多年没见到马罗锅了，他到哪去了，也没有人知道。这次竟然在下西洋的海船上相见，特别意外。毕竟是老乡见老乡，陈良绍又救过他的命，平时又谈得来，两人一下子就亲热起来了。

陈良绍问："怀德兄，多年不见，你到哪里去了？让我好生想念，你怎么也下了西洋？"

马怀德说："陈医师，五年前，我在楼顶看天象，突发奇想，星辰列张，晨昏迁移，或隐或显，显者从何处来，隐者到何处去，我一直在想这个问题，有人说天圆地方，总觉被欺，若地是方的，总当有边，当去天边走走。忽一日，有一天方来的阿訇，他说天边是洋，洋边是陆，洋宽无边，陆大无边，于是我就跟着这天方来的阿訇去天下走了一走，乘了船，上了洋，不辨东西，却在船上见的星辰比屋顶上的星辰更明亮，变化也更明显，于是想到星不动，是地在动，测星之高低便可知所处位置。这位天方阿訇更是个星象学高人，他每晚给我指星辰的高低、方位，并由星辰的高低来确证海岛与船的方位。我们一路上在不同的地点用勾股法测量北辰星、织女星、华盖星、灯笼骨星的高低方位，并把它画在帛布上。《隋书·天文志》记有梁代和尚运用的'推北极里数法'，其术为'夜于地中表南，傅地遥望北辰纽星之末，令与表端参合。以人目去表数及表高自乘并而开方除之为法'。读了半天不知其解，我和天方的阿訇反复揣摩研究，终于明白了他的测星计算方法，我们用勾股弦测量的技巧制成了牵星板，用来定位和导航。"

这一番说辞让众医师如听天书，听得云里雾里，只觉得这位罗锅是位玄学大师，不可貌相。

马怀德说着说着，便从船首的抽斗里取出了他制作的牵星板给大家看，牵星板是用乌木制作的大小不一的十二块正方形木板，自小渐大，大者长七寸多，分别标为一指、二指，以至十二指，每块板上细刻分、寸，以一条绳贯穿在木板的中心。马怀德一手持板，手臂向前伸直，另一手持住绳端置于眼前。此时，眼看方板上下边缘，将下边缘与海平面取平，上边缘与被测的星体重合，然后根据所测星体落于那一块板上的刻度之间，便得出星辰高度的指数。另外还有象牙板一块，长二寸，四角皆缺，上有半指、半角、一角、三角等分寸数字，这些数字颠倒相向，马怀德说这就是周髀算尺，通过特殊的计算方法和换算，就可以知道船只所在的方位了。

陈良绍他们依然听得云里雾里，似懂非懂，只觉高深莫测。连博学多闻的陈以诚也插不上嘴，不敢插话。

这时马怀德拿出一叠牵星图，拿出一张“忽鲁谟斯国回古里国过洋牵星图”，中央画着一条船，船的四周为星图，星图边上标注星星在船上测量的指数。图的右侧写着“忽鲁谟斯回来，沙姑马开洋，看北辰星十一指，看东边织女星七指为母，看西南布司星八指平，丁得把昔看北辰星七指，看东边织女星看七指为母，看西北布司星八指”。像这样的过洋牵星图有几百幅，都是当年马怀德和天方阿訇用牵星板实测后画在帛纸上的。

马怀德说：“有些星星靠近人们的头顶，有些星星贴着海水和天空相接的水天线，有些星星在船的四边，航海者在不同的时间，不同的地点航行，看到的星座不同，星星的仰角也不同。我们用这牵星板测量从水天线到星星的仰角，把测量的结果进行计算，和一幅幅‘过洋牵星图’去比较，参照图上记载，就可以知道船队所在的大略位置，从而决定继续航行的方向。”

陈良绍问马怀德：“你是怎么下西洋来的？你的师父天方阿訇在这条船上吗？”

马怀德说：“听到永乐皇帝征召下西洋的人才，我和师父马格里高阿訇便欣然应征，郑大帅见到我们绘制的牵星图如获至宝，我的天方师父马格里高阿訇在郑大帅的宝船上的总指挥室里，我们通过旗语或联络快艇互相联系交流。以确保牵星术万无一失。”

马怀德告诉陈良绍他们，这些牵星图和航海图一样，都制作了二三百份，每条船上都备有一份，即使有一条船迷失方向走散了，依然可以靠着航海图和牵星图找到前行的方向，以至最终归队。

陈良绍对火长黄开洋和牵星师马怀德的话虽然似懂非懂，但是他知道，他们的眼睛就是船队下西洋的眼睛。他们的眼眼看得清，船队的航向才把握得准。掌握得好，才能避开暗礁险滩，顺利到达西洋各国的港口。

陈良绍对马怀德说："马兄，听说你的眼睛最近看星星有点模糊，让我们医师给你检查检查吧，看看我们能给你开些什么药来治一治。"

马怀德说："是啊，长期在船上，不接地气，吃的都是腌腊食品。近来晚上看星星有点模糊啊。有人说这是得了雀蒙眼，我正着急呢。有你们医师来诊治，真是太好了！"

随船的医师们在领航船上给黄开洋火长和马怀德把了脉，仔细检查了他们的眼睛。陈良绍与众医师说，时间不早了，我们回到医船上会诊后给黄火长和马星师开了药方后明天送药来。

陈良绍和随众医师乘联络船回到医船上，连夜会诊。

陈以诚说："我看了黄火长和马罗锅的眼睛，他们的双眼与他人无异，眼不红，目不生障翳。不像唐代白居易所得的眼疾，白居易有首诗写到他自己的眼疾：

案上漫铺龙树论，盒中虚贮决明丸。
人间方药应无益，争得金篦试刮看。

"从白居易诗中可以知道，白居易得的是白内障，眼中生了障翳，所以用金篦子刮了障翳。和白居易同时代的刘禹锡也有诗《赠婆门僧人》：

看朱渐成碧，羞日不禁风。
师有金篦术，如何为发蒙。

"看来唐代用金篦子刮障翳已很普遍。那本《龙树论》我也看过，据说最早是西域僧人写的，宋代太医局将《龙树论》列为医师必读之书。《龙树论》中指出'割了以火烫、令断其势，即不再生'。唐代孙思邈的《千金方》，也曾介绍翼状胬肉的割治法，指出这项手术应从胬肉的颈部入手，用钩针钩起后切除，这就对金篦子刮障翳说得清楚明白了。"

这陈以诚还要引经据典地说下去，匡愚有点听得不耐烦了，说道："陈大师，我们都检查过黄火长和马罗锅的眼睛，他们眼睛里是没有障翳胬肉的呀，不需要金篦子来刮的呵!”

陈以诚也知道自己扯远了，忙说：“是的，黄火长、马星师眼睛里是没有障翳胬肉的，当然不需要金篦子来刮的。我也为他们搭过脉，尺脉弦，说明他们的病在肝脏。”

沈舟医师说：“我同意陈医师的意见，尺脉弦，是因为肝经积热、肾经虚损，致精气不能上升，目失所养而致。以致他们会像鸟雀一样，一到夜间便两眼模糊。为此，养肝为上。”

李海医师说：“我们泉州多火长，民间治雀蒙眼有一单方，就是说以肝养肝，用鸡肝一副、朱砂一分，将朱砂与鸡肝拌匀，放入小碗内，加水少许，隔水蒸熟服用，一日一次，连服七日，便会眼目清亮。”

李铁庵补充说道：“李海医师的民间单方是食疗方。我建议在食疗的同时，还应服用决明丸，就是陈以诚医师所讲的白居易诗中的决明子。这一处方来源于《太平圣惠方》，用决明子、天雄、柏子仁、熟干地黄、菟丝子各一份，捣碎磨成粉，制作成丸药，他们服用起来方便。”

陈良绍最后总结说：“大家会诊分析得好，李海医师就按民间治雀蒙眼的食疗方去办，到马船上去捉鸡取肝，加朱砂清蒸后，每天派快艇送去给马怀德牵星师服用。李药师加紧制作决明子丸，多制作一些，给导航船上的火长、火工、牵星师们服用。马怀德牵星师说了，船上长期吃腌腊食物，容易上火，食疗的单方虽然用的是鸡肝，其实所有动物的肝都有养肝护肝的功能。在海洋上，最易得的是鱼肝，建议导航船上的厨师为火长、牵星师们烹制带动物肝脏的食物，就地取材，可以多多地吃些鱼肝。只是鱼肝有腥味，有些人不喜欢吃，要请厨师想办法烹饪时除去鱼腥。”

【第十四回】

郑和宝船宴众医　马可见闻传佳话

参观宝船开眼界，众医赴宴展仪威。
郑和演说见闻录，华夏文明耀景辉。

陈良绍他们在各船巡诊之后，准备请郑大帅到医船上向他汇报。郑和派来随从，说大帅要在帅船上宴请各位医师药师。

医船上一片欢呼雀跃。医船与帅船比较，帅船是高楼大厦，他们的医船顶多就是平房。而且据说宝船上布置豪华，只有做官的人或外国来使才能上帅船，这是郑大帅对医师药师的特别关照，大家能不高兴吗？

除了留守部分医护人员，一百多位医师药师坐上郑和派来的联络艇驶向宝船，分批坐轿篮上了宝船。

医师和药师们先来到了一层的甲板上参观，一层甲板前后如两个大广场，甲板上竖着九根高高低低的桅杆。最高的十几丈，最矮的也有五六丈，升降帆篷的是绕着绳索的绞盘，最大的绞盘如同车水的牛车盘，要十二个人扯动绞盘，最小的绞盘也有八仙桌面大小，要四个人扯动绞盘。扯帆、落帆，校正帆的方向，绞盘手一刻不停地扯动着绞盘。桅杆上的帆正鼓满了风，吹着宝船破浪前行。

船后，是总尾舵，它是一扇比城门门板还大的厚实的舵，它像鲸鱼的尾巴，由十二个舵工听从导航室传来的指令用杠杆撬动船舵，控制着宝船的方向。在尾舵的两边各置二十四支巨大的橹，共计四十八支橹。这些橹是备用的，即在无风的时候或搁浅的特殊情况下才会使用。甲板的中间是上下宝船各层的楼梯间，楼梯间两侧是升降帆篷、操纵尾舵的绞盘工、橹工及护卫宝船的兵士们的宿舍，帆工、舵工、橹工日夜轮班工作和休息。

郑和的随从带医师和药师又从一层到底舱参观，底舱中间为走道，两边是一格一格的舱房，舱房里堆满了大木箱，那是装瓷器、丝绸、宝物及各类生活用品的仓库。医师和药师走到一间中部舱房的门口，舱房门关着，门上裹着厚厚的棉被，但依然有一股股的冷气透出，让人有冷飕飕的感觉。随从说，这里面是冰房，就是装冰块的地方。医师和药师们惊讶，在这炎热的赤道海洋上，宝船竟还藏着冰块，太神奇了。

医师和药师们很奇怪，他们的舱底都是装着水的，这宝船上的水在哪里储存着?

郑和的随从揭开走道中间的一个木盖子，把一木桶丢进木格子里，摇晃了几下，就提上了一桶清沏的凉水，像从井里打水上来一样。随从说，这船底与你们的船一样是一格一格的水密舱，只是宝船上的水密舱比一般船的水密舱更大更深，装的水也更多，只有装更多的水，才够宝船上使用，也才能保持船的稳定。

从舱底上来，郑和的随从带他们来到宝船的顶层，站在船顶的甲板上，一览无余，二百多条下西洋的船井然有序，前有领航船，宝船的四周是兵船拱卫，后有马船、粮船，最后面的也是兵船压阵，他们的医船就靠在宝船的不远处。整个船队如几列浮动的楼房穿行在大海上。

他们又来到了宝船的总指挥室外的廊下参观。指挥室分为二间，船的前行方向是一间总导航室，舱壁的四周围了一圈长条桌，长条桌上是一卷又一卷的下西洋航海图和牵星图。这些航海图和牵星图都是画在绢上的，比最前方领航的海图和牵星图还要大，中间长条桌上摊开的正是当下海区的海图和几只大罗盘，另有几卷牵星图。几位火长正盯着航海图比画着。从指挥室的正前方窗口可以清楚地看到最前方的导航船，一位旗语手正挥动着信号旗与前方的领航船联络。众医师也只能在廊棚里向导航室张望，不便打扰。在导航室里端坐着一位穿着长袍留着大胡子的老者，那大概就是马怀德说的天方来的阿訇马格里高了。

紧贴导航室隔壁的是下西洋大帅们的议事室。郑大帅和几位副帅总兵们正在议事。

从顶楼下来，医师们被引到了宝船三层，宝船的三层中间是一间大厅，大厅的两侧是图书室和宝物陈列室。

图书室里陈列着许多图书，有司马迁的《史记》、班固的《汉书》等历代官修的史书，还有一套刚由宋濂编纂的《元史》，更有历代学者撰写的海外奇闻、高僧法显的《佛国记》、元代航海家汪大渊撰写的《岛夷志略》、周达观撰写的《真腊风土记》等。

图书室里坐着几个人在看书，有一位面前摊着一本很特别的书，书很大，每一页有中国古籍的两个开面大小，纸张也很特别，厚实得不像是纸张，上面的文字笔画弯弯曲曲的。陈以诚俯身看了半天，觉得也不是蝌蚪文。那位中年男子正在一边翻看，一边用毛笔书写。陈以诚好奇地问道："请教先生，这是本什么书，书上写的是什么字。"

那位中年男子头也不抬地说："这是郑大帅家祖传的一本奇书，是元代时候一位叫马可·波罗的人写的，书名是《东方见闻录》。这种文字是波斯文字，奉郑大帅之命，要我把它翻译成汉文。"

陈以诚说："啊，原来是船上的通事，会说波斯话，懂得波斯文，请问尊姓大名。"

那人停下了笔，抬起了头答道："免贵姓马，单名一个欢字。我从绍兴应招随郑大帅下西洋，与费信他们都是郑大帅的通事。"

陈以诚连连拱手："失敬，失敬，马通事会西洋语，懂波斯文，厉害，佩服！"

马欢说："因家父是绍兴清真寺的阿訇，他熟读古兰经，会波斯语，我是从小跟家父学的。正如先生是医师，各有专攻而已，以后还得请各位医师多多关照才是。"

陈以诚说："但愿你把马可·波罗的书译成汉文后，先睹为快！"

陈以诚是出名的书蠹，在图书室里看到这么多典籍有点迈不开腿了。

马欢说："郑大帅说了，要我加紧译成汉文，还要船上的文员分抄几册，我想您会读到这本书的。”

宝物陈列室里是准备赠送给各国的瓷器、丝绸和艺术品，满室珠光宝气，琳琅满目。

接近中午时分，郑大帅的随从把他们引进了三楼的大厅，这是郑大帅要宴请各位医师药师的地方。大厅有五个开间，铺着波斯地毯，地毯上割出缠枝莲花；八张宫灯高挂，灯火通明；大厅的内侧用雕花木格子隔成，门扇下方雕着八仙过海的图案，门扇上方是冰格窗棂，每个冰格中镶着透亮闪光的贝母；大厅两端舱板上各有两幅画，一端是漆雕嵌宝的龙王出巡图，一端是紫檀木雕的蛟龙吐水图；紫檀木雕下摆三张红木罗圈太师椅，看来那就是郑大帅他们的坐椅了。大厅里临时摆放了十二张八仙桌。

待各位医师和药师坐定后，郑大帅和几位副帅来到了大厅和大家见面。医师和药师们起立向大帅致敬，郑大帅招呼大家坐下。陈良绍把这几天巡诊情况和众医师、药师讨论后提出的建议向郑大帅作了汇报。

郑大帅说：“各位医师、药师，你们这几天乘风破浪，到各船去巡诊，为海员诊病送药，辛苦了。刚才陈医师又向我们提出了很好的建议，我们会一一接受，认真加以解决。关于配备船队之间的联络快艇的事你们提得好，到了占城国，我们就去购买小船拖挂在各船后面，作为联络船。救生设施也一样，到占城国一起筹办。让海员们吃好，吃得健康很重要，你们提出各船要配备专职厨师，我们会要求各船照办，你们提出要办厨师培训班，我很赞成，你们可以分批在医船上举办，也可到帅船上来办。帅船上的宫廷厨师可以在培训班上做示范。药疗食疗的事要你们医师药师和厨师配合起来，特别是一些加入食品的药材需要你们提供，比如黄芪、葛根、当归这些药材有些厨师可能并不认识，更不知道它们添加到食品中的作用。现有的豆腐坊可以增加一些人员制作豆浆和豆腐，有了各船之间的联络船，可以把制作好的豆腐、豆浆送到没有豆腐坊的船上去，不一定每条船都开一个豆腐坊。以后还有什么情况和建议随时可向我提出来。”

郑和接着说：“刚才马欢通事告诉我，陈以诚医师对我祖传的那本羊皮书十分感兴趣，我已请马欢翻译成汉文，并要抄录几本附件，翻译好后一定送你们医船一册，供你们传阅。”

郑大帅举起他手中的羊皮书说：“这是元代一位叫马可·波罗的色目人来

中国后写的游记，我父亲当年到天方朝觐穆汗默德先圣时得到的。我的祖父和父亲都信奉回回教，父亲懂波斯文，他在天方看到这本手抄本的《东方见闻录》就爱不释手，用了一匹锦缎把它换了回来。父亲回来后经常给我讲这本书中的故事。他说马可·波罗是色目花剌子模人，生在波斯一位富商人家，他跟随他的父亲、叔父乘船，翻山越岭、穿越沙漠草地，来到元朝做生意。马可·波罗到了元朝大都见到了忽必烈皇帝，献给忽必烈雕着海东青猎鹰的玛瑙杯，忽必烈皇帝看他见多识广，对答如流，便封他在扬州行省做官。那时扬州行省管辖的范围很大。他到过京口、金陵、苏州、杭州等很多地方，对元朝的山水风物、丝绸瓷器等中国物产极为赞赏。马可·波罗在元朝旅居了十七年，恰逢波斯一位国王宠爱的妃子去世了，这位波斯国王便派了大臣来元朝向忽必烈皇帝求婚，忽必烈皇帝便选定了一位叫阔阔真的公主嫁给波斯国王，并赐予了一大批宝物作为陪嫁，让马可·波罗跟着波斯大臣一起护送公主去波斯，元至元二十八年（1291），马可·波罗他们一行人带着忽必烈赐予的丰厚嫁妆，从元大都到达泉州，乘了十四艘海船，从泉州港启航，经过满剌加到达波斯，海途中十四条船有十一条船被抢了或被风浪打翻沉了，只有三条船顺利到达波斯。马可·波罗完成护送任务回到家后，当地发生了战争，马可·波罗应征参战，结果他的部队战败，马可·波罗被俘入狱。他在监狱中口述了在元朝的各种见闻，由同监狱的难友笔录成书，叫《东方见闻录》。这本笔录传出来后，被人们广泛传抄，这本书就是我父亲换来的其中一本手抄本。波斯一带人看了这本书，对中国十分羡慕好奇，一批批地来中国探奇。这书里写的可是一百五十多年前的故事了。”

郑大帅扬了扬羊皮书继续说：“一百五十多年之后，现在已经是大明国了，我们大明国是更富足强大了，永乐皇帝颁旨给我，要我向西洋各国去主动宣扬我大明国的国威。今天，我们的船队浩浩荡荡，我们船上载的宝物远远超过忽必烈的赐赠，我们的航海历程将远远胜于马可·波罗的独行孤旅。我知道各位医师、药师都是孔夫子的门徒，希望各位也要拿起手中的笔，记录我们这次伟大的行程，写出比马可·波罗的《东方见闻录》更好看的书，传诸后世。”

郑大帅的一番话说得大家心潮澎湃，不由得击掌称好。

郑大帅收起书说：“今天我在宝船上设宴招待你们，船上条件有限，待凯旋后，我们再痛饮欢庆。”

郑大帅下令开宴，船上的仪仗队奏乐助兴，《高山流水》《梅花三弄》《夕阳箫鼓》《汉宫秋月》《阳春白雪》，一曲接着一曲地演奏。

陈以诚琴棋书画乐曲样样精通，他一边听着，一边说着乐曲的曲名，当乐队重复演奏时，他说还有《渔樵问答》《平沙落雁》《胡笳十八拍》《广陵散》《十面埋伏》等几个曲子他们没有演奏。

郑大帅听陈以诚如此说，便对陈以诚说："陈医师，你那里有你说的曲谱吗？如有曲谱请提供给乐队练习。"

陈以诚说："我可以把记得的谱写下来，写好曲谱后我一定送来供乐队演练。"

船上的待从把准备好的冷盘佳肴一份一份地摆上，青瓷酒盅斟上了上好的佳酿。

郑大帅和各位副帅一起举杯祝酒。

首桌上，郑大帅和医船的各位院长副院长坐在一桌，郑大帅亲自用毛笔在印有金色宝船底版的大红菜单笺纸上写下了菜单，被手快的陈以诚取走收藏了，匡愚无奈，只抄下了这份菜单，并把这份菜单录入了他的《华夷胜览》中，这份菜单记着："冷盘什锦：万里石塘；热炒大菜八样：安南鱼翅，占城黄斑，爪哇肥鸭，满剌加鸡，真腊方腿，渤泥龙虾，彭烹章爪，苏门红肘；热汤：西洋明月；小点四盘：扬州汤包，苏州拉糕，刺桐酥果、长乐芋泥；另有水果一份：冰镇荔枝。"

说到这冰镇荔枝，当时宴席上用青花大龙盘端上来的时候，盘底还衬着几粒冰块，在炎炎的暑气中腾出白色的冷雾。剥开一粒，如玉的荔枝肉坚挺冰凉，一时口舌舒爽，顿觉暑气尽消，惊呆了桌上的医师药师。

郑和见医师药师们对冰镇荔枝很好奇，便站起来说道："各位医师，你们可能说我们的帅船是否太奢侈了，其实我们平时也不是这样，这是特别以国宴的规格来招待各位医师、药师的。也算是以后在宝船上招待西洋各国贵宾的一次预演。根据永乐皇帝的旨意，皇上说宝船要有宫廷气概，要带上大明朝最优美的瓷器、丝绸、绫罗，赠予各国；要以宫廷国宴的规格来招待西洋宾客，充分体现我大明王朝的气象，所谓宣扬国威不仅是凭一张嘴，而且外番人也听不懂我们讲什么，这就要让他们用眼睛看；要凭好东西的展示和真实的体验来体现我大明王朝的富有和威势。我有好东西，你没有，我能做出好东西，你做不出来，让你羡慕我，这就是扬国威嘛！你们医师也是，你有病在他这里治不好，在我这里就能治好，这样一比较就显出我们的医术高明了。大家说是不是这个道理。”

郑大帅这么一说，又引得大家击掌称好，有些医师、药师原来心里认为这是在摆阔、太奢侈的想法便扫除了一大半。

郑大帅继续说道：“咱们中国人藏冰制冰，夏天用冰饮冰的事，在马可·波罗的《东方见闻录》中也有记载。他说在夏天的时候，他去见忽必烈皇帝，忽必烈皇帝就曾赐给他雪泡豆儿水、雪泡梅花酒、姜蜜水、冰酪等冷饮，他还把制造冰酪的技术带回到了波斯。我们下次到了天方，倒想尝尝他们制作的冰酪是什么味道。”

郑大帅说得开心，大家也听得过瘾，郑大帅又引经据典地说开了中国人用热水制冰、用硝石制冰的种种奇闻。他说酌解缙正在编《永乐大典》，他那里收集的书堆满了几大房间，真正的汗牛充栋，我们隔壁的图书就是从他那里讨来的。这些奇闻异事都是解大学士说给我听的。

听得津津有味的药师李铁庵平时不大说话，听得郑大帅说得神奇，他竟也插嘴说道：“我看过一本杂书，书中说有一天宋徽宗忽觉腹中绞痛难耐，似有烈火中烧一般。宫人急忙唤来太医，几服药吃下去却未见好转。正在众人一筹莫展之际，宫门外传来一人，只见此人须发皆白，飘然有仙人之姿，原是民间医师杨介，因颇负盛名，遂被传入宫中为徽宗诊治。这杨介一言不发，只向皇上望了两眼，便依然用御医所开之药，只是要宋徽宗下旨取来冰块，将御医药方配的药以冰煎之，用冰块煎成的汤药给徽宗服下，如此一剂冰煎御药下肚，宋徽宗便不再腹痛，恢复如初了。宋徽宗问其缘故，杨介答曰：‘疾因食冰，臣因以冰煎此药，是治受病之原由也。’”

郑大帅说：“妙，以冰攻冰，冰病冰治，大妙！”

众医也大呼：“妙！妙！妙！”

【第十五回】

抵占城战匪又医匪　治病人化敌终为友

遇匪占城初传捷，匪徒重创发哀鸣。
救人治病心更治，一位良医百万兵。

祖义为财阻海路，木头洞中称南龙。
一朝倾覆灭遗患，海道清明海事通。

船队在占城国海上的礁石和岛屿中穿行。

正当郑和与海医们欢宴兴致正盛之时，突然听得三声铳响，惊醒了郑和与海医。前方旗兵传来信号：遇到了海盗。郑和遂下令散席，各归各位，各船做好应战准备。

郑和的船队有两百余艘之众，排列在海面上首尾相距十多里，海洋上风大浪高，海风呼啸，两艘船之间说话听不见，联络通信、指挥调度，靠的是悬挂在桅帆上的旗和灯，旗在白天使用，灯在晚间张挂，各条船上也备有锣鼓和铜钹，帅船上有八八六十四面旗、八八六十四盏灯，有一百零八面锣钹和大小牛皮鼓，还有一百零八支响铳。其他各船则根据级别和功能备有数量不等的旗、灯和锣鼓。

下西洋的船队上有各种各样的兵器，更有训练精良的、掌握冷热兵器的武装。响铳是一种以发出巨大的声响作为信号的器具，它的声音有多种作用，既可作为仪仗时发出巨响以壮声威的礼炮，也可作为在危险状态下发出声响传达险情的警号。它根据危险的状态来决定发铳的数量，三声是发现危险情况，六声是危险状态较严重，九声是危险状态极为严重。当然它发声的数字是由统帅决定的。铳也可以与锣鼓铜钹一起使用，作为仪仗庆祝或发动进攻的助威声响。

郑和船上的三声铳响，显然是一种危险信号。从帅船上挂起的旗帜判断，是船队遇到了海盗的袭击，且海盗的人数不清。

医师们由兵船护卫着回到了医船，郑和与一众官员回到了帅位上指挥作战。

对方是一群占岛为王的海盗，他们虽然没有大船作依托，但是占着人多势众，又有岛屿山洞可以藏身，专干些劫掠过往船只的勾当。当郑和的先遣船进入这帮海盗的领域后，他们先是为船体的庞大和船队的数量吃了一惊，继而觉得这船里面一定有很多宝贝，决定凭着海岛复杂的环境，偷袭一二条船，抢点东西作为他们的补给。于是，便一哄而上，像一群蚂蚁般叮上了一根肉骨头。他们驾着轻便的快艇迅速靠上了郑和的先遣船，有的用绳钩连上大船，迅速往船上蹿来，藤做的盾牌抵挡着郑和水兵的戈矛的进攻。有的翻身钻入海底，拿出斧凿准备凿穿船底。使船沉入海底，然后它们再来慢慢打捞船上的物资。

在帅船上的旗语调度指挥和锣鼓的激励下，六七条战船冲到了船队的前方，摆开了战斗队形，原来烦躁不安的士兵们兴奋了起来，迅速听从将帅的命令，各自进入了战斗状态，冲上甲板上的士兵手持戈、矛、钩、链、枪、炮各式武器迎敌。

郑和船队的船舱里有一种特制的监听器，像是一种皮鼓样的东西附着在船底的船壁上，功能为声响放大，如果遇到敌兵在船底凿船，它会发出击鼓般的声响来，船上的士兵便会知道潜水的敌兵的方位，用两条船前后张网包抄，有针对性地用丝网兜底捕获潜水的敌兵。

郑和船队的每条船都有密封舱，即它的船底舱都隔成了五至十三个甚至更多的各自密闭、互不相通的舱房，这样的密封舱一是防触礁，二是防敌方潜水凿船。即使船体触礁或敌兵凿船，只凿穿一二间密封舱，致少数密封舱透水，其他密封舱依然完好，不致船只灌进海水而沉没，同时也有利于即时堵漏修复。密封舱的设计是古人的伟大发明，在郑和下西洋的船队中广泛使用。这种设计为防触礁起到了保护作用，也为防治敌兵凿破船底让船只沉没增加了难度。

袭击郑和船队的海盗不多时就被全歼了，这是一次小规模的遭遇仗。

正当郑和前方的船队欢庆胜利的时候，船队尾部的一条装着瓷器的船只突然沉没了。消息传到郑和那里，郑和经过综合分析，认定这是海盗的调虎离山计，想打乱自己船队的编队秩序，利用海岛的复杂地形，从中获取自己船队的财宝。郑和当机立断，暂时不顾已沉没的船只，命令各船加强警备，加速通过礁岛海域。

旗兵将郑和的命令通过旗语向各船发布，郑和的船队扯满帆、稳掌舵，高速通过礁岛区，傍晚时分到达一处开阔的海域抛锚休整。

在与海盗的遭遇战中，郑和的军队俘获了三十余名受伤匪兵，这些伤兵都被送到医船上来治疗。陈良绍他们对一般的刀枪伤作了止血和消炎处理，用金疮膏涂抹伤口，用纱布进行包扎。其中一名重伤的海盗，胸部、颈部刀痕较深，出血过多，处于休克状态。陈良绍给他细心地清理伤口，用止血粉止住了流血，蔡缥缈熬了人参燕窝汤细心喂服。经过三天三夜的看护和治疗，这名海盗苏醒了。他看到所有被俘的海盗都被精心治疗，并给他们洗了澡、换上了新衣裳，不像他们对待被俘的人极尽折磨，剖肝挖心烹食，顿时心生感激，觉得这是一支仁义之师。

这些海盗其实大部分都是中国沿海一带的渔民，因极贫或因犯罪而流落到海岛来谋生的。陈良绍医师在与一位海盗交谈的过程中，知道了他姓林，叫海狗，是出生在海岛上的。他的祖辈因反抗元兵失败后流落海上，最后在海岛上成了海盗，还是个小头目。林海狗从陈良绍处得知当下的中国已是明朝的天下，郑和的船队是为宣扬明朝圣威的。陈良绍劝告林海狗归顺大明，林海狗感激郑大帅的不杀之恩，那位伤重濒死的海盗是他的弟弟，经医船医师精心治疗，保住了性命，更是感激涕零，一口应诺归顺，在林海狗的号召下，全体被俘的海匪都表明了归顺的愿望。

陈良绍向郑和汇报了海盗林海狗和他的部下归顺的意愿。郑和在帅船上召见了林海狗一帮归顺的海盗，再次向他们宣扬了大明的威德，表彰了林海狗他们的义举，给林海狗赏银百两，封他为海上探长，归顺的十余名海盗统属林海狗统领，并赏给每位归顺的海盗十两白银。海匪们当面向郑和详细描述了他们这支由陈祖义统领的海盗盘踞的巢穴布防的情况。并说他们已跟踪郑和船队多日，摸清了船队所载物资的情况，他们这次袭扰的目的就是声头击尾，故意骚扰郑和船队队首，真正的目的就是为截获瓷器船。海盗们知道中国瓷器在东南亚市场上是抢手货。

林海狗说，估计这两天陈祖义已率海盗将沉船上的瓷器打捞上来，正在他们的巢穴里庆功呢。他愿意带领几条船去夜袭陈祖义的老巢，作为归顺大明的心迹和首功。

郑和与众将领依据林海狗等归顺海盗提供的情报作了一番周密的安排。剿灭海匪陈祖义、肃清海路的战斗即将打响。

郑和听林海狗说这次袭击船队、盗取宝船瓷器的正是海盗陈祖义，心中已生出剿灭陈祖义的决心。

郑和是见过陈祖义的，他知道陈祖义是广东潮州人，从事海上走私活动；明朝洪武年间因犯事遭到地方官府追捕，全家流亡到南洋。先是盘踞在满剌加一带，已当了十多年的海盗，成员最鼎盛时超过万人，战船千艘。雄霸于南海诸岛国之间。劫掠过往船只上万艘，攻打五十多座沿海镇城，南洋一些国家甚至向其纳贡。由于太过猖狂，又被南洋的一些国家联合起来把他的海盗部队打散，后来，他逃到了三佛齐的渤林邦国，在国王麻那者巫里手下当上了大将。国王死后，他召集了一批海盗，自立为王，陈祖义成了渤林邦国的国王。当上国王的陈祖义，竟也堂而皇之地向明朝皇帝进贡，据说他进贡前却是乘着空船出发，一路上抢劫海船，抢到什么东西就拿抢到的东西作贡品，因为明朝皇帝厚赏进贡的外邦，陈祖义回国的时候又装上了满满的诸如丝绸、瓷器之类的明朝赏赐品。陈祖义匪性不改，当了渤林邦国国王后依然明里暗里抢劫。

陈祖义当了一段时间的国王，觉得不自在，又到占城国附近海域的木头洞中当起了海盗。他在洞中自称是南海龙王，过着无父无君、皆妻皆子、“海水通处皆为界，陆路通处不管娘”的海上霸王的日子。

陈祖义横行海上，让大明皇帝最不能容忍的是，他竟然抢了明朝的几条出使官船。而且，陈祖义实行的还是三光政策，抢光杀光烧光，不留其抢劫的痕迹。

陈祖义的恶行不断被报到永乐皇帝朱棣那里，永乐皇帝朱棣曾悬赏五十万两白银捉拿陈祖义。下西洋之前永乐帝召见郑和时提到要郑和关注陈祖义的动态，特别要探明陈祖义是否与逃亡的朱允炆有联络。一旦发现他继续为非作歹，特别是陈祖义与朱允炆若有来往，就要把他捉拿归案，以清除隐患。

这一次陈祖义的抢劫竟然是朝着郑和的船队来的，现在人证物证俱在，捉拿陈祖义海盗正当其时。陈祖义借着木头洞地形复杂，易守难攻，才敢于打劫郑和下西洋的大军，却低估了郑和大军决心绥清海道，清除隐患的决心。经过郑和与众将领和投诚归顺的海盗林海狗的密商，一个万无一失的剿灭陈祖义海盗的计划开始实施了。

郑和先是派出探子化装成渔民，到陈祖义的匪巢木头洞附近侦查了地形，把木头洞附近的礁石、海岛、山洞、防寨、水路摸得一清二楚。这与林海狗说的是一模一样，说明林海狗是真投诚，这让他对林海狗放了心。

接着郑和让林海狗乘上他们原来的船，伪装成死里逃生的模样回到陈祖义的巢穴，陈祖义对林海狗他们没有设防，认为兄弟们回队是很正常的事，却不知道大明船队的威武和医师的仁慈已让他的兄弟被归化。

林海狗回到陈祖义的巢穴，当晚挂灯笼的联络暗号发出后，郑和派遣的快艇也很快进入了巢穴的几个守防的洞口，里应外合一举拿下守卫洞口的海盗。林海狗他们又趁机把陈祖义停泊在港湾里的几十条船浇上了油，放起火来。随后郑和率领的战舰也已经停泊在匪穴的各个大大小小的出海口，如铁桶般把木头洞巢穴围住，郑和的精锐部队在林海狗的接应下冲进了陈祖义的聚义厅，当晚他们正在庆功欢聚，欢迎林海狗归队，欣赏从郑和沉船上打捞上来的精美瓷器，论功行赏，做着发财的美梦。郑和的兵勇冲入聚义厅后，一翻厮杀，巢穴中的海盗歼灭过半，陈祖义见大势不妙，带了一个亲兵从密道逃跑。

陈祖义的巢穴叫木头洞，这周边的礁石上只长小树小草，小岛上面积也不大，也没有成片的森林树木。为何这个岛称作木头洞呢？

宋元时期，中国人就已发现东南亚一带盛产一种香木，这种香木植物树干被虫蛀蚀后，或受到外伤，便有真红油菌感染刺激它，大量分泌带有浓郁香味的树脂。这些树脂又日积月累地凝结固化，而成为结香；这些结香因为密度很大，放到水里就下沉，所以人们又称它为水沉香。中国的皇室贵族对这种水沉香趋之若鹜，高价收购。在皇家和贵族大臣的书房卧室里，人们点燃沉香，它会散发出幽雅沁人心脾的香气。《本草杂俎》中记载：沉香木香气入脾、清神理气、补五脏、止咳化痰、暖胃温脾、通气定痛，是上等药材极品。中国人还把大的沉香木雕成各种精致的把玩品，陈列在雅室中欣赏，握在掌心里把玩，以显示身份。

因为中国的皇室贵族们争相抢购。有段时期，海上香料贸易兴盛，一船船的丝绸和瓷器从中国出发，到东南亚换回一船船的香料返回中国。原来这处海岛是海上贸易的必经之路。小岛的洞中有片水潭，水潭中冒出一眼清泉，却是淡水，航船要在这里休整、加淡水、作补给。在陈祖义占据这处木头洞之前，是由占城国官方管理的，向过往船只收取水费、补给费和过路费，是占城国的重要财政收入来源。有时候过往船只没有现钱交费，便拿货物充抵，充抵最多的便是值钱的沉香木，为了防止人们盗窃这些香木，他们便把香木丢到水潭里藏起来，过一段时间再捞起来成批出售。洞中的水潭成了藏香木的仓储，渐渐地这处小岛上的山洞便有了木头洞的称号。后来人们发现这些沉入水底的香木头沉得越久越香，就有了水沉香的雅号。经过比对，只有经过这处水塘里的水浸泡过的水沉香是最香的，木头洞的水沉香就更加出名了，且卖出了更好的价钱。木头洞当然也就更出名了。

自从陈祖义这帮海盗霸占了木头洞，他们便把抢来的沉香木一船一船地丢到山洞中的水潭里，这些沉入水底的香木头越陈越香，海盗们在没有货可劫的时候便会捞出水沉香去市场上换货。木头洞不但是海盗们抢劫的据点，也是他们藏宝的宝库，更是他们寻欢作乐的天堂。

木头洞里有好多条密道，有可以通向各个出海口码头的，也有可以通向山顶树丛中逃生的。还有一个密洞是通往一处像一只大公鸡的礁石夹缝中的，它已远离了木头洞，这个洞口只有陈祖义和几个头目知道。林海狗就是其中知道这个秘密的一个头目之一。

郑和率领的兵勇攻占木头洞后，陈祖义见大势不好，带了一个亲兵就走了这条通向大鸡公礁石的密道。当他和他的亲兵走出密道，只见一条打鱼船正等在洞口前，陈祖义一看正是林海狗。他十分感激林海狗在这危难之机来此搭救他，陈祖义毫不犹豫地就上了渔船。只是当他一踏上那条渔船时，他的亲兵已被林海狗一刀毙命，而他的脖子上也架上了几把明晃晃的大刀。没等陈祖义反应过来，船上的兵勇便将他扑倒在地，五花大绑了起来。活捉了盗首陈祖义后，小渔船晃晃悠悠地摇向了郑和的帅船。

郑和叫人将陈祖义的画像拿来与陈祖义作了对比，确认活捉的正是海盗陈祖义，便命人将陈祖义关进帅船底舱的监室，叫人好生看守，待宝船返航时把陈祖义押送京城向永乐皇帝献俘。

医船上又收治了几百名受伤的海盗。对这些刀剑伤的俘虏主要是包扎止血、消炎防疡；对伤筋断骨的伤员，则需要复位固定，外敷消炎膏，内服生骨汤。

郑和对做了医疗处置或经过一段时间的治疗恢复身体的海盗采取一个不杀的政策，愿意回家的，发给盘缠让其回家，告诫其不得再为盗海上，否则再次被俘将格杀勿论。愿意留在船上的，编入大明士兵队列，将来与大明士兵一样论功行赏。

那些有家室的海盗领了盘缠，向郑和磕头谢恩，表示从此悔过不再为匪。那些没有家室牵连的海盗都愿意加入大明的王者之师。这些编入郑和船队的海盗熟悉海况、会讲方言、了解西洋岛国社会风俗，在郑和下西洋的行程中起了很好的作用。

为了告诫后来者，郑和在木头洞中立了一块《大明永乐三年剿灭海匪碑》，碑志曰：

> 祖义不义，劫人越货，海疆不宁，邦国公愤。大明永乐皇帝闻而震怒，特遣大元帅郑和统率战舰，绥靖海疆，歼灭海匪。
>
> 今海匪已灭，海疆安宁。大元帅郑和欲与各邦国共结友好，共保海靖。若有歹徒再肇恶端，当以匪首陈祖义鉴之。
>
> 大明永乐三年大元帅郑和

【第十六回】

说海匪以诚溯渊流　搜匪穴医室获大宝

说海匪诚以为本，靖前途勠力同心。
搜巢穴海医捞宝，香贵龙涎胜赤金。

剿灭海盗的战斗结束后，郑大帅对在战斗中有功人员论功行赏。医船因劝降陈海狗等海盗为最终剿灭陈祖义立下大功，受到郑大帅的嘉奖。每位医师药师赏银十两，院长院判赏银百两，回国后再由皇上奖赏。

剿匪结束后，大明永乐医船上工作量大增，战斗中受伤的敌我人员的包扎救治任务繁重。原来空着的病房现在人满为患。

原打算把被俘的受伤海盗和下西洋的将士分开医治。郑大帅与陈良绍他们几位医船的院长院判商量，最后形成一致意见，敌我伤员一视同仁。同伤同治，一样的病号伙食，对俘虏不歧视、不虐待。目的是争取人心，尽量让俘虏的伤兵员能归顺大明。郑大帅说了，这些人长年漂泊在大海之上，对航路熟悉，对海上诸国的语言、物产、风俗熟悉，可以为下西洋增添帮手。

大帅的心胸开阔，眼光长远，也与医师们的想法一致。

陈以诚说："我读《水浒传》，梁山泊一百零八将中，个个都是被逼造反，占山为王，落草成寇，大多数人又心怀招安之想，有归顺朝廷、立功受勋之思；也在身后能对得起祖宗，不被万世唾骂为贼。”

众人有附和者。

陈以诚确实是个历史评论家。他进一步分析说：“宋元以后，造船业发达，海上贸易兴起，江南一带就有要发财驾船去海上之说。元代开拓海上交通运输的张瑄、朱清，就是海盗；苏州的沈万三发家致富，也是做的海上贸易。他们发了不义之财，又想政治上捞好处，便投靠官家，张瑄、朱清在元朝做了大官，沈万三投靠的是吴王张士诚，只是他押错了赌注。凡是时局动荡，有些豪雄就会向海上发展，太祖皇帝曾与陈友谅有过几次关键性的水战。陈友谅号称水军强大，楼船巨舰。兵败后，陈友谅余部就有很大一部分驾船逃往海上。从此，浩浩荡荡、人迹稀少的大海上便热闹起来了，海途也不平静了。这一次郑大帅统率我们下西洋，其中有一个目的就是要荡涤海盗，绥靖海疆。水泊梁山的山寇可以招安，西洋海途上的海盗当然也可以招安。我们一视同仁，为被俘的海盗治伤，就是为招安海盗出一份力呀！”

匡愚不大喜欢陈以诚念念叨叨，但觉得这番话还是有道理的。便打趣说道：“《水浒传》里倒有几个有姿色的女草寇，陈祖义的海盗中却不见一位女海盗，这是为啥呀！”

陈以诚一时语塞，但他马上避开匡愚的话题说：“这不为啥，待将来海上有了驾船的女子后便会有女海盗出现了。芋头，我倒也要问你一个问题，你知道海盗的祖师爷是谁吗？”

匡愚回答得很干脆：“不知道！”

陈以诚继续说道：“其实自从海船被发明的那一天开始，海盗就出现了。中国海盗的祖师爷是一千多年前，东晋末年一位叫孙恩的人。孙恩祖上是琅琊孙氏士族，南渡后生于会稽，生活在永嘉，世奉五斗米道，因不满于世道不公，于东晋隆安三年（399）起兵反叛东晋，前后历时十三年，聚合百万人的海上大军，驾海舟万乘，以舟山群岛作据点，纵横东海、南海两大洋，杀上虞令，攻取会稽，转战绍兴、宁波、舟山、台州、温州、南京、扬州等地，如此声势浩大，以海上活动反抗豪强的巨盗在历史上是第一次出现，所以被后世历来的海盗奉为祖师爷。”

陈以诚滔滔不绝地叙述着：“盗亦有道。这些在大海上的盗贼为了生存，也有他们的行规，一不能打劫渔民，二不上岸抢劫，三不得私藏抢劫来的财物。这些海盗既与官家作对，但有的时候也与官家勾结，势力大了，便想让官家来招安，弄个一官半职，以便光宗耀祖。作为官方来说，对山寇海盗从来就是用的两手，一是剿灭，这是首选；二是招安，剿不灭时用招安使其归顺。梁山泊宋江一伙被招安了，招安后派去打南方青溪帮源洞的方腊。大明开国初，浙东‘海精’方国珍被太祖皇帝招安了。当年陈祖义也想接受招安，因为他作恶多端，大明朝国力强盛，太祖皇帝不接受他的招安阴谋。这不，我们郑大帅一来，这位在海上横行一时的大海盗陈祖义便不堪一击，被全歼了。陈祖义现关在船牢里，待送回去让永乐皇帝来惩处他吧！”

陈以诚说得头头是道。他还想再说下去时，陈良绍派来人叫医船上的医师们快去陈祖义的巢穴打扫战场搜查寻宝。

在搜索陈祖义匪穴的过程中，郑和的船队有了重大收获，而船队医师收获是最大的。在郑和下西洋的配备的物品中可以称作瓷器之旅、丝绸之旅，而这一次从陈祖义的巢穴中缴获的战利品来说，使得这次航行成了一次喷香之旅。

从陈祖义的匪穴中缴获最多的是一批船，这些船大多是一些木质的快艇，独桅独帆，快捷灵活，郑和的船队出发时都是百石千石万石的大船，缺少这种便捷灵活的小船，他们选了一些坚固结实的独桅船拖在船后，作为靠岸登陆、各船之间联络使用，把那些陈旧破烂的付之一炬。

在这些小船中，有一批轻型竹编的簸箕船。这种竹编的簸箕船用竹篾密密编结，然后用桐油石膏调和腻子刮平所有缝隙，再用上等桐油刷上三遍，就成了滴水不漏的轻便船了，这种竹编簸箕船是一种微型驾乘工具。这种竹编小船放在家门口，它就是一个可以用来晒谷子、豆子的小匾，装瓜果时蔬的竹筐。由于它很轻便，在岸上搬运时，它可以顶在头上当特大型帽子，既可遮阳，又可挡雨，下到江河湖海里，那就是一条可乘两三人、可载百斤的小船，即使浪涛打进簸箕里，它也不会沉没，船上的人跳到水里，轻巧地把它翻个身，将水倒出便可继续使用。它又像盾牌一样结实并有弹性，刀砍来、枪刺来，它的弹性可以消耗刀枪的刚性。更有质量上乘的，那就是直接用藤条劈成藤篾来制作，刮腻子、刷桐油与竹编的簸箕船是一样的，这样的藤编簸箕船更结实、更牢固，它是船，也是盾牌，刀砍不破，矛刺不透。

郑和船队在占城国的海域常常遇到这种驾着簸箕船向他们推销水果的占城人。他们靠近大船后，抛出一条带钩子的绳子，就贴上了大船。郑和的船员们付上几个铜钱，就可以买下一大堆香蕉、菠萝、火龙果和叫不出名的水果。

郑和对缴获的这种竹编小船很感兴趣，他吩咐把所有竹编的、藤编的小船全部带走，分发给各船，并在木头洞休整时，让归顺的俘虏训练船员们驾驶竹编小船。这些竹编小船带到各船上，平时堆起来放在甲板上，每条船上放二三十只，可作登岸的轻便小船使用。各处的海滩很少有可以泊船的码头，郑和船队的大船无法靠岸，而用这样的竹编小船，登岸就方便了不少。这种竹编小船还可在船舰触礁或被海风海浪打翻时作救生艇使用，在后来的航程中挽救了不少船员的生命。

郑和率领船队打捞起被海匪凿沉的瓷器船，拖到占城去修理。把从木头洞中缴获的战利品装上船，有海匪多年打劫来的瓷器、丝绸。这些瓷器、丝绸大多是民用瓷器和民用丝绸，与郑和所装载作为礼品赠送各国的官品无法相比，郑和便把这些缴获的民用瓷器和丝绸散发给各船，让他们自用或上岸交易时换些番国的物产作为一种额外的补贴。

而对海医们来说更感兴趣的是木头洞中有医药价值的香料，这其中就有大袋大袋的胡椒。药师李铁庵欣喜若狂。李铁庵说：“段成式《酉阳杂俎》云：‘胡椒出摩伽陀国，呼为昧履支。其苗蔓生，茎极柔弱，叶长寸半。有细条与叶齐，条上结子，两两相对。其叶晨开暮合，合则裹其籽于叶中。形似汉椒，至辛辣，六月采，今人作胡盘肉食皆用之。’”

胡椒既是烹调作料，也是中药药材，它的功用是温中、下气、消痰、解毒。治寒痰食积，脘腹冷痛，反胃，呕吐清水，腹泻，冷痢，并解鱼、肉、鳖、草毒。陈良绍把大部分胡椒堆放在医室中备用，吩咐给各船分发一小袋，用作烹调调料。

李铁庵特别嘱咐：“做海鲜时只能放十几粒，不能放得太多，放多了会升虚火，对眼睛不利。”

那些沉在木头洞中的沉香木全部装到了医船上。自古以来，沉香就被视作一种名贵香料和中药材，在宋代已经有“一两沉香一两金”的说法。民间的药店备有一支沉香就算是大药店了，中医们也轻易不敢配沉香入药的，因为它的价格太高，不是富户、贵族是用不起的。这一次在陈祖义的木头洞中一下子就从洞中的水池里捞上几千支大大小小的名贵水沉香，大明永乐医船上的药房可称得大明王朝的特大药房了。

陈良绍请求郑和从归顺的俘虏中挑选十几名会制作线香的，到医船上来将部分残损的沉香木制成线香，把这些线香分发给各船，要求各船早晚在妈祖像前点燃，向妈祖顶礼膜拜。袅袅的香烟飘散在船舱内，散发出幽幽的奇香。沉香的香气既有杀菌驱秽的作用，更有提神醒脑去积郁的作用。各船早晚向妈祖敬香，既坚定了船员们对妈祖的信仰，也驱散了船舱中的汗臭秽气，船员们闻到这种香气，整日里闷在船舱中的郁闷消散了不少，烦躁少了，心气顺了。

郑和的船员们在陈祖义的卧室中还搜出一箩筐灰白色、焦黑色的块状物，闻闻有腥臭味，这些船员不知道是啥东西，便把它统统倒在了洞中的水池里，这些东西竟然一块块都浮在水面上，刚好被陈良绍看到。陈良绍知道这就是他们医师下西洋最想得到的顶级香料——龙涎香。在陈良绍与韩小玉结婚时，陪嫁中就有一小块鸡蛋大小的龙涎香，小玉的父亲是御医院院判，这是皇帝的赏赐之物，知道它十分名贵，许多医生是只知其名而没有看到过实物的。

龙涎香名称很好听，民间百姓认为它是海中的龙吐出的口水凝结起来的东西。陈良绍记得在太湖洞庭西山人甫里先生的《西洋记》中是这样记述龙涎香的。

“龙涎香，或谓龙涎多积于海上枯木，又称龙泄。锡兰山国、卜剌哇国、竹步国、木骨都束国、剌撒国、佐法儿国、忽鲁谟斯国、溜山洋国，俱产龙涎香。其色青黧，其香腥杂，百和焚之，翠烟千结，蜿蜒蟠空，经时不散，可以剪分香缕。然多不真，大抵不必论其色，总以含之不耗，投水不没，雨中焚之能爆者良。每块皆起螺旋纹，如象牙花纹，其色有纯黑、灰白二种。龙涎入香，能收敛脑麝气，虽经数十年者，香味仍存。其功效，食之能暖妇人子宫，治男子下元虚冷。”

岳父韩公达把那块龙涎香当作陪嫁装在特制的小木箱里，并亲手写了一张药签：“龙涎香乃海上之神品，其体纯阳，能嘘气成云，阳之质轻浮，故云上升。其香气入手足少阴经，能收阳中之阴，治心肾诸病，所谓一阴一阳之谓道也。其质灵，治魂游不定，镇惊压痫，杀精魅鬼邪者，切切珍藏。”陈良绍每年只在端阳节这天打开龙涎香的匣子，钻取三钱模样的微粒，放在银盆中，掺和在沉香木粉末中，点燃焚香于华佗和列祖列宗神像前。

见陈良绍说那丢在水里的浮石状灰白色、纯黑色的东西是价值连城的龙涎香。水手们连忙跳到水池中把浮在水面上的龙涎香一块不少地捡到岸上，装进大木箱中。他们又在陈祖义的龙床底下找到了两大箱龙涎香，经过清点，三大箱共三百零九块龙涎香，全部抬到了医船的药室之中。

许多没有见过龙涎香的医生都来争着看看、闻闻，确实闻不出香味，只觉得有一股腥臭味。有一位医生便随手用锤子敲开一小块龙涎香，看到敲碎的龙涎香如琥珀般有光泽，再闻才闻出幽幽的香味来。还有人便点火来烧它，只见一缕蓝色的烟雾笔直地升起，有人用嘴来吹那烟柱也吹不散，有人又拿剪刀来剪断烟柱，一根根被剪断的烟柱便卷曲成一朵朵灵芝状的烟团浮在药室里，十分神奇，幽幽的香气直入脑门，沁人心脾，众人啧啧称奇，有人开始顺手捡起放进了自己的口袋里。

陈良绍见状，连忙招呼各位千万不能把龙涎香拿走。他说郑大帅出发时曾对他说过，皇上专门嘱咐大帅在下西洋途中收集龙涎香。龙涎香是皇室专门征集之物，不能随便流入民间。众人伸出的手缩了回去，放进口袋里的又拿了出来，陈良绍当众清点，不算敲碎的那块，一共三百零八块，依然装进三只大箱子。那一块敲碎的龙涎香他要为大帅专门研制龙涎香线香，供帅船上敬奉妈祖专用。在陈良绍、费信、匡愚的押送下，由六位医生抬了三只装着龙涎香的木箱送到了郑和的帅船之上。郑和亲自捡点后，贴上大明三宝太监郑和大元帅的帅印，藏入帅船的库房之中。这是郑和回程时敬呈永乐皇帝的宝物。

郑和对陈良绍和各位医师护宝的行为称赞了一番，命陈良绍速速研制龙涎香线香，以敬香于妈祖神灵前。

平时不多言语的郁震，对这次剿灭海匪陈祖义的战斗感慨不已："郑大帅这一仗打得漂亮。惩办海匪，使海途通畅，万国安祥，耕海乐民，不也是一种医海之举耶！医生治病只是治个体的病痛，而治疆宁海则是治海之大医也。"

众皆鼓掌。

战场打扫结束，众皆兴奋不已，海樵书画社的会员们又有了吟诵歌咏的新题材了。

【第十七回】

逛新州以诚说历史　见稻田匡愚讲血糯

海船港口作修整，医逛新州故事多。
稻称占城可救旱，吉贝引出纺棉婆。

遭遇海匪袭击后，有几条船船底的水密舱被凿穿，有一条船沉没。在歼灭陈祖义这帮海匪后，船队来到了占城国的新洲港休整。一是补充淡水，二是采购新鲜蔬菜水果，三是修补被海匪凿坏的船只，将凿沉的那条船只打捞上来，拖到新洲港修复。

修复被海匪凿坏的船由随下西洋的艌匠们来完成。在龙江船厂中有四厢，用现在的话来说就是有四个车间。这四个车间里有制作海船的各种工匠，分别是：一厢出船木梭橹索匠，二厢出船木铁缆匠，三厢出艌匠，四厢出棕篷匠。对制作木梭橹索、船木铁缆、棕篷船帆，我们尚可理解，而对于三厢的“艌匠”是做啥的就不清楚了。

原来，这“艌匠”是旧时造船行业中很重要的技术活。建造木船，先要拼接木板，联结木板有榫头，但为了加固还需要用船钉和扒锔。钉有实拿钉、掺钉、枣核钉；锔有勾子锔、叉子锔、鼻子锔和胡芦锔，还有船头用的拦头腰子锔、平扒头、砍扒头的拐子锔和螺丝锔。钉、锔挂齐后，船的各个部件就拼接成完整的模样了。这样的船还不能下水。接头再密实，还会有看不见的缝隙，板材再光整，也容易擦伤渗水腐蚀，船板之间的缝隙需用艌灰来填充，以密封防水，光整的船板需要抹灰油漆，才不致擦伤腐蚀。船钉扒锔这些铁件泡在海水里会锈蚀，也要裹上油灰，刷上桐油生漆防止锈蚀。从事这项工作的人，统称为艌匠，艌匠劳作的这个过程就叫艌船。

这艌灰是什么？明代人宋应星在《天工开物》中记得很详细："凡船板合隙缝，以白麻斫絮为筋，钝凿扱入，然后筛过细石灰，和桐油舂杵成团调艌……凡灰用以固舟缝，则桐油、鱼油调厚绢、细罗，和油'杵千下'塞艌。"就是说，这艌灰是用细石灰调和桐油舂杵成的调艌。艌船时，先将厚绢、细罗布用桐油、鱼油浸透，在船板接缝处及下了船钉和扒锔的地方敷上或塞紧麻筋，铺盖绢罗，再用艌灰刮平。艌匠的工具箱里，装着锤、凿、缝钩、齐口等十多种工具。凿有快凿、钝凿和分凿；齐口是个一头宽一头窄、背向弯曲的铁件。艌船所用的物料，诸如麻穰和苘绳是为了增加韧性，石灰是为了坚固，桐油生漆是为了黏合。艌船事关生命安全，来不得半点儿敷衍。艌匠将每处船缝艌好后，末了再用油刷在船身涂上几遍桐油生漆，艌船工序才宣告完成。

造新船时，艌船是最后一道工序，在水中行驶的船漏不漏水，艌船最为关键。当木船使用一段时间，艌灰因日晒水蚀逐渐剥落，需修复。修复的过程也需要艌匠艌船，海船触礁或遭人为破坏后更需要艌匠来修复了。为了应付下西洋过程中船舶遇到的不测事件，郑和下西洋的船队中就带了一批艌匠，随时修复损毁的船只。

艌匠在新洲港修复被海匪凿坏的船舰需要一段时间，郑大帅号令船队停泊在新洲港海外休整。

趁着船队在占城国新洲港休整，船上除留下一部分人守船外，很多人都趁着停泊的机会划着小船到新洲城里去游玩一番。帅船上传来规定，凡上岸进新洲城的船员不能独行，须三人以上同行。不得留宿，须当日返回船上。行事须谨慎，不得与当地土人纠缠。

陈良绍约了陈以诚、匡愚、郁震四人同行，本来想请费信一起进城，但费信陪同郑大帅当通事去了。郑大帅要去会见占城国国王摩诃贵来。蔡缥缈也缠着陈良绍要一起到新洲城里去玩，陈良绍不许。匡愚帮她说了话，说蔡缥缈会番语，我们到占城国正用得着。陈良绍也就让她跟着一起上岸了。

陈以诚知道占城国倒不必找通事，这占城国原来就是我大中国的番属国，只是近百年来若即若离。前两年永乐帝刚登基的时候就派使臣来过占城国，或许新洲城里中国人也有不少，但他没有说出来，以免扫了蔡缥缈的兴。

陈以诚真是个活字典，他说起占城国的历史来如数家珍："占城本是秦汉时期象郡象林县故地。东汉末年，象林县的司隶校尉之子占族人释利摩罗起兵杀死县令，自立为王，并定婆罗门教为国教，始建占城国。占城建国以后，也不时向中国朝贡，进行贸易。现在是第十四代国王，名叫摩诃贵来。原来这里也用的是汉字，因为他们信奉了婆罗门教，改用了南天竺文字，但在这里大概还是留下了一些汉人的，汉字在民间也还用着。"

陈以诚说占城国有汉人，他的依据是史书的记载。他说："《后汉书·马援列传》和南朝《梁书》记载，林邑国者，本汉日南郡象林县，古越裳之界也。伏波将军马援开汉南境，置此县，并在那里立了五根铜柱。杜甫曾有诗曰'回首扶桑铜柱标，冥冥气祲未全销'。后来象林县的司隶校尉之子、释利摩罗起兵杀死县令，自立为王，马援只得返回内地。《新唐书》记载'盖援还，留不去者，才十户'。隋末孳衍至三百，皆姓马，俗以其寓，故号马留人。五百多年间，马援留下的孳衍发展到了三百人，现在又过去了近八百年，三百人的马留人应该发展到三五千人了吧，说不定我们在新洲城里可以碰上几个马留人哩。"

匡愚说："都说入乡随俗，即使我们遇到的是'马留人'，还会有说汉语写汉字的人吗？我看是没有了。"

郁震说："不管这些马留人、驴留人了，我们就比比画画叽里呱啦一番，能明白就好，不明白也罢，转一转，瞧一瞧，看个新鲜而已。"

众人皆说郁震说得有理，本无目的地到新洲港转一转，瞧一瞧，看个新鲜而已。

从新洲港到城内有一段野田要走，一路上林木葱茏，田畴平整，有一方水田，种着水稻，稻子已经抽穗。

陈以诚说："这就是有名的占城稻呀！在宋代，这占城稻就引进到了中国，占城稻又称早禾或占禾，属于早籼稻，北宋初年首先传入我国福建地区。占城稻的特点：一是耐旱；二是适应性强，不择地而生；三是生长期短，自种至收仅五十余日。北宋真宗大中祥符四年（1011），江淮两浙大旱，水田缺水，宋真宗遣使到福建，取占城稻种三万斛，分给以上地区播种，获得丰收，救了灾民。南宋时期，占城稻遍布各地，成为早籼稻的主要品种。占城稻成为广大农民常年食用的主要粮食。不过，它的米没有油性，煮粥尚可，做（干）饭吃起来就太糙了。”

匡愚说道：“我们常熟那里就不种这种占城稻，这种籼米难吃死了。我们种粳稻、糯稻，最有名的是鸭血糯，煮粥黏乎乎的，烧饭香喷喷的。特别是鸭血糯，碾成米看起来黑乎乎的，煮成粥烧成饭红通通、香喷喷，吃到嘴里甜津津的。常熟县令曾把它进贡给洪武皇帝，洪武皇帝特别是马皇后喜欢得不得了，问这稻米是啥品种。县令想到老百姓叫这种红糯米叫龙血糯，因为传说常熟虞山破山寺有一条破龙涧，破龙涧里藏着一条小白龙，那一年常熟闹旱灾，小白龙知道是来了一条黑龙作怪，于是就奋起与黑龙决斗，把黑龙赶走了，但小白龙也受了伤，流了不少血，把破山涧的水都染红了，这些龙血水流到稻田里，竟长出了红糯米，老百姓便把这种红糯米称作龙血糯，但县令一想，皇帝是天龙下凡，称作真龙天子，怎么能吃龙血呢？龙字没敢说出口，想到这红色与血色相同，便啊啊地说得结巴起来，最后说出是啊啊啊血糯。洪武皇帝一听，连连夸道这鸭血糯是极品大米，你们常熟要多种点送进宫来，我与马皇后都喜欢吃这鸭血糯。从此，龙血糯就叫成了鸭血糯。”

哈哈哈，大家听得一阵大笑，想不到匡愚这个老实人也会讲故事。都说这个鸭血糯的故事好。回国后，一定要到匡愚家去吃鸭血糯饭。

陈良绍他们一行走在田埂上，不远处来了几个占城人，头发披散，只在腰间束着一条布带，其余身体都裸露着，皮肤被太阳晒得油黑发亮，布带从身后绕过裆下，系于腰间，赤着脚行走。

陈以诚说道：“各位，如果见到来人腰间插着刀，便要小心了，占城人有个野蛮的嗜好，年节时要采生人胆入酒中，与家人同饮，且以人胆浴身，说如此便‘通身是胆’。甚至还采了生人胆献给国王，以表忠勇。取人胆者常常暗藏在道旁，出其不意一刀使人毙命，取胆以去。若其人惊觉，则人已吓破了胆，这人的胆汁就不足用了。他们把杀人取来的胆装在瓶中，据说华人的胆汁会浮在上面，认为华人的胆汁是最好的。五六月间，商人出行时，一定要特别小心。”

陈以诚的一席话，说得同行者汗毛直竖，特别是蔡缥缈直往陈良绍身边钻。待他们看到来人腰间并无刀具，便放下心来了。

对着走过来的占城人，陈以诚合掌致意，占城人也合掌还礼，大家也都学着陈以诚的样子合掌致意占城人，占城人也对他们一一合掌，露出笑脸，口中发出“马马马”的音来。郁震对同行者说：“看来占城人把中国人都当成马留人了。”

他们走到一处碧水潭边，陈以诚说：“史书上说占城国有一个鳄鱼潭，潭中的鳄鱼能辨善恶。如果争斗双方去官府打官司，官员无法分辨出两个人谁对谁错，就下令两方各骑一头牛到鳄鱼潭边来回地走动；不一会就会有鳄鱼从水潭中爬上来扑向理屈的一方把这人拖入鱼潭吃掉；理直的一方即使骑着牛绕着潭边来来往往，鳄鱼也不会吃他。”

匡愚大笑：“真是昏说乱话，这种笨头笨脑的鳄鱼还能辨善恶？只能说这位县官老爷脑子坏了，第一个被鳄鱼吃了的人只能说运气不好，鳄鱼有多大肚子呀，吃一人下去十天半月都不要吃东西了。”

蔡缥缈连忙说：“小心点，你这样说鳄鱼的坏话，如果让这水潭里的鳄鱼听到了，弄得不好要扑上来把你吃掉的哟！”

惹得大家又哈哈大笑起来。

大家走走说说笑笑。渐渐地城郭近了。所有的房舍都是用木头搭建，下层屋空着，养着猪羊鸡鸭，屋顶上用芭蕉叶盖顶，门窗都朝着北方。陈以诚说：“那是当年马援搭建兵营时的建房样式，门窗朝北就是向着大中国的方向。”

他们走近一户人家，看到一位女子用纺锤在绕线，这种纺锤是一块牛骨上插着一根铁丝，铁丝的一头有个钩子。她把一种绒毛绕在钩子上，拨动牛骨转动，绒毛便捻成了线，她不断地在钩子上添加绒毛，线便不断地延长，然后她把捻好的线再绕成线团。陈以诚看她从一种绒团上不断扯下一簇簇的绒毛，便指着那绒团发问：“这是啥？”

那女子大概知道他问那绒团是什么东西了，嘴里发出两个音“吉贝、吉贝”。

其实陈以诚已经知道那绒团在中国叫作棉花了，他在史书上读过。他说：“《梁书》中写着：‘吉贝者，树名也，其华成时如鹅毛，抽其绪纺之以作布，洁白与籥布不殊，亦染成五色，织为斑布也。’这吉贝树先是传到福建琼崖一带，到了中国就叫作了棉花。元代，我们的一位松江老乡人称黄道婆的，从小被人卖到了琼崖一户人家，受尽了欺压，但也在那边学会了纺纱织布。后来黄道婆吃尽千辛万苦回到了家乡松江，在乌泥泾教人种棉、用棉花纺纱织布。乌泥泾、松江和太仓一带老百姓广泛种植棉花，迅速掌握了黄道婆传授的纺织棉布的技术，松江布有了‘衣被天下’的美称。黄道婆去世后，松江老百姓感念她的恩德，在元至元二年（1336）为她立祠祭祀，后因战乱，祠堂被毁，元至正二十二年（1362），松江画家张守中积资重建，并请诗人王逢作诗纪念她。”

陈以诚说着便吟起了王逢的诗来：

前闻黄四娘，后称宋五嫂。
道婆异流辈，不肯崖州老。
崖州布被五色缫，粗雾纠云灿花草。
片帆鲸海得风归，千轴乌泾夺天造。

陈良绍说道：“原来我们棉花的祖宗在占城，纺纱织布的技术也是从占城转到中国的呀。翻书的时候，宋朝以前，中国只有带丝旁的‘绵’字，没有带木旁的‘棉’字。棉花的传入，大概在南北朝那个年代，多在南方海边种植。到了元朝的时候，由于黄道婆的推广和传播，我们才有棉布穿的。”

【第十八回】

郑和安抚弱小国　医师救下尸头蛮

剿匪巡洋靖海路，义师感动占城王。
新洲物华牵中国，救治病娃免殒亡。

话分两头，陈良绍他们一行正在新洲港闲逛时，郑大帅正率领一众官员骑着大象，带着丝绸瓷器等礼品去占城国的王城占婆补罗去见占城国国王摩诃贵来，国王摩诃贵来对大明朝来使的到来欣喜若狂。大明永乐元年（1403），北方的安南国夺取了他们占城国的占洞、古垒两州。占城是小国，只得忍气吞声。大明得知安南国的侵略行径，永乐皇帝刚登基就派出了使臣前来安抚调解，并对安南国发出警告，促其退还被占之地。这让占城国国王摩诃贵来对大明十分钦服。得知大明永乐皇帝的使臣下西洋大元帅郑和率舰队来访，他立即亲率百官乘王家象队去新洲港迎接郑和一行。

随行的通事马欢对郑和访问占城国都做了记载。马欢在其《瀛涯胜览》中写道，当船队靠岸，郑和宣读永乐皇帝的诏书，对占城国国王及其臣下进行赏赐时，占城国王“下象，膝行，匍匐，感沐天恩，奏恩方物”。

这是占城国国王对郑和更是对大明王朝的最高礼遇。占城国国王将郑和一行迎接到王宫，尽情宴饮，并回赠了象牙、犀牛角、乌木、伽蓝香、观音竹、降真香等各式珍奇土产。并为船队输送了占城米、山泉水以及木瓜、榴莲等各色水果蔬菜。

占城国国王摩诃贵来大宴来宾，山珍海味不及细述。只是通事马欢对宴席间的一种水果波罗蜜大加赞赏。他在《瀛涯胜览》中有一段描写：“其波罗蜜如冬瓜之样，外皮似川荔枝，皮内有鸡子大块黄肉，味如蜜。中有子如鸡腰子样，炒吃味如栗子。”甚是形象恰切。

宴后，郑和与国王进行了友好交谈。郑和向国王详细叙述了剿灭海盗陈祖义的过程，把海盗陈祖义霸占的木头洞移交给占城国，要国王派兵和官员守卫管理。并通报海盗中亦有占城国的人参与其中，郑和要求国王对国民严加管束，不得在海上为非作歹。国王对海盗陈祖义被剿灭十分高兴。他说占城国常受海盗侵扰和危害，大明帮他夺回陈祖义海盗霸占的木头洞，他感激不尽，一定会派重兵守卫和精心管理。同时告诫国民，不得参与海盗活动。国王再次对永乐皇帝和郑和帮助收复被北方安南国侵占的国土的举动表达敬意和谢意，表示在适当的时候他将亲自率团朝觐永乐皇帝，郑和当即代表永乐皇帝表达劝勉之意。

交谈中，郑和郑重地取出一张朱允炆的画像递给占城国王摩诃贵来，详说朱允炆其人其事，据说朱允炆已逃亡海上，纠集各方势力，以图复辟，希望占城国国王能明辨是非，一旦得知朱允炆情事，能及时密报。占城国国王摩诃贵来说，他没有见过朱允炆其人，也不了解朱允炆及其同伙在占城国的活动情况。一旦发现相关情况，他一定向郑和及大明朝廷密报，以表忠心。

根据郑和与国王的约定，郑和的船队在占城国停留了一个多月的时间，船只保养修理，人员休整养息。同时郑和派出船队在安南、占城沿海巡弋，既是对海匪剩余势力的威慑，也是表达对占城国的声援，警告安南国不得欺弱霸凌邻邦。

且说陈良绍一行走进了新洲港的一条大街，大街上倒也有不少商铺，有卖椰子、香蕉、木瓜、臭果之类水果的，有卖稻米的，卖吉贝布的。吉贝布就是他们看到的那种妇女织的长条布，男男女女用它来束在腰间的布巾。大街上的男男女女大多赤裸着上体，即使是大姑娘，也是把鼓鼓的乳房裸露在胸前，浑身上下被火辣辣的太阳晒得油光发亮。开始的时候他们还不好意思，蔡缥缈甚至一直红着脸、低着头，傍着陈良绍走。看得多了，看到占城国的人自自然然地在大街上走着、说着笑着，也就渐渐习惯了。倒是占城人看着他们这些穿着青布大衫的人觉得奇怪，在他们看来，大热天的，裹这么多布在身上干吗呢？

当他们直视着占城人的时候，看到占城人一个个嘴里总是不停地嚼着东西，牙齿黑黑的，一张嘴巴就像是一个黑洞洞。不像他们，一露嘴都是上下两排白净净、亮堂堂的牙齿。

匡愚见陈以诚这个话痨好久不说话了，便对陈以诚说："陈老兄，怎么不说话啦？"

一听匡愚跟他说话，陈以诚脸红了起来，问道："匡兄，啥事？"

匡愚说："我问你，这占城人嘴里嚼的是啥东西，他们的牙齿为啥是黑洞洞的？"

陈以诚说道："匡愚啊匡愚，你真是愚不可及！他们嚼的是槟榔果。这可是好东西呀！"

"怎么个好法？"匡愚问。

陈以诚又引经据典地说道："宋人罗大经《鹤林玉露》云：'槟榔之功有四：一曰醒能使之醉，盖每食之，则熏然颊赤，若饮酒然。东坡所谓"江潮登颊醉槟榔"者是也；二曰醉能使之醒，盖酒后嚼之，则宽气下痰，余酲顿解；三曰饥能使之饱，盖饥而食之，则充然气盛，若有饱意；四曰饱能使之饥，盖食后食之，则饮食消化，不至停积。'匡愚，这样的好东西，你何不买些来让我们共享？"

匡愚被陈以诚这么一激，真的就去街边的水果店买了一筐槟榔，分给大家品尝。大家好奇地咬了一口，像占城人一样嚼着，刚嚼时有一股清凉的味道，接着就只有淡淡的苦味，一个个嚼得嘴里红通通的，不香不甜，苦涩难咽，就把口里嚼着的槟榔吐了出来。

匡愚连连说："上当，上当，上了陈老夫子的当。"

陈以诚说："怎么上了我的当呢，占城人不是人人都在嚼槟榔吗？你怎么不说上占城人的当呢？我们不吃，你就把它送给路边的姑娘吧！"

匡愚真的就把一筐槟榔送给了路边的一位姑娘，那位姑娘接过匡愚的那筐槟榔，高兴得拉着匡愚的手臂冷不防就狠狠地咬了一口，痛得匡愚不知所措，连忙逃走，也惹得路人和陈良绍一行人哈哈大笑。

陈以诚止住了笑说："匡愚呀匡愚，你跑啥呀，你送姑娘槟榔是表示喜欢这姑娘，姑娘咬你一口是对你的回报，也表示喜欢你、爱着你呀，她今天还想把你领回家去呢。别跑，你就留下吧！哈哈哈！”

匡愚知道又被陈以诚捉弄了一番，向陈以诚挥挥拳头说：“陈夫子，陈夫子，下次请你吃拳头！”

又是一阵欢闹。

占城国炎热如火，他们走得满头大汗，长衫也被浸透了粘在身上，有点口渴难耐。看到有群占城人挤在一间用芭蕉叶搭起的凉亭中喝饮料，他们也想去解个渴。一番比画和叽咕，蔡缥缈把占诚人的话作了翻译：“这是一种用稻米和椰子汁混合在一起酿制的酒。”

占城人把这种酒装在一只只大陶罐里，五六个人围着陶罐，每人用一支长长的芦管插入陶罐中共同吸食。看到占城人喝得惬意的样子，陈良绍也买了一大罐，坐到凉亭中围着椰米酒罐共饮。酸酸的酒味，淡淡的椰香，倒也解渴。喝这种椰子酒的时候，还搭配一种荷叶包着的灰，让他们一边喝，一连嚼灰，问这是什么灰，卖者比画着说是蚌壳灰，陈良绍、匡愚、郁震、蔡缥缈都一边喝也嚼了这种蚌壳灰。陈以诚吸着吸着，芦管塞住了。他抽出芦管拍打，倒出了一堆白色的东西，他以为是米渣，再仔细一看，竟是白色的蛆虫，陈以诚差点呕出了胃中所有的东西。看到同伴们一个个吸得畅快，他也不便说穿。根据药理知识，他知道这酿酒的蛆虫并无毒，也不脏，只是他难以接受。他再也不去吸那椰米酒了，也就没有嚼蚌壳灰。

吸食了椰米酒，倒是解了渴，陈良绍一行人继续逛街。逛着逛着，陈以诚喊肚子痛，要找厕所方便，可是哪里也找不到厕所，只得随意找了一处有杂树绿草遮掩的地方寻方便。

匡愚见陈以诚在一棵树下的草丛中拉肚子，想到报复的机会来了，便随口大喊：“有蛇！”

喊者无意，陈以诚知是匡愚吓他，但也小心地四处查看，四周无蛇，但当他抬头一看，果真有条大青蛇盘在树叉上挂着，还吐着信子，吓得连忙提起裤子逃出了草丛。

陈以诚的狼狈样子引得大家哈哈大笑。

匡愚幸灾乐祸：“哈哈哈，陈夫子，这是你捉弄人的报应啊，倒省了我拔拳头的力气了。”

陈良绍对陈以诚说这蚌壳灰配着椰酒喝是有道理的，因为你没嚼蚌壳灰，所以拉了肚子，刚好我把你的那份蚌壳灰带着了，你赶紧把它当药吃下去，估计会有用的。

陈以诚想想也有道理，其他人喝椰子酒嚼了蚌壳灰没拉肚子，唯他只喝了几口椰子酒，没嚼蚌壳灰，倒拉起了肚子。他便把蚌壳灰吃了。果真，吃下蚌壳灰后就不再拉肚子了。

陈良绍说："古方上有蚌壳灰治痢治呕的方子，想不到占城人也知道这药方，而且也蛮灵验的。占城国人一边喝椰酒，一边嚼蚌壳灰倒是有道理的。一物降一物，入乡随俗，切记切记。"

陈良绍一行继续漫无目的地在新洲城里行走，他们走到一处像是庙宇的地方，见门额上写着汉字："尸头蛮庙。"

郁震大喊："果真有尸头蛮！甫里翁《西洋经》里说的果真不虚，进去看看。"

他们一进庙院，便见一位蓬头垢面的女孩子被赤身露体地绑在庙里的一棵椰子树上，庙里的一位看门人说：她就是"尸头蛮"，夜里出来吃屎时被人捉住。绑在这里，明天就要砍她的头来祭尸头蛮神。

陈良绍说："看了甫里翁的《西洋经》关于尸头蛮的记载，我回家后曾查阅相关资料，元代汪大渊所著《岛夷志略》一书中，他写道：'其尸头蛮女子害人甚于占城，故民多庙事而血祭之，蛮亦父母胎生，与女子不异，特眼中无瞳仁，遇夜则飞头食人粪尖。头飞去，若人以纸或布掩其项，则头归不接而死。凡人居其地，大便后必用水净浣，否则蛮食其粪，即逐臭与人同睡。倘有所犯，则肠肚皆为所食，精神尽为所夺而死矣。'"

陈以诚说道："其实尸头蛮的传说还更久远，最早起源于干宝的《搜神记》。《搜神记》是中国晋代著名的奇谭异闻录。其中提到的'落头氏'就是长颈妖怪。故事里说平时它看起来和普通人没什么两样，可是一到了夜里，等到众人都睡着了，妖怪的脖子开始伸长。然后头部从脖子的地方彻底和身体分离，还曾有人亲眼看见身体还盖着棉被，好端端地睡在床上的人，她的头却连着脖子，一溜烟从窗外飞走了，直到鸡鸣时分才回到原来的身体，这时候头部和身体会重新结合在一起，醒来后就像正常人一样行动。本人往往不记得前一个晚上看到了什么，或做过了什么事。长颈妖怪在化身成人形的时候，有些人并不知道自己就是长颈妖怪，所以是在无意识的状态下去做那些不可思议的事情的。故事还说长颈妖怪在飞行的时候，会吃虫子，以耳朵代替翅膀。说得神乎其神。”

陈良绍和陈以诚还在议论尸头蛮，陈良绍说：“从医学的角度来说，‘尸头蛮者’是一种病人，是因受瘴疠恶气致高烧昏迷而寻水喝，而不辨粪屎，弄得混身臭不可闻，又到处乱窜，将病传染给他人，造成恐慌，在医学不昌明的国度里只能用迷信来解释。”

匡愚说：“两位不要再嚼蛆了，也不要站在病人旁边来论道了。我们最要紧的是救人，看着这女孩子怪可怜的，哪是什么尸头蛮、长颈妖，明天她就要被砍头祭神，我们得想办法救救她。”

郁震说：“是啊，我们一定要把这孩子救了。”说着便一把扯下了匡愚敞着胸腹的上衣，把它裹在了女孩的身上，三下五除二，解开了绑着的女孩，把她安卧在一片阴凉处，压了压女孩的脉搏，说：“这孩子肌肤灼热，面红耳赤，发着高烧，神昏谵语，痉厥抽搐，脉浮而数，严重脱水，要马上找点水来给她喝，否则命在旦夕。”

蔡缥缈赶紧找来一碗水，将随身带着的藿香正气丸喂女孩一起喝下。

如何救这发病的女孩，众人犯了难。留在寺庙里给她服药治疗，那肯定不行，既无人照料，且明天就要砍头祭尸头蛮神了。

郁震说：“必须把这病人带到医船上救治！”说着，郁震立即从随身带着的金针中拔出三根，分别扎入女孩的曲池、大椎及合谷。他在合谷穴上上下提拉，强刺激之后，只听得女孩“哇”的一声，终于从昏厥中醒来。

郁震为女孩选的曲池、大椎、合谷穴是手太阴肺经、手阳大肠经的重要穴位，均能清泻肺经之火。大椎是手足三阳及督脉交会之穴，清热要穴，扎此穴能宣散一身之阳热。而合谷穴的强刺激则有激活昏厥病人的功能，使其不致昏迷萎顿。接着郁震又在女孩的耳后和左右额间暴突的青筋上刺了几针，放出一串串紫黑的血来。

陈以诚有点犹豫，说：“把这女孩带到医船上？这会触犯占城国的民俗吧？”

匡愚的布衫被郁震揭了，本欲发作，一看是郁震拿去给那可怜的女孩遮体用了，心里便坦然了，赤个膊倒也凉快不少。一听陈以诚吞吞吐吐的话，匡愚便大声说道：“陈夫子，你满嘴仁义道德，见死不救，可谓仁乎？快把这女孩扶到我背上，把她背到船上治好了再说！”

郁震不由分说，轻轻地提起女孩，驮到了匡愚的背上。

陈良绍说道：“好，救人要紧！赶紧上船。”

说着，一众人不再犹豫，女孩由匡愚背着，众人簇拥着径直向医船奔去。

【第十九回】

尸头蛮引出大纠纷　郑大帅移俗止纷争

医师救下马家女，土著围攻医疗船。
纸扎代人免血祭，郑和移俗勤新篇。

匡愚背着正在发着高烧的姑娘，像背着个火炉。在一行人的护卫下，把占城国的一具尸头蛮背到了医船上。

蔡缥缈立即帮这位女孩清洗全身，特别是头发被污物黏连板结，蔡缥缈细心地用温水把黏连的污物化开，清洗干净，用梳子梳顺，给她挽起漂亮的发结，拿出她自己的衣服给女孩换上，传说中可怕吓人的尸头蛮，摇身一变，一位漂亮的女孩出现在了医师们的面前。现在的尸头蛮是一位病人，治好病人，还尸头蛮一个真实身份是当务之急。

众医师给她搭了脉，快而急地数脉，可以确诊为阵发性高烧瘴疠病症，最主要的是要让她退烧。各位医师会诊后决定给她开大柴胡汤剂，这个方剂是大柴胡八钱、黄芩三钱、芍药三钱、半夏四钱、生姜三钱、积实四钱、大枣四枚、大黄二钱，用水煎温服，另加生石膏二十钱。大柴胡汤剂加生石膏是治高烧昏厥致神智迷乱的经典药方。

蔡缥缈精心照料这个女孩，按时煎药服药。三天后，女孩已退烧痊愈。这几天与蔡缥缈朝夕相处，她把蔡缥缈当姐姐。因为高烧，身体极度虚弱，走路打飘，胃口不好，蔡缥缈便扶着她在甲板上散步，看朝霞晚霞映在大海里的美景，晚上看满天星斗。渐渐地，女孩恢复了体力，话也多了起来，与蔡缥缈叽叽喳喳，比比画画。蔡缥缈自小与父母在渤泥国生活，在海上漂泊，会说爪哇话。占城国的话与爪哇话相近，小女孩整日与她耳鬓厮磨，倒也勾起她对爪哇语言的回忆。几天下来，两姐妹基本能顺畅地交流了。

女孩告诉缥缈，她姓马，小名溜溜。父母告诉她，他们家是马留人的后代，也就是中国人的后代；他的父亲马华宾是占城国宾童龙地区的军事首领，在抵御安南国的入侵时，全家都被安南侵略者杀害了，唯有她因为躲进山林而免了杀身之祸。她举目无亲，四处乞讨，夜宿茅舍，蚊虫叮咬，染上了瘴疠，不定期地高烧发作。发高烧时，神志不清，不辨东西，像得了夜游症一样四处游荡，竟被新洲港的村民当作尸头蛮捉起来了。如果不是明朝医师来救了她，她已成了尸头蛮神庙的祭品冤鬼了。

女孩缠着蔡缥缈说："姐姐，好姐姐，我已无家可归了，求求您把我带走，我也要学做医师。"

蔡缥缈说："我多想把你带走啊，这样我就有一个妹妹与我做伴啦，但我做不了这个主，我要与陈先生商量商量，由郑大帅来决定。"

这天傍晚时分，蔡缥缈正陪着马溜溜在甲板上散步，突然听到岸上人声鼎沸，火把通明，吵吵嚷嚷，不知为何事。马溜溜侧耳一听，顿时吓得大惊失色，连忙拉着蔡缥缈逃回房间去。

蔡缥缈忙问："怎么回事，岸上人在喊什么？"

马溜溜说："这些人是来要人的，喊着'捉回尸头蛮，祭神保平安！'他们认定的尸头蛮就是我，他们要把我捉回去祭神！"

蔡缥缈说："溜溜妹子别急，我们既然把你救上船来，便不会把你交给他们去祭神，你放心好了。"

众医师正在医船上为尸头蛮女孩马溜溜恢复健康高兴的时候，也为新洲港口来的那帮打着火把狂呼乱叫的占城人吃惊不小。他们从蔡缥缈处知道那帮人是来捉拿尸头蛮的，陈以诚有点手足无措，连连说："糟了糟了，救了尸头蛮，惹出大事来了。"

匡愚和郁震马上驳斥道："糟什么糟，我们救病人有什么错？这群乌合之众敢上船来捉人？缥缈，叫溜溜丫头别怕，有我们在，那帮人就不敢上船来。”

陈良绍说：“救孩子没有错，但这事涉及两国之间的事，得报告郑大帅。我去找郑大帅汇报。”

郑大帅听了陈良绍的汇报说：“我知道了，救病人的事无可厚非，无论是中国人外国人，我们都要救。你曾经说过，无论是生病的土匪还是生病的平民，在你们医生的眼里都是病人。因为语言不通，你们和他们无法交流，我派马欢跟你们去，把新洲港闹事的头目请到船上来与他们好好谈谈。如果与他们谈不通，我再来与国王谈。”

陈良绍又向郑大帅汇报了马溜溜的身世，说她是华人后裔，又是占城国抗击安南入侵的遗属，马溜溜要求留在船上学医，恳请大帅恩准。

郑大帅说：“知道了，这马溜溜的事我会处理好的。”

领得郑大帅的旨意，陈良绍带着通事马欢回到了医船上。

陈良绍和通事马欢来到了岸上的占城国一群人中间，陈良绍通过马欢，得知了占城人的来意。他们说大明的船员把他们捉住的尸头蛮带到了船上，这位尸头蛮是要砍了头作为祭品敬献给尸头蛮神的，这是他们当地的规矩。如果不把她献祭给尸头蛮神，新洲港将会有灾祸的。

陈良绍通过马欢告诉他们：“你们所说的尸头蛮是位染了瘴疠发高烧的病人，我们作为医生是把她带到船上来给她治病的，现在我们已经治好了她的病，是位很可爱秀气的小姑娘；而且这位小姑娘还是你们宾童龙抗击安南入侵的英烈马华宾的遗属。你们能忍心砍了这位小姑娘的头去讨好尸头蛮神吗？你们如果不相信，可以派几位头领到我们医船上去探望一下这位小姑娘，看这小姑娘是不是你们所说的尸头蛮。”

占城新洲港人推出的三位头领跟着陈良绍、马欢来到了医船上，马溜溜精神抖擞地与三位头领见面，她向三位头领合掌致敬，说道：“各位大爷，我叫马溜溜，是马华宾的小女儿，安南人入侵咱占城国的时候，我父亲英勇抵抗，城陷后全家被杀，因我躲进山林才避免了被杀。因得瘴疠被人误传为尸头蛮，现在由大明医师给我治好了，我不是尸头蛮。各位大爷，如果你们把我砍了头献祭给尸头蛮神，从此占城国真的不再有瘴疠盛行，我愿意随大爷们将我绑了去赴死。”

三位头领听了马溜溜的一番话，一个个抬不起头来，这丫头句句在理。她确实是英烈之后，安南人没有把马家人杀绝，我们怎能再替安南人绝马家的血脉呢？况且，站在他们面前讲话的这位体体面面的小姑娘确实与尸头蛮也不搭界呀！

“但是这答应尸头蛮神献祭的事如果不做，那尸头蛮神会发怒，降祸给占城国新洲港人大灾祸的呀，我们无法与众人交代呀！”

这时候陈以诚站出来说：“占城国新州港的各位头领，关于祭祀尸头蛮神是件大事，我们一定在明晚把这件祭祀的大事办得风风光光，尸头蛮神一定会满意的，它将会赐福给占城国新州港人。”

陈以诚和陈良绍作了一番耳语，知道了陈以诚说的风风光光祭祀尸头蛮神的做法。

陈以诚给三个头领每人送了一条绣花丝巾。丝巾滑爽，花色艳丽。大红的丝巾上绣着玉米叫蝈蝈、湖蓝的丝巾上绣着蝴蝶戏牡丹、明黄的丝巾上绣着蜻蜓立荷尖。三个头领各拿了一条，喜之不胜。大明人在一条丝巾上竟能描出这栩栩如生的图案，真是太可爱了。对陈以诚说的明天热闹的祭祀尸头蛮神的仪式充满了期待。

三个头领在陈以诚的劝说下，终于散去，期待明天晚上由大明人住持的尸头蛮神的祭祀活动。

原来，陈以诚知道占城国人要来捉回马溜溜血祭尸头蛮后，很是着急。他想马溜溜肯定不能放回去被血祭，但占城人的风俗习惯也得照顾到。他想到国内的一些神灵的祭祀活动除了烧些香烛纸钱之外，也扎些彩纸神物来求得保佑。他想到哭着要回去的陈小狗在冒名顶替之前是学扎彩一行的，便问陈小狗扎彩的手艺如何，陈小狗说：“不是我吹牛，天上飞的，地上跑的，人间有的，我都可以用纸剪、用笔画、用糨糊糊出来。”

陈以诚说：“马上验证你的手艺。你看到船上来的那位小姑娘了吗？水灵灵的模样，你照着她的模样给我扎一个纸的出来，可以吗？”

陈小狗不到一个时辰，就用彩纸扎出了一个活灵活现的马溜溜来。陈以诚看了，连连跷着大拇指，说道：“不过有一点，你扎的马溜溜是大明人，不是占城人。”

陈小狗不明白。

陈以诚说："占城国人不问男女，都不穿衣服，只在裆上围一条吉贝巾，知道吗？"

陈小狗说："我看到的马溜溜可是穿着衣裳的呀！"

陈以诚说："那是蔡缥缈把她的衣裳给马溜溜穿上了，你就把纸扎的马溜溜的上衣涂掉，改成裆下系着吉贝巾的马溜溜，给她胸口糊上两个鼓鼓的大奶子，让占城国人相信这纸人就是他们占城女孩子。"

陈小狗说："我可没见过只围吉贝巾的占城姑娘，能不能让马溜溜系着吉贝巾来让我看一看。"说着自己的脸也红了。

陈以诚说："小狗子，你倒想得出来，让马溜溜光着上身让你看，你想得美，马溜溜上了大明的船就是大明的人，不可能再围着吉贝巾在船上走来走去了。小子你记着，这可是郑大帅下达的任务，你可要用心做好啊。你除了扎个围吉贝巾的马溜溜纸人，还要再扎一对大象、一对狮子、一对麒麟，明天晚上就要用。"

陈小狗说："没问题，但是你要给我两个帮手，最好就叫蔡姐姐和那个新来的小姑娘来做我的帮手！"

陈以诚说："哈哈，你这只小狗倒会选美人儿，可以，就依了你，不过明天要按时交出你的纸扎来呵！"

陈良绍又把他们用纸扎代替血祭尸头蛮神的设想向郑大帅作了汇报。大帅说："好，这个办法好。明天祭尸头蛮神时，我派两个吹唢呐的、两个打锣的、两个放铳的前去助阵，这样热热闹闹地祭祀，也是为了彻底改变占城国血祭的野蛮风俗。这样既救出了马溜溜，又照顾了占城国的民间风俗，更刹住了野蛮的杀祭恶习。另外，我要拟一个告示，告诫占城国不得以野蛮的血祭祭祀诸神，你们明天代我在祭仪上当众宣告，并由马欢翻译成波斯语当众宣读，我马上让船上的工匠把布告用汉文和波斯文刻石，明天你们把这块碑竖到尸头蛮庙前。"

郑大帅说："关于马溜溜随船学医的事，我已派人与占城国王联系了，国王非常赞同。希望你们尽心向她传授医术，为占城国培养出一名中医医师。只有医学昌明了，占城国这样的海隅小国才能禁绝邪神。"

第二天傍晚，在唢呐、铜锣的吹吹打打的引领下，陈良绍率众医师带着陈小狗的纸扎人像、大象、狮子、麒麟向新洲港的尸头蛮庙进发。尸头蛮庙前早就聚满了人，看到扎得活灵活现、五颜六色的的人像和瑞兽，十分好奇。特别是那些瑞兽的眼睛还闪闪发光，大象的鼻子可以上下左右转动，瑞兽的嘴巴可以张开，舌头可以吞吐，好奇得不得了。有的小孩想伸手来摸神兽，看到神兽张开的大嘴闭合又吓得赶紧把手缩回去。

陈良绍与昨天三位头领碰面后，马欢向三位头领传达了郑大帅和占城国王不准杀生血祭的旨意，三位头领俯伏领旨。郑重其事地把郑和的文明祭神、禁止血祭的布告石碑竖立于尸头蛮的庙门口。

祭祀活动开始，烛光和篝火把神庙照得通明，用占城国特有的香料制成的香散发出奇异的香味，马欢跳上高台，用波斯语大声宣读郑大帅的布告：

大明下西洋三宝太监郑告谕曰：

占城国宾童龙瘴疠肆疟，或传言尸头蛮作祟民间，遂指染瘴疠重病，致昏乱者为尸头蛮者杀而献祭尸头蛮神。病者至痛，病家至悲，有病不治，而敬鬼神，至愚也。

三宝太监和本欲禁祀尸头蛮邪神，念占城国地辟海中，风俗与大明国异，今与占城国国王商定，允民间文明祭祀诸神，严禁杀人血祀。

特此布告。

布告宣读毕，两位持铳的武士连续发放了八声铳响，那种朝天冒出火花，发出巨响的铳声惊得全场鸦雀无声，也象征着郑大帅的布告禁令的威力无比。

接着，唢呐声高奏，锣鼓劲敲，占城人随着音乐的节奏跳起了舞，医师们抬着纸扎的大象、狮子、麒麟扭动起来。

娱神神可知？乐人人皆欢。

当众人达到欢乐的高潮时，陈良绍他们先把纸扎的人像丢进了火堆。不一会，纸人化作了灰烬，占城人见了十分吃惊。当陈良绍他们正准备把纸扎的大象、狮子、麒麟丢进火堆焚化时，被占城人拼命地拦住了。

马欢把占城人的话翻译给陈良绍他们说：“千万别把这么漂亮的神兽丢进火里，他们要像供尸头蛮神一样在庙里供奉这些纸扎的神兽。”

陈良绍想，占城人既然要留着这些纸扎，那就留着吧！

这场欢乐的祭祀活动一下把医师们和占城人拉近了不少。随着船队要在新洲港修整一段时间，陈良绍与几位医师商量后，决定从明天开始，要到尸头蛮庙前来公开义诊。

马欢把陈良绍的决定告诉三位头领，三位头领不知道什么叫义诊。马欢解释说就是我们下西洋船队上的医师要带着药材来尸头蛮神庙前免费为占城人看病，请三位头领把这消息告诉大家。

第二天，陈良绍召集了一帮医师，带着药物到尸头蛮庙前摆摊义诊。为了吸引占城人前来就诊，陈小狗带了蔡缥缈和马溜溜摆起了纸扎摊，随手扎些小狗小猫小鸟花草送给前来参观的人。

马溜溜也现身说法，以切身经历赞颂大明医师医术的高明，前来看病就诊的人也越来越多。

就这样，陈良绍调集医船上的医师们轮流到新洲港尸头蛮庙前来义诊，陈小狗、蔡缥缈、马溜溜的纸扎摊因为特别惹人喜欢，没有休息过一天，同时也吸引来新洲港乃至远处的小商贩前来摆摊做生意。

正在兵船上办捏泥培训班的杜兰尼得知纸扎手艺在占城国义诊摊上大受欢迎，就带着培训班的学徒来到了新洲尸头蛮神庙前捏泥人、泥兽、泥玩具，和纸扎摊打起了擂台。

郑大帅得知这一消息，还特批下西洋的乐队前来助阵，吹拉弹唱，十多天来，尸头蛮神庙前人潮涌动，来看病的，来做买卖的，来看演出的，来讨纸扎、泥兽小玩意儿的，来看马溜溜，听马溜溜故事的……

曾经被人当作尸头蛮的马溜溜被大明医师救治的故事在占城国广为传扬。新洲港的三位头领决定把尸头蛮庙的牌子摘下来，要求改成三宝太监郑和庙，请大明的医师帮助重题匾额。

陈良绍请示郑大帅，郑大帅略一思忖说："就简单点吧，称作三宝庙吧，天保佑、神保佑、医保佑。三宝者，天、神、医也。"

郑大帅当即提笔写下"三宝庙"三个大字，命宝船上的工匠制作成红底金字匾额，郑大帅还拨了一万银两，命大明工匠帮助重修了三宝庙，待三宝庙重修后，择吉日悬挂"三宝庙"新匾额。

悬挂"三宝庙"匾额的当天，占城国国王和郑大帅亲自前来剪彩，又是一番鼓乐大作，欢腾鼓舞的新气象。从此，占城国新洲港每年这个时间有了一个三宝节，像大明庙会一样热闹。

【第二十回】

大雾锁海船抛锚　结网采雾化淡水

无风赤道波浪静，大雾弥漫若凝尘。
淡水用完升腹火，网罾捕水润皲唇。

郑和下西洋的船队在占城国经过近一个多月的修整，把被陈祖义海匪凿沉的船只打捞起来重新修好。

郑和作为调解人，把安南国和占城国两方找到一起，让安南国把侵占占城国的国土归还给占城国，两国签订了睦邻友好条约。

陈良绍一行人治好尸头蛮女子马溜溜的故事很快被传扬开了。改名后的三宝庙金碧辉煌，占城人争相去烧香。大明医师在三宝庙前义诊更吸引了众多病人前去看病。

船员们分批上岸，带上零星的私人小物品和钱币去新洲城里换占城国的货物，占城国人也使用大明的铜钱。历来占城国与大明通好，派官员进贡时都受到大明朝廷的大量赏赐，其中就有数量很大的大明铜钱。所以在占城国中国铜钱是流通币。

船员们从五虎门出发以来，是第一次踏上陆地，他们对远离故乡的异国风情十分好奇，也对占城国特有的物产表现出极大的兴趣。虽然被告知，他们的行程还很遥远，要去的地方还很多，好奇好玩的东西多得很，手头的钱要省着用，但依然想在占城国选购一二样东西作个纪念，回乡去也好炫耀一番。

通事马欢在他的《瀛涯胜览》中记录了大明船员们在占城国看到的景象和选购的物品，他写道："气候暖热，无霜雪，常如四五月之时。草木常青，山产乌木、伽蓝香、观音竹、降真香。乌木甚润黑，绝胜他国出者。伽蓝香唯此国一大山出产，天下再无出处，其价甚贵，以银对换。观音竹如细藤棍样，长一丈七八尺，如铁之黑，每一寸有二三节，他所不出。犀牛象牙甚广……"

《瀛涯胜览》中对于占城国气候与物产的记述，其中所提到的乌木、伽蓝香、观音竹、降真香都是当时占城国上好的特产。乌木又称乌文木、乌角，可见特有的木纹，硬如铁，重如石，黑如煤，兼备木的古雅和石的神韵，占城国工匠把它制成工艺品、佛像或是护身符。船员们一见也都爱不释手。有人在下西洋之前，就被人告知说家有乌木半方，胜过财宝一箱，请求帮带一件占城国乌木雕件回来。有人对象牙、犀牛角更感兴趣。他们在国内的富贵人家偶尔看到过象牙雕、犀角杯，当宝物一样供着，在占城国可是多得很，价钱便宜得出奇。虽然占城国的香料很贵，但大明船员必欲得一二件才不枉下西洋一趟。

医师们的兴趣当然还是占城国的药材。药师李铁庵专门向各位介绍了占城国的奇楠香。他说："奇楠香有多种名称，如伽蓝香、迦阑香、奇楠或棋楠。在中国统称沉香，占城国的奇楠是顶级沉香。一万株沉香树中只有一二株可结成奇楠，十分难得。自古有'占城奇楠，一片万金'的说法。在陈祖义木头洞中搜到的沉香就是这种顶级的奇楠香，那些缴获的战利品是朝廷财产，是皇家御医院的专用品，各位千难万难来到占城国，应当尽可能多地带几支奇楠香回去。"

陈以诚又补充道："各位去购买占城国的奇楠香要注意了，各家药材店都号称有奇楠香出售，但品质相差很大，顶级的奇楠香只有一山所产，在这座山上有酋长派人看守，民间不能采集，如有私偷私卖者，发现了会砍断他的手。顶级奇楠，只有到王家专营的奇楠香店里才可以买到，价格比一般店家高出十来倍。各位要买真货可要舍得花大价钱呵。据说历朝的皇帝床上必备三味香料：麝香、龙涎香、奇楠香。奇楠沉香具有镇静提神的作用。买一支占城国正宗的奇楠香可当作自己医室的镇室之宝。"

听了李铁庵和陈以诚的一番话，众医师便各自盘算起购买奇楠香来。

一个月来，占城国新洲港的大街小巷上来了一批又一批的中国船员，商店里的生意火爆，中国船员买回了占城国的各类奇货，占城人的家里也添了从中国船员处换来的丝绸、瓷器、茶叶等物件。

中国、丝绸、瓷器、香料、铜钱、马留、针灸等词语反反复复地在占城人口中传诵念叨。

这一天新洲港海岸上锣鼓喧天，风帆高挂，民众们万众欢呼，船舰甲板上船员列队挥手。郑和与前来送行的占城国国王摩诃贵来话别后登上了宝船。郑和的船队在占城国新洲港修好了船，补足了淡水、粮食、鱼肉菜蔬和大量水果，重新编队起航了。

郑和下西洋船队的下一个目的地：旧港、爪哇。船队一直向南，海面开阔，开始的几天，天朗气清，风正帆张，估计半个月时间就可以到达旧港，二十天就可以到达爪哇了。

然而天有不测风云。海上航行了三天后，天气突然变了，天空阴云密布，有时狂风大作，暴雨倾盆，船队只得走走停停，抛锚避风。有时又是一丝丝风也没有，天气炎热，人在船舱里如在蒸笼里一样，闷热难耐。跑到甲板上，烈日炙烫，火烧火燎，让人无法忍受。

风不刮了，雨不下了，海面上却又是大雾弥漫。

早上是雾，过了辰时仍然不散，只在午时前后显出阳光，申时一过，海上又大雾弥漫，一连十多天都是如此，船队不敢动弹，怕船队越走离航线越远，只得在海上抛锚。庞大的船队在这雾海之中，如落在了牛奶锅中，不辨东西南北。

这浓浓的雾，早晚遮住了太阳，夜间遮住了星辰，使得船队无法行驶，船队白天靠更路簿航海图来看海岛远近和方位来行驶，夜间船队得靠星星来定方位，见不到岛屿和夜空的星光闪耀，船队便失去了航向。

最前方的一艘导航船想冲出这雾海，强行起航探路，却误入海上旋涡，触礁沉没，船上的人落水后，只有三个海员乘着簸箕船被救起，其余的人不知死活。消息传到帅船上，郑和发令所有的船只一律抛锚，不得起航，静待大雾消散。

郑大帅早晚向妈祖敬香祈祷，妈祖无言，大雾不散，大帅无奈。

帅船上有几位和尚，站到了甲板上来念经，木鱼笃笃、铜钵叮当。念遍了《大佛顶首楞严经》《大方广佛华严经》《大乘妙法莲华经》《佛说无量寿经》《佛说阿弥陀经》《金刚般若波罗蜜经》《般若波罗蜜多心经》《金刚经》……直念得口干舌焦，嗓子冒烟，大雾也无动于衷。

有船上的道士建议船上的火铳齐放，以驱散迷雾。郑大帅点头说：“试试看吧！”

于是船上的一百零八支铳火力全开，在奶白色的雾海中听得震天轰鸣，天空中划过一道又一道亮光，留下一片又一片黑烟，黑烟弥漫在白雾中，化为淡淡的黑雾，最终被白雾稀释得无影无踪，大雾没有被震开，却似乎更浓了。

船队本来在占城国储备充足的淡水来供船员饮用和炊食的，十多天下来，船队贮备的淡水已经用尽，积雨缸储积的雨水也用尽了。有些船员便喝自己的尿液来解渴，更有些人耐不得渴的，便打起海水来润嗓子，海水苦涩不说，喝多了，会中毒身亡。

郑和召来随船的谋臣、牵星师、火长和医师商量对策，众人也只是面面相觑，谋臣们从来没有见到过如此长时间的大雾，星相师看不到天上的星星，实在无话可说，领航的火长在这迷雾中也不知如何才能把船队驶出雾海，医师们更是无计可施了，他们只是看病的，却是变不出水来的呀。陈良绍作为众医师中的一员，他看着口干舌燥的众人，便把密藏在舱房中的一大缸止渴生津丹取来，供帅船上的郑和与众人暂解口渴之急。不到万不得已，陈良绍是不会拿出这灵丹妙药来的，但这种药也只解得一时之急，却解不得天长日久。

郑和见大家无计可施，也说不出话来，先是率领众人向供奉在船头的妈祖顶礼膜拜，然后又独自默默地走到那间特设的黑舱房中向穆罕默德祈祷去了。众谋臣和众医师也只得各自回到舱房中休息，企盼天公作美，早早雾消放晴，好让船队驶向旧港或爪哇去补充淡水。

陈良绍回到医船上，夜已黑，他睡不着，走上了甲板，海上的雾夜如漆，真正是伸手不见五指，雾气如蛛丝般在他脸上掠过，让陈良绍有阵阵的快感，他知道这快感如同止渴生津丹，只解得了一时之快，却救不得根本之难的，救船队脱离苦难的唯一办法是驶出雾海，获取淡水。

或许正是那甲板上雾气带给他湿润的快感，他便在甲板上逗留了好长时间，直到睡意来临，才悻悻地向船舱走去。陈良绍走到船舱的铺位，一边解衣躺下，一边顺手抹了一下贴在额前的头发，手上却是湿漉漉的。啊，水，头发上有水，他心头一阵激动，用力挤那头发，竟有水珠顺着面颊流了下来，他用舌头尝手上的水，却是淡淡的，没有咸味，他欣喜若狂的举动惊醒了隔壁铺位的蔡缥缈。

醒来的蔡缥缈借着烛光看到陈良绍面颊上的几滴水珠，一下惊呆了，一骨碌爬起来，拉着陈良绍的手忙问：“先生，为什么流泪？是想家吗？”

“哈哈哈，有你在我身边，我不想家。我脸上不是泪水，是雾水。”陈良绍说。

蔡缥缈将信将疑，伸出手指将先生面颊上亮晶晶的液体放到舌头上舔了一点。“不咸，淡淡的，甜甜的。真的不是眼泪。”

蔡缥缈看着陈良绍满头湿漉漉的样子大惑不解，陈良绍看着蔡缥缈天真可爱的模样，便凑近了缥缈，轻声地说：“缈缈，你太干渴了，来舔舔我脸上的甘露吧！”

“嗯！”蔡缥缈依偎到陈良绍的怀里，用干渴的舌尖来舔陈良绍脸上的水滴，唇边是满嘴的甘甜，胸中是满怀的喜悦。陈良绍也被缥缈舔得心头痒痒的，激动得把缥缈紧紧地搂在怀里，两人的身体从来没有贴得这样紧过，两颗心从来没有跳得这样快过。

“先生，外面下雨了吗”？蔡缥缈轻轻地问。

“没有下雨，还是弥天的大雾。”陈良绍轻轻地答。

陈良绍终于从激情中渐渐冷静下来，理性地想着刚才的问题：外面明明没有下雨，那这头发上的水是哪里来的呢？自己只是在甲板上的雾夜中逗留了较长的时间，头发上就变得湿漉漉的了。

啊，雾是漂浮的水汽，水汽只要有附着的地方，也可以变成水呀！哈哈，让雾气变水，让变成水的雾来解船上人员的干渴，他突发灵感，想做一项将雾汽化水的试验。陈良绍想，既然雾汽能在头发上凝结成水珠，那何不把如发丝般的丝线挂到甲板上去，说不定那雾汽也可以在丝线上凝成水珠，然后收集那丝线上的水珠，就可以为船员解渴了。

陈良绍一把推开蔡缥缈，缥缈还沉浸在温柔中，不解地瞪大了眼睛看着先生。

“缈缈，快，赶快找一束白丝来。”陈良绍说。

蔡缥缈依着先生的吩咐，从随身的物品中翻出了一束白丝，在陈良绍的指点下剪成五尺长短的缨络，再联络编结成网状，然后用一根竹杆挂到甲板上，并在丝网下端放置好碗盆。

蔡缥缈不知陈良绍的用意，只是照着他的指点织网、张挂。

“先生，难道船头上也能捕到鱼吗？”蔡缥缈不解地问陈良绍。

“或许海上会有鱼跳到船上来呢？明天早上来看看就知道了。”陈良绍心里也没有底，也只含糊地与缥缈打诨。

当他们俩结好网、在甲板上挂好网，夜已深了，两人回到船舱很快就进入了梦乡。

“水，有水了，雾气变水了！”陈良绍被甲板上的惊呼声吵醒，一骨碌爬起来，奔上甲板。

只见甲板上已围了一大帮人，他拨开众人，见丝网上的水珠亮晶晶的，正一滴滴地滴入丝网下的碗盆之中，虽然水只盖过碗盆的底部，但那却是可以用来救命的淡水呀！他捧起一只碗，乘上交通艇，向郑和的宝船驶去，上了郑和的帅船，陈良绍一边走一边喊：“水，水，有水了，郑大人，有水了！”

郑和接过陈良绍端来的一小碗清澈的水，尝了一口，又传给众人品尝，大家高兴地将陈良绍抛了起来。

“快，传令各船，广结丝网，张挂在船上，网络雾水！”郑和让随从把他的号令传遍船队。

船队的甲板上到处张挂起了各式各样的丝网，一滴滴晶莹的水珠滴到了丝网下的盆碗中，郑和的船队到处一片欢腾。

大海之上，浩浩荡荡，无边无垠的海水可以托起巨舶万里航程，也能供鱼虾海藻生生息息，却不提供航海人解渴生津的淡水，曾有多少航海者曾渴死在海洋之上，如今郑和的船队竟然能结网捕雾化淡水，郑和的船队又创造了一个生命的奇迹。

陈以诚画下了一张朦胧画，陈良绍在画上题上了一道雾气化水救众生的诗：

浓雾连朝海铺絮，垂云蔽日陆全沉。
积气入浑天难剖，待飞六出付行吟。

【第二十一回】

施针灸治好歪脖王　定身术锁定御医身

爪哇王落枕歪脖，神海医妙手再春。

庸御医忌妒干扰，定身针哑口愣身。

三十多天的弥天大雾锁定了下西洋的船，大雾化水临时解决了船员的干渴。大雾总有消散时，几阵大风，一场暴雨，雾消云散，郑和船队终于再次起航了。

过了旧港，到了爪哇国，船泊港湾，迟迟不得谒见爪哇国王。众人以为国王傲慢无礼，欲强行登岸。

爪哇国国王派相国来见郑大帅，对郑大帅说："我们爪哇国的国王生病了，不便接见客人。"

郑和问相国："国王得的什么病？"

相国含糊其词地说："国王的脖子痛。"

郑和对相国说："区区小事，我大明医药发达，我派几位随行的医师前去为你们国王治病。等你们国王痊愈后我们再去与国王会面 。"

爪哇相国说："若能如此，真是太好了！若能治好我们国王的病，国王愿马上会见大明的来使。"

郑和随即派了陈良绍和郁震随同爪哇相国去王宫为国王治病，通事费信作为翻译一同前往。

在爪哇相国的带领下，陈良绍一行来到爪哇国的王宫。虽是一国的王宫，也不过中国的县衙大小，有几个卫兵守着。卫兵只是腰间束一布带，手中持一柄长矛而已。

王宫院子里种着一些奇花异草，特别是水池里翘角的莲叶，如船一般大小，有两个小孩正坐在这莲花叶上戏水。再往前走，陈良绍他们突然闻到一股臭味，见一棵树上长着一只只如南瓜般大小的果子，果子的皮如癞哈蟆一般满是疙瘩。三五个小孩正打开一个果子吃得津津有味。那臭味正是从小孩的嘴里散发出来的。

见大明人闻了这水果的臭味皱着眉头，相国摘下一只臭果，向费信叽里呱啦地说了一番话。费信对陈良绍和郁震解释说："那是臭果，闻着臭，吃起来可是又香又甜的。"

"哈哈，这样说来，这东西大概如同我们的臭豆腐了，也是闻着臭，吃着香。"郁震说。

相国把手中的臭果递给费信，示意他们打开来尝尝，费信他们谢绝了相国的好意。

到了国王的殿前，相国要费信他们稍候，他要进去禀告国王，等国王同意后再引他们进殿。

相国进殿后，只见爪哇国国王正歪着脖子躺在竹榻上哼哼唧唧，大骂御医是庸才。相国向国王汇报大明派来的医生可以为他治病，爪哇国国王知道大明的医术很出名，但从来没有大明医生为爪哇人看过病，便问御医："你知道大明医生的医术如何？"

御医想了一想说："大王，我看不了的病，想来大明医生也是看不好的。况且大明医生到王宫来也不知安的什么心，对我们爪哇国是不是一种威胁？请国王三思。"

御医想如果大明医生治不好国王的病最好，如果大明医生治好了国王的病，自己就没有了面子，失去了国医的威望。

国王歪着头听御医如此说，心里很不痛快，似乎自己的脖子只能歪着痛着到死了，顿觉脖子痛得更厉害了，大喊道："管他什么威胁不威胁了，先让他们给我看看病再说。”

相国见国王如是说，便到殿外来请陈良绍他们进殿去诊治。

陈良绍来的时候郑和叮嘱他们带上了一对青瓷花瓶和两匹丝绸，只见青瓷花瓶有三尺八寸高，比爪哇人要高出一头，瓷瓶上画着天上仙人飘逸，人间歌舞升平的景象。

陈良绍他们又展开两匹绸缎，一匹湖蓝底子，上面织有海浪涛涛，海岛数点、船帆穿梭。另一匹为洋红底子，上面织有一轮红日喷薄欲出，海面上群鱼戏水，天空中仙鹤翱翔，原来昏暗的王宫中顿觉霞光灿烂。

爪哇国国王从来没有看到过这样大的描着花卉人物的大花瓶，也没见到过如此艳丽光彩的丝绸，歪着的头看得更歪了，咧开的嘴直流口水，想抬起手来摸摸那瓷瓶和丝绸，手却抬不起来，脖子也无法转动。

费信见状用爪哇话说：“大王免起，我们郑大帅知道国王有恙，特派两位医师前来诊治，并献上薄礼以示敬意。”

爪哇国国王忙说：“谢大帅厚礼，谢大帅厚礼！请大明神医帮我诊治。”

陈良绍请国王伸出左手诊脉，国王艰难地把手递过来，诊脉后陈良绍要费信告诉国王，说脉象正常，没有大病，他们将给国王先行按摩，陈良绍在费信的肩上做了一番按摩的动作，国王欣然接受。

于是陈良绍叫国王脱下半边衣裳，用一块细布披在国王的肩上，在国王的风池、肩井直到曲池几个穴位上反复按捏，然后从肩胛骨到曲池反复推拿一刻钟，最后在颈部拍打数十下之后，按住国王的脖子用力扳动，只听得轻轻的咔嚓一声，陈良绍知道国王落枕的颈脖复位了，于是叫国王转动脖子，国王先是轻轻地转动，然后像摇拨浪鼓般的摇起头来，灵活自如了，抬起右手，也和平常一样，毫无滞碍，国王像孩子般地哈哈大笑起来：“好了，好了。神了，神了。大明的医生比我的御医高明多了！”

这时郁震拿出银针，对费信说，国王的颈脖虽已复位，但经络还需通过针灸才能通畅。为了使国王的落枕不再复发，需要扎上几针，略施艾灸。

费信作了翻译。国王见银针闪闪，还要扎到肉里有点害怕，又见御医向他摇头，脸上做出痛苦的样子，便连连摇手拒绝。

郁震说：“大王，这银针虽然很长，扎到肉里其实一点也不痛，只是有点酸胀而已。”

为了打消国王的疑虑，郁震在陈良绍的手臂上扎了两针。国王看到郁震将针扎在陈良绍的手臂上，陈良绍并没有一点痛苦的表情，也就将信将疑地伸过手来。

郁震刚想给国王扎针，御医突然从怀里摸出了一件硬物，扬手准备向郁震砸来。郁震眼明手疾，便将一根银针向御医的手腕上扎去，不偏不倚，扎在了御医的阳溪穴上。这阳溪穴在腕关节桡骨一侧，拇指向上翘时的凹陷处，本用于治疗腱鞘炎、中风半身不遂、腕关节及其周围软组织疾患等病症的，但达到一定深度，银针便会刺中活动手腕的末稍神经，使得御医的手动弹不得。

当御医“啊”的那声还没喊出口时，郁震又向御医的哑门穴上方一点甩去一根银针。哑穴，经外奇穴，位于风池穴之上，枕骨下际，本来是主治聋哑和视力障碍。与阳溪穴一样，针刺的深度能掌握好，也可以致人说不出话来，甚至暂时性失明。

因为这个穴位深部有延脑神经，一般人不敢施针，弄得不好会致人瘫痪，针灸穴位中并没有这个穴位，所以称经外奇穴，只有达到相当的水平才敢针刺哑穴。

郁震何人？神针郁震也。他飞针过去，一下就扎中了御医的哑穴，不深不浅，只让他说不出话来，免得他干扰为国王扎针。说时迟那时快，郁震在向御医飞出两枚定身针的同时，也向国王的风门、肩井和外关飞快地扎进了三枚银针，国王一点痛感也没有，只是觉得一股暖流带着酸胀感在外关、肩井和风门三个穴位间潆洄奔流。

风门穴属足太阳膀胱经的经穴，为督脉、足太阳经交会穴。穴在第二椎下两旁，为风邪出入之门户，主治风疾。郁震针灸的第二个穴位肩井穴是足少阳胆经常用的腧穴之一，位于大椎与肩峰连线的中点上，是经水流通聚散之穴，针刺肩井穴如同疏通井泉，使枯井盈盈。郁震针刺的第三个穴位为外关穴，为手少阳之络，八脉交会穴之一。

郁震取的三个穴位都有解痉止痛、通经活络、血脉畅通的功能。为了加强针感，郁震先后将三根针捻动了两下，酸得国王呲牙裂嘴，如此反复三次，郁震又取出一只银盒，从银盒中攫取一撮艾绒，分别粘于银针的针柄之上，然后分别点燃，青烟缭绕，清香四溢。

爪哇国国王似沐浴在春风中，浸润在温泉中，一股股的暖流在头颈和手指间流动。一炷香时光，艾绒燃尽，郁震拔出银针，爪哇国国王原来冰冷的手回暖了，暖洋洋的，舒服极了。颈脖转动自如了，手指活络舒张了。

“大明神医，太神奇了！”爪哇国国王赞不绝口。

“御医，你得向大明医生学习医术呀！”国王讲了话却没有听到御医的一点反应，他不知道御医被郁震的两根定身针扎住像一尊雕像一般呆在那儿，既动弹不得，又说不出话来。

郁震听得国王与御医讲话，便帮御医抽出了那两支定身针。并叫费信告诉国王和御医，为了防止御医干扰针灸，只得让御医吃苦了，不过定身针拔出后御医并无大碍，想做啥就做啥好了。

国王说：“唉，让他吃点苦头也好，吃了苦头才知道大明医生的医术高超，该好好向大明神医学习医术了。”

御医见国王的病让大明的两位医生手到病除，又有神技让自己定身和哑口无言，已对大明医生佩服得五体投地；听国王叫他向大明医生学习，便扑通一声跪在陈良绍和郁震的脚下，说：“学生才疏学浅，请两位大师收我为徒！”

陈良绍知道收外国御医为徒是一桩大事，得由国王和郑大帅商量后来定夺才行。费信把这意思告诉了爪哇国国王，国王说：“知道了，我明天就请郑大帅前来商量。”

国王为了感谢治病之恩，把王宫所有臭果摘下来，装了两大筐，叫人抬到郑和的船上表示感谢。郑和把这些臭果分发给所有的医生，医生们尝试着吃臭果，果真是越吃越香，其他没吃到的人却是闻到了一船的臭味。

陈良绍回到船上，一边大啖臭果，一边说起郁震的飞针功夫和定身神针绝技。惹得众人好奇，要郁震介绍这门绝活是如何练成的。郁震是个不显山露水的人，做事从不张扬，他难得一试的定身针已被陈良绍、费信看到，这时正在爪哇国被传得沸沸扬扬。见在场的都是同道医生，郁震只得披露郁氏定身针绝技一二了。

爪哇国地处赤道，白天烈日当空，炎炎难耐，但夜晚海风吹散暑气，倒也是凉爽宜人的。众医生都来到了甲板上纳凉。郑和的船队泊在海面上，二百多条船上挂着防风防雨的灯笼，星星点点，绵延十余里，灯光倒映在海水中，波光粼粼，犹如银河落海上。远望爪哇国那边，灯火忽明忽暗，只有黑幽幽的众山高高低低地浮在海面上，抬头星光灿烂，黝黑的天穹上缀满了或明或暗的银白色的星星，永恒的北极星指向大明的方向，祖国、家乡、家人在每一位抬头观看星空的海员们的心中波涛汹涌。

在这星光之下，郁震缓缓地开始追踪溯源地说起定身术。郁姓始祖名叫郁华，郁华是大禹的老师，也是中医高手，善用导引之术，救人无数。郁华治病的导引术给了大禹治水很大的启发。大禹的父亲鲧曾奉尧命治水，因筑堤堵水，九年未治好，被舜流放到羽山而亡。面对滔滔洪水，大禹改变了堵的办法，对洪水进行输导，治水十三年，终于完成了治水大业。

郁氏始祖出于北方，宋室南迁有一支移居到湖兴。元代战乱，湖兴的郁氏又有一支迁来太仓的沙溪隐居。当年的沙溪濒临海边，多以煮盐和垦殖为业。郁震的六世祖从浙江湖兴迁到太仓沙溪定居后，以游医行世。他的先祖都喜欢云游四方，采集民间医方，也学习道术方技。

郁震的曾祖父曾到过罗浮山的朱明洞。朱明洞是道家第七洞天。从秦朝开始，各方道士纷纷前往朱明洞炼丹以求不老药，也传授各种绝技。郁震的曾祖父向朱明洞遇得的一位道士学会了定身法。

这位道士向徒弟传授定身之法有三个原则，一看心术是否正，二看意志是否坚，三看头脑是否灵。心术不正会走歪道，用定身术杀人越货，谋财害命，所以心术不正者不传。意志不坚，浅尝辄止者学不会定身术，所以意志不坚者不传。头脑不灵者对定身术不会灵活使用，不会见机行事，掌握不了定身术的真谛，定身不成反落笑柄，所以头脑不灵者不传。

“世间传有各种定身法术。”郁震说，“如有迷药定身、点穴定身、金针定身等。”

郁震继续讲述他的定身法。定身法既是克敌制胜之法，更是救人之法。我们作为医家，学习和研习定身法的唯一目的是治病救人。如有的病人有疯癫，手舞足蹈，不肯吃药，不能配合治疗，那只能用点穴或金针来定身。有些病人病体溃疡，需要动刀割除，病家不能忍受创痛，那就用迷药定身。华陀所创麻沸散就是一种定身迷药。

郁震进而从医理上来分析定身术。郁震说：医术常用导引之法，因为大多数病症是气血淤滞、风寒侵袭所致，导引的目的是将淤滞的气血疏导使其流通，将侵入体内的风寒邪气驱散消除，导引的目的在于此。但是病症并不都属于气血淤滞、风寒侵袭这类。还有一些病症如精神流散、精神崩溃所致的如痢疾、疯癫类疾病等，实际是应当用温补、镇静一类药物或医术来医治的。犹如治水，大禹也不全是导引一种方式，筑堤建坝截水堵流也是与挖沟开河的导引方法并行的。

阻滞治疗是一种与导引治疗反其道而行之的方法，如滋补只是把流散的精气神通过药物补充聚集起来，而那种镇静药用来治疗精神散逸的方法都是阻滞之法。针灸治疗总的说来是通过针刺穴位来打通经络，导引病源，而用针刺定身恰恰是反其道而行之，不是打通经络，而是要阻塞经络，针灸定身法便是从这种理论得出的一种针法。

制作迷药需要特制的配方，精确的计量。迷药毒性很大，有时还需要病人配合，配方计量不准确会致人昏迷不醒以致死亡。而金针定身和点穴定身的优点在于不需要病人配合，但需要术者有相当的功夫。

郁震特别强调定身法必须讲道德。郁震说，首先除为妇女治病外，定身法不得向妇幼实施，如用定身法为非作歹将牵连传授者，传授者将追杀实施者。第二，不经师傅允许不得向他人传授，以免被坏人利用。第三，向敌方实施定身法必须是在自己或他人受到不法侵犯，处在十分危急之时，而施用他法已无法避免时才可施以定身法。危险去除后，还必须给敌手解除定身术，还对方以自由身。当敌手再次反击时，双方博斗时可以公平反击。

众医师点头称是。郁震叙述了他练习飞针的经历。郁震先是在冬瓜、西瓜、南瓜上练习，然后在活动的猪呀、兔子、飞禽身上练。为了练习准确性，他在纸上画圈练，一环一环地缩小，练到芥籽那么一小点能百分百地击中。他依次在各种型号的缝衣针、绣花针上练，把这些针插成一排，然后练习银针穿过针眼，从一枚也没穿透到百发百中，从大眼到小眼，照样要一针穿透。他知道那些奇穴极为复杂，神经的深浅、肌肉的松紧、入针的角度都将影响针刺的功效。

这种功夫不是百日功、千日功能练成的。要练静功、练呼吸、练眼力、练指力腕力臂力，更是意志力和道德的修炼。

郁震给自己订了八项戒律：戒酒、戒色、戒狠、戒怒、戒炫、戒利、戒赌、戒懈。唯有十年持之以恒的修炼才能练出飞速、准确、恰到好处的功夫。

众医师为郁震的刻苦精神竖起了大拇指。郁震说最难的是要不断摸索和探求定身的准确穴位，这些个穴位大多是前人没有记载过的经外奇穴。他在自己身上扎，把自己扎定了身让徒弟来拔掉银针，有了千百次的自身实践，他再到徒弟和亲戚朋友的身上试针，如此这般地刻苦练习终成正果。

众医生听得入神，针灸水平能达到如此出神入化的程度真正是到了极致了。这时太平府的彭正医师说："愿以贱体请郁震一试飞针定身法。"

郁震不愿，他说："祖传有规矩，不可无事在人前卖弄定身法。"

众医生却极力怂恿："我们都是医师，只是想见识一下针灸定身之术，以探讨针灸和其他医术定身的原理。"

郁震被逼无奈，说道："那我就献丑了！"郁震话还没说完，只见得郁震拔出银针一闪，两枚银针已扎进了彭正医师的膝阳关穴和血海穴，而彭正医师没有一点痛感和酸胀感，但是两条腿却无法迈开，也无法抬起。

正在彭正医师想哇哇发声时，又一根银针扎进了他的哑门穴，彭正一句话也说不出来。用手指着自己的腿和嘴摇了又摇，表示确实腿被定住了，也讲不了话。

"太神了！"众医齐赞，医船沸腾了！

正在这时，郑和来到了医船，见此情景也向郁震伸出了大拇指，并对郁震说："从此以后，凡是我上岸到访西洋各国时，请你跟随左右，做我的贴身侍卫，以防不测。"

郁震连声说："愿为大帅效犬马之劳！"

【第二十二回】

陈氏良绍爪哇授徒　大明永乐医局开馆

国王宴请大明使，良绍收徒带外人。
医局爪哇设分局，海滨选址为黎民。

郑和虽然已了解到郁震用飞针定身爪哇国御医的事情，但却不知郁震的飞针定身术已神奇到如此境地，当下便要郁震作为自己的贴身侍卫。但他来到医船上原不是为郁震而来，郑和来医船的目的是要众医师明日随他去爪哇国赴宴，并要商量让哪位医师留下来向爪哇国的御医传授大明医术。

陈良绍、郁震和费信回到船上不久，爪哇国王便派了相国送来请帖。请帖是一块木牌，上面刻着一双合掌的手，木牌上插了两支美丽的孔雀羽毛。爪哇国相国对着郑和念念有词，费信翻译给郑和说："奉国王之命，为略表大明神医治病恩德，特邀请大帅统领众医师明日午时到王宫欢宴。"

爪哇国国王还另有一个请求，因爪哇御医医术水平不高，恳求郑大帅能派一位大明医师为爪哇国传授医术。郑和当即答应了爪哇国国王的请求。

郑和想，我大明皇帝仁慈宽厚，救苦救难是大明本分，传授中华医术更是光大大明国威的机会。虽然随船的近百位医师中每位医师去为爪哇国传授医术都能胜任，只是具体让谁留在爪哇国倒难以定夺，需要与医船上的正副院长们商量一番。

郑和把医船上的正副院长们召到三楼会诊室，说明爪哇国国王提出的派大明医师传授医术的请求，问谁愿意暂时留在爪哇国传授医术。众医师一阵静默，到那样一个荒蛮国度去传授医术倒是有点犯难，风俗不同、语言不通、饮食不合、气候炎热，心里都不愿到爪哇国去授徒传医。

众人皆说："不离大帅左右，愿与大帅同舟共济！"

郑和说："我知道各位与船队难舍难分，大家也初步了解爪哇国医疗水平有限，连国王落枕都治不好，为爪哇国培养一批医师倒是救民灾病、增进邦国友谊、光大我大明医学国威的一件大事，这也是皇上对我的再三嘱托。明天我将与爪哇国王商定，留在爪哇国的大明医师不会超过两年，待我们返航之时，将把留在爪哇国的医师接走。"

一阵沉默之后，陈良绍举起了手："大帅，真的，从心里说，我们医船上的医师没有一个想离开大帅脱离船队到异国他乡去的。但听了大帅刚才的一席话，留下一位医师为爪哇国传授医术，为爪哇百姓治病正与皇上的仁心所合，正可光大我中华医学、扬我大明国威。为了大明与爪哇国睦邻友好，我愿暂留爪哇国，我曾为爪哇国国王治过病，有一面之交，另外随我上船的蔡缥缈本出生在西洋渤泥国，略懂西洋番语，便于与爪哇人交流。两年之后我们再与大帅和各位医师会合吧！"

郑和略一思索，说道："也好！难得良绍善举，又有会讲番语的蔡缥缈与爪哇人联络，两个人可以互相照应。我将为你留足银两和一应生活用具，明天再与爪哇国王好好商量这事！本来你是大明医船院长，下西洋一路上还得有赖你多多照应，好在医船众医师都是医术高手，你就放心吧。我提议陈良绍院长暂留爪哇期间，由陈以诚代理院长，各位意下如何？"

各位副院长鼓掌说好。陈以诚一番推辞后也就应下了："谢谢大帅提拔，谢谢各位支持，以诚暂代空位期间当竭诚与各位共商，盼良绍兄早日归位。"

爪哇国王经过陈良绍的推拿和郁震的针灸，歪脖子拨正了，肩臂不痛了，国王和御医领教了大明的医术高超，派相国带了几十头大象前来迎接郑大帅和众御医赴爪哇国的国宴。国王还请求郑和能留下一位大明的医师，传授医术。

郑和安排王景弘副帅好生看管船队，带了费信、马欢等通事、卤簿和几十位医师、药师，乘上爪哇国的象轿前往爪哇国的王宫赴宴。队前是敲锣打鼓、吹拉弹唱的乐队，郑大帅的左右是威武雄壮的护卫，郁震这次作为郑和的贴身侍卫坐在大帅的身后，后队是三十六人抬着的八大箱绸缎瓷器等礼品。

爪哇国百姓从来没有见过如此热闹庞大豪华的仪仗队伍，王城的百姓几乎是倾城而出，夹道欢迎。

郑和的赴宴队伍来到爪哇国王宫前，早有卫兵报给国王，国王随宫中所有大臣来到王宫外迎候。郑和仪仗队见到国王出宫迎候，便放起铳来。按理本该爪哇国放炮迎接才是，可是爪哇国哪里来这种火器呢，有人听得那震天响的放铳声不免胆战心惊，甚至有人吓得匍匐在地。这种铳又称冲天炮。铳筒内装着火药，有引信连接，点燃引信后朝天放炮，比民间用纸裹火药的爆竹的威力和响声大多了，它是下西洋仪仗队的装备。除了以响声来增加热闹外，本来就有震慑作用，以震住那些不肖之徒的非分之想。

郑和坐在象轿里，远远见得国王率众出宫来迎，也就出轿下象，趋步向前，与迎上前来的国王拱手作揖，向国王朗声说道："我奉大明永乐皇帝之命，巡游西洋，结交四方，靖宇安邦，愿与爪哇结为友邻，共享盛世。"

爪哇国国王没有见过如此场面，忙说道："大明特使远道而来，本应早早邀请大帅相见，只因病痛缠身，还请大帅海涵。昨日大帅派来神医，手到病除，恩德深重，今略备薄宴，请大帅及众神医尽欢！"

大帅说："好！"

国王曰："请！"

大帅及大明随从及医师在爪哇国国王及众臣的簇拥下进入王宫分宾主坐定，这时郑大帅叫奉上礼品，扛夫们抬上了八只大箱，四只青花大缸和八匹绸缎织绵，又见满室五彩缤纷，弹眼落睛的称奇叫好声一片。

爪哇国国王十分高兴："郑大帅真是客气，爪哇小国，无以回报，谨以爪哇国的名义向周边各国传达大帅船队的友好情义，要求各国关防迅速给予通关放行，不得横加阻拦。爪哇国虽是小国，但在西洋各国也是可以发号施令的。"

郑和说道："谢国王给予我大明船队如此关照。我只是奉我大明永乐皇帝之命献上一些微薄的礼品，我回去之后一定把国王的友好情义向皇上呈报，皇上也曾让我邀请国王方便时访问我大明。"

爪哇国国王连连呼喊："大明皇帝万岁！万岁！万万岁！"

献礼毕，爪哇国国王喊：“开宴！”

国宴无非是应时鲜果、海鲜佳肴。虽无开坛十里香的美酒，却有鲜榨椰子汁尽情饮用。

宴席之上，爪哇国国王与郑大帅商量了留下陈良绍、蔡缥缈在爪哇国设立医局的具体协议。

大帅出示了他与陈良绍和爪哇相国参与制定的设立医局有汉文和爪哇文字拟定的条文，约法三章：

一、应爪哇国王邀请，大明在爪哇王国王城设立医局，全称爪哇王国大明永乐医局。医局既是诊所，也是医馆，为期两年。

二、爪哇王国大明永乐医局由爪哇国提供土地，建造房屋，派人守护，医师、设施、药材由大明提供，药材也可就地采集。爪哇王国为大明医师提供就诊、采药的一切便利。

三、爪哇王国大明永乐医局由大明派出的医师在爪哇国招收学徒，传授中华医术，医师尽职教授，医徒尊师笃学。

爪哇国王对约法三章很满意，随即在条约上押上了爪哇王国大印，郑和也在条约上押上了大明三保太监的帅印。

宴会结束，爪哇国王选派的第一批九名御医与陈良绍举行了拜师仪式。就在陈良绍坐定、九位学徒准备向陈良绍行弟子礼的时候，爪哇国国王的第三个儿子十四岁的丙龙突然缠着国王也要学医。

国王说：“你当学习治国之道才是，学医不是你需要的。”

丙龙王子却说：“病要药治，国要政理，其理一也。”

国王觉得小王子说得有道理，又说道：“学医以后要为百姓治病，要与病人接触，且要受老师约束，你能受得了苦吗？”

王子丙龙说：“百姓皆病，国怎能安宁？为治百姓灾病，保民才能安邦。我一定向师父行弟子礼，要把中华医术学到手。”

国王见王子学医态度坚决，便说：“好！”

于是，王子加入了向陈良绍行跪拜礼的行列。

爪哇国国王和郑和大帅作为拜师礼的见证人，陈以诚住持了拜师仪式，宣读拜师帖，拜师帖曰：

久仰中华医术神奇，无缘得近大贤。今逢大明仁义之师远巡海宇，为我大王疗病去病，亲见圣医神术，又获三宝大帅恩德，特派陈大师亲授中华医术，恰是千载难逢，敢请先生雅见亲炙左右，传心授徒，为吾启示津梁坦途，或蒙不弃，得承薪传。谨遵师训，没齿不忘教诲。

谨俯首跪拜！

授业门生爪哇国三王子丙龙

如此再三，十位门徒一一向陈良绍敬献拜师帖，行拜师礼。费信一一翻译，然后十位弟子在拜师帖上画押、按上手印，向陈良绍敬奉拜师帖，并依次向陈良绍医师敬茶，行奉茶礼，寓饮水思源代代传承之意。陈良绍一一接过十位徒弟的茶水，又一一饮尽，为认徒茶，并向十位爪哇医徒亲赠脉枕。

这其中的九只脉枕为昨晚由蔡缥缈亲手用湖绿色的丝绸缝制，并绣上陈良绍的签名手迹，脉枕内充填了艾绒。而王子的那一只则是陈良绍一直使用着的一只极精致的漆皮脉枕，脉枕两端有烫金的喜鹊登枝、缠枝金莲压花，这方脉枕本是大明御医院御医使用的，是他亡妻韩小玉的父亲作为礼物送给女婿的。他把这只脉枕送给丙龙王子，期望中华医学能在爪哇国传承光大，为两国世代友好留个证物。

大明下西洋医船代理院长陈以诚和各位医师从医药船上运来了大量的药材、医疗器具和采药制药工具，为开办一个医局备足了物品。郑大帅给陈良绍留下了三十万银两备用，并留下一条工程船。工程船帮助建造医局后再赶往满剌加归队。

郑和下西洋的船队中有十几条工程船，船上搜罗了全国号称三十六行的各种工匠，以备航程中所需。古代人称的三十六行中包括肉肆、宫粉、成衣、玉石、珠宝、丝绸、纸、海味、鲜鱼、文房用具、茶、竹木、酒米、铁器、顾绣、针线、汤店、药肆、扎作、陶土、仵作、巫师、驿传、棺木、皮革、故旧、酱料、柴草、网罟、花纱、杂耍、彩舆、鼓乐、花匠等行当，其中每个行当还可细分，难以一一细述。在这三十六行中，下西洋的工程船上建筑修造业工匠居多，郑和留下的工程船中的工匠就是一批善于兴建的木匠和泥瓦匠。

郑和要求工程船的工匠们帮助建造起居房舍，盖起宽敞明亮的中式医局，要在爪哇建成最大、最齐正的医局，以示大明医局的豪华和规模。

陈良绍请郑和书写医局的匾额。郑和书写了“大明永乐医局”六个大字，并由费信译成爪哇文字配在郑和的大字下方。工匠们将把它制作成匾挂在大明永乐医局的门楼上方。陈良绍又请陈以诚画了一幅华佗行医图，匡愚写了一副对联：“良医惠民普济爪哇众黎首，绍传泽披光华大明广灿烂。”他将把这些画作和对联装裱后挂在医局大堂之上。

为了医局的选址，陈良绍和御医甲耗有过一番争执。御医甲耗就是被郁震定身过的为爪哇国王治病的那位，甲耗是他名字的读音，因为下巴尖尖像老鼠，陈良绍就给他起用了这个中文名字来标记他。

陈良绍要把医局将设在王城的渔市大街上，那里是一处临海靠山的地方，鱼市、菜市繁荣，人流往来多。陈良绍设计中的大明永乐医局，不仅是授徒传医的学堂，更是为爪哇百姓诊病施药的医院。而甲耗却执意要把医局设在王宫的御医院内，他说这样可以免受百姓打扰，可以由陈良绍专心教授医术。

陈良绍说：“医生不止是为国王治病的，是为天下所有病人治病的。医学是在治病过程中丰富起来的。没有病人，就不需要医生了；没有病人，医学也就不能发展了。我为各位传授医学知识是在诊治病人过程中教学的，不是从书本到书本的。”

经过一番争论，王子丙龙支持陈良绍的方案，他向国王汇报后，国王同意了陈良绍的方案。

陈良绍画了医局的图纸，他设计的医局中有诊所、药房、病房、教室、药圃、起居室，还辟有一间宽敞的消暑药饮室以张挂各种草药标本、防暑防疫常识挂图，特别是免费提供消暑饮料，供鱼市、菜市往来的民众参观、解渴、休息。

郑和下西洋船队的工程船的工匠们就地取材，平整土地，砍木架梁，因本地没有砖瓦厂，工匠们除了用木板盖顶外，采用当地建房盖屋顶的常用方法，在木板上又铺了一层厚厚的芭蕉叶。这层厚厚的芭蕉叶既可挡雨，也可防暑。为了防止大风刮走芭蕉叶，工匠们用当地的棕丝密密地编结好，牢牢地固定在木板上。工匠们用厚木板作墙，竹篱笆圈围墙，制课桌，做药柜，打造床铺，还在这些家具上雕了各种题材的花，诸如八仙过海、桃园结义、妈祖救难、扁鹊神医、华佗出诊等外，还雕刻了郑和下洋、海岛景观、爪哇渔港、奇花异树等新景象。工匠们熬虫胶、割树漆，调色彩、贴金箔，一应家具全照明式大样制作，精工细雕，一应俱全。特别是郑和写的那块“大明永乐医局”的匾用当地名贵的木材制作，朱漆作底，“大明永乐医局”六个大字则用金箔包裹，显得金碧辉煌。

百余名工匠们整整干了一个多月才完工，工匠们登上了工程船，与陈良绍和蔡缥缈分别，他们日夜兼程去追赶下西洋的大部队。

大明永乐医局正式开张了。开张之日，爪哇国国王先行前来观礼，对大明永乐医局的设计和规模十分欣赏，对中国工匠的精美制作赞不绝口，对每一块雕花都仔细观看。陈良绍便向他介绍雕花中的故事，蔡缥缈翻译，国王听得津津有味，频频点头。

爪哇国国王对大明工匠们制作的雕花床十分赞赏，爪哇人从来就是席地而卧，从来没有上床起卧的习惯。他曾听派到中国的使臣回国后向他描述过睡床的奇异感觉，说是睡在床上犹如躺在白云间，做梦都是在天上飘的感觉。对中国工匠造的床看了又看，摸了又摸，还到床上去坐了坐，躺了躺，似乎有躺到了白云上的感觉了。

陈良绍看到爪哇国国王对医局的雕花木床羡慕的样子，明白了他的用意，便说：“大王，中国工匠的工程船刚出港不远，我叫缥缈和王子乘上快艇追回他们，叫他们来给大王制作一张龙床如何？”

爪哇国国王说：“陈医师真是善解人意，你的提议甚好，马上叫他们乘快艇去把大明工匠追回来，为我制作一张龙床再走不迟。”

果真，大明工匠被追回来，选取爪哇国最好的紫檀木，为爪哇国国王打造了最精致的龙床，又打造了一张龙案龙椅。爪哇国国王从此睡龙床，坐龙椅，开心得不得了。后来它们成了爪哇国的国宝。

国王对陈良绍说：“你们俩离开伙伴留在这里，人生地不熟，为我们爪哇王室和百姓防病治病，你们真是扁鹊、华佗再世呀！”

陈良绍说：“医师的责任就是一切为了病人，不管是中国病人，还是爪哇病人，都是我们医师的诊治对象，能治好他们的病就是医师的最大快乐！大明永乐医局是国王您与我们郑和大帅亲手缔造的象征中爪友谊的桥梁，我一定竭力带好医徒，治好病人。希望在今后的日子里多多得到您的支持！”

国王说："你们跨越海疆，不远万里来到爪哇，有什么事情尽管来王宫找我。"说着，国王从身上取下一块雕了章鱼图案的小海螺挂在陈良绍的脖子上，"您只要掏出这只小海螺，便可走遍爪哇无阻挡！"

大明永乐医局开张的那一天，丙龙王子调来了王家乐队吹吹打打，倒也热闹非凡。国王亲自为大明永乐医局剪彩，并向臣民宣布："大明王朝派来了神医，让我们热烈欢迎!"

台下是一阵又一阵的呜哇呜哇的欢呼声。

剪彩过后，爪哇国的民众便一拨又一拨地进入大明永乐医局参观，这些参观的民众不管男女大多衣不蔽体，只在腰间扎一根草绳，下体兜一块吉贝布或芭蕉叶，蓬首跣足，口嚼槟榔，牙齿黢黑，看着那些医疗挂图和医药器材，有人啧啧称羡，有人皱眉挤眼，表现出对中华医药的羡慕或不理解。陈良绍看在眼里，这一拨一拨的人参观后，不管是有病的没病的，却没有一个人来问询一声，更没有一个人留下来要求看病的。

这是为什么？陈良绍想。他要带着这个问题作一次社会医疗调查，弄清当地百姓的伤病情形、医疗状况，有针对性地办好大明永乐医局。

大明永乐医药局开馆的下午，陈良绍并不急着授课，他首先召集全体爪哇医徒座谈。这十位医徒中丙龙是王子，没有学过医，其他九位都是王室的御医。陈良绍向他们提出了几个问题：第一，你们是从哪里学的医？你们是由谁推荐进御医院的？第二，你们看得最多的是什么病？你们用得最多的药是什么？第三，什么病最容易致人死亡？有没有治好的例子？

丙龙说："不知道！"丙龙当然不知道。

甲耗是九个御医中的活跃分子，他总是最喜欢第一个发言。他说："说起学医这件事，倒是很偶然的。我是酋长的儿子，很调皮。有一次上山去抓鸟，被一条毒蛇咬了，被人抬到山上的一位巫医那里去看，他给我的伤口放血，又给我灌各种各样的苦水，我昏迷了三天三夜，第四天才醒来，捡回了一条命，从此就跟这位老巫师学医了。我们村子里被毒蛇咬死的人最多，能治好被毒蛇咬伤的人就是最好的医生。因为我是酋长的儿子，那位巫医就把一些治病的方法传给了我，我成了名医，就被酋长推荐来当御医了。"

乙牛是医徒中长得最壮实的一个，他说："我们这里有一种病最常见，就是拉肚子。我小时候常拉肚子。有一次拉了六天，人瘦得皮包骨头，走路都走不动了，被村里的巫医用草药治好了。巫医没有儿子，就让我做他的儿子，把他的医术传给我，现在我长得像牛一样壮实，因为我有治拉肚子的专长，就被酋长推荐当了御医了。”

丁蛙说：“我与各位说的一样是跟着巫医学的。我们这里很多人都没有钱治病，有了病大多数是自己弄点草药熬汤喝喝。有一种病死的人特别多，就是发高烧不退，人烧得发疯一样，到处乱跑，直到死去；还有就是粗腿病、烂脚病，到最后人不能走路，不能干活，穷死、饿死。”

各位御医的发言证实了一点，他们都是向村里的巫医学的医，都是用各位巫医的秘方草药给人治病，医学知识是口口相传来的，没有统一的治病医方。是由酋长向国王推荐来当御医的。蛇毒、痢疾、发烧、烂脚是爪哇人常见致死病。

陈良绍最后说：“各位是有专门特长的医生，我既要向各位传授中华医学，也要向各位学习医术，我们有句古话叫教学相长，希望大家一齐努力，把一些常见病、高危病治好。我们也要走到民间去，调查病源，查清病根，向民间巫医学习，把他们的医术整理出来，为老百姓灭病消灾！”

王子丙龙和众医徒被陈良绍的一番诚恳的言辞打动，大家一齐叫好。

陈良绍和医徒们上课交流时，蔡缥缈当起了翻译。

【第二十三回】

讲脉诊如坠云雾　扬风帆走向民间

讲脉诊如坠雾里，授中医难倒医徒。
扬风帆走向民间，爪哇国男欢女愉。

爪哇国没有计时器，也没有打更的更夫，老百姓皆日出而作，日落而息。为了让十位医徒在两年的时间里掌握中医的基本知识，陈良绍规定他们必须集体住宿在医局内，王子丙龙也不例外。

按照王室的规定，王子丙龙是不能与民同宿的，这有辱王子的身份。但是丙龙求医心切，一心想与所有的医徒住在一起学习讨论和为民就诊。但是爪哇国国王不同意，王子丙龙便请陈良绍与父王谈谈。

陈良绍带着爪哇国国王给他的雕有章鱼图案的小海螺，径直到了王宫，求见国王。国王热情地接待了陈良绍："据说你们有句话叫作无事不登三宝殿，今天医师光临有何大事见教？"

陈良绍说："大王贤明，让王子丙龙来大明永乐医局学医，是给医局最大的支持；医局开馆，大王又光临剪彩，我是来表示感谢的！"

国王说："医师客气，你不远万里，来我国无偿传授医术，要感谢的是我和我的百姓。王子丙龙一心求医，我也不能违了他的一片诚心呀，还望大师严格要求，倾心教学。”

陈良绍说：“国王是真心让王子丙龙学医吗？”

国王说：“既然丙龙有决心学医，我当然全力支持啦！”

陈良绍向国王汇报了大明永乐医局的教学计划，他强调，要在两年之内学习中医课程，时间十分紧张，所有的医徒必须住宿在医局，日夜攻读实习。陈良绍说：“据说丙龙的母亲怕丙龙在医局吃苦、不安全，所以不肯让丙龙王子住在医局中学习。我想如果王子早起晚归反而更不安全，又耽误学习，如果王子学得不如其他御医好，反不利王子的名声。为此我犹豫不决，请示国王是否让王子退学还是让王子住馆求学？”

陈良绍继续说：“我知道，国王看到丙龙王子聪明伶俐，且有爱心，更希望他能学习治国的本领。其实正如丙龙王子所说，行医和治国是一个道理，国民的病都治不好，国家怎么能够富强？作为一个国家的治理者，应当与民同悲苦、同欢乐。战国时候，我们有一个大思想家叫孟子，有一次齐宣王在宫中宴请孟子，问孟子道德高尚的人是否要与民同乐。孟子说：国君以百姓的快乐为自己的快乐，百姓就会以国君的快乐为自己的快乐。国君与天下百姓同忧同乐，天下一心无人可敌。齐宣王认为孟子言之有理，把与民同乐作为执政理念，后来齐国成为称雄一方的强国。丙龙王子与我和其他九位医徒同学习、同生活，也算是与民同乐吧，国王您以为如何？”

国王点头称是：“陈大师的故事讲得好，与民同乐，天下一心，好！我就依了陈大师和丙龙的意见，与你们同住宿、同生活、同学习，一同为百姓治病！”

“大王圣明！”陈良绍说。

得到国王的允诺，陈良绍回到大明永乐医局，安排好医徒的住宿，他开始召集医徒宣布每天的作息时间和教学及行医的安排。

陈良绍为了让学员有一个时间的概念，便用中国的十二个时辰对应十二个生肖的方法画出来，子鼠、丑牛、寅虎、卯兔、辰龙、巳蛇、午马、未羊、申猴、酉鸡、戌狗、亥猪。如日出卯时，便画一片大海，太阳探出了头，一只兔子蹦蹦跳跳地出洞来吃草，这就是大家起身洗漱、练五禽戏、吃早饭的时候。辰龙、巳蛇时辰，画龙腾蛇游，画上老师授课讲解的画面，这是上午学习的时间。午马，画马吃草、卧草地上休息的画面，这是大家吃饭和午休的时间。未羊、申猴画着羊哺乳猴采果的画面和医生看病的图案，这是下午出诊看病的时间。酉鸡、戌狗，鸡啄食、画上狗看门的画面，晚上是大家坐在一起讨论一天课程和就诊后的体会的时间。子鼠、丑牛、寅虎，画上老鼠、老牛、老虎伏地的状态，这时是晚上睡觉的时间。

简单地说卯时晨练，辰巳课读，午时午休，未申就诊，酉戌讨论。每十天放假一天，每五天外出采药或访病一天。这就是大明永乐医局的作息安排。

陈良绍和蔡缥缈经过反复试验，制作了一种可以燃烧半个时辰的盘香，陈良绍还制作一只日晷在晴天的时候来测量卯初、正午和酉初的时辰，来纠正总盘香计时的时差。并把带来的大明皇历作为计日历的时序，虽然爪哇国这个地方没有四季的区分，好似天天都是夏天，虽然农田里的稻子不按时序来夏初播种、插秧，夏暑分蘖，秋季收割，在爪哇国里什么时间这块田播种、那块田插秧、另一块田就能收割了。但一年三百六十五天应该是固定的，两个三百六十五天度过，就是他们可以归队的日子。

蔡缥缈用竹筒制作了一只响器，每到起床、吃饭、上课、就诊、讨论时间就敲竹筒。梆梆梆的声音，在这爪哇岛上响起，一所正规的中医医药学校兼医院在爪哇岛上正式开办起来了。

每天天麻麻亮，陈良绍便教学徒练五禽戏。陈良绍说五禽戏是中医祖师华佗传下来的一种导引养生的功法。《后汉书·方术列传·华佗传》记载:“吾有一术，名五禽之戏：一曰虎，二曰鹿，三曰熊，四曰猿，五曰鸟。亦以除疾，兼利蹏足，以当导引。体有不快，起作一禽之戏，怡而汗出，因以著粉，身体轻便而欲食。普施行之，年九十余，耳目聪明，齿牙完坚。”五禽戏既是强身健体之术，也是用来引导推拿的基本功。

在陈良绍教爪哇医徒练五禽戏的时候，蔡缥缈便开始准备早餐。锅瓢铲勺、碗碟杯盘等一应炊具均从船上运来，她从附近的山上砍来竹子，削成竹筷，就餐时教医徒们用筷子就餐，改变用手抓食的习惯；她到附近的市场买来蔬菜，做可口的美食，学徒们吃得很满意。因为蔡缥缈从小就跟父母在东南亚岛国生活，知道海岛人的饮食习惯。她还从一点一滴的生活细节上教这些学徒学习汉语。

按照中医教学方法，陈良绍上的第一课便是讲诊脉。

陈良绍侃侃而谈：中国最早的医学典籍《黄帝内经》是学中医的必读课

本，当然对各位来说是看不懂的，以后有条件了再学吧。中医有四种诊察疾病的方法：望、闻、问、切。这四个方面的内容，称为四诊。具体说来：

望诊，就是用眼睛看病人的身体状况。首先要看病人是不是有神。有神为眼睛明亮，神志清楚，语言流畅，反应灵敏；无神为目光晦暗，表情呆滞，反应迟钝，语无伦次。望诊中有一个重要项目是望舌，也叫舌诊，我们以后再讲。

闻诊，闻就是用耳朵听，用鼻子闻。闻，指听病人的讲话声、咳嗽声、呼吸声、呻吟声等。凡气粗声高、重浊的都为寒症；气微声低的都为虚症。闻，也指闻气味，包括口腔气味和各种分泌物的气味。凡是恶臭味重的，属热症。有腥味或气味不重的属虚症。

问诊，就是询问病人的病情。有十问歌：一问寒热二问汗，三问头身四问便，五问饮食六胸腹，七聋八渴均当辨，九问旧病十问因，妇女尤必问经带。

切诊，切诊就是切脉、候脉。切脉部位多在寸口。寸口为手太阴肺经之脉，因五脏六腑的脉都会合于此脉，所以从这里可以了解到全身脏腑经脉气血的情况。

望闻问切是中医诊病的基本方法，也是一个了解情况、收集病情的过程，在此基础上进行辩证论治，选出正确的治疗方法，四诊是辩证论治的基础。

脉理甚微，原非一言可尽，人病多变，又岂一脉能包？论其阴阳，别其生死，察其脏腑，观其症候，既上中下之宜分，必寸关尺之自定。左寸心，左关肝，火木宁无至性；右寸肺，右关脾，土金本有深情。唯两尺为肾，水火实难分配，中间是命，左右还可同观……陈良绍有点忘乎所以了，开始摇头晃脑地沉浸在中医的典籍之中。

陈良绍讲望、闻、问三诊时，蔡缥缈尚听得懂，翻译得出来，医徒们听了还频频点头。讲到脉诊脉理时，蔡缥缈听得似懂非懂，吃力地翻译着，爪哇国的医徒更是云里雾里地搞不明白了。蔡缥缈结结巴巴地翻译，医徒们开始叽叽喳喳地议论。

陈良绍也觉得理论灌输得太多了，爪哇的医徒难以接受和明白，于是就决定不先讲理论，先教医徒们学习切脉。

如何用三个指头按出脉动来，陈良绍先做示范，然后叫十名医徒伸出左手，把食指、中指和无名指分别按在自己右手腕部的寸、关、尺上切脉。

大多数医徒都切不准部位，找到部位也按不到脉动，互相交头接耳地问：摸到了吗？动了吗？跳了吗？哪是寸脉，哪是关脉，哪是尺脉？……

陈良绍说，大家安静，不要急，先要切准部位，切脉的要领是不紧不慢，不急不躁，心要静，气要顺……

医徒们在自己手腕上按准寸、关、尺脉动后，陈良绍要求医徒们互相切脉。

陈良绍说：被诊脉的人要让他坐正姿势，把右手平稳地放在脉枕上，不偏不倚，不弯不扭，不急不躁，只有这样才能准确切准脉动，从脉动的快慢缓急虚实中知道病情。健康人的脉象称为正常脉象。一般是不浮不沉，不大不小，不强不弱，不快不慢，均匀和缓，节律整齐。这称为平脉或缓脉。平脉脉搏跳动数要记清楚，一息即一呼一吸之间四至五次，节律、强弱一致。

经过一番反复练习，各位医徒似乎切准了部位，按到了脉动。陈良绍告诉医徒，切脉一定要沉下心来，不能有杂念，集中精力在三只指头上，只有千百次的练习才能切准脉动。

陈良绍继续说：按照西晋著名的医学家王叔和著的《脉经》列出的脉象有二十八种，对应百余种病症。我们初学者只要掌握浮脉、数脉、滑脉、弦脉，这几种脉象就可以了。

陈良绍又给医徒们讲什么是浮脉、什么是数脉、什么是滑脉、什么是弦脉……

陈良绍讲得摇头晃脑，蔡缥缈翻译得结结巴巴，医徒们听得云里雾里。

晚上讨论的时间，爪哇的医徒异口同声地说：“陈老师，这脉诊太难了，听不懂啊。”

甲耗小声地和身边的御医嘀咕：“这太难了，听不懂。这手腕上的脉搏的跳动与生病有啥关系？学了也不知道有啥用场，我不想学了。”

“啪”的一声，丙龙王子拍了桌子，嚯的一下站起来说：“遇到一点困难就打退堂鼓！那好啊，不想学的去向父王讲！那天大家可是当着父王和郑大帅向陈老师拜师行礼的。不跟陈老师学，那御医也不要当了！”

丙龙王子一拍桌子把一群御医都镇住了，大家都默不作声了。

陈良绍说：“王子说得对，遇到一点困难就打退堂鼓，那怎么能学好中医？你们不好向国王交代，我也无脸去见郑大帅呀！今晚各自好好睡觉，明天早早起身练习五禽戏。”

大明永乐医局第一天授课让陈良绍大大受挫。他需要作一番反思。

第一天的课程就在这种不愉快的学习气氛中结束了。

怎么办？陈良绍在床上睡不着，独自起身走到海边。一轮明月悬挂在天上，银辉洒满大海，举头望明月，天下共一轮。陈良绍想到了隔着大洋的苏州，想到了苏州黄鹂坊桥堍家中的妻子王氏和双亲，也想起了亡妻韩小玉，更想念朝夕相处、同舟共济下西洋的医师同人们。

正是涨潮的时候，浪涛拍打着礁石，发出嘭嘭嘭的响声，如同战鼓擂响。远方的郑大帅统领的船队可能已到了满剌加了吧？两年后郑大帅回程的时候就要来接我们，可是现在大明医局刚开了个头便遇到学员厌学的情况，这如何是好，怎么向大帅交代？

陈良绍开始反思教学内容和教学方法。国内医徒学医可都是从学脉诊开始的呀，不过这是在爪哇国，陈良绍觉得按国内授徒的方法来教爪哇学徒不可行，他们的文化背景不同，他们的医学传统不同，他们没有阴阳易理的概念，他们没有《黄帝内经》这样的典籍，他们都是在巫术的基础上用经验草方来治病的，在这一点上他们与中医传承有某些相似之处，但却没有阴阳易理的医学理念呀。看来要传授中华医学必须因地制宜，不能按国内的那一套授徒方式来传授医学。

陈良绍想起了自己的学医过程。父亲为了让他学医，把他送到韩公茂的门下去拜师学习，因为陈韩两家是世交，他并不需要像其他学徒那样给韩家干扫地、抹桌、端尿盆子之类的杂活。在韩公茂的门下，第一年就是在药房里洗药、研药、熬药，认识百草百药。第二年就是坐在陈公茂的对面，看他就诊、说病。陈公茂口述药方，他就抄录药方，给陈公茂过目后盖章。韩公茂说的病症、开的药方他必须记下来，背下来。《黄帝内经》《伤寒论》《脉经》这类医书是韩公茂或父亲让他平时就熟读了的，早就烂熟于心，这些书面的理论并不专门给他讲课，要他自己在听诊时体会。到了第三年，韩公茂才会分流出一些轻症病人让他来诊病开方，对他开出的方子作些修改，并讲清楚如何修改方子。陈良绍在韩公茂的门下三年就满师了，别的医徒起码五年才能满师。然而，这里只有不到两年的时间，这些医徒从来没有读过中医典籍，要学脉诊确实是对牛弹琴啊！不分对象、自以为是地教学犹如不知病症地乱开补药，只能说明自己是位庸师。必须针对医徒现状，改变授医方式。好在除了丙龙王子没有接触过医学，其他九位都是皇家医生，把他们及爪哇巫医看病的经验总结出来，结合中医诊病经验，去粗存精，去伪存真，编一本《爪哇草药经》，作为大明永乐医局的成果，留待后人，或许是大明医局授徒就诊的一种可行的方法。

“师傅，想家啦？”不知何时，王子丙龙和蔡缥缈来到了他的身后。王子丙龙当晚也睡不着，在院子里遇到寻找陈良绍的蔡缥缈，便相约一起出来找陈良绍。

“老师不要愁。有我在，他们不敢不好好跟老师学习中医的。”王子丙龙安慰陈良绍。

陈良绍说：“谢谢王子，倒不是怕他们不肯学中医，而是在想如何能让大家听得懂，学得好。今天的课也确实难懂，想起自己小时候学切脉也是摸不着头脑的。更何况你们这里没有脉诊这一文化背景，讲脉诊确实脱离了这里的医学现实了。我在这里转转，在想如何找到与这里的医学状况相适应的教学方法。这样吧，我想暂时不上理论课，不务虚的。先和大家走访一些巫医，看看这里有些什么病，看看这里的巫医如何看病，对这里的常见病我们中医如何治，如何集合这里的情况找到更好的治疗方法。”陈良绍把编写《爪哇草药经》的想法告诉了王子丙龙。

丙龙王子说：“我不懂医，不过我觉得老师的想法很好，我们一定全力配合。”

蔡缥缈说：“先生，时间不早了，早点回去休息吧，不要把身体累垮了。”

第二天吃过早饭，陈良绍向爪哇医徒宣布：“从今天开始暂不讲脉经了，我们要用半年的时间拜访各位的师父，收集他们的治病经验，结合中国中医治病的经验编写一本《爪哇草药经》，并通过大明永乐医局为病人治病来验证这些医方，最终编写出一本完善的《爪哇草药经》来。这是一个学习爪哇国医学经验的过程，也是传授我们中医学经验的过程，把两者结合来，共同提高，以便更好地有针对性地为爪哇民众治病。”

九位御医来自爪哇国不同的地区，各自有他们的巫医师傅向他们传授医术，陈良绍把各位御医家的地址和巫医的姓名记了下来。郑和曾交给陈良绍一份爪哇国的地图。这张地图画在一张绸布上，是从陈祖义那里缴获的。陈祖义的乌合之众有不少是反抗元朝统治者的义士之后，他们只是流落海外后生活无着，被逼成了海盗。在这些海匪中，他们有人绘制了西洋各国的地图，这些地图对郑和后续的航海帮助很大。郑和留下陈良绍在爪哇国，特地叫人复制了一份爪哇国的地图，以便陈良绍不便时使用。这下倒真的派上了用场。根据各位御医叙述的地名，陈良绍一一在地图上作了标志。

爪哇国是个岛国，郑大帅想得很周到，曾叫工程船的木匠师傅为陈良绍打造了一艘小帆船，船舱里备好了多把雨伞。这种雨伞是竹骨制作的，伞面是漆刷的布面，可张开遮阳挡雨，收起来不占地方。爪哇这地方可是每天都会下一场大雨的，船舱里还备了好几双钉鞋。所谓钉鞋是用木板作鞋底，木板上钉上乳头钉防滑，鞋面是用牛皮做的，牛皮内里衬了软布。穿着这样的鞋既可防潮，又可防滑。

油布竹制雨伞和钉鞋在爪哇这地方可是稀罕物，御医们从来没有看到过，王子有鱼皮做的鞋，那些御医都是打的赤脚。爪哇人除了王室成员，没有穿鞋的习惯，下雨了用芭蕉叶顶在头上挡雨，天气炎热，上身光溜溜的，淋点雨早习惯了。这条小船就泊在爪哇王城的港湾中，现在要外出拜访巫医正好派上用场。

师徒十二人，带上了干粮，乘上小帆船，首先向甲耗的家乡驶去。这条小船船帮比较高，它可以防浪，也可以装更多的货。因为船帮比较高，它不适宜用桨作为动力，而是在桅杆上挂布篷，利用风力使船前进。没有风的时候，它就靠船后的橹来推进。橹的划水部分如鱼的尾鳍，橹柄套在船帮的榫头上，另有一根绳子系着，它可一人摇，也可两人摇，橹在水中上下翻动，推动着小船向前。划桨用的是蛮力，桨板在水中划动一次，需要人力把它提出水面再进行第二次划动。橹板一直置于水中，靠把持加摇动橹柄来推动船前进。显然摇橹比起划桨既省力又快捷，中国有“一橹三桨”的说法，划桨与摇橹的功效差别主要在于它们划水的方式不同。划桨的动作包括水下和水上两个过程。桨面位于水下时，向后划水以获得向前的反作用力，为有效做功。当桨面位于水上，桨虽然从空中划一弧线后再次入水，但空中的这一过程不产生推进力，对行船来说属于无用功。而橹则完全不同，橹板摆动时，板面前后的水形成压力差，推动船只前进。一次摆动后，橹板无须出水，只要反转一下，就可以再次摆动，获得推力。橹板在水中的运动过程就像鱼儿摆尾一样，将划桨的间歇式操作改进为连续性拨水，推进效率自然更高。

开始，只有陈良绍和蔡缥缈会摇橹，医徒们对摇橹都很新奇，有力气也帮不上忙。

起风了，陈良绍和蔡缥缈可以不摇橹了，陈良绍站到了船头上看风景。海面上有爪哇渔民的独木舟划过，一座小岛就在不远处，岛上云雾缥缈，炊烟袅袅，渔舟在小岛的港湾中出没。陈良绍不禁吟起了柳宗元的《渔翁》：

渔翁夜傍西岩宿，晓汲清湘燃楚竹。
烟销日出不见人，欸乃一声山水绿。
回看天际下中流，岩上无心云相逐。

听得老师拖腔拖调的吟诗，医徒们以为老师在唱歌，也都拥到船头上来听老师唱歌。陈良绍指着岛间的云雾和炊烟说："这风景真美啊，好像是回到了苏州太湖东西山了。"陈良绍用白话叙述了柳宗元的这首诗，叫蔡缥缈翻译给医徒们听。医徒们听了师父赞美爪哇的风景很开心，也在船头上扭动了腰肢，咿咿呀呀地唱起了小曲。

蔡缥缈翻译说，他们唱的是：

爪哇的海水蓝，爪哇的海岛绿。
爪哇的鱼儿肥，爪哇的姑娘美。

陈良绍他们的小帆船驶进了一处港湾，山上流下的一股泉水在港湾形成一处大大的淡水塘，一群女子赤裸着上身，只在腰间束上一条布遮蔽私处，她们正在洗涤冲凉，看到小船载着几位医徒向他们驶来，个个毫不回避地向船上招手，也咿咿呀呀地唱起了歌，扭起舞来。

甲耗说："老师，就在这里泊船吧，我的师傅就在不远处的山腰里。"

陈良绍泊了船，王子丙龙留在船上陪着陈良绍和蔡缥缈，医徒们上了岸和姑娘们牵了手，等不得天黑，就到密林里去摘果果，吃蜜桃去了，咿咿呀呀的欢笑声传到陈良绍和王子这边。王子说："请老师不要见怪，我们爪哇国的风俗就是如此，男人女人只要对上歌，牵上手就可以到密林里睡上一觉。结束后女人会在男人的手臂上咬上一口，留下一个永不消失的牙印。这牙印就是以后女人认情郎和孩子认父亲的标志。我们这里的女人可以有多位情郎，男人也可以有多位妻子。

陈良绍说："风俗如此，不会见怪。我们古代的书上也曾说过，古时候男女之间也是如此，孩子只知其母，不知其父！为何不知其父，就像你们这种群婚一样嘛，哈哈哈！"说得蔡缥缈红着脸不敢答话。

一顿饭的工夫，医徒们开开心心地回到了师傅的身边，陈良绍果真看到他们的手臂上都有一块鲜红的牙印，甲耗的手臂上新鲜的牙印加上陈旧的牙印有了八块，其他的几位也都有好多块牙印。对他们来说一点也不回避牙印的多少，牙印多那是他们有魅力的标志。据说他们酋长的身上留下的牙印是层层叠叠的。

这只是师徒们出行的一个插曲。师徒们重新集合后，甲耗带领大家向山间的巫医住的山洞进发。

甲耗说："这座山叫帽儿山，山顶终年有一圈白云罩着，像是戴了一顶帽子。我师父医术高超，这个小岛及周边百里之内的百姓有病都会来找我师傅医治。快到了，快到了！"

甲耗用手一指："不远处，看到那个山洞了吧，那就是我师傅住宿和行医的地方啦。"

【第二十四回】

帽儿山巧遇老乡亲　元爪战遗孤寄情觞

访巫医巧遇遗老，治不瑞泥巴防疡。

元爪战三代难忘，述先祖骨殖归乡。

大家跟着甲秏爬山，爪哇的山间青山常绿，鲜花奇异。到山洞前的小径倒也有石级可登，石级两旁斜插的灌木皆被修剪过，说明这是一条常有人攀爬的山路。

帽儿山顶的白云一环套着一环，奇特而清晰，就像给大山戴着的一顶大帽子。一个山洞就在一块突兀的巨岩之下，一股清泉从巨岩一侧汩汩流淌。巨岩如山洞突出的门檐，山泉给山洞奏响音乐，山洞前辟出一块空地，空地上安放石凳石桌，一条黄毛大狗见有人前来，汪汪汪地吠起。山洞里走出一位老汉，手遮额头张望。

甲秏说："师傅来迎接大家了。"

随后便大声喊："师傅！师傅！徒弟甲秏拜访师傅来了！"

甲秏异常兴奋，喋喋不休地给师傅介绍他带来的一行客人：这是王子丙龙，这是大明医师，这是他的同行御医。

看那巫医，中等身材，鹤发挽成高髻，四方脸，留一山羊胡须，面色红润，两眼炯炯，也只在腰间和裆下围一块吉贝巾。听得丙龙王子来访，赶忙下跪迎接，王子扶起。再听得甲耗说有大明医师来访，他两眼睁得溜圆，显露出极度惊讶的表情。

陈良绍上前双手合掌施礼："我们奉大明永乐皇帝之命随三宝太监郑和来到西洋各国通好，应爪哇国王之邀在王城设立大明永乐医局。您是御医甲耗的师傅，我们早闻您的大名，初次见面，特带来一点物件敬献大师，万望笑纳。请先生不吝赐教。"

蔡缥缈作了翻译，巫医看着陈良绍一件件献上大明礼品，却只痴痴呆呆般地看着。

陈良绍先给巫医献上一尊妈祖像。妈祖像是红木雕的，髹了漆，洒了金，尺八高，装在一个木座之中。

一只鎏金铜香炉小巧玲珑，八寸口沿，两只环套在两边的狮子口中，以便供奉在妈祖像前。

一件大红绸披风，大红绸披风上绣着三朵黄白紫三色牡丹花，几只蝴蝶翩翩起舞，似乎要飞出绸面一样。这是给巫医披挂用的。

巫医就这样痴痴呆呆地看着陈良绍赠送给他的礼物。片刻之后，这位巫医便立即披上绣花大红披风，在香炉里插上香点燃后触地磕头，跪拜在妈祖像前，口中念念有词。叩好头后，竟然抱住陈良绍号啕大哭起来，巫医擦干眼泪鼻涕后又大笑不止。弄得陈良绍师徒有点莫名其妙。

巫医不用甲耗介绍，竟讲起了汉语，用结结巴巴的吴语说起了他的身世。

巫医说：我本是苏州人氏，姓吴，元至元二十九年（1292），我的曾祖父和一帮老乡被元朝的一位将军抓到船上，渡海来到爪哇国打仗。据说元朝军队的船有千艘，这些大大小小的船在海上遇到风浪，翻沉了一半，我的曾祖父幸运来到了爪哇国，先是帮满者伯夷国国王打败了信诃沙里国，不知后来怎么的元朝军队又与满者伯夷国闹翻了。在这天涯海角，元朝的士兵水土不服，病死了一大批，怎么和爪哇人打仗呢？存下的又被杀了一批，没有被杀死的就四散逃命，逃得快的乘上船逃回了祖国，没乘上船的就东躲西藏，苟且活命。我的曾祖父因为躲到了这个山洞里才没有被杀死。

在这个山洞里，我的曾祖父就脱掉了汉服，脸上身上抹了泥土，像野人一样生活。遇到爪哇人就装哑巴，后来遇到一位因生病将死而被人丢弃在野地里的女子。我的曾祖父本是读书人，懂得一点医术，就用药草熬汤把这还有一口气的爪哇女子救活了。两人就在这山洞里生活，生了几个孩子，但后来也只活了我祖父一人。

曾祖父把将死女子救活的事被传了出去，便渐渐地有人找上门来看病，就这样我的曾祖父把他的医术传给了我父亲，我的父亲又把医术传给了我。我没有见过我的曾祖父和祖父，但父亲讲，曾祖父和祖父都念念不忘祖国的事，在家里都讲汉话，就这样口口相传，我还马马虎虎可以讲些汉话，听到你和这位女徒弟讲汉话，又送给我这么多精美的大明礼物，我一下子就想起了我的家世，不禁悲喜交加，刚才有点失态，请大师见谅!

所有的回忆都是痛苦的，但那痛苦已成过去，所以那痛苦只是泡在酒里的作料，让喝酒的人有了清晰的回忆。所有的回忆又是甜蜜的，因为回忆是现在的人对自己的过往和他人的过往的一种记忆，保存记忆就是一种功德，把这种记忆传扬开去那就是文化。文化的宣扬是一种功德无量的事情。

吴巫医继续说："虽然我已不是正宗的汉人，但我的血液中还流着汉人的血，我的曾祖父一直有个遗愿，遇到汉人，一定要把他和其他七位苏州人的骨灰带回苏州去，葬到祖坟里去。曾祖父的这个遗愿一直没能实现，因为我们一直没有遇到过汉人来这里，今天终于遇到从苏州来的乡亲，祖父的遗愿可以实现了，我喜不自禁呀！"

说着吴巫医把陈良绍带到山洞里，在一条石供桌上排着八只陶罐，陶罐上写着吴远海、吴远洋、吴远云、吴远雨、吴远火、吴远水、吴远林八位吴姓远字辈的姓名。吴巫医对陈良绍说道："这些陶罐里装的就是曾祖父和他的苏州老乡的骨灰，这其中吴远海就是我的曾祖父。我们家供奉他们近百年了。从我的祖父、父亲到我这一辈生在了爪哇，就算爪哇人了吧，但曾祖父他们是汉人，他们要回到祖国去，要把自己的骸骨埋进吴家祖坟里去，这是我们儿孙对他们的承诺。"

说着吴巫医点起香，跪拜在案桌前，对着八只骨灰罐念念有词："列位先人，今天是你们大喜的日子，你们的苏州老乡来了！放心吧，陈医师将把你们带回祖国，带回苏州老家去。"

陈良绍也跟着下跪，对着八只骨灰罐说道："各位乡贤，你们客死爪哇，心向故国，等我回国时一定把列位乡贤带回苏州，送入你们的祖坟与祖先相见！”

这段有一百多年历史的元爪战事已经被时间淹没了，陈良绍依稀记得《元文类》卷四一有一段写道：“海外诸蕃，见于征伐者，唯爪哇之役为大。会三行省兵二万，设左右军都元帅府二，征行上万户府四，发舟千艘，费钞四万锭，赍一年粮，降虎符十、金符四十、银符百，金衣段百端备赏……”但那段历史总是让人将信将疑，更没有听说过还有苏州人参与到元军征战爪哇中来的事情，想不到一百多年后还能在爪哇听到……见到苏州人的后裔！

王子与众医徒听不懂巫医用吴语讲的话，陈良绍要缥缈只把大致的意思告诉王子与众医徒。关于那一段发生在爪哇国里的元爪战争的事实在也说不清，这里面的恩怨情仇陈良绍没有搞清楚，也不宜在王子面前多说。

陈良绍感慨万分地说：“吴先生，如果您愿意，当我们回国时，您可以与我们一起回苏州去祭祖。”吴巫医对陈良绍将帮助他完成先祖的遗愿十分感激，但对去苏州祭祖的事不置可否，因为他觉得那毕竟太遥远了。

陈良绍向巫医说明前来求教爪哇医术的来意。吴巫医说：“我虽然还会说点吴语，但汉字我已经不会写了，我的这点医学知识既是父亲传给我的，也是在爪哇当地人的土方中学来的，我会把我的治病方法毫无保留地告诉你们，也请你们把大明的治病方法教给我，我们互相学习交流。甲耗是我的徒弟，他的父亲是村长，还有王子亲自来学习，我一定把肚子里的东西全掏出来给你们。”

陈良绍和医徒们一起向吴巫医合掌致谢。

正在这时，山下抬来了一位病人。这位病人是一位渔民，两只脚从脚面到膝盖处肿得发亮发紫，痛得不能走路。吴巫医说：当地人把这种脚叫“不瑞”。“不瑞”的意思就是象脚，是比喻人的脚因病而肿胀如大象的腿一般粗。如果不及时诊治，这肿胀的脚就会溃疡，流脓，走不动路，失去劳动能力，到那时就只能瘫痪在床上等死了。

怎么治呢？

吴巫医先是从洞屋里拿出了一尊黑色发亮的神像，叫病人对着神像合掌敬礼，吴巫医则和病人的家人一起跪在神像前念念有词地祈祷。吴巫医告诉陈良绍说，这尊神像是他曾祖父揣在怀里从苏州带到爪哇来的，神像虽然已磨得光滑油亮，面目不清，但他知道那是妈祖像，是海洋神，是汉人的护身符。妈祖有无穷的法力。

做过祈祷之后，吴巫医拿出了一堆黄褐色的泥巴用泉水调成泥浆状，然后用手将泥浆涂满患者的双腿，再用芭蕉叶把涂了泥巴的双腿包扎好。然后他又用芭蕉叶包好剩下的泥巴，叮嘱患者的家属，等腿上的泥巴脱落后，再将这芭蕉叶里的泥浆涂到病人腿上去，五天后就可消肿，如不消肿再来找他。

患者家属送了吴巫医一袋白米，一束鱼干作为谢礼。在送来的礼物中，还有一种有腥味的骨质的东西，吴巫医说这是乌贼鱼的骨头。

这乌贼鱼的骨头有什么用呢?

吴巫医拿出了一包白色的粉末说："这就是乌贼鱼的骨头烤焙后的乌贼骨粉，是调在泥巴中的一味药，它有吸水、消炎的作用。"

"那泥巴是就地取的吗？"陈良绍问，他觉得这泥巴有点特殊。

"这泥巴可不简单哟！是我舍命从远处的死亡谷挖来的呢！"吴巫医说。

【第二十五回】

冒险取泥死亡谷　取法自然治大病

象脚用泥疗效佳，取泥冒险防蛊毒。
翻山越岭到池边，采得硫黄破秘局。

陈良绍提出要与吴巫医一起去死亡谷挖泥巴。

吴巫医连连摇头：“不行，不行，太危险，会死人的。”

吴巫医说，挖泥的地方叫麻拉皮，是一个火山口边的湖滩地。那里的火山说喷发就喷发，谁也不知道它喷发的时间，也不知它喷发的强度和威力。火山不喷发的时候冒着白烟，一旦喷发起来，逃也来不及，人就会被炽热的火红的岩浆掩埋、烫死、熔化，连骨头都会化成岩浆。还有那冒出来的气体刺鼻，吸到鼻孔里令人窒息，既要靠运气，也得与死神抢时间赶速度，挖了泥就跑，跑得慢点就会被死神捉去死在那里了。

陈良绍说：“既然吴大师敢冒险，我们也要去一探究竟，你也不止挖了一次了，我们知道大师是有经验的，死神也怕你，我们跟着大师去死亡谷是不会怕的。”

陈良绍问众医徒跟吴巫医去挖药泥怕不怕？众医徒异口同声说：“不怕！”

吴巫医拗不过陈良绍和众医徒，只得同意与大家一起去挖泥。

按照吴巫医的吩咐，一行人做好了准备，背上行囊，行囊中装了捂口鼻的吉贝、祭山神的祭品、防毒虫叮咬的药膏和防跌伤的药品以及小铲子、小锤子、布袋子等各种工具。

在吴巫医的带领下，他们先是乘船绕过一座小岛，登岸后，吴巫医领着陈良绍、蔡缥缈和十位医徒向死亡谷进发。吴巫医还带了那条黄狗它很聪明。狗的嗅觉最灵敏，如果黄狗闻到异味，感觉到死亡威胁不肯前进时，他们就要三思而行。如果黄狗跑了，他们就要跟着黄狗一起逃。

陈良绍一路行走，一路思考，死亡谷里究竟是什么毒物让人死亡呢？死亡谷里的泥究竟有什么神奇的成分能治病呢？

陈良绍脑子在不断地思索，他在行医的过程中遇到的各种中毒死亡的案例，吞砒霜死亡、吞金死亡、吃毒蘑菇死亡、喝盐卤死亡……这些都是因吞食了毒物死亡的。到死亡谷去挖泥，不吃不认识的山林野食，不喝死亡谷的湖水，不是吃毒物而亡的情况呀，那一定是有毒的气体致人死亡了。

陈良绍突然想到，他在苏州城西的一次行医过程中遇到的一件怪事：城西的一户人家专做腌腊生意，腌咸猪肉、腌咸鱼、腌咸鸡咸鸭，还腌梅子、腌咸菜。那一年秋天，大菜丰收。大菜就是大青菜，大青菜犹如北方的大白菜，只是叶子是青的，梗子是白的，苏州人收割来洗净后晒几天大太阳后将大菜，一层层地码在大缸里，一层层地加盐，赤了脚踩结实，上面用大石块压住，过一段时间就可以用来做咸菜吃了。穷人吃不起大鱼大肉，用咸菜下饭爽口，这咸菜用量很大。

那一年因为大菜丰收，这户人家便收了大量的大菜来腌咸菜，只是天气不好，他们只晒了一天太阳，天便下起雨来，只得赶紧收起大菜堆到腌房里去。这个腌房是靠着山边挖的一个山洞，只留着一个进出的小门，三面不通风。

有天早上，主人去洞里察看，到了吃午饭的时间主妇还不见丈夫回来，进洞一看，却见丈夫倒在洞里。她搬不动丈夫，连忙出洞来喊儿子。大儿子进去了好一阵也不见出洞。小儿子又进洞去察看，又是一去不返，吓得主妇呼天抢地地哭喊救命。

主妇的呼救引来了村里的一帮人，有几位小伙子正准备进洞救人。一位见多识广的老先生急忙拦住，他说：“大家谁也不要进洞，洞内有毒气，赶快去找一台扇稻谷的风车来，向洞内扇风，越快越好。”

人们抬来了打谷场上扇稻谷的风车，对着山洞口呼呼地拼命扇风，一股股的新鲜空气吹到了洞里，排出了一股股发酸发热的霉味，约半个时辰，老妇家两个侄儿大着胆子进洞，把父子三人抬出洞来，把三人平放在门板上，两个儿子慢慢地苏醒过来了，他们的父亲因为在洞里时间过长，再也没有醒过来。

这一场面刚好让出诊前来的陈良绍遇到。他问那位想到抬风车扇风的老先生他们中的是什么毒。老先生说，他过去曾在北方农村处馆教师塾，北方人家的地下菜窖里常有这样的事发生，抢救的方法就是扇风。若派人下窖救人，下去几个就会死几个。想来这山洞里和北方的菜窖里有菜毒所致，没有晒好的青菜白菜闷在洞窖里发酵发霉产生了毒气，致人昏迷死亡。

陈良绍的这段回忆让他明白了有毒气体会致人死亡，而他们去的死亡谷或许就是会冒有毒气体的地方。他想掌握风向，尽量快速挖泥，减少在死亡谷里的时间至关重要。

走啊走，穿过平原，爬上山头，见远方有处冒着白烟的馒头型的山头，吴巫医说，那就是麻拉皮火山口，山脚下有个湖，我们就是在那里挖泥的。

吴巫医说：麻拉皮火山是座活火山，喷发过好多次。火山口有时小喷，发出闷雷一样的声音，少量的岩浆顺着喷发口流下山来，山体就成了馒头状。有时大喷，雷声隆隆，震天动地，把大量的岩浆喷到万丈高空，火山岩浆把十几里外的村庄掩埋，火山灰把天空遮得昏天黑地，不见天日。下雨的时候，天就像落泥浆一样。

吴巫医指着远方的一处小山头说，那里据说就是印度佛教圣地婆罗浮屠，有九层佛塔，几千几万尊佛像，几百年来被大地震震塌了，震塌的佛像后来又被火山灰埋在了地下。现在看到的只是树木荒草了，有时候大雨还会冲刷出雕刻精美绝伦的佛像来。火山无情啊，连大佛神灵也对火山无能为力啊，何况我们这些芸芸众生呢。

吴巫医的感叹惹得一行人也不由得对麻拉皮火山敬畏又恐惧。

傍晚的时候，吴巫医才把一行人带到了麻拉皮火山脚下，他们找了一个山坡，用铲子铲出一块平地。陈良绍把带来的毯子铺在地上，吴巫医又在毯子四周洒了一圈白灰。吴巫医说，这白泥灰就是从死亡谷挖来的泥晒干了碾成的。洒了这泥灰，晚上的时候，那些蛇虫便不敢进来了。

陈良绍说："哈哈，这泥灰也是神物，法力无边啊！"

吴巫医点头称是："确实是神物啊！"

陈良绍好奇地问："大师，您是怎么知道这泥灰的神奇的呢？"

吴巫医说："我也曾得过疥疮，在爪哇这个地方，到处都是湿漉漉的，天又热，人们都是席地而坐，席地而睡。说是席地，其实是席条也没有的，能不染疥疮吗？得了疥疮奇痒难熬，便四处转悠，用草药抹，用泥巴糊，都没太大的效果。有一次转到这山边，见湖边的滩地上有一群大象和野猪在泥地上打滚，大象还用鼻子把湖泥往身上糊。我细细观察，原来这些野猪和大象是烂了腿脚和满身长着疥疮的。它们是在做泥浴，用湖里的泥巴治病呀！于是我也就去用湖边的泥巴糊在疥疮上，糊了三五次，疥疮便好了。"

吴巫医接着说："不过那湖里确实危险，有时候会冒出毒气来，有不少野猪、大象贪舒服，洗着洗着便昏死过去了，出不了湖滩地，便死了。到现在那里还有一堆堆的野猪、大象的白骨呢。正是由于野猪、大象这种洗泥浆浴治疥疮烂腿的方法让我得到了启发，我就冒着危险去挖湖边的泥巴，回来给患象脚病的病人涂泥巴，这方法倒也蛮灵验的。"

陈良绍说："是啊，我们的先人很多治病的方法是向自然界的动物学习的啊！"

在一块大石头上，吴巫医摆上各式供品，点起香烛，带领大家祭山神。吴巫医念念有词，五体投地虔诚祭拜，陈良绍和各位医徒也以五体投地之礼拜祭山神。在大自然面前，人是那样渺小。虔诚是对巨大威慑的膜拜。

祭过山神，大家围在一起吃带来的干粮。

爪哇的夜晚是那样美丽，满天的星斗就在头顶，似乎伸手可摘。麻拉皮火山白天看只是冒着白色烟雾，有时像戴着顶白色帽子，有时又似围着条白色纱巾。一到夜晚火山口却如同放着焰火，有时高高喷射，红光满天，有时又如流星四溅，色彩斑斓，有时又默然哑声，四周一片漆黑。喷发时，隆隆如雷鸣，山体为之震颤。山鸟和虫发出古怪的声音，或近或远，或独唱，或众和。这是一个神奇的地方。

晚风吹起，带着麻拉皮火山的气味吹来，有点呛人，有种特殊的淡淡的臭味，有喜欢闻的会觉得是香味。

吴巫医和众医徒或许已经司空见惯，不一会便东倒四歪地发出鼾声。陈良绍睡不着，他在想为什么非要冒险来死亡谷挖泥呢？这死亡谷的泥巴有什么特殊的成分呢？为什么死亡谷的湖泥可以治好象脚病呢？明天，到了湖边就可揭晓了。陈良绍也迷迷糊糊地打起盹来。

天麻麻亮，吴巫医一跃而起，大喊："大家赶快起身，趁着太阳还未升起，快去湖边挖泥！这个时候湖边没有风，湖里的毒气不会吹来。太阳一升起来，挖泥就危险了。"

陈良绍和众医徒马上打点行装，他们准备好了口袋和挖泥的工具，跟着吴巫医向湖边走去。吴巫医再三告诫大家，一定要听从他的指挥，叫停就停，叫撤便迅速跟着他后撤。

在太阳还没有升起的时候，陈良绍和众医徒赶到了湖边，大家赶紧挖泥，陈良绍却不动手，他四处观察，这是一口圆形的湖，三面突起，只有一面有一条可通向湖滩的道路，湖面的水发着蓝光，沿岸漂浮着一些黄色的油泥。这时的湖面上没有一丝风，水不扬波，但依然有强烈的刺激性气味，呛得人直咳嗽，让人胸闷心慌。陈良绍知道这湖里有毒气冒出，只是因为天气较凉，这毒气贴在水面之上，如果太阳一出来，毒气就会上升，所以吴巫医嘱咐大家在太阳升起之前要挖好泥离开。

湖周边漂浮着的黄色油泥是什么呢？陈良绍又发现湖边的岩石上有大片的黄色结晶体，他赶紧用随身携带的■头敲下一大块来装进自己的口袋里。他凭多年的制药经验，知道这东西就是硫黄。在他敲击岩石上黄色的结晶体时，他已闻到了硫黄的臭鸡蛋般的味道了。

这时，吴巫医带着的黄狗狂吠起来，拼命向山下窜去，吴巫医也大喊起来："快跑，向着黄狗的方向跑。"

听得吴巫医喊快跑，大家如同逃命一样地向山下逃跑，跑到了吴巫医说停的一处山坳里，大家已是上气不接下气，咳嗽不止。

王子丙龙止住了咳嗽后，向吴巫医跷起大拇指："吴大师，了不起，为了救病治人，来死亡谷挖泥不怕把命也搭上，真是了不起啊！我要向父王报告，给你记功！"

吴巫医连忙向王子下跪道："小民的命如蝼蚁，这点小事不当受命记功啊。王子身为贵胄，也来干我们这些贱民的活，真了不起啊！我愿舍命追随王子。"

陈良绍没有作声，他在思索硫黄的药用价值，如何在没有生命危险的地方找到优质硫黄，制作更高效更优质的硫黄制剂来治好爪哇人的疥疮和象脚病。

陈良绍掏出了他口袋中的金黄色结晶体说："大家采湖泥时，我发现湖周漂浮着黄色的油泥，这种油泥是啥东西呢？我向四周寻觅，发现湖边的山岩上有这种金黄色结晶体，我就敲下了一块，我闻了一下它有臭鸡蛋的气味。"

陈良绍把他采集的金黄色结晶体给大家传递着观看和闻味道，大家说是有臭鸡蛋的味道。接着陈良绍又引火点燃这金黄色的结晶体，它发出美丽的幽蓝色的火焰，燃烧后的臭鸡蛋味道更浓了。这气味和湖边闻到的气味一样，也是麻拉皮火山那边飘过来的那种气味。

陈良绍说："在我们那里也有这种东西。是四川那边山里挖来的，我们叫它硫黄。因为它产自四川，又称它为川黄。硫黄在我们那里是制作火药的重要原料，一份盐硝二份硫黄三份木炭混和在一起就造成了火药。我们仪仗队的火铳就是用的这种火药。"

众医徒不知有火药这东西，但对郑和仪仗队发出巨响的火铳记忆深刻，想不到硫黄还有这么个作用。

陈良绍接着说："梁朝一位叫陶弘景的道士写过一部《本草经集注》，他在书中写过硫黄这药物'今第一出扶南（今柬埔寨）、林邑（今越南）。色如鹅子初出壳，名昆仑黄。次出外国，从蜀中来，色深而煌煌'。唐末五代时一位叫李旬的人写过一本《海药本草》。他说硫黄'生昆仑山脚下，颗块莹净，无夹石者良……蜀中雅州亦出，光腻甚好，功力不及舶上来者'。这位李旬，祖籍波斯，他们家是专门经营香药的。这些香药主要是从西洋各国通过海舶运来的，所以香药又称海药。"

陈良绍进一步说："刚才我提到李旬书中记载'舶上来者'的硫黄很可能就是采自咱们爪哇啊。"

陈良绍引经据典，说得头头是道，吴巫医和众医徒虽闻所未闻，但却听得津津有味。

陈良绍举着金黄色的硫黄现场上起课来："这硫黄有什么药用价值呢？在我们那里，用硫黄入药的单方很多，总起来说它有解毒、杀虫、疗疮的功能，用它可外治疥癣、秃疮、痈疽恶疮，风湿肿胀；内服补火助阳通便，用来治阳痿足冷、虚喘冷哮、虚寒便秘等病症。具体说来，吴大师用从死亡谷采集来的湖泥治病，是因为泥里含有硫黄，用它涂抹在疥疮上和象脚上治疗效果十分明显，这象脚就是我们中医讲的风湿痈疽病症。”

听陈良绍这么一说，众医徒觉得这硫黄真是宝贝，他们很想再下湖边去挖泥巴。

吴巫医说：“湖边肯定有硫黄，只是这时候湖边毒气正浓，去不得。”

陈良绍说：“这硫黄是出在火山口的。爪哇这地方活的火山和死的火山很多，大家回忆一下，可能在哪个山岩上见到过这种黄色的石头。我们一边下山一边去寻找吧。”

众人一边走一边用眼睛四处寻找金黄色的石头。突然，甲秏停住了脚步，他说：“我记起来了，我曾经跟师父到山上去采药，在前面的山坳里看到过这种黄色的石头，好多好多，因为这石头有臭味，我们都避开不去。陈医师说起这种石头的药用价值，让我想起来了。”他用手指着不远处的一个山头说，“就在那个山坳里，我带大家一起去。”

跟着甲秏，大家来到了那片金黄色的硫黄山口，把原来装湖泥的袋子全部装上了硫黄，高高兴兴地下了山，把硫黄装到小帆船上，陈良绍邀请吴巫医一起上船，到大明永乐医局去研制硫黄药剂。

【第二十六回】

采来硫黄合药剂　聘请巫医编药经

采得硫黄办药厂，浴池砌造疥疮防。

国王到处作宣传，象脚防治有指望。

陈良绍和众医徒采集了几大袋硫黄回到了大明永乐医局，大明永乐医局一时间变成了制药厂。

陈良绍决定先调制治疥疮和象脚病的硫黄乌骨鱼油膏。

爪哇岛上的石匠在陈良绍的指导下制作磨盘，用磨盘研磨硫黄，研磨后的硫黄再用筛子细筛备用，细筛后的硫黄粉金黄金黄的，闪烁着金色的光芒。

大明永乐医局又从鱼市大量收购乌贼骨，乌贼骨在爪哇的鱼市上堆集如山，没有人要。陈良绍花钱叫人洗净送到大明永乐医局来。中医认为乌贼骨研磨成乌贼骨粉后，是一种很好的止血药，有收敛止血、止酸止痛、收湿敛疮的功效。吴巫医指导医徒们把收购来的乌贼骨洗净再把它烘干。烘焙过的乌贼骨很松脆，很容易研成粉末。研成粉末的乌贼骨粉雪白雪白的，像是极细的糯米粉。

油膏是用脂油调和的，大多用熬制的猪油或芝麻香油调制。爪哇人不养猪，也没有榨油的技术，但是爪哇海产品极丰富，渔民捕捞上来的各种大海鱼有很厚的脂肪，爪哇人嫌它太腻且腥，大多弃之不吃，陈良绍决定熬制鱼油来做调和剂。他们将鱼油进行精心煎熬，滤去杂质。为了去除鱼脂的腥味，他们在鱼脂中加进了爪哇特产的香料，如豆蔻粉、羯布罗香等，这些香料同样有去湿化淤的作用。所有的配料都备齐了，将鱼油加热融化后，加进三份硫黄粉、四份乌贼骨粉，再加适量的豆蔻粉、羯布罗香粉等，在大缸中调和均匀，待它冷却后，分装在小罐子里，黄褐色的乌黄鱼油膏就制作好了。

这是大明永乐医局在爪哇研制的第一种药膏，陈良绍特别用木板刻制了一块印制商标的印板，印板上面刻着一条乌贼鱼的图案，并刻上汉文和爪哇文的"大明永乐医局乌黄鱼油膏"字样，专门用来抹在疥疮和象脚上，也可用于蚊虫叮咬后的皮肤瘙痒等症，试用后效果极佳，既干净又方便。

继调制乌黄鱼油膏之后，陈良绍又和众医徒们研制硫黄配比的内服药丸，因为生硫黄有毒性，不适宜直接内服，必须将生硫黄进行蒸煮熟制，进行脱毒。

陈良绍在韩公茂医局的时候学过制药。根据各种医方，熟制硫黄的方法有多种：如与豆腐同煮法、掏空萝卜塞进硫黄蒸煮法、灌猪大肠煮沸法，还有与马粪同煮等。在爪哇没有人制作过豆腐，这里的人不养猪也不吃猪肉，但各种瓜果繁多，他到市场上购得一批菜瓜，把硫黄块塞进菜瓜中入锅煮沸三次，待菜瓜煮烂，滤去瓜渣，漂清三煮后的硫黄块晒干后，再磨研成熟制硫黄粉。

将糯米蒸煮晒干后再磨成粉，按一定配比拌入熟硫黄粉、香料粉、乌贼骨粉和蜂蜜，用融化后的鱼油充分调和后制作成蜜制乌黄香药丸。此药既可作为治疗象脚病和疮疥的内服药，也是治一切毒疮的内服药。不过要讲究用量，吃多了易腹泻。轻微的腹泻正可起到清内毒、败邪火的功效。在治病时必须说清楚，以免用量过多而致腹泻不止。

对这些制作的药膏药丸陈良绍要求所有的医徒必须先行使用，若有不良反应必须重新调整配比。试用一个月后，众医徒都说效果良好，有人身上也有轻微的疥疮，用药后一个月都痊愈了。陈良绍同样在装药丸的小罐子上贴上了"大明永乐医局蜜制乌黄香药丸"的商标，用中文和爪哇文字写明主治：疥疮、象脚及肿胀。

"大明永乐医局乌黄鱼油膏"外用药和"大明永乐医局蜜制乌黄香药丸"内服药成为大明永乐医局批量生产的特效药，来医局就诊的病人可以当场配药，也可以向爪哇百姓销售。

陈良绍带上一箱大明永乐医局的“乌黄鱼油膏”和一大箱“蜜制乌黄香药丸”与王子丙龙和吴巫医去王宫，向国王汇报采药、制药的过程及使用方法，特别介绍了油膏和药丸试用后的功效，并将这两箱“乌黄鱼油膏”和“蜜制乌黄香药丸”呈献给王室和大臣们使用。

国王大喜，爪哇国因天气炎热和潮湿，臣民得疥疮的人很多，患象脚病使很多百姓失去劳动能力，致家庭贫困，这两种药正是爪哇国急需的。

国王说：“陈大医师，您为爪哇做了件大好事啊，希望你们多多制作油膏和药丸，有什么需要我帮忙的吗？”

王子丙龙说：“父王，我们几个医徒制作油膏和药丸实在忙不过来，陈大医师想办一个药局，请您批给我们一块地，同时征召一批年轻力壮的国民来药局制药。”

国王还从来没有听说过药局的事，在爪哇只有种田的、捕鱼的、打猎的。“药局是干啥的？”国王问道。

陈良绍说：“这大明永乐医局的药局就是按照我们制作的‘乌黄鱼油膏’和‘蜜制乌黄香药丸’的统一配方大批量生产油膏和香药丸的作坊。生产制作出来的油膏和香药丸除了可以给来大明永乐医局看病的人使用外，还可以卖给老百姓使用。作坊办得好，是可以像卖鱼卖米一样赚钱的，赚来的钱一部分可以供医局使用，还可以上缴一部分给国家用于民生事业。”

国王还是似懂非懂，但知道办药局是利国利民的好事，便说道：“好啊，好啊，有这样的利国利民的好事，一定大力支持，大明医局边上的地你们自己选就行，征召制药的国民就由王子和吴巫医到民间去选就行，要多少人就选多少人。”

陈良绍说：“谢谢国王全力支持，我在这里还要向您介绍在这次制作油膏和药丸过程中作出特殊贡献的吴巫医，正是他带我们最早发现湖泥可以治象脚和疥疮，也正是他领我们去采集湖泥时发现了硫黄，还有他在制作油膏和药丸的过程中献计出力最多，吴巫医有行医的经验，与爪哇百姓最容易沟通，为此我提议让吴巫医来作爪哇大明永乐药局的大使。请国王考虑批准。”

吴巫医听到陈良绍要他任药局大使，连忙向国王跪下说：“国王，小民无才，只会略施草药，看点小病，没有能力承担大使的大任。”

王子说：“吴巫医是御医甲耗的师傅，多年来为百姓治病无数，深受当地百姓信赖，我很赞同陈大师的提议，吴巫医是爪哇大明永乐医局药局大使最恰当的人选。”

国王问：“大使是干啥的？”

陈良绍答：“大使就是药厂里总负责人，就像村长酋长管一个村子一个部落的事一样，大使管的是整个药局里的事，采药、制药、卖药和管药局里的人，全靠大使。当然我们也会帮他。”

国王说：“有陈大师和王子向我推荐，我就任命吴巫医为爪哇国大明永乐医局药局的大使。”

说着，叫相国书写任命书，押上爪哇王国国王的大印，授予吴巫医。吴巫医接过任命书，连连磕头谢恩。

陈良绍又对爪哇国王说：“国王，我还有一个想法，就是要在鱼市附近建一个硫黄洗浴池，供百姓泡脚洗浴，以预防疥疮和象脚病。”

为了说明泡硫黄浴的好处，陈良绍向他讲了梁朝昭明太子泡香汤治疗疥疮的故事。

爪哇国王说：“好，这个主意好，这个硫黄洗浴池更好。一切按陈大医师的想法去办，具体事务由王子和甲耗还有这位吴巫医操办。”

王子丙龙又专门向父王介绍了陈良绍要吴巫医编写《爪哇草药经》的设想。爪哇国王说：“这也是一桩大好事啊，我要从国库中调集十万银两，供你们办药局、建药池、编医书。”

陈良绍一行退出王宫后，把国王的旨意向众医徒传达，众医徒的信心高涨，特别是甲耗听到国王对他的重用，竟对着王子磕头谢恩。

建药局、召民工、采硫黄、砌药池的工程按部就班地进行着。

鱼市的药池分为泡脚池和洗浴池两部分，泡脚池是露天的，洗浴池建了围墙，池周用条石砌成，池底铺了鹅卵石，浴池引来山泉水，清澈见底，陈良绍按照水量多少，在池水中撒入了硫黄，他们又试了硫黄投入量对皮肤和眼睛的刺激程度，调试最佳的硫黄投入量。

一切安排妥当，陈良绍请来爪哇国王亲自来试汤，国王先是带着众大臣到洗脚池泡了一会脚，又在王子丙龙的陪同下到浴池去洗了浴，洗得浑身滑溜，十分惬意，十分高兴。

国王穿好朝服后兴高采烈地为浴池剪彩。他向拥上前来的百姓说：“大明永乐医局的陈大医师告诉我一个泡硫黄浴的故事，他说在南北朝时的梁代，有位皇太子叫昭明太子的，喜欢在山洞里读书，惹了一身疥疮，浑身痒得不得了，越痒越抓，越抓越痒，读书都静不下心来了。有位和尚对他说，有一处地方有一个温泉，温泉的泉水散发着香气，发着金黄色的亮光，您去泡泡这硫黄温泉汤，就不再痒痒了。昭明太子决定一试，结果泡了一个月的硫黄药泉后，昭明太子的身上不痒了，身上的疥疮也结了疤，疤掉了后浑身皮肤滑溜溜的了。那散发香气的泉水就是含有硫黄的药汤温泉。昭明太子大笔一挥，写了‘天下第一汤’五个大字，命人刻在石头上，叫老百姓来泡温泉。现在陈大医师在我们爪哇仿造了一个硫黄浴池，与昭明太子泡的温泉一个样，我也学这位昭明太子，写‘爪哇第一汤’五个大字刻石在这里。大家如果不想脚肿脚烂，不愿身上得疥疮，得了疥疮想治好，想把癞蛤蟆一样的皮肤泡得滑溜溜的，大家就来泡脚洗硫黄药浴吧！”

听了国王的一番鼓动，前来观看硫黄浴池剪彩的国民纷纷下池泡脚洗浴去了。从此以后，爪哇国民洗硫黄药浴渐渐成了习惯，又加上有治象脚和疥疮的油膏和药丸，患象脚和疥疮的渐渐少了。

吴巫医加入大明永乐医局后，由于他是医师，他既懂汉语又会爪哇语，蔡缥缈的翻译工作减轻了不少，可以腾出手来做更多的大明永乐医局的内务工作了。

吴巫医做了大明永乐医局药局的大使后，工作十分卖力，招来了三十多人来制作“乌黄鱼油膏”和“蜜制乌黄香药丸”，由于油膏和香药丸药效很好，名声大振，销路特别好，甚至一船一船地运到周边国家去销售，供不应求。

陈良绍要求吴巫医大量收购硫黄，除了药局制药外，将来可以卖给大明国。于是，他想出了一个点子，送到药局的硫黄既可以换油膏或香药丸，也可以直接兑换现钱。就这样，一袋一袋的硫黄源源不断地送到了大明永乐药局的仓库来。

从此，吴巫医再不像过去那个住在山洞里的巫汉一样可怜，而是受到了大家的尊敬，容光焕发，腰杆笔直，走路生风了。他白天在药局忙里忙外，到了晚上，他又在灯下拿起笔，铺开羊皮纸，编写起《爪哇草药经》来。

吴巫医的徒弟甲耗因有国王授命，觉得这是名利双收的工作，倒也跑前跑后，吆五喝六地干得蛮起劲。

大明永乐医局的医徒中由于有丙龙王子加入，与国王的联络非常顺利。丙龙王子勤奋好学，不但得到各位医徒的敬重，更受到百姓的爱戴。丙龙王子正在全身心投入大明永乐医局的医术学习和建设中时，却因为收到了一封来自满剌加的信而烦恼起来了。

【第二十七回】

丽鹿公主得怪病　良绍故事慰人心

公主苗条雅且美，缠身怪病丑还奇。
海医满国治奇病，引述古书解惑疑。

爪哇国的大明永乐医局设立快一年了，药局、诊所、编著《爪哇草药经》等各项工作在有条不紊地进行中。

众医徒又开始学针灸、学舌诊、学脉诊了。这些原来听得要打瞌睡的医学知识，众医徒在和陈良绍看病会诊时明里暗里感受到了，经过陈良绍的指点渐渐明白了起来。

大明永乐医局的众医徒医术渐高，更吸收了像吴巫医这一类著名巫医来坐诊，医疗队伍扩充了，医疗设备在西洋各国是最好的，药局研制的各种药品不但供应爪哇国内，也源源不断地流向西洋各国。大明永乐医局的名声越来越大了，爪哇国人有疑难杂症病都来医局诊治。大明永乐医局的名声也传到了西洋各国，有不少西洋岛国的病人也驾着船来爪哇就诊。

丙龙王子更是好学上进，医术大进，特别是他的亲民作风，吸引了大批的就诊者，他们怀着尊敬和信赖，希望一睹王子的风采，以请王子诊治为荣。

不过王室最近却为王子丙龙的婚事发起愁来。

两年前，爪哇国国王和满剌加国国王在一次聚会时，为丙龙王子和满剌加国国王的丽鹿公主缔结了婚约。当时丙龙十四岁，丽鹿十二岁，约定三年后的春天爪哇王子丙龙来娶丽鹿成亲。

眼看婚事临近，满剌加国王却派来信使送来一封国书，国书中写道：

尊敬的爪哇王国韦查耶利国王陛下：

在丙龙王子和丽鹿公主婚事临近的日子里，我以满剌加王国国王的名义悲伤且郑重地告知：因丽鹿公主重病缠身，明年春天丙龙王子将无法前来迎娶。

近闻贵国设立的大明永乐医局鹊声蜚起，亟盼爪哇国御医携大明医师前来为公主丽鹿诊治，或可挽救公主于危亡，拯救儿女婚姻大事。

满剌加国王拜里米苏拉顿首

爪哇国国王很是不爽，什么毛病，病重到什么情况一概不知，这不是要毁约吗？爪哇国国王和丙龙王子都见过丽鹿公主，这是位漂亮伶俐的公主，丙龙很喜欢，国王也很满意。爪哇国国王对信使说，那就把公主送到爪哇来，由爪哇国大明永乐医局的陈大师来给公主治病，但是满剌加的来使说国王不同意把丽鹿公主送到爪哇来治病，因为公主病重，经不起海上颠簸。

爪哇国国王为此事召见了陈良绍，想听取陈良绍的意见，能否请陈良绍去满剌加走一趟，为满剌加丽鹿公主治病，以挽救丙龙王子的婚事。

陈良绍说：“对一个医生来说，治病无国疆，无贵贱，凡是生病的人前来求诊都尽力而为，全力以赴。更何况是为我的医徒丙龙王子的未婚妻看病。当下大明永乐医局已走上正轨，召来的巫医和众医徒也可以独当一面为百姓治病了，我去一趟满剌加为公主看病不成问题。”

派谁与陈良绍同行呢？蔡缥缈作为翻译当然要一道去，御医甲秏也可以同行。但当丙龙王子听说未婚妻病重的消息，坚持一定要随陈良绍同行，爪哇国国王拗不过丙龙王子的请求，只得答应丙龙王子与陈良绍同行。

陈良绍、丙龙王子和蔡缥缈带着一应医疗器械和药品乘上满剌加的信使船赴满剌加为丽鹿公主看病。特别装载了爪哇大明永乐医局药局生产的十大箱“乌黄鱼油膏”和十大箱“蜜制乌黄香药丸”作为礼品赠送给满剌加国国王。

经过五天五夜的行程，陈良绍一行到了满剌加王城。满剌加信使把陈良绍一行安顿在满剌加国宾馆中住下，叫他们明天等待满剌加国国王召见。

第二天，满剌加拜里米苏拉国王派信使召陈良绍和蔡缥缈进宫，要丙龙王子待在国宾馆中，不让他一同去王宫见国王和公主。丙龙王子很是不爽，责问信使为什么不让他见国王和公主。信使推说这是满剌加的民俗，没有成婚前未婚夫是不能见未婚妻的。国王将另找时间单独召见王子，当下给公主治病要紧。国宾馆门口还有卫兵守卫，王子连国宾馆的大门也出不去。王子没办法，只得待在国宾馆中。

陈良绍和蔡缥缈跟着满剌加信使进了王宫，信使向国王介绍说，这两位就是在爪哇王国大明永乐医局授徒诊病的从中国来的陈良绍和蔡缥缈医师。

国王说："好！你退下吧！"

信使退下后，国王走下王座，拉着陈良绍的手说："总算把大医师请来了，啊，还有这位女医师，我的女儿有救了！"

陈良绍说："那就请国王带我们去看看公主，看看她得的什么病，我们再来研究治病的办法。"

国王把陈良绍他们迎进公主的寝宫，大声说："女儿啊，你的救星来啦！"

只见屋子里坐着一位衣着鲜艳、身材苗条的年轻女子，脸上却遮着一块头巾，不肯以面目示人，又听得这公主喘着粗气，用瓮声瓮气的声音说道："父王，我不想见人，不如让我死了吧！"

陈良绍已大致猜到这位公主脸上有种破了相的病症，不肯让外人看见，便说："公主，有病可以治，不必想人生绝路。你不想见我也可以，请你继续蒙住面孔，你只要把手伸出来，先让我来给你诊脉，看看你得的是什么病，看看如何治好它！"

蔡缥缈作了翻译，公主按照蔡缥缈的吩咐伸出右手来。陈良绍调整好呼吸，凝神静气，伸出食指中指和无名指三个手指头，按在公主腕上的尺、关、寸三脉上。陈良绍微微闭目，静静地体察公主的脉动。只觉得食指反射的尺脉、中指反射的关脉脉动强劲有力，而无名指按到的寸脉脉动时强时弱，有时如洪水奔腾，有时如细流潺潺，是浮脉与促脉交相变化着的脉象。他又吩咐公主伸出左手搭脉，脉象依然是如此。

陈良绍闭目细思一番后，对国王和公主说："根据公主的脉相，初步诊断公主病在少阳阴经，说具体点就是公主在来月经时不顺，经常倒经。倒经就是经血不按常规下流，而是逆向上涌，常流鼻血，因为鼻子常流血，便常用布巾擦拭、堵塞，久而久之，致鼻孔发炎，进而致鼻孔中长了息肉，使呼吸不畅，鼻塞严重时，只能张大嘴来呼吸。”

蔡缥缈把陈良绍的一番话向国王和公主翻译，国王和公主听得连连点头，当听到鼻中长出息肉，呼吸困难，张嘴呼吸时，公主一下拉掉了脸上蒙着的红绸，扑通一声便向着陈良绍下跪：“大师救我，大师救我！”

拜里米苏拉国王也听得呆了，这神医只用三个指头搭在公主的手上，竟然把公主的病说得如此准确，连连大喊：“真神医也！我女儿有救了！”

陈良绍看到公主向自己下跪，马上把她扶起，在扶起的那一刻竟也吓了一跳，他看到公主的两个鼻孔中竟悬下两条像面条一样的肉瘤，他没有想到公主的鼻息肉竟长成这等模样。

据丙龙王子说，丽鹿公主是一位面目清秀，能歌善舞的姑娘，现在这样子，不要说唱歌，连讲话也瓮声瓮气地讲不清，呼吸也已困难，只能张着大嘴吸气呼气，以致口角流涎。丙龙看了也要吓一跳，漂亮的公主成了丑八怪。满剌加国王和丽鹿公主怎么肯到爪哇治病献丑呢，怎么可能让丙龙王子来见她这般模样呢？

拜里米苏拉国王和公主恳请陈良绍千万治好公主丽鹿的病，并且要求为公主的病情保密，绝不能让丙龙王子知道丽鹿公主的病况。

陈良绍说为病人的病情保密是医生的职业道德，他一定做到。关于能不能治好丽鹿公主的病，他沉思良久，向国王提出了三个要求。

国王说：“不要说三个要求，陈大师只要能治好丽鹿公主的病，千条万条要求我都答应。”

陈良绍提的第一个要求是想办法请丙龙王子回国去，如果丙龙王子长久住在满剌加，或许丽鹿公主的病情会被丙龙打听到，丙龙王子很可能会打扰到丽鹿公主的诊治。

国王说：“丙龙王子本来就不应当来，是我的信使办事不当。这事好办，明天我就会派人把丙龙王子送回国去。”

陈良绍提的第二个要求是要给丽鹿公主换一个住处。根据他的观察，丽鹿公主的住处阴暗潮湿，四壁闭塞，室内通风不畅，丽鹿公主在这样的环境中居住不利于病情好转，这潮湿阴暗的住室更不适宜以后给丽鹿动手术，更不利于她术后的恢复。

国王说："王宫房子很多，请陈医师帮我选择一处适宜丽鹿治病休养的地方。"

陈良绍提出的第三个要求是给丽鹿割治鼻息肉需要一个人帮忙。陈良绍说："这个人是同我一起随郑大帅下西洋的郁震医师。现在郁震医师作为大帅的贴身侍卫在郑大帅的船队中，当下我也不知他们到了何处。只有郁震医师来了，我才能为丽鹿公主动手术。"

国王说："这也不难。郑大帅的船队离开满剌加不久，他们的船队正在向古里国航行。请您修书一封，我派快艇一艘，日夜兼程，及早赶上郑大帅的船队，和郑大帅取得联系，恳请郑大帅恩准郁震医师回满剌加协助您为丽鹿公主治病。"

陈良绍得知了郑和船队的消息十分高兴。回到国宾馆后，陈良绍正想连夜写信给郑大帅，却被丙龙王子纠缠着要他详告丽鹿公主的病情。陈良绍只能以丽鹿公主病情较重，暂时无法与丙龙相见来搪塞。同时告诉丙龙王子，丽鹿公主的病他一定会尽力治好，要丙龙王子不要着急。

丙龙王子走后，陈良绍急忙铺开信笺给郑大帅写信，简要汇报了爪哇国大明永乐医局的概况，详说了丽鹿公主的病情以及需要郁震前来协助诊治的理由。他在信的最后写道：

"据良绍观察，满剌加地处海道咽喉，若在满剌加设一大明永乐医局，既可救他国病民于危亡，也可作下西洋伤病者疗养安息之所，更可兼物资采办转运之地，将大益于下西洋壮举尔！良绍将尽全力治好满剌加公主之病，以取得满剌加国国王信任，为大帅在下西洋咽喉处争得一块立足之地而尽绵薄之力。"

陈良绍写完信，签了名，加了押，封好套，马上交给等在国宾馆里的满剌加信使，信使带上陈良绍的信连夜开船去追赶郑和的船队。

第二天，陈良绍、蔡缥缈在国王侍卫的带领下，在王宫四处察看，为丽鹿公主选了一处僻静的住处。这处房子北面临海，阳光灿烂，开窗可见大海波涛滚滚，浪花飞溅礁岩。房子的南面背山，山坡上郁郁葱葱，鲜花盛开，飞鸟鸣唱。陈良绍知道女子经血不调大多是因为心情不畅，内心抑郁，而月经不调则更会加重这种抑郁的心情，让丽鹿公主在美好的大自然中愉悦心情，忘掉病患是最好的精神治疗。

陈良绍选好房后，又请工匠用胡椒拌上白泥糊平墙面，白色的墙面上隐显着黄色胡椒的花纹，十分好看。他又用沉香、龙涎香在房内作了一番香熏，胡椒、沉香、龙涎香的香气有驱赶风邪的作用。蔡缥缈又选用了素色丝绸制作了窗帘，可闭可合，室内的人可看到窗外风光，窗外的人看不到室内的情景。

一切布置妥当，陈良绍邀请国王前来视察，拜里米苏拉国王屋内屋外走了一圈，跷起大拇指说："这房子选得太好了，整修得也极漂亮，一走进房子，香气扑鼻，丽鹿公主一定会喜欢的。等丽鹿公主的病治好后，请陈医师帮我也布置一间这样的寝宫，住在这样香喷喷的屋子里心情也会愉快起来的！"

丽鹿公主搬进这处新房子后，露出了自得病之后从来没有过的笑容。

为了陪同和照料丽鹿公主，征得公主的同意，蔡缥缈和公主一起住进了这间房。

陈良绍想，必须让她树立起治好病的信心，于是他给丽鹿公主讲了一个故事：

八百多年前，有个人写了一本书叫《酉阳杂俎》，中间有一篇小故事叫"天咫"，说的是唐代永贞年间的事情。说长安皇城的东市街上住着一位叫王布的人，知书识礼，也很会做生意，开着一家布店，凡是来他店里买衣料的客商，他都当宾客一样热情接待。

王布有个女儿，那年只有十二三岁，不但人长得漂亮，而且聪明伶俐，人见人爱，来求婚的人家络绎不绝。但到了十四五岁的时候，这位漂亮伶俐的女孩子的鼻孔里渐渐长出息肉来，白白的，像长长的象牙插在鼻孔里，碰触这息肉让人痛不欲生。他的父亲为她四处寻医，花了数百万家产都没有治好。

说到这里，丽鹿公主不禁同病相怜，流下了眼泪。

陈良绍继续讲故事：

有一天，有一位外国来的和尚来到王布店里化缘，王布作了施舍，外国和尚便对王布说："听说你的女儿得了怪病，让我来给她看一看吧，我有本事治好你女儿的怪病。"

王布听得外国和尚说能治好女儿的怪病非常高兴，便把这位外国和尚带去给女儿看病。

外国和尚看了王布女儿一眼，便叫王布的女儿躺下，从怀里取出一只小瓶子，从小瓶子里倒出白色的药粉装进铜盒子里，一揿铜盒子，药粉便从铜盒子的尖嘴里吹进王布女儿的鼻孔中。这是一种消炎止痛药，不一会，药粉起了作用，外国和尚便用长长的指甲像摘丝瓜一样从王布女儿的鼻孔中摘下了长长的息肉，连一滴血也没有流，只是流下了几滴黄水，王布的女儿也没有觉得疼痛，息肉就被摘掉了，鼻子不塞了，说话不瓮了，轻松快活得不得了。

丽鹿公主像是自己的鼻息肉已被摘除了一样，也大笑起来，只是笑声依然瓮声瓮气的。

陈良绍又接着讲：

王布高兴万分，拿出一袋黄金给外国和尚作为报答。外国和尚连连摆手，说道："我们是出家人，你已经给过我们施舍，这袋黄金我们不能拿，只是向你要一样东西即可。"

王布连忙问要啥东西，外国和尚拿着摘下来的息肉说："把息肉给我们就算对我们的报答了。"

王布本想把这两条息肉扔掉，外国和尚要它还求之不得呢，便爽快地答应了。外国和尚用白绸布小心地包起两条息肉高高兴兴地离去了，王布和女儿向着外国和尚离去的方向磕头，千恩万谢。

估计外国和尚拿着息肉走出了长安城的五六条街坊后，又来了一位骑着白马的美少年，少年下马来到王布店中问道："刚才有外国和尚到过你店里吗？"

王布说："有啊，他帮我女儿摘了鼻息肉就走了。连一枚铜钱都没有要。"

骑白马的美少年一声叹惜："只怪我骑的白马太小，跑不快，落在了外国和尚的后面。"

王布不明白美少年说的话是什么意思。

骑白马的美少年说道："天上玉皇大帝的两位乐师下凡来了，派我来找。最近才知道这两位乐师化作息肉藏在你女儿的鼻孔中了，想不到竟被这位外国和尚先我一步取走了。回去后我无法向玉皇大帝交差，一定会受到玉皇大帝的处罚的！"

王布正在惊讶时，骑白马的美少年已没有了踪影，估计他是骑着马去追外国和尚去了。

陈良绍的故事讲完了，丽鹿公主还沉浸在故事当中。她幻想着面前的陈良绍医师就是故事中的外国和尚或者是骑白马的美少年，她更想象着她垂挂在鼻孔中的两条长长的息肉也是天上的神仙，总有一天会离她而去的。

【第二十八回】

治标更需治病根　服药针灸理经血

宝丽身份疑窦存，献身拜里报大恩。
开刀针灸除奇疾，高手治标亦治根。

对满剌加这位丽鹿公主来说，陈良绍不是外国和尚，是从外国医师。对陈良绍来说，他当然不相信这故事中长在王布女儿鼻孔中的息肉是玉皇大帝的乐师，但他从故事中读出了摘除息肉是可能的，外国和尚吹入王布女儿鼻孔中的白色粉末是一种消炎止痛或者是麻醉药。他给丽鹿公主讲故事的目的是要让她坚信她的鼻息肉是可以摘除的，是可以治好的。

陈良绍虽然在国内没有直接遇到过像丽鹿公主这样长长的鼻息肉，但是他帮很多人治过鼻塞、鼻炎、鼻衄，割除过长在脸上的赘肉，更救治过许多濒死危重的病人。丽鹿公主的鼻息肉虽然奇特，但割除当不是难事。

陈良绍知道切除这样巨大的鼻息肉是一个不小的手术，所以他需要郁震医师前来协助，还有郁震会针灸定身术，在丽鹿敏感部位的鼻腔作手术，要摘除塞得满满的、长得长长的鼻息肉需要麻醉，但是麻醉药有相当的毒性，且公主的鼻腔全部塞满了息肉，麻醉药粉无法被丽鹿公主吸入鼻腔底部，不一定有好的麻醉效果，请郁震来用针灸定身是最安全也是最有保障的方法。

中医治标更注重治本。丽鹿公主的病表面是鼻孔里长了长长的息肉，它的病根在于月经不调、倒经频繁，以致刺激鼻内敏感部位长出了息肉。趁郁震还没有回来这段时间，在进行手术切除之前，把丽鹿公主的月经失调的病根治好为当务之急。

陈良绍不方便了解丽鹿公主月经失调的情况，而蔡缥缈与丽鹿公主同住，两位姑娘可以无话不说。通过蔡缥缈的了解，陈良绍知道丽鹿公主每当月经来时经血较少，而鼻子里却流很多血，有时经血还涌到嘴里吐出，血发黏色，发紫，有腥味，并伴有头晕眼花、潮热脸红、心头烦热、口燥咽干、腰膝酸软、干咳无痰、形体消瘦。长了鼻息肉之后，常伴有耳鸣、听力下降，更使她不愿见人，弄得她抑郁寡欢，心情烦躁，失眠。

结合蔡缥缈关于丽鹿公主病情的叙述，根据陈良绍为丽鹿公主搭脉所测得的脉象，认定丽鹿公主属于肺肾阴虚型月经失调。当需要滋阴清热，降逆止血。陈良绍依据《太平圣惠方》，用当归、人参、白芍药、甘草、白术等多味中药给丽鹿公主研制作了当归丸，让丽鹿公主早晚服用。蔡缥缈则给丽鹿公主做可口有营养的饭菜吃，以增强丽鹿公主的体质。丽鹿原来喜欢吃些生冷的带酸味的水果，蔡缥缈告诉她吃多了对她的病体不利，便买来梨或者杧果和中药黄芪一起蒸了给丽鹿公主吃。

在给丽鹿公主服用当归丸的同时，陈良绍又每天早晚给她扎针灸两次，取照海、列缺、气海、血海、尺泽五个穴位，晚上针刺后再用艾条灸气海、血海两个穴位。开始丽鹿公主对针灸有点害怕，但为了治好病她什么痛苦都能忍受，渐渐地对那一枚枚金针刺入穴位后的酸胀麻木的感觉有了舒服感，几天下来觉得鼻子也有点通气了，心气顺畅了不少。

蔡缥缈和丽鹿公主生活期间，却从来没有见到过她的母亲。按理说，女儿生病，母亲应当陪在女儿的身边精心照料，丽鹿公主的母亲为什么没有出现？蔡缥缈终于从丽鹿公主的嘴里断断续续地知道了丽鹿公主母亲的一些故事。

丽鹿公主说：据他的父亲拜里米苏拉国王告诉她，她的母亲是明朝皇帝的一位小公主，叫宝丽公主。父亲拜里米苏拉本是苏门答剌的三佛齐国的小王子。因为三佛齐国被敌国攻占，父亲便带着一群忠诚的卫士乘船逃离了三佛齐，来到了满剌加这块没开垦的土地，在满剌加建立了一片领地。有一次，父亲外出打猎时累了，便坐在一棵树下休息。在他休息时，他的猎狗去追捕一只小鹿，小鹿前方是悬崖峭壁，悬崖下是波涛滚滚的大海，跳下悬崖只能葬身大海，小鹿为了自卫，只得拼死与猎狗搏斗。它伸出后腿，对准猎狗的头踢去，猎狗猝不及防，竟被小鹿踢到了海里。拜里米苏拉联系到自身的处境，被小鹿的勇气深深感动，再也不愿射杀小鹿，决定在他打猎的地方建立王国。他问随从他坐在那里休息的树叫什么名字，随从告诉他这棵树叫“满剌加”，于是父亲便把他建立的王国叫作满剌加王国。

关于她的母亲宝丽公主，丽鹿公主说，母亲生下她不久就去世了，在母亲怀上她的那一年，占领三佛齐的敌国派来了刺客追杀父亲。那一天母亲刚生下她，刺客潜入宫中来刺杀父亲，父亲抱着刚生下来的她，吻着她的脸蛋、小手小脚，喜欢得不得了。母亲一抬头，突然发现了举剑刺向父亲的刺客，母亲来不及喊上一句话，推开父亲，用自己的身体挡住了刺客的剑，刺客的剑刺进了母亲的胸膛，当刺客想拔出剑来再刺父亲时，父亲已用剑砍下了刺客的头。

父亲对母亲的去世非常悲伤，他说母亲的勇敢就像小鹿把猎狗踢入大海一样。为了纪念宝丽公主，也为了寄托对我的期望，父亲给我起了丽鹿的名字，要我像母亲一样贤惠，像小鹿一样勇敢。

陈良绍知道，其实宝丽公主并不是真正的明朝皇帝的公主，更不是明朝皇帝送来的，而是海盗陈祖义打劫了满剌加国王一条进贡明朝的宝船，抢劫了船上的沉香、龙涎香等贡品，又杀死了满剌加的信使。陈祖义从满剌加信使口中得知满剌加国王有与明朝和亲的愿望，陈祖义便来了个假戏真做，为了将来占领满剌加，在国王身边设置内应，把一个海盗头领的女儿打扮成明朝皇帝的宝丽公主，装了一船抢来的瓷器和丝绸，又把抢掠来的十八名女子打扮成宫女，作为明朝皇帝给宝丽公主的陪嫁送到了满剌加。

这位假扮明朝宝丽公主的女子早就恨透了这帮为非作歹的海盗，她被迫嫁到了满剌加后，真正爱上了拜里米苏拉国王，把事情的来龙去脉原原本本地告诉了国王。拜里米苏拉国王对宝丽公主更加喜欢了，他对外依然称她为明朝的宝丽公主，而同时又果断地把作为宝丽公主陪嫁来的十八名假宫女远嫁到满剌加的海上小岛。这些情况陈良绍在陪同郑和审讯陈祖义的过程中早已了解，拜里米苏拉国王不说，陈良绍也不便披露，更不便向丽鹿公主透露这样的信息。

陈良绍对丽鹿公主的身世十分同情，满剌加国国王是条汉子，勇敢坚毅，宝丽公主的献身精神更是伟大。陈良绍对丽鹿公主说：“你的父亲对你寄予厚望，你现在虽然病了，我们要治好你的病，治病时药是苦的，打针是痛的，将来还要把鼻孔里的息肉割掉，你一定要勇敢地面对，和我们配合，好吗？”

宝丽公主说：“一定会的，我要像我的母亲那样，什么都不怕，不怕苦，不怕痛，不怕死。”

陈良绍的信发出已近一个月了，郁震那边还没有消息。如果一切顺利，郁震应当就在近期会来到满剌加。

丽鹿公主经过陈良绍的药物调理和蔡缥缈的精心护理，最近一个月的月经正常了，没有出现鼻子流血的倒经现象，丽鹿公主的面色红润了，心情渐渐开朗起来，与蔡缥缈成了无话不说的姐妹。

拜里米苏拉国王也时不时地到丽鹿公主的住处来探望。

陈良绍全身心地为丽鹿公主诊病、研制药物、准备手术，没有问询丙龙王子的事情。

这一天拜里米苏拉国王又来到了丽鹿公主的住处，陈良绍随口问道：“丙龙王子回到爪哇国了吧，爪哇国的大明永乐医局那边有什么消息带过来吗？”

拜里米苏拉国王把陈良绍招呼到屋外，十分生气地说道：“这丙龙王子也是一头犟驴！说见不到丽鹿公主绝不回爪哇！丽鹿公主这个模样怎么能和他相见呢？没办法，我们只得把他绑到船上送走。船航行到海上，我们护送的人才给他松了绑。想不到船开到一座无人小岛边的时候，丙龙王子就跳海了，还大声说见不到丽鹿公主绝不回爪哇国。到如今，丙龙王子在哪里我们也不知道。”

陈良绍心头一惊，如果丙龙王子有个三长两短倒不好向爪哇国国王交代了。陈良绍口头上只是说：“我本来不想让丙龙王子来满剌加的，但他一定要来看丽鹿公主，看来他是十分喜欢丽鹿公主的。我知道丙龙王子水性很好，不会有大问题的。”

拜里米苏拉国王说：“但愿丙龙王子没事，待丽鹿公主病好后让他们早日成亲。”

正在他们为丙龙王子跳海的事着急的时候，派往古里国请调郁震的信使来报：“大王，大明国医师郁震已经由郑大帅恩准调来我国，现正安置在国宾馆里。”

国王和陈良绍大喜，两人速速来到国宾馆与郁震见面。

国宾馆中，陈良绍与郁震热情相见，陈良绍看着郁震黑瘦的脸庞说：“老兄被海风吹黑了，路上辛苦，又黑又瘦啦！请你来满剌加是让你来吃好点、睡稳点、长胖点啊！”

郁震看着陈良绍倒是胖了不少，也打趣说：“老兄倒真的胖了，在爪哇和满剌加有国宾待遇，有美人相伴，吃得好、睡得稳，过天堂日子啊！”

一旁的蔡缥缈听到郁震说有美人相伴，脸红了起来。

一番打趣后，陈良绍立即向郁震介绍丽鹿公主的病情，说明调他回来是要他拿出金针定身的神技和自己一起为丽鹿公主动手术。

陈良绍和郁震商量时竟把国王晾在了一边。当陈良绍和郁震反应过来，对着国王不好意思地笑了起来。

陈良绍说：“郁震，快来见满剌加拜里米苏拉国王。”

郁震向国王行礼，说：“前不久路过满剌加曾随郑大帅见过国王，国王英武！”

陈良绍又向国王介绍郁震：“大王，这是我的兄弟，大明国下西洋的随船医师郁震，现在是大帅身边的近身侍卫，请他来一起为丽鹿公主诊治。”

拜里米苏拉国王说：“早听陈大师在我面前介绍郁医师的高超医术，能请您来和陈大师一起为小女诊治，我非常感激！一路上海途颠簸，请大师好好休息几日。”

郁震却马上拉着陈良绍的手要去看丽鹿的病情。拗不过郁震的坚持，国王同两位医师和蔡缥缈来到了丽鹿公主的住处。听说郁震是来为她诊治的，这一次丽鹿公主没有再回避，还向郁震施礼致谢。

郁震也给丽鹿公主搭了脉，对陈良绍前期为丽鹿公主的调理倍加赞赏，对国王和丽鹿公主说：“陈大师是中医圣手，经过陈大师一个月的调理，丽鹿公主各方面的状况都已正常，我们再一起研究一下手术方案，随时可以帮丽鹿公主摘除鼻息肉。”

国王和丽鹿公主大喜。

过了几天，一个晴朗的上午，为丽鹿切除鼻息肉的手术开始了。丽鹿静静地躺在白细布铺着的床榻之上，为了防止在做切除手术时丽鹿公主的手脚不由自主地舞动，郁震在丽鹿公主的颈部、肩部和胯部的奇穴扎了六根定身金针。丽鹿公主完全清醒，可以眨眼，就是头不能转动，腰肢不能扭曲，手脚不能伸展。

陈良绍拿出一把钳子，由郁震帮助把丽鹿的鼻孔撑开，接着陈良绍又用一只装了药粉的白铜喷药器具，在丽鹿公主的两只鼻孔中扑哧扑哧地喷入白色的粉末，这种粉末能止住丽鹿鼻腔内的鼻涕之类的分泌物使鼻腔干燥。

陈良绍对丽鹿公主说："马上就准备割息肉了，你不要紧张，有一点痛，但不厉害的。"

丽鹿公主眨眼表示听懂了。

沾了金疮止血散的细白棉花放在了丽鹿公主头部两侧，一旦息肉切除后，就要用沾了金疮止血散的细白棉花止住创口出血。

一切准备就绪，陈良绍叫蔡缥缈抓住丽鹿公主左侧的一条软绵绵的鼻息肉，轻轻地向外拉，郁震用钳子撑开鼻孔，说时迟，那时快，陈良绍的一把锋利的小刀已伸向了丽鹿公主的鼻根部，无声无息地割下了一侧的鼻息肉。那条长长的鼻息肉像面条一样裹在了蔡缥缈的手掌中。陈良绍示意蔡缥缈依旧拉住丽鹿公主右侧鼻孔里长出的鼻息肉，郁震再次用钳子撑开右侧的鼻孔，丽鹿右侧的鼻息肉也被割下来了。沾了金疮止血散的细白棉花严严实实地堵住了丽鹿公主的两只鼻孔。

躺在病榻上的丽鹿很平静，虽然身体动弹不得，但也没有哼一声，也没有皱眉头。一个月的接触，她对陈良绍已高度信任，与蔡缥缈已胜过姐妹。

在一旁的拜里米苏拉国王却看得胆战心惊。国王虽然征战无数，砍头不少，但那是你死我活的战场，刚才看陈良绍用锋利的小刀伸向丽鹿公主的鼻腔，就像是割着自己的心肝一样。

蔡缥缈正在清理病榻上的污物，陈良绍正在收拾手术器具，郁震也拔出了定身金针。

正在这时，丽鹿公主房间的门被敲得咚咚响，一个声音喊着："丽鹿、丽鹿，我来了！快让我进去！"

【第二十九回】

丙龙叙奔波历程　药师忆海岛安生

丙龙跳海拒回国，岛国痴情真汉子。
海岛药师遇父女，柔情化铁结连理。

陈良绍和蔡缥缈听出了是丙龙王子的声音。赶忙跑到门口，这时的丙龙王子像个乞丐一样，穿得破破烂烂，陈良绍和蔡缥缈连劝带拉将丙龙王子带到了院外，拜里米苏拉国王也赶过来大喊卫兵，却不见附近有一个卫兵，原来丙龙王子跟着陈良绍学习武术，早把看守的几个卫兵一个个打昏了过去，陈良绍对国王说，是你叫信使送走的丙龙王子，不必惊动卫兵了。

陈良绍对丙龙王子说："丽鹿公主刚做完手术，需要静卧休养几天，你这个样子闯入丽鹿公主的病房会惊到丽鹿公主的。我们一起回国宾馆，你洗漱一下，换掉这身脏衣服，我一定带你去见丽鹿公主。"

见老师这样说，丙龙王子不再坚持，便和国王、陈良绍、郁震一起回到国宾馆。陈良绍嘱咐蔡缥缈留在丽鹿公主的身边照料，待丽鹿公主睡了再来国宾馆议事。

拜里米苏拉国王换了被打伤的卫兵，叫人找来一套衣服，待丙龙洗浴后换上。

丙龙王子换好衣服后，陈良绍帮王子挽起了长发，又帮他剪掉了长得乱七八糟的胡须，一个清秀精神的王子出现在了人们的眼前。

陈良绍说："这个样子去见丽鹿公主才会让公主高兴呀！"

丙龙王子说："那就马上让我去见丽鹿公主吧！"

陈良绍说："王子想见将来的妻子已经急不可耐了。中国人有个规矩，第一次去见未婚妻是要带礼物去的，不知你们这里有没有这样的规矩。不管有没有这样的规矩，我想你两手空空去见一位病人总是不太好的。我知道你现在一无所有，让师傅来为你选一样礼物带去见公主吧。丽鹿公主刚动了手术，需要好好休息。你稍安勿躁，坐下来，把你这一个多月的行踪先给我们叙说一番吧。"

丙龙王子跟陈良绍学医快一年了，已经会说一些汉话了，听师傅要他说说一个多月的行踪，一拍脑袋说："只想着马上去见丽鹿公主，竟忘了一件大事！"

丙龙王子赶忙要找他原来穿着的破烂衣裳，却四处找不到，他着急地说："快帮我找到那件破衣裳！那件衣裳里有一封要紧的信要交给老师！"

国王的侍从早把丙龙王子的破衣服丢到垃圾堆里了，看到丙龙王子急着找他的破衣服，便去垃圾堆里把那件破衣服找了回来。再慢一步，那件破衣服就要一把火与其他垃圾化为灰烬了。

丙龙王子从破衣服的口袋里掏出一块木板，恭恭敬敬地呈给陈良绍："这是我的救命恩人李……李医师嘱我交给您的。李医师原来也是跟您一起下西洋来的医师，他在去年落水后被小岛上的父女俩救起后，与他们父女俩生活在一起。我来之前他妻子刚生了一个胖娃娃，他没办法跟我一起来满剌加，要我千万把这封信带给您。如果我把这封信弄丢了，那就对不起我的救命恩人了！"

陈良绍赶忙看信，信刻在一块削平的木板上，为了防止字迹磨灭，李铁庵在字迹上刷了一层特殊的糨糊，信上写着：

良绍医师：

请您爪哇的医徒丙龙王子捎上此信，我的遭遇，丙龙王子将会转告您。如今我在小岛苟活，心念大明，偶遇王子，唯请将我的情况转告大帅，盼回国时一定把我带上。切切。板短情长，无法尽诉。

大明国药师李铁庵敬上

陈良绍看完信，又惊又喜。想不到爪哇一别，药师李铁庵竟也落难，大海茫茫，却又偶遇医徒丙龙王子，得到信息，真是奇迹。

丙龙王子连说带比画，把他跳海被救，偶遇李铁庵药师的经历向陈良绍他们讲述：

一个多月前，按照拜里米苏拉国王的要求，信使在劝说丙龙王子回爪哇国遭拒后，只得强行把丙龙王子绑架到船上。船开到了大海上，信使给丙龙王子松了绑，但还是派人跟着王子，渐渐地海面辽阔，海浪滔滔，在这样的大海上，信使认为丙龙王子插翅也逃不掉了，便放松了看管，丙龙王子可以到甲板上走走看看了。

海面上起了迷雾，但海风吹拂，迷雾时有时无，丙龙王子看到不远处有一座海岛，他夺下一位护兵的砍刀便跳下海去。在海里，他砍死了追逐他的鲨鱼，游到岛上，却不见人烟。为了活下来，他在岛上杀野兽、吞生肉，剥蛇皮、吃蛇羹，有时也捡野果充饥，喝山泉解渴，就像一个野人一样生活。因为跟着陈医师学医，识得山野中的各种草药，一路上吃了不少防痢疾的草药，涂了不少防蚊虫的草汁，被树枝荆棘划破处也都涂了草药，所以从未拉过肚子，皮肤也没红肿溃烂。十多天过去了，他依然没有找到岛上人家，爬山穿林，已经筋疲力尽，突然，他看到山脚下冒起炊烟，炊烟起处有户人家，他一高兴，便加快了脚步，不料脚底打滑，滚下了山崖昏死过去。等他醒来，已躺在了山下这户人家的门前石桌上。

他睁开眼睛，见一位挺着大肚子的女子正在给他擦拭身上的污泥，一位男子正给他包扎伤口，火堆上吊着一只瓦罐，瓦罐里飘出药香。

药煎好后，男子将煎好的药倒在一只粗陶碗里，端到他面前用汉话说：“喝！”女人则用爪哇话说：“喝！”这里怎么会有中国人？丙龙王子一边喝药一边打量着那位说汉话的男子，用汉话问他：“你是大明医师？”

于是，两人开始交谈。那人说是随郑和下西洋来的药师，叫李……啥的。

“叫李铁庵！”陈良绍说。

“对，叫李铁庵，这名字不好记。”王子丙龙说。

丙龙王子说，李药师在爪哇与陈医师分别后不久，遇到海上刮大风，李药师不幸落海，在海里漂浮几天后，游到岛上，在爬山穿林时，从山崖上滚下来了，被山下的父女俩救起，这救命恩人家的姑娘对李药师百般关爱，两个人就生活在一起了。那姑娘肚子里的娃娃就是李药师的孩子。

哈哈哈，大家一听丙龙王子说李药师要当父亲了，不禁都笑了起来。

其实李铁庵落水获救与爪哇姑娘生子的事李铁庵不便与王子丙龙细述。他是在一次乘医船上的联络小船去为船员看病时，在旧港海面上遭遇大风暴的时候落海的。船上的人向他抛了一只藤匾，他紧紧抓住了藤匾，又把藤匾扣在了腰上，在海浪中漂浮。被爪哇国的一条渔船救起。船上是父女两人。李铁庵在海中挣扎着，衣服也在不知不觉中扯掉，被这对父女救上船时已是赤身裸体。

船上的渔翁认定这男子已死了，要把他丢进海里喂鱼去。渔翁的女儿却坚持认为这落水男子只是昏死过去，她把这男子翻扣在船头上，用手撬开他的嘴，不停地拍打着他的后背，促使他吐出呛进胃里的海水。听得他有轻微的呻吟声，她又把这男子背进船舱中，把他安放在自己的铺上，给他反复地按摩冰冷的四肢，用自己赤裸的身体去温暖这男子的身体。在她体温的传递下，男子冰冷的身体渐渐有了热气，血脉开始流动。她知道这个男人活了，这个男人是她救活的！他一定饿了，她赶紧去给他熬粥，一口一口地喂他。

她的父亲知道她喜欢这个男人，女孩子喜欢男人，这是天性，他不应当阻止。他的妻子生下女儿后就去世了，女儿是他的独苗，因为穷，两人相依为命。他们只有一条小木船，打鱼活命就是他们活着的唯一。他老了，再也无法摇船去捕鱼了，女儿往后如何生活，他只能听天由命。如果这个男人能为他这个家延续生命，他倒是愿意的。

李铁庵在这姑娘的照料下，终于醒来了。他看到一位皮肤黑黝的女人在给他揉擦，自己又是一丝不挂，他是个正人君子，想到男女授受不亲，吓得立即爬起来。然而船小无处躲藏，想找自己的衣服来遮掩，却无处可寻。父女俩丢给他一片芭蕉叶，让他遮住下体，指指大海，拿起捞起的那只藤匾，叽里呱啦说了不少话，他一句也不懂。

尴尬了一阵子，他才想起，原来是自己落海，被这一对父女救起。他不禁俯身下跪，感谢救命之恩。

四顾茫茫，周边是大海，附近有荒岛，岛上不见人烟，他也无法，只得在小船上与这对父女暂作一起生活。天长日久，李铁庵渐渐学会了一些日常的爪哇语，可以与父女俩交流了。船舱里本来只能容纳两个人的铺位，老渔翁为了他们俩方便睡到了船头上，把船舱让给这一对年轻的男女。老渔翁想让这位获救的年轻人给自己留下一个孙子，他看出来自己的女儿很喜欢这位男子。

船仓里仄狭，他们的身体总是自觉不自觉地靠到一起。当女人主动，当家长纵容，当男人无依无靠、山穷水尽，当青春的火焰难以熄灭，一天夜里这一对男女终于紧紧地抱在了一起。

有了女人夜夜的陪伴和抚爱，李铁庵有点乐不思蜀了。老天把他送到天涯海角，他不能辜负这一对父女。他要把再生的大恩化作一腔爱意反哺给他的女人，让她感受痛快，生命在这个茫茫的大海上是如此渺小，生命在如此荒凉的小岛上是如此无奈，唯有爱却是可以无限地放大生命的快乐。

快乐的日子总是短暂的。不久，老渔翁死了，妻子的肚子渐渐鼓起，他不会打鱼，如何尽丈夫的责任，他得另做打算。他把小船泊在一个港湾里，他开始作起行医的打算，他要到岛上去采药，他本来就是个药农。他到了岛上，认识了岛上的各种草药。这些草药与他过去采的药极相似。他采药尝药，向岛上的巫医学习，也开始用草药给岛民治病，渐渐地有了名声。

他想在这天涯海角，回国已经无望。人的命运总是捉摸不定。一天晚上，他采药回家的路上，遇到了从山崖上跌落昏死过去的王子丙龙，把他背回家救活了。当王子讲起陈良绍师父和爪哇大明永乐医局，让他重新燃起了归队的希望，得知陈良绍正在满剌加为丽鹿公主治病，丙龙王子要去满剌加后，他便在木板上刻写了一封信托王子交给陈良绍。

丙龙王子的话引得众人大笑，丙龙王子却没有笑，他说，在李药师一家的精心照料下，我的身体养好了，我提出要借他们的渔船到满剌加来看我的未婚妻，李药师本来也很想跟我一起来，但他的妻子就在那天生下了一个男孩儿，夫妻俩喜欢得不得了，李药师被妻儿缠住了脚，脱不了身，无法和我一同来满剌加，便写了这一封信，要我交给师父。嘱我回爪哇时一定要带上他，他还是要回大明朝去的。

于是我借用他们的渔船来满剌加，在船里装上够吃十天的食物和山泉，向着太阳升起和东方星的方向日夜兼程地顺着海流，划着渔船，在食物吃尽和淡水喝完的时候上了岸，我知道上岸的地方已经是满剌加的国土。上了岸我就一路乞讨，到了满剌加王城。就在师父你们为丽鹿动手术的那一天，我躲在国宾馆暗处，暗中跟踪师父的行踪，终于找到了丽鹿的住处。

丙龙王子说："作为一个男子汉，当自己的未婚妻有了病痛，且自己是学医的，不能来看她，不能为她减轻痛苦，枉为一个医师，更枉为一个有担当的男子汉！我来满剌加就是为了给丽鹿看病。来到满剌加，连丽鹿的面也没见到，我怎么能就这样回到爪哇去呢？"

拜里米苏拉国王听了丙龙王子的一番介绍，想起自己为建立满剌加王国逃亡奔波、吃尽辛苦的经历，不禁对丙龙王子跷起了大拇指，觉得把丽鹿公主嫁给丙龙王子这样的男子汉是对的。他拍拍丙龙王子的肩膀说："好小子，丽鹿公主也十分想念你呀！只是她不想让她的病体给你看到，增添你的烦恼。现在好了，陈医师、郁医师已为丽鹿动了手术，这几天你就安心住在国宾馆里，过几天就让你去见丽鹿公主。"

陈良绍拉着丙龙王子的手说："你是好王子，对百姓有善心；你是好医师，对病人有责任心，你一定也会成为一位好丈夫，对妻子有爱心。丽鹿公主怕你为她的病体着急不让你见他，而我要求国王送你回国，让你吃苦了。丽鹿公主一旦恢复，马上让你们相见。"

郁震初来乍到，对事情的来龙去脉不很清楚，听了丙龙王子的介绍，也被王子的真情打动。他为李铁庵落水获救欢欣鼓舞。一年前他是与李铁庵一齐落水的，他被救起，而李铁庵却不知死活，他一直难以忘怀。现在好了，终于有了李铁庵的音讯。

郁震说："我还忘了告诉大家一事，因为满剌加信使来得突然，急急召我，我便跟随信使回来了。郑大帅看了陈良绍医师的信，也来不及写回信，要我传达他的口信：一定全力治好丽鹿公主的病，待丽鹿公主的病好了后，他回程时要为丙龙王子和丽鹿公主的婚礼证婚。"

拜里米苏拉国王和丙龙王子听说郑大帅回程时要为他们证婚，十分欣喜，两人不禁击掌庆贺起来。

郁震还说："郑大帅知道了陈良绍在爪哇国把大明永乐医局办得很好，要我向爪哇国国王、陈良绍、蔡缥缈和众医徒表示祝贺。要求再接再厉，把《爪哇草药经》编好。对了，郑大帅说这书可以省去一个草字，就叫《爪哇药经》，将来出书时，他要为《爪哇药经》写序。良绍提出将来在满剌加也办一座大明永乐医局等事项，当好好与拜里米苏拉国王商议，等他回满剌加时与大家一起定夺。”

拜里米苏拉国王和丙龙王子又是一阵欢呼。拜里米苏拉国王拉着陈良绍的手说：“满剌加的大明永乐医局一定要办，要办得比爪哇王国的大明永乐医局还要大，还要好！”

陈良绍说：“国王有这个愿望的话，我和郁震医师一定努力，从现在就开始筹划。”

正在这时，蔡缥缈也来到了国宾馆，她说：“丽鹿公主知道丙龙王子来了。她很高兴，想请王子马上就过去。”

拜里米苏拉国王、陈良绍、郁震、蔡缥缈簇拥着丙龙王子一起向丽鹿公主的病房走去。

【第三十回】

郑和认亲赠嫁妆　中满共商签合约

认亲郑和赠陪嫁，签约邻邦稳脚跟。
慰逝魂修坟祭奠，促商贸筑港长存。

陈良绍曾说未婚夫第一次见未婚妻要带一件礼物去，去丽鹿公主病房之前，陈良绍从带着的箱子里选了一幅梅花鹿苏绣交给丙龙王子说："这是我从苏州带来的，本来是要在丽鹿公主病愈后送给她的，现在我把它交给你，你作为见面礼送给丽鹿公主吧！"

丙龙王子说："老师想得真周到！我匆匆来去，什么也没带，这件礼物送给丽鹿公主太有意义了！"

陈良绍在去丽鹿公主的病房的路上对丙龙王子说："你见到丽鹿公主千万不能多讲话，因为丽鹿公主刚动了手术，她的鼻子里塞着止血药，讲话不方便，激动了伤口会流血，不利于伤口愈合。"

丙龙王子说："谢谢老师提醒，我一定照老师的吩咐去做。只要能与丽鹿公主见上一面我就安心了。"

一行人来到了丽鹿公主的病房，丙龙王子一下子就扑到了丽鹿公主的床前，丽鹿公主伸出了双手，丙龙王子也伸出双手，把丽鹿公主的手紧紧地握住，按在自己的胸前，一对年轻的恋人四目相对，深情相望。

众人见此场景，都默默地退出了房间，不打扰这对恋人。

众人退出丽鹿公主的病房后，丙龙王子吻了丽鹿公主的双手、额头，然后展开了送给丽鹿公主的苏州刺绣，他把这幅刺绣挂在丽鹿公主的病床对面，一幅像海水一般深蓝色的绸面上绣着一丛梅花，梅花丛中奔跑着一对欢快的梅花鹿。啊，太美了，太漂亮了！丽鹿公主脸上洋溢着笑容，丙龙王子的脸上洋溢着笑容，两张笑脸犹如两朵盛开的梅花，欢快的一对恋人就像刺绣上欢快奔跑的一对梅花鹿。

丙龙王子对着丽鹿公主说，奔跑在前的梅花鹿像是你，紧跟在后的梅花鹿就是我，我们永远相爱不分离。丽鹿公主的眼里溢出了幸福的泪花，两双手又紧紧地握在了一起。

年轻男女恋情是一贴神奇的药，它可以是良药、补药，也可以是毒药、败药。男女相亲相爱相守相恋相辅相助的时候，它是良药、补药；男女相分相离相恶相仇相欺相骗的时候是毒药、败药。丙龙王子在丽鹿公主病重的时候，克服万难来到公主的身边，不弃不离，坚贞相守，这是丙龙王子送给丽鹿公主最好的良药、补药。

有陈良绍、郁震继续配药针灸，有蔡缥缈精心照料，有丙龙王子深情陪伴，丽鹿公主术后伤口很快愈合，丽鹿公主的健康在迅速恢复中。

陈良绍、郁震和拜里米苏拉国王商议起在满剌加设立大明永乐医局的事情。

陈良绍详细向拜里米苏拉国王介绍了爪哇王国大明永乐医局设立的缘起、规模、培训、制药、诊病的情况。

拜里米苏拉国王说："满剌加建国不久，还没有设立正式的医局，王室中连个正宗的御医也没有，像丽鹿公主这样的病就没人治，也没办法治。老百姓生病只能给神灵焚香求助，或者请巫医配点草药。不是得知陈大师在爪哇国办了个大明永乐医局，名声远扬，丽鹿公主的病真不知如何是好呢！我非常欢迎你们能在满剌加也设立大明永乐医局！"

拜里米苏拉国王继续说："满剌加是海上要道，过去海匪陈祖义为非作歹，南来北往、东来西去的商船不敢走我们这里的海道，我们欢迎郑大帅在满剌加办医局，还希望能派几条船在这里驻扎，彻底肃清海匪，保障海道通畅。”

说起海匪陈祖义，他咬牙切齿：“陈祖义害死了我的妻子、丽鹿公主的母亲，我的妻子宝丽公主曾告诉我，她不是真正的大明皇家公主，是陈祖义从中国抢来的，要暗中杀害我，来抢夺我的王位。但最终是她救了我，她用胸膛挡住了海匪的剑，救下了我和丽鹿公主，宝丽永远是我心中的大明公主。”

陈良绍说：“国王，宝丽公主的事我们已经知道了，我们在占城国的木头洞中已将海匪陈祖义一网打尽，我们从抓获的俘虏口中知道了陈祖义设的毒计。海匪陈祖义阴险毒辣，想杀害你，进而抢夺你的王位，侵占你的国家，宝丽公主深明大义，揭穿了海匪陈祖义的诡计，救了大王，救了满剌加王国。宝丽公主是英雄。郑大帅说宝丽这样的女子就是大明的公主，郑大帅本来要我们对宝丽的真实身份保密，既然宝丽公主早就向您讲清了她的身份，揭穿了海匪的诡计，为国王和国家牺牲了自己，正如国王所说，宝丽是您心中的大明公主，宝丽也是我们心中的大明公主。”

国王和陈良绍、郁震默默相拥，默默为心中的英雄宝丽公主祈祷!

陈良绍说：“按中国人的辈分来说，国王您就是我们中国的女婿，您的女儿丽鹿公主就是中国人的外孙女，我们来为丽鹿公主治病就是为自己的亲人治病！”

拜里米苏拉国王说：“陈大师说得好，我们两国是亲戚了。我们一定要团结一心，为了满剌加百姓的健康，为了满剌加王国的安宁，也为了满剌加海道的安宁，为了大明下西洋的船队顺畅，在满剌加办好大明永乐医局，还可以划出一块土地来供大明国下西洋船队的人员在这里歇脚。”

陈良绍和郁震说：“国王的设想和郑大帅的设想一致。我们先和国王共同筹划，选好地址，办好医局，进而商量大明船队人员在满剌加港口的歇脚地。待郑大帅回程来到满剌加时与国王商量敲定。”

拜里米苏拉国王说：“好！”

一有空闲，拜里米苏拉国王就带着陈良绍、郁震、蔡缥缈沿着满剌加海峡两岸巡行，寻找最佳的位置建医局和大明下西洋船员的歇脚地。初步议定大明永乐满剌加医局选在王城内的鱼市附近，便于百姓前来看病。大明下西洋船员的歇脚地选在王城外的海峡岸边，便于船只停泊，这是一处天然的深水良港，只需在岸边略作修葺，建起码头，郑大帅乘坐的宝船就可以停泊。

三个多月后，郑和返航回到了满剌加，陈良绍和郁震即上船向郑大帅汇报了在爪哇国开办大明永乐医局的情况，给丽鹿公主治病的经过，详细地介绍了与拜里米苏拉国王洽商在满剌加筹办大明永乐医局和下西洋中转站的设想。

郑大帅对陈良绍和郁震的努力大加褒扬，指出要趁热打铁，把满剌加中转站和大明永乐医局建设好，这是保障下西洋长期成败的关键大事，也是利于满剌加民众的好事。

听取汇报后，郑大帅带上陈良绍和郁震即刻下船去拜会满剌加拜里米苏拉国王。郑大帅一下船，拜里米苏拉国王和王室成员已等候在码头迎接郑大帅了。

到了满剌加王宫，分宾主坐定。

拜里米苏拉国王对郑大帅说："大帅上次下西洋路过满剌加匆匆而过，多有待慢得罪，还望大帅海涵。这一次恳请大帅多停留些日子，我要举办盛大宴会宴请郑大帅和一行干员。一是表达对下西洋医师救治丽鹿公主的感激。二是得知陈大师在爪哇举办大明永乐医局极为成功，恳请在满剌加也办一所大明永乐医局。三是得知大帅有意在满剌加筹建一处下西洋中转站，我极为赞赏，愿与大帅一起商量定夺。"

国王和大帅想到了一起了。郑大帅说："好！国王说的这三件事我们一定要把它办好！"

拜里米苏拉国王指着身边的年轻人说："这是我的爱婿爪哇王子丙龙。因丽鹿公主刚动了手术，不能前来拜见大帅，特嘱丙龙王子向大帅致谢！"

丙龙王子立即向郑大帅跪拜磕头致谢："一谢大帅下西洋带来圣医为我父王治病。二谢中国圣医在爪哇开设大明永乐医局传授医术，为爪哇百姓治病去痛。三谢中国圣医为我的未婚妻治病。"

丙龙王子接连用大明大礼给郑大帅磕了三个响头，引得郑大帅和众医师哈哈大笑。

郑大帅说："丙龙王子与丽鹿公主的坚贞爱情故事我已知晓，按照大明的辈分，丽鹿公主是我们大明国的外孙女，你丙龙王子就是我们大明国的外孙女婿了。外孙女即将结婚，我要代表我们的永乐皇帝给丽鹿公主置备一套嫁妆，以表示祝贺！"

郑和隧嘱陈良绍铺开洒金大红宣纸写下一张礼单，计有："髹漆妈祖神像一尊、十八件红木雕漆喜房家具一套、绣凤霞帔及衣料物件一箱、四色绣花锦被八套及蚊帐铺盖等床上用品一箱、全套金银首饰一箱、一丈二尺高的百子婴戏花瓶一对、狮子辟邪铜雕一对、官窑烧造全套厨房器皿一箱。除一房十八件套红木雕漆喜房家具需随队的工匠就地觅材制作外，其余七大件嫁妆从船队的礼品库中选取。”

另外赠送给拜里米苏拉国王和丙龙王子的礼品有瓷器、丝绸、牙雕、木雕及各色金银器等。

拜里米苏拉国王携丙龙王子当场拜谢，并还以龙涎香、象牙、犀牛角、翠鸟羽毛等。

当日，拜里米苏拉国王与郑和一行欢宴。宴席上签定了四份合约：大明与满剌加王国共建大明永乐满剌加医局；大明在满剌加王国右岸海峡租用八百亩土地设立大明下西洋中转站；大明在满剌加王国左岸购买八十八亩山地建下西洋船员死难者墓地；大明与满剌加王国在王城共建买卖街。

大明船员死难者的墓地建在满剌加是临时想到的，安葬下西洋船员的遗体，是对下西洋死难者的一种安慰。按照传统观念，人死之后应当葬入自己家族的墓地，但也有一种行业的集体墓地的安置方式，因为手艺人长期在外营生，生老病死之后，要把遗体运回千里之外的家族墓地有困难，因为山河阻隔，路途遥远，便有行业行会购买集体墓地就地安葬，以便及早入土为安。郑和率众下西洋海途艰险，气候炎热，瘴疠肆虐，虽有随船医师护理，但依然会有生老病死，更兼得路上与海匪、敌国征战，阵亡战死也在所难免。而船上更是空间狭小，病难致死的船员的棺木长期搁置在船上难免腐臭，船员也多有不便。虽然海上死难有海葬一说，但把长期共同生活战斗在一起的船员尸首抛下海去于心不忍。能在下西洋的中途满剌加寻得一块墓地，就地安葬是最好的办法了，让死难者早日入土，面向大海，听涛声澎湃，看战友往返，更年年有战友前来祭扫，不亦善哉。

大明永乐满剌加船员墓地很快就建好了，栽植绿篱，建了祭台、守墓者庐舍，挑选了两位自愿留下的船员以及雇用了两位满剌加当地居民来看守墓地，下西洋船上装有的一百零八具船员遗体的棺木很快入土下葬，郑和率众船员前来祭奠，供奉祭品，焚烧香烛，船上随队的和尚颂经念佛、道士烧符作法，郑和颂读祭文曰：

大明永乐三年，三宝太监下西洋大元帅郑和奉帝命率二万七千众下西洋，扬国威，睦万邦，有我大明一百零八位船员为国捐躯，悲哉，哀也，荣哉，耀也。借满剌加王国一块福地安置亡灵，北望大明，守护海峡，郑和与诸海员后当前来祭奠，今略备薄酒，为众亡灵壮行。

尚飨。

郑和遂提起酒壶绕一百零八座坟茔祭洒，众人随郑和绕过一百零八座坟茔一一祭拜。

大明国在满剌加王国右岸租用八白亩土地设立大明国下西洋中转港的合约签订后，郑和和王景弘副帅及各位千户长、建筑工匠等一起策划建设蓝图。在八百亩土地上要建泊船的港口、屯兵百员的卫所、储运物料的仓库等，由建筑工匠画好设计图，经郑和审批后，先拨一千余人的工匠和船员着手施工，以便在第二次下西洋之前建成使用。

满剌加大明永乐医局暂由陈良绍、陈以诚和匡愚住持，陈良绍在爪哇办大明永乐医局一年多，已有经验，从招医徒、访巫医、采草药、开药局到集医方都照着爪哇的办法行事，做起来顺顺当当，没有阻碍，此处不再多表。只是医局的规模要比爪哇国的大明永乐医局大很多，因为它还要承担下西洋的伤病员在此的治疗和休养任务。

买卖街倒是一桩新鲜事，满剌加王国建国不久，没有货币购物，鱼市倒还算热闹，但都是以物换物。渔民用打来的鱼换农民的粮食蔬菜、衣物等一应物品。

郑和设立买卖街的目的是为将来下西洋中转站的运转考虑的。中转站在建之初留下千余人劳作建造，将建造物资储存仓库、征购采办站、海员疗养中心、防卫百户所兵站等。将来投入使用将会有很多的人在此中转、疗养、守护和管理。中转站还将是一处情报搜集中心，将留下一些专业人员暗中搜集建文帝的消息，关注海外反明势力的情况，以及活跃在下西洋途中的海匪活动的情报，以确保下西洋海途安宁和大明王朝永固。

共建买卖街的设想是下西洋的太医院医师张仕奇提出来的。郑和为了激励船员的积极性，允许船员到达目的地后，可以上岸去进行交易，除了全船要补充淡水、粮食，采办皇家指定的胡椒、沉香木、龙涎香和大明朝稀少的药材外，上岸的人员可以拿自己私人的物品去进行交易，船员们把随身携带的丝绸、瓷器、刀叉工具、多余的衣服鞋袜等日用品在回程的途中与西洋各国的珍珠、玛瑙、兽皮、象牙、犀牛角等物品进行交换，郑和在途中赏赐的金银币也允许船员上岸购买西洋物品，虽然有些西洋小国不习惯金银币交换物品，但交换多了，也就慢慢习惯了，甚至大明国的洪武通宝、永乐通宝的钱币也渐渐成了西洋国家的流通货币。

但是海员们到了满剌加，除了鱼市，却没有像样的商铺，到满剌加上岸后买不到或交换不到他们想要的任何东西。将来中转站建起来要在满剌加采购物资也无处可购买。张仕奇医师是应天府人，常常喜欢逛商店，特别对应天府老门东的商业街的热闹景象记忆犹新。在酒宴上与郑大帅提议与满剌加共建一条像应天府老门东一样的买卖街，既方便将来中转站就地采购物资，也利于满剌加因街兴市。郑大帅说这个提议好，便与拜里迷苏拉国王商量增加了一条在满剌加建条买卖街的合约。

满剌加的买卖街就以应天府的老门东为蓝图，郑和叫应天府的张仕奇医师来设计督建。选派了一些曾开过饭店、旅店，会做买卖的船员留下来，又留下了一批木匠、竹匠、漆匠、金银制作匠等匠人在开建的买卖街上开店铺，为了促进货币流通，郑和给各商铺提供五十贯洪武、永乐通宝，希望在下次来满剌加时这里已建成一条像应天府里的老门东一样热闹的商业买卖街。

【第三十一回】

买卖街引忆老门东　王府人流行鼻烟壶

买卖街开锣剪彩，孔方兄送往迎来。
起波折土著滋事，息事端施惠散财。

郑和听取了随征西洋的应天府医师张仕奇在满剌加仿建一条犹如应天府老门东买卖街的建议，与拜里米苏拉国王增签了一份在满剌加建造买卖街的合约。在满剌加要同时兴建下西洋中转站、下西洋死难船员墓地、大明永乐医局和买卖街，工程量极大。开初本想留一些人在此兴建，后来觉得这些工程事关重大，拟速建快上为好，于是郑大帅决定坐镇在满剌加指挥工程的兴建，发动下西洋的全员来建设这四大工程。

郑大帅对四大工程做了分工：

墓地的工程由一位副千户周满负责，工程相对简单，已经竣工，死难者也已经安葬了。

满剌加大明永乐医局由陈良绍、陈以诚和匡愚医师负责，陈良绍有兴建爪哇大明永乐医局的经验，且与满剌加国国王关系亲密，这事情还需要他多操心。

下西洋满剌加中转站工程量巨大，由副帅王景弘负责指挥，王景弘也是内使，办事周密有方。

买卖街就由随征下西洋的张仕奇来负责，这项目是他建议的。他是应天府人，熟悉老门东买卖街，既然是仿建，就要对被仿建的街市熟悉才能仿得起来。

说起应天府里的老门东，应天府的船员们一下子勾起了思乡之情，想起老门东肥滋滋的肉包子不由得让他们流出了口水，老门东的芝麻烧饼香气传万里，不由得捧起双手往鼻子上闻，老门东的戏院子演着的帝王将相、才子佳人让他们也不由得哼起了戏文："官人，你在哪里呀——"一声声啼号，直叫人泪流满面。应天府的船员们知道老门东的兴盛与明朝初年沈万三筑应天城有关系。当年大明开国皇帝朱元璋与盘踞苏州的吴王张士诚争天下，沈万三却与张士诚联姻，资助张士诚抗击朱元璋。张士诚被俘自杀后，富可敌国的沈万三又来向朱皇帝献殷勤，出钱修了半个应天府的城墙。张士诚招来的修城的民工几千人住在中华门东，要吃要喝要置办修城的各式工具，于是中华门东下便有了馒头店、烧饼摊、缝衣所、铁匠铺、箍桶街、扫帚弄，还有茶馆酒楼和妓院……五花八门，五行杂居，热闹异常。

郑和记得，他接受下西洋的任命后，就多次出入老门东，采办下西洋的物资，物色下西洋的匠人。

郑和记得陈以诚医师这个书呆子说起过沈万三，他说沈万三是靠搞海外贸易发家致富的，光靠买地雇工种庄稼能赚几个钱，他为什么把女儿嫁给张士诚，就是想靠着张士诚的庇护，把他家的大海船装上丝绸、瓷器运到海外去，换来西洋的香料珠宝再卖给富户官家赚个大价钱。民间传说沈万三从国外捞了只聚宝盆回来，把金元宝银元宝放进去，就可以从聚宝盆里生出无数的金元宝银元宝来。那只是遮人耳目的谎言，真正的聚宝盆就是他们家的几条大海船。张士诚倒了，沈万三又想来投靠朱元璋，朱元璋心里清清楚楚，让沈万三花钱造了应天府的城墙后，本来要找个借口把他杀了的。是马皇后帮沈万三说了好话，朱元璋才免他一死，把他发配到云南去了。

郑和想，海外贸易可以发财，我们下西洋的船员中也有不少做生意的，这买卖街建好后何不留下一些会做买卖的在这条街上开店让他们赚点钱，下西洋花费巨大，兵部尚书车驾郎朱大夏他们一批大臣本来就认为下西洋得不偿失，买卖街建成后或许也可以获些利补贴些财政亏空。要想把这条买卖街搞得生气勃勃起来，必须要有懂做生意的人才行，满剌加人不懂生意经，倒是听说波斯人会做生意，要留些店面给波斯人来经商。郑和记得在马可·波罗的游记一书中就记载了波斯人在扬州、剌桐做生意发大财的故事。

郑和与满剌加签了租用八百亩的滨海土地建立下西洋中转港的合约，想到下西洋中转港将有千余人在此劳作，将来建成后会有更多的船员来此中转休养，需要有衣食住行各种物资的保障，下西洋中转站的开建必定会带动满剌加买卖街的繁华，这是两国的事，一定要把这条买卖街建好。

郑和下西洋的人员，既是海员，也是建设大军，先建好墓地，安葬好死难者，一批又一批的船员便在八百亩的海峡右岸开工建下西洋中转港了，就地购买建材，修筑码头，平整土地，除草护树，栽种花草，砌建围墙，建造馆舍、仓储、修船厂，还在中转港的一角建起了猪舍牛棚马厩羊栏鸡窝，从下西洋的船上运下一批猪牛马羊鸡这些家畜家禽来圈养，还有人牵来了狗，抱来了猫。一时间，建筑工地上除了叮叮当当的刀斧声，哼哟嗬哟的打夯声，还闻得猪叫牛吼马嘶羊咩鸡鸣狗吠，人声鼎沸，生机勃勃。

王城鱼市上的买卖街也在紧锣密鼓的建造中，原来的满剌加鱼市只是在码头边搭个草棚子，郑和的匠人们选了一处向海略为倾斜的坡地，先挖了一条沟，砌了下水道，就近的山上采来每块长一丈八尺、宽三尺的条石，建起一条尺字形的街面，然后在街面的两侧建起了前店后坊的店铺。

郑和从船员中选了一些做买卖的生意人，这中间开饭店的、开杂货铺的、做衣帽的、打铁的、磨豆腐的、开木器竹器藤器瓷器店的，林林总总。凡有做买卖经验且愿意留下来的都免费提供店铺且提供开办经费，甚至还可以经批准提供船上的剩余货品供店铺出售。

木匠师傅们也紧张忙碌起来了，根据各家店铺的需要，打造了柜台、货架、橱窗、桌凳。

工地上一片繁忙，一时间弄得尘土飞扬，满剌加的渔民们颇有怨言。有时甚至向工地上泼来脏水，发泄不满。唉，这些都是一些目光短浅的人，不必与他们计较，等建成后他们就会转变态度的。买卖街要建得快，还要建得好，郑和想。

当买卖街造好后，郑和划出了近一半商铺，请原来露天或在草棚里做买卖的满剌加人免费搬进店铺。开始满剌加人还在半信半疑，郑和请来满剌加官员向渔民作了一番解释，说是大明国人将在这条买卖街上一起做生意，这是赠送给各位的店铺，不收一分钱。将来你们的鱼呀、菜呀、米呀、山货呀可以卖给大明国人，你们也可以在大明国的店铺中买东西，可以拿自己的东西与大明国人交换，大明国人也可以付钱给你们，你们将来可以拿着大明国人的钱向他们买东西。

满剌加国人有的不知道什么是钱，郑和便派人向所有店铺分发了一个大红包，每个大红包里有五百枚洪武通宝或永乐通宝，满剌加官员手里拿着一枚亮闪闪的圆圆的中间有一方孔的永乐通宝对满剌加商人说，这就是“钱、钱、钱”。满剌加官员拿着一枚钱走到一位卖鱼的商人面前，给了他一枚铜钱，拿走了一条鱼说：“这一枚钱可以卖给你的一条鱼。”他又领着这个商人到大明人开的包子店，把他手上的一枚钱给了中国商人，大明商人给了他两个包子，满剌加商人说：“你手上的一枚钱可以买两个包子。刚才大明人给各位发了五百枚铜钱，你们可以拿这些铜钱买一千个包子，也可以拿这些铜钱买其他东西。”

满剌加商人才知道大明人发给他们的红包里的“钱”是可以买包子的，一个个开心地笑了起来。

郑和留下来后，到买卖街做生意的船员也搬进了各自的店铺，各家店铺又挂起了店招，这些店招有王小二烧饼店、李大哥包子店、张老三饭庄、钱氏衣庄、马氏杂货铺、鲁氏竹木坊等。不少店铺还空着，等以后有人来租用。

满剌加买卖街正式开街的那一天，大街上彩旗飘扬，店门前挂起了红灯笼，下西洋船队的仪仗队在大街上来来往往地吹吹打打，舞狮子，调龙船，引来满剌加王城万人空巷，都来买卖街上看热闹。凡邀请来参加开街仪式的嘉宾，每人都发了一百枚永乐通宝，以便他们在买卖街上买他们想要的东西。

满剌加国国王和郑大帅一起来为买卖街开街剪彩了。

满剌加拜里米苏拉国王说：“感谢大明国为满剌加建起一条漂亮的买卖街，大家有好东西尽管拿来卖给大明国人，他们会给你铜钱。有了铜钱，你们也可以买大明国人的好东西，买丝绸，做衣裳；买瓷器，好漂亮。”

郑和说：“国王说得好，我们两国可以互通有无，大家一起赚钱！预祝买卖街红红火火，生意兴隆通四海，财源茂盛发大财！”

费信分别为拜里米苏拉国王和郑和作了翻译。

国王和郑和把彩带剪断，仪仗队放了十八声响铳，各家店铺前也鞭炮轰鸣。拿到大明国铜钱的人便拥到大明的商铺里买好吃的，买好玩的，买好用的。大明船员也拿永乐通宝到满剌加人的店铺里去买药材山货水果。满剌加人还不习惯用铜钱，他们便比画着用一枚铜钱可买两个包子来作比较，估摸出售的货物可以换几个包子来收取铜钱。

满剌加大明永乐医局也在买卖街附近建起来了，规模比爪哇的大明永乐医局要大一倍，这处医局除了为满剌加的老百姓看病外，还要为下西洋的生病的船员来中转港疗养治疗，大明的医生开始除了陈良绍和郁震在这里筹建外，又增加了匡愚和陈以诚两人。因为陈良绍筹办爪哇大明医局有经验，且为丽鹿公主医治鼻息肉深得满剌加国国王赞赏，国王恳请郑大帅一定要把陈大师留在满剌加大明永乐医局。

郑和思虑再三，经与丙龙王子、满剌加国国王商量，决定留下陈良绍住持满剌加大明永乐医局，派郁震前往爪哇住持大明永乐医局，毕竟郁震也为国王看过病，特别精于针灸医术，更有金针定身的绝技，也是能让众御医信服的。虽然丙龙王子舍不得陈良绍医师留在满剌加，但作为未来女婿，也不好驳了岳父大人的面子，便同意了郑大帅的决定。

满剌加大明永乐医局建好后，满剌加派出了十位年轻人来学医，丽鹿公主也是其中的一位，女士学医，倒也是特例。近来有丙龙王子和她一起交流学习，进步神速。

丽鹿公主鼻息肉手术后已基本恢复正常，只是偶尔会流点清鼻涕，也是一种尴尬。为了解决偶尔流清鼻涕的隐患，陈良绍和药师们研制了一种鼻烟粉，用当地特有的沉香、犀角、乌贼骨粉加冰片一起研磨成极细的粉状，用耳勺挖挖一勺吸入，便能使鼻腔清爽干燥，通气如常。丽鹿公主试用后极为满意。

郑和知道后，嘱帅船上的内画师制作了一对画有梅花双鹿的透明水晶琉璃瓶供丽鹿公主装鼻烟粉，丽鹿公主十分喜欢漂亮美丽的内画水晶琉璃瓶，把它悬在腰间，需要时就挖一点鼻烟粉来吸入。

漂亮的内画水晶琉璃瓶人见人爱，由于丽鹿公主的使用，竟使得装鼻烟粉的内画水晶琉璃瓶成了西洋各国王室人员的抢手货，后来使得吸鼻烟也成了一种时尚。

丙龙王子随陈良绍离开爪哇来到满剌加已经半年多了，丽鹿公主的病也已经好了，他和丽鹿公主的爱情日益加深，约定次年他从爪哇大明永乐医局毕业后就来娶她。他在满剌加又经历了下西洋中转港和买卖街的建设，一种全新的大局观在心中树立，他要赶快回到爪哇国去，继续完成医局的学业，并向父王汇报他在满剌加的观感，建议在爪哇也建一条买卖街。

满剌加国王安排了送别宴，邀请郑大帅、陈良绍、蔡缥缈、郁震、匡愚、陈以诚等参加宴会。宴会上郑和请丙龙王子转达他对爪哇国王的问候，并说明留下陈良绍在满剌加创办医局、派遣郁震前往住持爪哇大明永乐医局的原因。

郑和说："郁震医师医术水平高强，特别是他的针灸医术已达到了炉火纯青的地步，在爪哇为国王治病时已略展技法，他本是我的贴身侍卫，为了我们的友谊，我们不惜派最好的医师前去爪哇传授医术和交流医术。"

宴会上，郑和又拿出了内画大师制作的几只画有云龙图案的水晶琉璃鼻烟壶和用皮囊封装的几袋新配制的鼻烟粉分别赠给满剌加国国王和丙龙王子。满剌加国国王、丙龙王子和郑和的手紧紧握在一起，用各自的语言齐声高呼："睦邻友好，四海平安！"

席散，丙龙王子携郁震一起乘坐满剌加信使船扬帆向爪哇驶去，众人在码头上挥手惜别，丽鹿公主更是依依不舍，流下了热泪。

正在大家送别丙龙王子和郁震时，满剌加国国王的使臣来报："一群满剌加百姓正在大明国下西洋的中转港工地上闹事，阻止大明国工匠施工。"

拜里米苏拉国王和郑和等一行立即赶到了中转港工地，见工地已停工，围墙被一群人推倒，拜里米苏拉国王大怒，下令卫队把领头闹事的捆起来斩首。

郑和对拜里米苏拉国王说："国王息怒，先听听他们为什么要反对建大明国下西洋中转港再说。

拜里米苏拉国王说："好！听郑大帅的。"

这时负责中转站工地建设的副帅王景弘也赶来向郑和汇报了事情的经过。

原来那群闹事的百姓是这八百亩地块的主人，他们虽然从国王那里拿到一大笔钱，这钱是大明洪武通宝和永乐通宝，但他们不知道这些钱怎么用，认为失了土地，生活没有了着落，于是便来闹事阻止大明中转港的开建。

郑和知道了闹事的实情，便与拜里米苏拉国王商量说："他们有误会，既然不懂钱可以买生活必需品，那就这样吧，所有土地上的主人，能出力帮助开建大明永乐下西洋中转港的人，我们发给各家粮食物资，保障他们的日常生活，大明永乐下西洋中转港建好后，我们根据他们的能力、年龄，安排在中转港当看守、搞运输、做采办、干劳务，我们给他们发钱，不要钱我们就继续发米粮物品，保证他们的生活过得比现在好。”

拜里米苏拉国王说：“这个办法好！”

拜里米苏拉国王把郑和的意思向闹事的百姓宣告，问大家这样好不好，众人说好。

副帅王景弘马上派人到船上运来大米衣物，给所有聚集来闹事的人各发一份，给这些人足够吃上一个月的了，衣物也亮丽，比他们披在身上的兽皮、树叶好看多了。

郑和吩咐王景弘与国王管理土地的人员一起清理土地所有人姓名，编造名册，即使胆小没来聚集的有土地的人家也送去一份大米衣物。

登记完成，八百亩土地上也就是八十多户人家，大明永乐下西洋中转港对愿意来干活的一百二十人又登记造册，分成十二个小组，安排他们在中转港干活，并支付他们劳动报酬。这件事郑和办得大度而得体，充分考虑了失地人家的生活保障，从此再也没有闹事的了。

郑和给全体留守在满剌加大明下西洋中转港的人员说：“大明满剌加下西洋中转港是一项重要工程，关系下西洋航程的顺利，也关系所有船员的安危，这项工程得以顺利签约，与我们船队陈良绍医师团队为爪哇、满剌加做出的贡献和建立的友谊相关。中转港的建设不但要有利于下西洋的航程，也要有利于所在国的繁荣发展，还要有利于当地百姓的生活。我们为了在这块土地上顺利施工，安置了一百二十名满剌加百姓，我们希望大家与他们和睦相处，向陈良绍医师学习，毫无保留地向他们传授技艺，一对一地结对子，成为他们可以信赖的朋友。把他们当作我们的兄弟姐妹，好不好？”

大家一起高呼：“好！”

大明满剌加下西洋中转港的工地上又开始热火潮天地施工了，两国人员比画着交流，伙房里为两国施工者准备了丰盛的饭菜，满剌加人从家里带来了一筐一筐的水果给大家尝鲜解渴。

满剌加大明永乐医局的医师陈良绍、匡愚、陈以诚他们发现为丽鹿公主研制的清通鼻烟粉深受人们欢迎，便在医局内与医徒们一起赶制。在满剌加买卖街上开设了一家大明永乐药铺，连同从爪哇大明永乐医局药局生产的药膏药丸等廉价供应给满剌加百姓。满剌加百姓可以出钱购买，也可以用当地的药材来交换，所得收入为发展大明永乐医局提供资金，交换收购来的药材既可为医局制药，也可为大明国提供稀缺的药源。

郑和在满剌加停留了近三个月时间，大明墓地已经建成，死难船员已经安葬，买卖街已经开街，大明永乐医局有陈良绍他们住持大可放心，大明下西洋中转港开建进展顺利。郑和便告别满剌加拜里米苏拉国王，下令所有船只起锚返航。

临行前，郑和握着陈良绍的手说："陈医师，你辛苦了，还要有劳你在海外待一段时间，多多保重。另外，我看蔡缥缈姑娘跟着你很久了，你就纳她为妾吧，这样可以更好地照顾你的起居，我明年再下西洋时要为你们举办一场隆重的婚礼！"

陈良绍说："感谢大帅嘉奖鼓励和关心，我们一定照大帅的意思去做，为睦邻友好，为保障下西洋顺利鞠躬尽瘁。蔡姑娘确实很好，只是纳她为妾委屈了她呀，让我好好思考一下。"

郑和说："陈大师呀，这事宜早不宜迟啊，蔡姑娘跟着你不算委屈呀！"

陈良绍说："好的，我找机会与蔡姑娘谈谈。啊，还有一事差点忘了，在占城国海域落海的药师李铁庵还活着，在一个小岛上与爪哇女子结了婚，生了个胖儿子，现在他在那个岛上行医问药，但依然想着要回到大明，丙龙王子将带他一起去爪哇大明医局编《爪哇药经》。另外，我们在爪哇国购买了一大批硫黄，是大明国稀缺的海黄，请大帅经过爪哇国时派一条船装回国去吧！"

郑和说："药师李铁庵大难不死，太好了！跟郁震和王子一起去编《爪哇药经》很好，你们购买海黄这事也蛮好。陈医师，你想得周到！我会派船将海黄运回中国的。"

大帆扯起来了，开航的炮声响起来了。

【第三十二回】

甲耗自大出事故　郁震精心收残局

医徒配药错添方，郁震金针消窘局。
迎请巫医二度归，医局重振信誉笃。

丙龙王子和郁震乘着满剌加的信使船昼夜兼程，回到了爪哇国。还没进王宫向国王汇报，便见爪哇渔港码头边的大明永乐医局边围着一群人吵吵闹闹的，喊着要甲耗出来偿命。丙龙王子和郁震拨开众人，来到医局，只见一具尸体停在医局的大堂里，说是吃了甲耗配的药中毒死了，尸体还臭气熏天，显然是此人死前是大小便失禁了，拉了一裤子。

有几个野蛮的男子冲进了医室，要捉拿甲耗。甲耗在众医徒的护卫下躲进了宿舍的床底下，几位年长的巫医劝冲进医室的男子不要激动，有话好好说。但那些人不听劝告，开始动起手来打砸医室，砸开了宿舍的门，拖出甲耗准备暴打。

说时迟那时快，只见郁震从医袋里拔出几根金针，嗖嗖嗖地刺进几个蛮汉的颈部，那几个蛮汉一个个便像泥塑木胎一样动弹不得。

郁震迅即询问甲耗诊治的经过，验看甲耗开出的药方，甲耗说："来看病的老者发热鼻塞，干咳无痰，我就配了些清热止咳的草药让他服用，绝不致于中毒死亡呀！”郁震看甲耗开的药方，也就是柴胡、芦根、半枝莲几味草药，药力都很轻微，不致使人中毒呀。郁震打开病家带来的吃剩的药，发现草药里有些粉末，淡黄色，他用指头捏了，放在鼻子下闻闻，有臭鸡蛋味，知道是硫黄，便问这黄色粉末是谁配的。甲耗只得支支吾吾说，我想硫黄是泻药，为了让病人散热，好得快点，就抓了一小把放进了药里。

郁震想很可能就是这一小把硫黄坏了事。他又来到陈尸的大厅，摸了摸死者的胸口，还有微微的心跳，再用三指按在死者的寸口上，有微弱的脉动，他迅速拿出了一支金针，在死者的人中穴刺下去，只听得死者“啊”的一声，死人活过来了，众人惊奇万分，死人活了，闻所未闻啊。

郁震为病家拔下了金针，几位蛮汉也惊呆了。

郁震说：“病家得了伤寒热病，吃药后没有休息，是中暑昏死过去了。你们把他抬到屋里，屋里阴凉，又受我的金针刺激，从假死状态中活过来了。我现在为他配几味药，你们抬回去好好熬药给他喝下，休息几日就会好的。”

病家见人已活转，见识了大明医师的厉害，忙叩头谢救命之恩。郁震说道：“谢恩就不必了，医师为救人性命，医病但不能医命，你们这样来闹医局倒是很不应该的，你们得向受了惊吓的甲耗医师谢罪才是。”

几位蛮汉说：“是我们错了，是我的父亲吃了药不肯休息，到田里干活中了暑，我们错怪了甲耗医师。”向甲耗下跪陪罪。

甲耗说：“你们竟敢到大明永乐医局来闹事，不懂王法吗？不是郁震神医，我今天就要被你们冤枉死了。”气得在几位蛮汉头上点了三下，以泄怨气。

闹事的众人，拿着郁震配的药，抬着起死回生的病人走了。

丙龙王子看在眼里，为郁震的医术深深佩服，他想这一场精彩的救命术是服众的，派郁震来爪哇住持大明永乐医局是正确的。

病家走了之后，丙龙王子向大家宣布了陈良绍大师因要创办满剌加医局不能前来，特派郁震大师前来住持爪哇大明永乐医局的决定。众人鼓掌欢迎。

郁震说：“谢谢大家欢迎我。我不想说空话了，病家走了，我要说的是，病人中暑昏死不能说我们一点责任也没有。甲耗医徒在解表退热药里随意配硫黄，这硫黄可不是万能药，吃多了会泻泄不止，以致脱水；又兼病人中暑，造成昏厥假死。为此，甲耗要深刻反省，各位医徒也要接受教训，各位巫医师傅更要严格把关才是。”

甲耗知道自己犯下大错，郁震大师不但在急迫的当口使自己免受拳脚之苦，又在病家面前保全了他的面子，他对郁震的批评心服口服，当场做了检讨。各位医徒和巫医师傅也都表示要严格把关的态度。

郁震最后说："陈良绍医师是我的朋友，他在爪哇大明医局快一年了，开创了很好的局面，有很多心得体会。我们在满剌加做过认真的交流，从今以后，我将与大家一起把陈医师开创的医局办得更好，办出成绩来，为爪哇老百姓治好病，防好病。拜托各位了！"

郁震卸下行装，与丙龙王子去王宫拜见国王。

丙龙王子向父王转告了郑大帅的问候，递交了郑和赠送的云龙图案的水晶琉璃内画鼻烟壶，汇报了满剌加丽鹿公主的病况，准备明年迎娶丽鹿公主的设想，以及郑和大帅在满剌加办医局、建中转港、设买卖街的种种做法，解释了陈良绍医师调换郁震前来住持大明永乐医局的原因。还把刚才到医局遇到的突发事件作了一番描述。

爪哇国王说："郁大师是老朋友了，我早就领略过大师的高超医术，我相信在郁大师的住持下，爪哇国的大明永乐医局会越办越好！"

郁震代陈良绍交还了一块雕了章鱼图案的小海螺，爪哇国王又把它挂到了郁震的胸前，说："郁大师以后有什么事尽管来王宫找我，这枚小海螺就是直通王宫的通关牌。"

郁震代陈良绍前来住持爪哇国大明永乐医局已获得了国王的认可。

郁震听陈良绍介绍医局有位元爪之战的汉人后裔吴巫医是他的老乡，在医局负责编写《爪哇药经》，想见一见吴巫医，了解《爪哇药经》的编写情况，丙龙王子却发现医局里少了吴巫医，便问甲耗："你的师傅吴巫医哪去了？"

甲耗说："这个倔老头和我吵了一架，回到他的山洞去了。"

丙龙王子从其他几位御医巫医处得知，陈良绍曾经立下规矩，御医和巫医凡给病家开方吃药必须结对审查，甲耗是和他的师傅吴巫医结对的。吴巫医是个认真的人，对徒弟递过来的药方，总是认真审核，直言不讳地提出修改意见；而甲耗认为在陈良绍院长离开后，自己是代理院长，且是王家御医，吴巫医对他的药方指手画脚、说三道四是驳了他的面子，他们之间常常发生争执。就在这一次为那老者开清热止咳药方时，甲耗的药方中加入了硫黄，吴巫医坚决不同意，两人再次吵翻。甲耗以他代理院长的身份来压吴巫医，吴巫医不买账，一气之下就回到山洞去了。

编写《爪哇药经》是大明永乐爪哇医局的一件大事，也是爪哇医药界的一件大事。郁震要去拜访吴巫医，而且要甲耗、丙龙王子一起陪着去拜访吴巫医。显然，让甲耗一起去，是要甲耗亲自给吴巫医认个错，在甲耗配错药捅出大娄子时，是郁震帮他救了危局，挽回了面子，甲耗本来就错了，去给师傅认个错是应该的，甲耗不能驳了郁震的脸面。

这一天，郁震和王子丙龙、御医甲耗乘了永乐爪哇医局的小帆船去吴巫医的山洞访问。

转过几个水湾，拾级爬山，就到了吴巫医的山洞。吴巫医的山洞前的石桌上摆满了各式草药，吴巫医正在羊皮纸上描绘这些草药，写上名称、产地、功用等。

丙龙王子一阵激动，吴巫医虽然离开了永乐医局，却没有放下编《爪哇药经》的工作。他快步上前，对吴巫医说："吴师傅，新来的大明永乐医局的院长郁震医师来看你了！"

吴巫医见是王子来了，便要下跪。丙龙王子一把扶住。

郁震对着吴巫医说："吴师傅，您是陈良绍医师的老乡，也是我的老乡，在满剌加的时候，经常听陈医师说起您，夸您医术高明。"

吴巫医听着郁震的吴音，顿感亲切，连连说："谢谢夸奖，我只是用一些土办法，用些草药为百姓治病，与中医神术差远了。"

郁震说："不管中医医术还是爪哇医术，能为民众解疾苦就是好医术。编写《爪哇药经》少不了您呀！"

这时站在郁震和丙龙王子身后的甲耗有点尴尬，郁震一把将他推到吴巫医面前说："吴师傅，您的徒弟甲耗听说我们要来拜访您，要求也一起前来向您赔礼道歉！"

甲耗也顺坡下驴，对着吴巫医低头说："师父在上，徒弟错了，向你磕头赔罪道歉！"说着就要作下跪的姿态，吴巫医拦住说："好啦！好啦！你把我气走，我回到这山洞里倒让我可以静心编《爪哇药经》啦，我还要谢谢你呢！"

郁震和王子听了不由得笑了起来。

郁震说："我们这次来还是要请吴师傅下山去编《爪哇药经》，这事由丙龙王子负总责，要请求国王拨发专门经费，安排专门编撰的房间，一方面要查找爪哇国的国家经籍档案，搜寻古方剂，甲耗御医也参加《爪哇药经》的编写工作。另外，我们还将迎来一位新人，他是我们大明国的李铁庵药师。他为啥来参加《爪哇药经》的编撰，我们回到永乐医局就知道啦。”

永乐医局的新院长和王子丙龙亲自来请他回医局，徒弟甲耗又认错道歉了，吴巫医本来也对编写《爪哇药经》十分热心，便高高兴兴地随着郁震和王子乘船又回到了永乐医局。

郁震在医局给《爪哇药经》编撰组找了一处僻静的处所，也给李铁庵安排好了住所和工作的场所。然后，王子调来信使船与郁震一起去迎接李铁庵来爪哇大明永乐医局编《爪哇药经》。

爪哇是个千岛之国，信使船要找到李铁庵的落难小岛并不容易。信使船向着旧港方向的海域行驶，那一次海上起风暴李铁庵落水的事郁震记忆犹新。中午时分，天空本来是万里晴空，吃过中饭，他和李铁庵乘了医船上的联络船到前方的导航护卫船去巡诊。郁震给几位伤了腰和伤了手脚的士兵做了针灸，李铁庵配了些药。搭上了回医船的联络船，这时海上突然乌云密布，狂风大作，海浪涛天。几个海浪扑来，联络船就被打翻了，他和李铁庵一起落水，落水前他们都系好了联络船上的簸箕船，因为郁震练过气功，在海浪中随着浪涛一浮一沉，避实就虚，闭气呼吸，没有呛水，不久便被护卫船上的士兵们救起。而李铁庵虽然系了簸箕船，但他在海浪中只会乱扑腾，不久便呛了大量海水，无法自制，不知被海浪冲向何方了。

医船上的人都认为李铁庵凶多吉少，肯定葬身海底了，为失去这样一位资深药师深感痛心。郁震更为没能救起同船的李铁庵不断自责，常常说：“我若能拉牢李兄的手就好了！”其实如果郁震真的拉牢李铁庵的手，在海浪中失去的李铁庵或会紧紧纠缠住郁震，最终或许两人都将同归于尽。

从丙龙王子处得知李铁庵还活着，并且已与救他的女子结婚生子，他一下子解脱了，他决心要找到李铁庵，请他来和吴巫医一起编《爪哇药经》，最终一起回到大明去。

爪哇国信使船在旧港与爪哇国交界处的海岛上绕着圈子。丙龙王子记得他曾与李铁庵药师有个约定：李铁庵将一块吉贝布挂在他们家渔船停泊的码头边的一棵高高的树上，以便远远地就能看到。他原来借用来乘坐的李家的渔船已经破烂不堪，不能再用，抛弃在满剌加了。

终于，爪哇国的信使船绕过了九十九座小岛，在绕着第一百座小岛转圈子的时候，看到了高高的树上飘扬着的吉贝布。这块吉贝布是李铁庵的岳父留给他的唯一礼物，也是李铁庵用来遮羞的唯一一块吉贝布。把这块吉贝布挂在树上，他只能用芭蕉叶遮羞了。其实那个小岛上没几户人家，对他来说也无所谓遮羞不遮羞的了。

丙龙王子看到桅杆上飘着的吉贝布，很是激动："快看，吉贝，吉贝，李药师就在那儿，快，把船开过去！"

郁震随着丙龙王子上了岛，沿着林间小道找到了李铁庵的家。久别重逢，更是劫后重逢，郁震与李铁庵紧紧地拥抱在一起，说不出一句话来。郁震看着李铁庵，漆黑的面孔、漆黑的身体，头发散乱，只在腰间围着芭蕉叶，真像个野人一样。郁震把带来的一套衣服要李铁庵穿上，李铁庵已不习惯穿衣服了，说一年多不穿衣服了，穿上衣服不舒服，等会围上那条吉贝布就是了。

丙龙王子也上来与救命恩人拥抱，他把带来的吉贝给李铁庵围在腰间。

他们三人只顾着亲热，突然听得孩子的哭声从茅屋里传来，他们才想到嫂子侄子还在屋内。

他们来到茅屋，看到李夫人正在给胖儿子喂奶，郁震这样的情景看得多了，也就不回避了，丙龙王子早就与嫂子认识，用爪哇话打了招呼。李铁庵用爪哇话向夫人介绍郁震。李夫人笑着向郁震点头。郁震看着李夫人怀里的胖娃娃，对着李铁庵说："老兄真是因祸得福，得了夫人，添了胖娃，我们下西洋的三万人中没有一个人有你这样福气的啦！"说完与李铁庵一起哈哈大笑起来。

说着，郁震脱下手上的一枚戒指套到了娃娃的大脚趾上："来得匆忙，没有带礼物，就这枚戒指作为见面礼吧！"

李铁庵抱过儿子，向着郁震："快谢谢叔叔，请叔叔赐个大名吧！"

郁震略一思索说道："就叫海生吧，你落于海中，娃生于海外，李海生如何？"

李铁庵说："好！"抱着娃娃对着郁震颠了颠说，"海生，快谢谢叔叔！"

娃娃竟咯咯咯地笑出声来了。

【第三十三回】

郁震传授针灸术　辨证施治授真经

学针灸扎针于身，受苦痛收效甚好。

制艾绒驱蚊逐蝇，灸粗腿艾绒为宝。

郁震和丙龙王子终于找到了落海获救在爪哇小岛结婚生子的药师李铁庵，把李铁庵全家接到了爪哇王城安置好。又安排李铁庵与丙龙王子、吴巫医和御医甲耗一起编撰《爪哇药经》。郁震从郑大帅处取来大量笔墨纸砚，这些正是他们编撰《爪哇药经》的急需品。

甲耗虽然有自以为是的毛病，但毕竟是爪哇国御医，有文化，接触过爪哇国的医药文献，与丙龙王子可以调用王室档案的历史医药文献来查阅和利用。吴巫医有三代民间行医的实践经验，熟悉草药和民间医方；而李铁庵是中国药师，在国内就对中草药做过大量研究，阅读过大量医药经典文献，编写过《中药述要》，有按照系统纲目编写药典的经验，落难在爪哇海岛一年来又对爪哇的药材做了大量的采集和调查。由他们四个人组成班子，《爪哇药经》花一年时间完全可以编撰完成。

在陈良绍和丙龙王子去满剌加为丽鹿公主治病的半年多时间里，大明永乐医局有点人心涣散。原来的首席御医甲耗有点拿大，新招来的巫医在国王封的御医面前也是唯唯诺诺，虽然他们也曾经是各位御医的师傅。其实这些巫医一直为老百姓看病，他们的实践经验丰富，远胜于在御医院里长期游手好闲的医官们。

郁震初来大明永乐医局处理医闹的那一幕镇住了甲耗和那一帮拿大的御医，起到了很好的效果，又不温不火地带着甲耗给吴巫医认错道歉，请回离职的吴巫医；又将丙龙王子的救命恩人大明药师李铁庵请来编写《爪哇药经》，让医局的医徒和招聘来的巫医都很佩服郁震医术高明、办事老到有方。

郁震心想，光让他们佩服自己还不行，要让他们在医局学到真本领才行。于是郁震决心来一次医学基本知识的考核，用考核的成绩来评定甲乙丙三个等级。每一个月考核一次，并按甲乙丙三个等级分别发奖金三百文、二百文和一百文。一文钱就是一枚铜钱，在爪哇国，大明洪武通宝和永乐通宝已经通行，奖励的铜钱是郑大帅拨发给大明永乐医局的，用其中的一小部分来激励医局的学员和提高巫医医术正是得其所用。

第一次是认识十种草药，并说出十种草药的药名、功用、产地。九位医徒和六位巫医都答对了，郁震给每个人都发了三百文铜钱，大家兴高采烈，异常兴奋，学习的积极性陡增。

第二次考核制药，六位巫医制作精细，配制精当，药丸圆润，颗粒均匀，得了甲等，发了三百文铜钱。九位御医只有六位合格，得了乙等，各拿了二百文铜钱。甲耗和另外两位御医以及丙龙王子药丸配制还算准确，但制作的药丸大小不均匀，制药功夫不过关，各人只拿一百文铜钱作为鼓励。郁震言明，再过一个月，如果制药功夫不过关，不但拿不到奖金，还要罚钱。

经过两次考核，郁震召集医局的全体人员讲话："两次考核不是要让某些人出丑，目的很明确，医师这个职业，需识得草药，懂得配制，制成药丸，这是医师的基本功。不掌握基本功，就像造房子，屋基没有挖好，房子就要倒，不掌握基本功，就配不好药，治不了病。考核了两次，下次还要考核，希望大家都能合格，得甲级，拿最高奖金。"

郁震在陈良绍医学教学的基础上，重点传授他的针灸疗法，他抬出了一座与真人一般大小的铜人。这个铜人是仿的北宋经络穴位铜人。北宋经络穴位铜人为北宋天圣五年（1027）宋仁宗诏命翰林医官王惟一所创铸，其高度与正常成年人相近，胸背前后两面可以开合，体内雕有脏腑器官，铜人表面镂有穴位，穴旁刻题穴名。同时以黄蜡封涂铜人外表的孔穴，其内注水。如取穴准确，针入而水流出；取穴不准，针不能刺入。郁震带来的针灸铜人与北宋医官王惟一创制的铜人一模一样，只是在关键穴位上标注了金针刺入的深度。在被郑大帅点名指派来爪哇永乐医局任院长时，郁震特地请郑大帅恩准让他带上这尊针灸铜人到爪哇国来的。

郁震把各位医徒招集到铜人前，讲述了铜人的来历，铜人对学习针灸的作用。郁震说："铜人上展示的是十四条经脉上的三百六十一个穴位，以及经外的八十二个穴位，共计四百四十三个穴位。这些经络上的穴位是人体的气血运行的通道，是维系体表之间、内脏之间以及体表与内脏之间的枢纽，人体内外沟通的渠道。人所以得病，大多是因为人体的气血不通畅，针刺穴位的目的就是打通这些不通畅的气血运行通道，以消除病痛。而针灸治病是最便捷、最经济的治病方法，不吃药，不花钱，没钱的老百姓也能看得起病。"

郁震说："大家可以看着铜人一条一条的经脉上的穴位，对照自己的身体来寻找自己身体上的穴位，先在铜人身上练习，但要真正记住和懂得针刺穴位的感觉、效果，还需要亲自在自己身上下针。不在自己身上刺上千针万针，就学不好针灸。"

郁震说完这一番话，便向各位医徒发了一支竹筒，他摇了摇竹筒，听得沙沙作响，拔开竹筒上面的盖，倒出来的是粗细不等的三十六支闪着光芒的金针，金针的一端尖锐，另一端是绕成麻花形的针柄。

郁震抽出一支在大家面前晃了晃，从小铜盒里拿出一块浸了白酒的棉球，在金针上擦了擦，又在自己左手的虎口上擦了擦，用左手的大拇指的一节指面在虎口上量了量，用指甲按出一道印痕，用右手的大拇指、食指、中指捏住那支擦过白酒的金针，"刺"的一下，不偏不倚地刺进了左手虎口上的印痕处。

郁震对医徒说："大家记住了，用棉球沾白酒擦金针和要针刺的穴位是为了消毒，一定要保持金针和针刺部位的清洁，这是一。我用右手大拇指在左手虎口处压出个印痕来是以此确定穴位，不同部位的穴位有不同的丈量规定，我们以后一个穴位一个穴位地说。我针刺的这个穴位叫合谷穴。牙痛、头痛、手肩关节痛、落枕等这一针下去会减轻痛感。不同的穴位有不同的作用，多个穴位配合针刺会增强效果。记住并准确地找到穴位、明确穴位的功效非常重要，这是二。第三，针刺下手要稳、准、狠，不能迟疑，稳和准是前提，狠不是乱刺，用多大力、扎多深要有分寸，当然这是要经过千万次的训练才能做到的。”

众医徒看得入神，听得认真。

郁震又用右手抓住金针的针柄左右旋转和提拉针刺了几下，他说：“这是捻针和探针，是为了寻找和增加针刺穴位后的针感，金针刺准穴位的感觉不痛，但有酸、胀、麻的感觉，而且这种感觉会沿着经络扩张延伸。”

说着，郁震叫各位医徒伸出手来，在各位的合谷穴上扎了一针，让他们体会一下针刺的感觉，甲耗等几个忍不住哇哇大叫：酸呀！麻呀！胀啦！丙龙王子和几位巫医没有那么夸张，只是紧紧地皱了皱眉头。

突然，甲耗欢呼跳跃了起来：“神了，神了，我的牙不痛了，昨天晚上牙痛得我一夜没睡好，这一针下去牙不痛了。神针啊神针！”

有位巫医，肩周炎痛得常抬不起手臂，合谷上扎了一针后，他试着抬了抬手臂，竟然手可举过肩了。

郁震又从一只布袋里掏出一撮毛茸茸的艾绒，把它捏合在扎在治巫医肩周痛的金针的针柄上，吹着火媒，点燃艾绒，青烟袅袅，一屋清香，郁震说：“这是用艾草制作的艾绒。所谓针灸，是指针刺和艾熏的结合疗法，合称针灸。我察看了大明永乐医局周边的田野山林，就生长着不少艾草。过段时间，我和大家一起去采艾草，和大家一起制作艾绒。”

甲耗不见郁震给自己的针柄上敷上艾绒，便伸过手来说：“请郁大师也给我熏熏艾绒吧，大师不能厚此薄彼，对我另眼相待呀！”

郁震不禁哈哈大笑起来，说道：“中医讲究辨证施治。你的牙痛是热症，如果再用艾熏，那是火上加火，牙痛会更厉害的，不信试试。”

甲耗一听艾熏会让他牙痛得更厉害，连忙说不要了，不要了。心想这中医也太复杂了呀！

郁震继续说：“这位巫医的肩周痛是受了风湿寒气，针灸加艾熏可以帮助他祛除湿寒，只有懂得病理，对症施治才能有好的治疗效果，也才能成为一位好医师。”

众医徒连连点头，却也似懂非懂。郁震知道这辨证施治四字需要在长期的医疗实践中才能真正领略它的奥秘。当务之急是让这些医徒掌握针灸的基本穴位和针灸手法。

郁震向各位医徒提出了在三个月内学习针灸的三条要求：

第一，至少记住四百四十三个人体经络穴位中的一百个常用穴位记住它们在人体上的位置及它的功用。第二，首先在自己身上或医徒对方的身上准确地找到一百个穴位，对这一百个穴位反复针刺，熟练掌握针刺的手法，体会针刺后的感觉。第三，针灸治疗十位病人的常见病，有明显疗效。

三个月后对医徒学习针灸的成果进行考核。获得优秀者、良好者和合格者分别给以三贯二贯一贯钱的高额奖励。大家记好了一贯钱是一千枚铜钱，二贯钱是二千枚铜钱，三贯钱就是三千枚铜钱。三个月后，希望大家都拿最高奖励。还有三个月不及格者将勒令退学。

郁震的激励教学法效果十分明显。

第一个月，医局里的医徒们有的对着铜人叽里呱啦读针灸穴位，有的对着铜人的穴位在自己和同行的身上找穴位。对这些穴位的名称由王子用爪哇字符作了标注，王子丙龙跟着陈良绍一年半了，汉话学得也差不多了，这次就成了郁震的翻译。对着铜人叽里呱啦一阵后，大明永乐医局里又听得咿咿呀呀的一片喊叫声，那是医徒们在自己身上针刺或在对方身上针刺的惨叫声。这些医徒的手上、腿上，甚至脸上、背上都是青一块紫一块，那是针刺留下来的伤痕。

到了第二个月，医局里的惨叫声渐渐少了、低了，身上的青一块紫一块的伤痕也渐渐消失了，因为刺准穴位是不会出血或出少量血的，只有刺不准穴位才会渗出较多的血来。

到了第二个月的下旬，郁震便叫医徒来自己身上针刺。他或说牙痛，或说腰痛，或说头痛等症状，由医徒首先选好穴位，郁震再根据病症给予修改，叫医徒根据修订的穴位扎针，郁震根据每个人下针的手法、深浅、疾徐、针感等给予指点。这半个月里郁震的身上扎成了千疮百孔，虽然医徒们的手法还较粗糙稚嫩，但郁震从来不喊一声痛，更不皱下眉，只是耐心地指导；一次不行两次，两次不行三次，直到金针对某一病症的针刺在他身上感觉到有效果后才让医徒住手。

当一位又一位医徒在自己身上扎针过关后，郁震才允许医徒们为病人针灸。

郁震不再一个一个地考核，其实他早就用自己的身体给医徒们作考核了。自己身体的体验是最准确的，医徒们通过三个月的学习，已初步掌握了针刺疗病术。于是，他给每个医徒都发了三贯钱的奖金，医徒们个个兴高采烈，对针灸术的学习达到了空前热烈的程度，对着铜人画图，抄写穴位名称和治疗功效，早晚背诵十四条经脉的四百四十三个穴位，在自己身上和同学身上反复针刺切磋。爪哇的大明医局成了针灸治疗的特色医局。牙病、头痛、落枕、肩周病、腰腿扭伤等常见病到了医局差不多已是针到病除了。

艾熏其实是针刺的一种附属疗法，懂得了经络穴位，分别了热症湿症，在针柄上熏艾和采艾制作艾绒、艾条用燃烧的艾条、艾绒在相应的穴位上灸都是驾轻就熟的事了。关键是采艾和制作艾绒、艾条。

为了讲清楚艾绒的药效，郁震向医徒们讲了一段艾草的故事：

郁震说："'艾，冰台也。'这是东汉时许慎写的《说文解字》中的一句话，这句话很不不好理解，你们可能更不好理解了。另一本叫《博物志》的书对冰台作了解释：'削冰令圆，举以向日，以艾于后承其景，则得火。'就是说把冰块削成圆形对着太阳，把艾绒放在冰块下，圆的冰块就会把太阳光聚成一个小圆点，它可以把艾绒点燃起火，这就是冰台。"

郁震用手比画着圆圆的冰块，医徒们还是不明白什么是冰。

郁震说："冬天，下雪后，天很冷，水会结成厚厚的坚硬的亮晶晶的冰。"

"冰，水结成冰？厚厚的、硬硬的、亮晶晶的冰？不明白！"医徒们越发不明白。

郁震这才想起，这爪哇国从来没有冬天，不会下雪，也不会结冰，这不是夏虫语冰吗？他不禁自己也笑了起来："对不起，你们这里没有冬天，不下雪，天不冷，水结不起冰来，你们不知道冰是啥东西，不奇怪。"

说着，他从口袋里拿出了一块水晶凸透镜说："冰块就是像水晶凸透镜一样。我们船上是用它来取火的。"

郁震把医徒们带到室外，地上放上一些艾绒，用水晶凸透镜对着太阳，太阳透过水晶凸透镜的透亮的小圆点照在艾绒上，不一会艾绒就冒起了烟，医徒们哇哇叫好，觉得好神奇。在爪哇人还是用钻木取火时，或到火山口去取火时，大明下西洋的船队竟会用这水晶片来点火了，太神奇了！

郁震把医徒们又带回教室，继续说："古时候，中国人不会制作水晶凸透镜，但他们用冰来替代水晶凸透镜，中国古代的巫医们认为冰取来的太阳神火引燃的艾绒也有了神灵的光环。巫师们便把这种点燃的艾绒贴在人的身体病痛的部位，并取得了效果，灸艾治病的方法带着神灵的光环便在中国民间流传开来了。宋代有位叫李唐的画家还画了一张《灸艾图》。那张图是把点燃的艾直接放在相关的穴位上燃烧的。那张《灸艾图》上的病人灸艾时龇牙咧嘴表情痛苦，为防止他乱动，他的双手被人强按着。灸艾之后，在那起水泡的地方还需要贴上一张膏药。那《灸艾图》上一个人手上捧着的正是一张膏药。本来针是针砭，艾是灸艾，后来灸艾与针砭疗法结合了起来，所以就叫作针灸了。”

看了郁震的演示，听了郁震的讲解，爪哇医徒对针灸疗法有了更多的了解和兴趣。

辨识艾草是很容易的，它像蒿草，有挺直的主干，叶片如菊花叶子的分叉成心形，摘片叶子用手一搓，鼻子闻得一股浓浓的香气，性温、味苦、辛。在国内采集艾草的最佳时机是端午前后，过早，艾叶太嫩，没有长出银白色的艾绒来；过迟，叶子老了，艾绒的药性稍逊。而在爪哇国这样的热带，稻子一年四季都可以插秧、分蘖、抽穗、收割，它只有夏天，没有秋冬之别，因此在爪哇国采集艾草就是在它长得最旺盛的时候。

把艾草采来，在太阳下暴晒三天，取下它的叶子，用双掌反复地揉搓，撒掉碎屑，留下来的就是银灰色的艾绒了，艾绒像棉绒一样，可以任意捏成团，搓成条。用布袋装着，且越陈药力越强。它可以捏在针柄上针灸，与针刺一起发挥疗效，也可以把艾绒放在一块贝壳一类的垫板上，点燃了热敷在穴位上。艾绒还可以用纸卷成艾条，点燃艾条，直接熏烤相关的穴位。

几天来，郁震和医徒们采集了大量的艾草，制作了大量的艾绒和艾条。他们在大明永乐医室里点燃一堆堆的艾绒，青烟袅袅，清香盈室，馨脾醒脑，驱秽逐臭，竟然蚊蝇也不来滋扰了。在这鱼市附近的医局，最烦人的就是嗡嗡乱飞的蚊蝇，爪哇国的艾草药力强劲，倒是一个极好的驱逐蚊蝇剂。蚊蝇正是传播瘴疠的祸害，而在爪哇一带岛国瘴疠横行。郁震想正可以借当地的艾草来制作驱蚊逐蝇剂散发民间，他还想到郑和下西洋的船队也苦于蚊蝇瘴疠，他要制作更多的艾绒、艾条送到郑和的船上驱逐蚊蝇瘴疠。

爪哇岛上的民众苦于湿热，得象脚病的民众痛苦不堪，陈良绍用硫黄乌骨软膏涂抹和泡洗硫黄浴效果很好，郁震又想到了针灸象脚，或有去湿消肿的功效，他作了多次试验，针灸象脚患者的三阴交、血海和足三里，并用艾条熏治脚底的涌泉穴，效果明显，疼痛减轻了，肿胀明显消退了。

为了大量制作生产艾绒、艾条，他和医徒们免费为病家治病，但条件是病家需帮医局采集艾草和制作艾绒、艾条。这一办法各得其利，艾绒、艾条堆满了仓库，他准备适当的时候把这些艾绒、艾条送到郑和的船队上。

【第三十四回】

匡愚救难波斯客　回回石头显奇珍

波斯客饿昏异邦，匡医师一粥疗疴。

一袋石头作回报，医书珍宝馈贻多。

匡愚等一众医师曾在占城国救得一位尸头蛮女子马溜溜带到医船上精心救护。马溜溜病愈后，坚决要求留在医船上学医，经郑和与占城国王联络，最终遂了马溜溜的心愿。

因是匡愚从占城国尸头蛮庙把马溜溜一路背到了医船上，马溜溜便认了匡愚为义父。在医船上，得到众多医生特别是蔡缥缈的精心治疗和照顾，又因她们俩语言相通，她跟着蔡缥缈学起了汉语，与蔡缥缈朝夕相处，情同姐妹，也认了蔡缥缈为姐姐。

马溜溜性格开朗，活泼伶俐，身材苗条，蔡缥缈给她做了几件合身的丝绸衣裳，一打扮，俊俏美丽。到了医船上，她无忧无虑，一天到晚笑呵呵的。与人见面，一会儿用别人不懂的番语打招呼，一会儿用从蔡缥缈那儿学来的不太熟悉的汉语打招呼，问这问那，勤奋好学，就像医船上飞来了一只百灵鸟，马溜溜飞到哪里，那里就是笑声一片。

自从陈良绍和蔡缥缈留在了爪哇，马溜溜便孤单了不少。那位为马溜溜扎了替身在尸头蛮庙中焚烧的陈小狗，正是情窦初开时，遇着这样一位漂亮妹妹，总是没事就找理由黏着马溜溜说说笑笑。两人一来二往，便陈哥哥、马妹妹地叫开了。

当蔡缥缈派去爪哇办医局，医船上只剩下了马溜溜一个女孩，她勤快开朗，又懂汉语和番语，兼起了对外联络翻译的工作，深得众医师们的喜欢。匡愚虽是个鲁莽汉子，马溜溜一天到晚围着他喊爸爸，妻儿远在天涯，有个贴心乖巧的义女在身边，倒也很开心。匡愚极尽所能，将医术教给马溜溜，每当他乘联络船到各船去出诊，他都要带上马溜溜，让她背着药箱跟随左右。那位陈小狗为了接近马溜溜也像个跟屁虫一样，千方百计拍匡愚的马屁，黏着匡愚，其实是恋着他的义女马溜溜，医船上的众人皆说匡愚何曾愚，儿女已双全。

陈以诚常常用羡慕的口气对匡愚说：“匡兄，你真有福气，离了家乡，上了医船，下到西洋，竟然也有儿女绕膝，福气啊，福气！”

匡愚反唇相讥：“以诚老弟，你不要这样酸溜溜的了，马溜溜已认我作义父，我也早认了；当着郑大帅的面，马溜溜也拜了帖，郑大帅也做了证，这改不了了。不过把陈小狗说成是我的义子，那是瞎掰，不作数，不如你把陈小狗认认为义子如何？他是小狗，你是老狗，也不用拜什么帖，就当着大家的面，你汪汪汪叫两声，陈小狗也汪汪汪叫两声，摇摇屁股，这就算相认了如何？”

陈以诚也不作怒，哈哈一笑说道：“你这老愚头别拿我取笑，君子不夺人之爱。我只养猫，不养狗，狗还是留在你家为好。马溜溜小姐和陈小狗这小子倒是贴得很紧，将来让他们成双倒是不错的，你倒要留个心，促成一桩好事。哈哈哈。”

匡愚说：“你这书蠹对男女之情倒是看得很分明，如果他们真心相爱，倒是不错的一对。好了，老书蠹，趁着今晚空闲，咱们约上陈良绍到满剌加商业街去找家饭店喝一盅如何？”

自从下西洋的船队回程来到了满剌加，陈以诚、匡愚医师与陈良绍又在满剌加相遇了。老友相见好不开心，特别是马溜溜又见到了姐姐蔡缥缈，再加上满剌加的丽鹿公主，三个人就像棉花糖一样黏到了一起，无话不说，亲密无间。正逢满剌加大兴建，郑大帅应满剌加国王请求在满剌加也建一座比爪哇国还要大的大明永乐医局，不等郑大帅发话，他们就主动要求留在满剌加与陈良绍一起帮着兴建大明永乐医局，这与郑大帅想到了一起。

听说匡愚要约上陈良绍他们到买卖街去逛街喝酒，马溜溜就死乞白赖地要跟着匡愚一起逛街。匡愚缠不过马溜溜，只得带上她。匡愚和陈以诚带着马溜溜去约陈良绍一起逛街，马溜溜当然也要约上蔡缥缈姐姐一起去了。这事被陈小狗知道了，陈小狗便悄悄地跟在后面。

自从郑大帅和满剌加国王举行了买卖街的开街仪式后，商家陆续进驻。这消息传到了西洋各国后，又吸引了不少波斯商人、阿拉伯商人前来开店做买卖，买卖街上已经是灯红酒绿、人头攒动了。匡愚、陈以诚和陈良绍一路上指指点点，遇到熟悉的中国商家便进进出出，问询买卖情况。马溜溜与蔡缥缈也是一路叽叽喳喳。陈小狗只是远远地跟在后面，怕靠近了被师傅匡愚赶回去。

途经一家新开的珠宝店，店招上用波斯文和汉文写着“回回石头店”。

陈以诚说：“吃晚饭还早，我们去珠宝店看看，我正要选几颗珠宝，做我扇子上的坠子。”

匡愚说：“这石头店有啥好看的，我那里有一袋子波斯朋友送我的石头呢，你要，我全送给你好啦！”

“波斯朋友？你什么时候认识的？他为何送你一袋石头？”陈以诚好奇地问。

匡愚说：“说来话长，那是在柯枝国我救了一位波斯商人后，他送给我的。”

匡愚于是讲起了这一段奇遇。

某天，郑和的船队到了柯枝国停靠，义女马溜溜说要去逛街，匡愚对马溜溜是百依百顺，便带着马溜溜上了岸，进了柯枝国的港口边的城里去闲逛。他们东逛逛，西转转，来到了码头边的鱼市，看到一群人围着一位昏倒在地的人指指点点。那人披着一头散乱的棕色头发，显然是位波斯人。只见他双眼紧闭，没了声息。有人说他死了，正叫人把他丢到海里去喂鱼。

匡愚急忙拨开众人，先是给波斯人切脉，脉象微弱，气息如丝，心跳尚存。匡愚又用手背在波斯商人的额头上测了体温，体温正常，没有发烧症状，扒开他的眼皮，淡蓝色的瞳孔收缩正常。据此，匡愚判断这位波斯人只是因为极度饥饿而昏倒在地，并无大病，他遂叫马溜溜到鱼市上的一家小食店买来一碗稀粥，让马溜溜给波斯商人喂下，等一碗粥下肚，波斯人已经神智清醒了。

经马溜溜翻译，匡愚与那人作了一番交流，知道他是从忽鲁谟斯乘船到东方来的商人，海上遇到海盗，身上携带的钱财全部被海盗抢走，只有一牛皮袋灰不溜秋的小石头，海盗没有拿走，一路上没人识得这些石头。他贫困交加，饥渴难耐，来到柯枝国，上了岸，就昏倒在了鱼市上。醒来的波斯商人已身无分文，想回忽鲁谟斯也没有了盘缠。

匡愚可怜这位波斯商人，便掏出随身带来的两个银锭和一贯铜钱给了波斯商人，叫他作盘缠搭船回家乡去。

那位波斯商人接过匡愚的馈赠，千恩万谢，把那只装着灰不溜秋小石头的牛皮袋子送给了匡愚说，无以报答，只能送这一袋小石头相赠了。匡愚觉得一牛皮袋石头既不好吃，也不好用，本不想要这些小石头，但看波斯商人一脸诚意，想到国人讲的是千里送鹅毛，礼轻仁义重，就收下了。

陈以诚说："愚头，你不懂啦，这石头就是宝石呀！你那一袋石头可不能随便送人啊，你真的要送人就送给我好啦！"

说着，陈以诚还吟起了元代诗人马祖常的一首诗：

波斯商贾度流沙，夜听驼铃识路赊。
采玉河边青石子，收来东国易桑麻。

陈以诚解释说："这首诗讲的青石子就是宝石的原石啊，波斯商人送给你的石头可以肯定地说就是宝石，千万不要随便送人，更不要当石头丢弃啊！"

说着说着，五个人踏进了回回石头店。

远远跟在他们身后的陈小狗看到他们进了回回石头店，随后也跟了进去，装作不期而遇的样子。

回回石头店的柜台里摆着一些红色的、蓝色的、黄色的、白色的透明的玉石、玛瑙等珠宝，店里的伙计见有客人进店，便拿出一块块的玉石玛瑙对着灯光给他们看，灯光下的这些玉石玛瑙折射出绚丽的色彩，美轮美奂。有一块蓝宝石，在灯光下，它的中间折射出一道光，像午时猫眼的瞳孔，闪现金碧色光芒的线条，时有时无，灵动闪亮，神奇漂亮，伙计说这就是稀世的猫眼宝石。陈以诚、陈良绍、匡愚他们看得出神，连连称奇。

前店的称奇声惊动了店后作坊里的店老板，他走到前店，店主一见匡愚，马上扑上来抱住匡愚，又是喊，又是叫，还两眼泪汪汪地大叫："恩人、恩人！”

马溜溜一听店主大喊匡愚为恩人，定睛一看，原来店主正是在柯枝国饿昏，经匡愚救助的那位波斯商人。

这位波斯商人是一位珠宝商，他们外出做生意从来都是两手空空，只带一只牛皮袋，一路行走，一路寻宝。凭着他们一眼看穿的神眼，到大山沟里捡些石头，装进牛皮袋中，波斯商人知道路途凶险，捡来的石头从来不在途中打磨，也从来不把加工好的宝石装在袋子里旅行。只有这种不起眼的没加工的石头才不会惹强盗海盗眼红。而正是这种石头才是他们发财致富的宝贝，他们到了目的地，就支好轮架，找来河沙，就地加工、切割、打磨，不起眼的石头就成了王公贵族们竞相追寻的高档装饰品。

匡愚在柯枝国用一碗稀粥救了这位饿昏了的波斯商人，又赠送他银锭铜钱，商人返回忽鲁谟斯国后休整了一段时日，恰逢郑和下西洋来到忽鲁谟斯国。他曾经想去寻找这位恩人，却没能遇到，听说郑和下西洋后，灭了不少海盗，海途通畅了，便又想到东方来做生意，途经满剌加，正好赶上满剌加买卖街建成，他就在买卖街租了一间店面，前店后坊，开设了这家石头店。

想不到遍访恩人难寻觅，恩人却到店里来相见。

陈以诚说，我们正要去找家饭店喝酒，那就请老板跟我们一起去吃饭吧，我们很想听听你这位波斯人做石头生意的故事。

波斯商人说：“太好了，今天晚上我请客。吃晚饭之前，请各位先到作坊看看我们是如何将石头变成珠宝的吧。”

匡愚他们跟着波斯商人来到他的作坊，看到有十几位工匠正在用脚踏着踏板转动轮盘，轮盘下放置着盛水的大盆，水里有大量的细沙，工匠们手上套着牛皮手套，把一块石头和细沙托在手上，按在木轮盘上打磨，只听得沙沙沙的声响，工匠们用锲而不舍的精神，将石头的表皮磨掉，再磨圆，或顺着石头的纹路磨光、造型。波斯商人说，一块石头打磨成晶莹碧透的珠宝，需要几十天的时间。

波斯商人突然想起那袋小石头，对匡愚说：“恩人，我送给你的那袋小石头还在吗？”

匡愚说：“在啊，我一直珍藏着呢！今天遇到你，我正想把它还给你呢，我当时只是想代为保管而已。”

波斯商人说："那太好了，你赶紧把那袋小石头拿过来。我把它加工成珠宝再送给你！"

匡愚一回头看到了陈小狗，便叫陈小狗到他房间的床底下把那个装着石头的牛皮袋拿到珠宝店来。

波斯商人带着匡愚、陈以诚、陈良绍、蔡缥缈和马溜溜他们来到买卖街一家饭店，要了二楼的一间雅座，开窗就是马六甲海峡，只见海潮涌动，海浪拍岸，澎湃汹涌，一轮明月东升，波光粼粼，渔火点点。

宾主落座后，波斯商人说："我的名字叫艾哈迈德·阿布丁，大家就叫我阿布丁就好啦。我们的国家忽鲁谟斯，从这里向西北五千里外，你们的国家在这里向东南五千里外，我们真正是有缘万里来相会啦！"

"是啊，是啊！没有缘分不相见，没有缘分不相识啊。你不病倒，匡愚不会搭理你，你不送他石头，我们不会来你的店里相见，世界上的人万万亿，能有几个相见？"陈良绍也是感慨万千。

"我听我们的祖辈讲，我们忽鲁谟斯人上几辈人就有人到你们国家去经商做生意，到刺桐、到扬州，拎一袋石头去，带三袋银子回。上一次，我也是想去你国经商做生意的，不料遇上海盗，差一点送了性命，有缘遇到匡大师，才得以重见天日。"阿布丁说。

匡愚说："阿兄，是你命大，不是我医术高。欢迎你来满剌加，以后站稳脚跟、发财致富后，到我们苏州去经商做生意。我们苏州有一条叫专诸巷的街，也是做琢玉手艺的，你去那里可以与苏州的琢玉艺人交流技艺啦。"

陈以诚说："匡兄说得好，阿兄有机会一定要到我们的刺桐、苏州、扬州、松江去，可以走一走、玩一玩，也可以经商做生意，与中国的琢玉师傅交流技艺。元朝有位文人叫陶宗仪，写过一本《南村辍耕录》的书，这本书里说：'……石头，种类不一，其价亦不一。大德间，本土巨商中卖红喇一块于官，重一两三钱，估值中统钞一十四万锭，用嵌帽顶上。自后累朝皇帝相承宝重。凡正旦及天寿节大朝贺时，则服用之，呼曰喇，亦方言也。'他记录了你们那里的二十四种石头的品种，详细描述了这些石头经打磨后的形状、色彩、光质。他还记录了你们的一些医药方子……"

陈以诚一说医药方子，阿布丁马上从随身带着的一只牛皮包里掏出一本羊皮书，递给匡愚说："不是陈大师提起我们的药方，我差一点忘了，我这里就带来一本《回回药方》，我把它送给你们，或许对你们会有些用场的。”

匡愚双手接过《回回药方》，对歪歪扭扭的波斯文看不懂，他递给马溜溜，问他看不看得懂，马溜溜看了看，也只好摇摇头说：“看不懂！”

马溜溜虽然会说波斯语，但却不识波斯文。陈以诚说：“马溜溜不识波斯文不要紧，我们船队的马欢通事是精通波斯文字的，带回去请他翻译成汉文是不成问题的。这本《回回药方》我听说过，却没见过，这是我们医家的宝贝，谢谢阿布丁先生！”

陈小狗把那一袋石头寻出来送到了回回石头店，也赶了过来，正赶上厨师把红烧牛肉、白切羊肉大盘大盘地端上桌子。还有用一种透明的称作颇黎的大杯装着的雪白的鲜羊奶、紫莹莹的鲜榨葡萄汁、鲜鲜红的鲜榨石榴汁端到了每个人的面前，只是没有酒。

匡愚问：“有酒吗？我们当痛痛快快地喝杯酒，以示庆贺！”

陈以诚示意马溜溜不要翻译匡愚要酒喝的话，他知道阿布丁信奉的《古兰经》中是忌讳信徒喝酒吃猪肉的。不过除了喝不惯羊奶、萄萄汁，石榴汁对匡愚他们来说还是很享用的。

陈以诚一边喝着果汁，一边把玩着装牛奶果汁的颇黎杯，它呈现出半透明状态，有蓝、白、黄、紫、红的自然花纹，盛满了牛奶、果汁后色彩更加丰富。他记得佛教典籍《大智度论》中说：“此宝出山石窟中，过千年，冰化为颇黎珠。”又想起唐朝玄应和尚在《玄应音义》一书说：“颇黎，西国宝名也，此云水玉，或云白珠。”白珠，大概指奶白色像珍珠一样的颇黎器，而水玉的提法则更形象，这种颇黎器的色彩在灯光下似无定型，像流动的玉一样变化无穷，美妙极了。

阿布丁见大明医师对饭店的颇黎器爱不释手，便叫店老板取来色彩不一的六只颇黎杯，红纹的送给蔡缥缈和马溜溜，白纹的送给陈小狗，蓝纹的送给匡愚、陈良绍，陈以诚早就把那碧绿的颇黎杯紧紧地抓在了手上。

六位下西洋医师得到阿布丁馈赠的颇黎杯十分喜欢，中国人喝茶喝饮料用的是瓷杯或紫砂杯，这种颇黎杯倒是难得一见。

陈以诚说：“阿兄既开盛宴，让我们享受了美食的口福，又慷慨赠送颇黎杯，让我们大开眼界。且会根据男女长幼和观察到的各自性格相赠各色颇黎杯，阿兄真是商界高人啊！令以诚佩服，请受以诚一拜！”说着抱拳向阿布丁深深作揖。并口占一绝曰：

靓妹红妆美如霞，纯白少年思无邪。
蓝青胜过苏麻喇，碧海丹心众口夸。

【第三十五回】

满剌加再迎大帅　中转港振兴友帮

海边建站便中转，满国振兴气象新

大帅二番巡海峡，蔡陈合卺兼洗尘。

话再回到满剌加，经过两年多的建设，满剌加已经面貌一新。海峡边的大明下西洋的中转港已经建好，八百亩的寨子建起了木栅，一百名大明兵士守卫着中转港。

来自太仓卫的副千户长周闻留在满剌加负责中转港建设的总指挥，他手下有位得力的百户长叫周泰。周泰是宜兴籍，他的父亲周福宝在洪武年间曾经与周闻一起参加平息交趾暴乱而战死河口。周福宝临死前托周闻照料他的家眷。周闻因平息交趾暴乱战功得到晋升，他便将周福宝的儿子周泰收为义子。周泰也因他父亲的战功受荫庇做了太仓卫所的百户长。周闻和周泰双双随征郑和下西洋，并留守在满剌加创建中转港。

在满剌加搭房子用的都是木材，满剌加有取之不尽的木材。木材搭建的房子虽然轻便，但不坚固，也不防潮，更不防火。满剌加雨水多，风大雨狂，风常把木板房刮倒，再好的木板房也会渗雨。满剌加的太阳更毒，太阳一直在头顶上晒着，晒得土地冒烟。周闻知道宜兴人会制陶，而且周泰还曾在老家烧过砖瓦窑，于是，周闻便和周泰商量在满剌加建起了八个砖瓦窑，教士兵和满剌加民工制砖瓦，烧石灰，有了砖瓦石灰就可以建造坚固防潮的房舍了。

两层楼的营房仓库围成一个八卦形，按照八卦的八个方位开挖了八口大水井，为中转港人员提供了充足的淡水。水井边有八个铸着龙头的大铜缸是从船上运来的，铜缸里盛满了水，水缸中养着荷花，既美观，也可起到消防的作用。

太极广场的中间竖着高高的旗杆，一面金黄色绣着大明三宝太监下西洋大元帅的帅旗在海风中猎猎作响。兵士们早晚在帅旗下操练。

医药仓库中存放了买卖街上用作交换的瓷器、丝绸、器具，也有从买卖街交换来的胡椒、沉香、龙涎香、鱼翅、燕窝等南国特产。

从爪哇国大明医局采购来的硫黄和艾绒的两只运货船刚刚抵达码头，征召来的满剌加民工将一包包硫黄、艾条运到中转站，分门别类地装进药材仓库。

买卖街如今是满剌加最热闹繁华的街市了。

下西洋船员们开办的瓷器店、丝绸店、铁器工具店、酒馆食铺等顾客盈门，当地人开设的土特产店、香料店、野味店、海鲜店也红红火火，甚至阿拉伯商人也来租店开设珠宝店、玻璃店、首饰店。下西洋中转港的人、满剌加的当地人、周边各岛国的船客，还有波斯商人、阿拉伯商人都来交易。

因为有了这条买卖街，满剌加的国库充盈起来了，拜里米苏拉国王也多次来买卖街视察，每次视察结束都要到大明人开的店铺买上两斤灯影牛肉、沽上一斤老酒回宫去品尝。他每拿起一片牛肉都要对着灯光看了又看，那丝丝缕缕的牛肉纤维构成的图案让他着迷。

当然，他每次视察也常常到满剌加大明永乐医局去拜访陈良绍、匡愚和陈以诚医师。陈大师是他的心爱的公主的救命恩人，三位医师也都是帮着筹建满剌加大明永乐医局和培训满剌加医师的老师。

他的可爱的丽鹿公主也在大明永乐医局跟陈大师学习中医，他更想去看看心爱的丽鹿。丽鹿公主已不肯回王宫中的椒房去休息了，她与蔡缥缈、马溜溜三个人已经姐妹相称。她们同住一间房，亲密无间，无话不谈。既然丽鹿公主不愿回到宫中居住，拜里米苏拉国王就在大明永乐医局为她们三人仿造宫中的样式建了一幢楼。楼的内外墙也涂了一层椒泥，熏着沉香或龙涎香。拜里米苏拉国王认了蔡缥缈和马溜溜为满剌加的公主。三位公主住在一幢楼，那幢楼大家就叫它公主楼了。

满剌加大明永乐医局建在一处丛林中间，位于买卖街的北侧，坐北朝南。这里靠近赤道，阳光几乎直射，医院为了遮蔽强烈的阳光，把病房建在高高的密密的丛林空隙间。这里有高高的油棕树、棕榈树、桫椤树、凤凰树，空气清新，鲜花盛开。

满剌加建国较迟，没有御医，大明永乐医局也像爪哇办医局一样，通过考核的方式向社会招收了愿意学医的青年来医局学习。陈良绍、陈以诚和匡愚医师拜访了十多位满剌加的巫医，并聘请他们到医局来诊病，这既可以向他们传授中医知识，也可以向他们学习满剌加的医术。他们既是学员，也是医生。满剌加的大明永乐医局的规模远远大于爪哇的大明医局，一方面是陈良绍有了在爪哇办医局的经验，另一方面也是下西洋中转海途上的病员看病疗养的需要。

郑和回国将近一年半了，郑和再下西洋的日子也快了。拜里米苏拉国王记得郑和的一个许诺：下次来满剌加要为陈良绍和蔡缥缈举办婚礼。他这次来拜访陈良绍是向他提出婚礼在王宫举办的建议，这是对大明帝国的敬意，也是对陈良绍为丽鹿公主治病的报答。

拜里米苏拉国王像老朋友一样直接进了陈良绍的宿舍中，马上有人去向陈良绍禀报。陈良绍正在病房中巡诊，听说国王驾临，马上脱了工作服，洗了手来见国王。陈良绍要行大礼，拜里米苏拉国王一把拉住说："不必客气啦！您是我们满剌加王国请来的贵宾，咱们又是老朋友，我今天是顺便来看看老朋友的。我买了两斤牛肉、沽了一斤老酒，不要惊动他人，就我们两个人喝酒吃肉。"

陈良绍说："既然大王不避简陋，哪敢不从命！"

国王屏退左右，就和陈良绍两人相对而坐，喝酒吃肉。你敬我，我敬你，三巡已过，国王说："掐指算来，郑大帅回大明王国已近一年半时间，应当快再次下西洋来了。"

陈良绍说："大王说的是，应当快到了。"

国王说："郑大师来到满剌加将为你和蔡缥缈公主举办婚礼，蔡缥缈既然是我认的满剌加的公主，我看这婚礼就在王宫中举行。我回宫后就下令筹备，郑大帅一到，就择吉日举办。"

陈良绍端起酒杯，举过头顶，然后一饮而尽，向国王深深鞠躬致谢。

拜里米苏拉国王和陈良绍正在房间里对饮的时候，突然房门咚咚咚的被敲响了。原来是匡愚和陈以诚敲门，并大喊："国王厚此薄彼，关着房门单独请陈良绍喝酒，也不给我们分享！"

陈良绍打开房门："国王在此，两位不可造次，快给国王行礼！"

拜里米苏拉国王一把拉住正要行大礼的匡愚和陈以诚说道："不必多礼，我们是朋友相聚，两位来得正好，我正在与陈医师商量等郑大帅来满剌加时就在王宫为陈大师与蔡缥缈公主举办婚礼的事，陈医师已经答应了。你们来了就一起商量商量吧，只是牛肉不多了。"

国王正要喊侍卫去买卖街买牛肉，只见陈以诚举着手中的一只青花瓷盆说："国王、官人，王麻子满剌加灯影牛肉来了！"

陈以诚说："这王麻子满剌加灯影牛肉是留在满剌加开牛肉店的船员王麻子用祖传秘方特制的牛肉，王麻子是陕西人，家里开着牛肉店，在祖传秘方的基础上加进了满剌加的特制香料。他刀功了得，每片牛肉切得如同皮纸一样薄，灯光下一照，嘿嘿，像一幅幅画一样，香喷喷的画呀！"

大家像一群调皮的孩子，都用手来抓陈以诚青花瓷盆里的牛肉。

匡愚说："吃肉得喝酒呀，我这罐子里的酒可是名闻西洋的谭三拐满剌加龙涎香烧酒呀，待我来开罐!"

只听得"啪"的一声，酒罐打开，匡愚向四只黑色酒盏中斟满清冽的白酒，一屋异香扑鼻。

"哈哈哈，真正的开坛十里香呀！"匡愚大笑，"这谭三拐满剌加烧酒来了!"

这谭三拐是润州人氏，是祖传造酒世家，也留在满剌加开酒坊，用满剌加的香稻米酿酒，这是刚漉出来的头道烧酒，开坛十里香啰。

拜里米苏拉国王端起酒盏，看到酒盏底下一只金色的眼睛在闪烁，酒盏的四壁有白色的绒毛在晃动，他一下子惊呆了："这，这，这酒盏里怎么有活物？"

匡愚和陈良绍早就一口喝下了酒，拿着酒盏说："哪有什么活物，国王眼睛发花了吧！"

国王看看匡愚和陈良绍的酒盏，确实没有闪烁的眼睛和晃动的绒毛，让匡愚和陈良绍看自己的酒盏，匡愚也看到了国王酒盏中随着清酒摇动闪烁的金色的眼睛和酒盏壁上浮动的白色绒毛。

陈以诚哈哈大笑，叫陈良绍和匡愚将酒盏再倒满酒，看各自的酒盏，除了每人酒盏四壁都有晃动的绒毛是相同外，大家看到陈以诚的酒盏底浮动的是一本打开的书，陈良绍酒盏底下浮动的是一片绿色的树叶，匡愚酒盏底是一只张着大钳的蟹，拜里米苏拉国王的酒盏底部是一只金色的大眼睛。

匡愚大叫："书蠹头啊书蠹头，你是拿酒盏来给我们四人画像呀！"

陈以诚一本正经地说："这四只酒盏是我的一位福建病员送我的，我带在身边可从来没有用过，本来是当茶盏用的，今天拿来给大家喝酒，只是随意摆在这里的，我也不知道这建盏有这个名堂，这可是天意啊！国王属天，拿了只天眼盏；良绍提议浮槎四海，拿了只绿叶盏；你这匡兄，张牙舞爪，确实像只大螃蟹。我嘛，你匡老兄一直骂我是书蠹头，拿只书酒盏倒也恰如其分，哈哈哈！"

匡愚说："既如此，那我们喝完酒，这酒盏就各归各人拿着了。"

陈以诚说："这四只建盏确实是个古物，是宋代人在福建建安地区的建窑生产的建盏，宋代人是用来喝茶的，宋代的宰相蔡襄有首赞建盏诗：

兔毫紫瓯新，蟹眼青泉煮。
雪冻作成花，云间未垂缕。
愿尔池中波，去作人间雨。

"这黑色的形似漏斗，色有斑斓的建盏，自古就有'瓷坛明珠'的美称。它用特殊的釉涂在瓷坯的表面，在烧制的过程中烧出不同的纹理、色彩，层层叠叠地呈现出兔毫的密集细腻、油滴状的随意自然、曜变状的个性，在温润晶莹中，又带着瑰丽悦目的艺术风采。范仲淹在《和章岷从事斗茶歌》又有诗曰：

黄金碾畔绿尘飞，碧玉瓯心雪涛起。
斗茶味兮轻醍醐，斗茶香兮薄兰芷。

"无论是黄金的飞扬还是绿色的茶沫，带出的都是如诗如画一般的意境。

搭配上建盏不一样的纹路与花样，把当时诗人放肆飞扬、潇洒肆意的精神境界给摹写出来了。

“书画大家黄庭坚的诗曰：‘兔盏金丝宝碗，松风蟹眼新汤。’直接点出了建盏的与众不同，在流水映月与建盏之间，相互交错，特色非凡。”

匡愚听得陈以诚嘀嘀咕咕地掉书袋，有点不耐烦了，说道：“看来书蠹头是舍不得这几只破盏了，我还你得了。”

陈以诚说：“匡愚头，哈哈，你真的不要，我就收起来了。在南宋以后的兵荒马乱中建窑便废了，它的烧制方法就失传了，你要再找到这只建盏就不可遇了。”

匡愚一听建盏是稀罕之物，马上改口说：“哈哈哈，书蠹头今天难得大方，我们赶快喝酒，喝好酒把这建盏各自藏好，书蠹头想反悔也反悔不成了。”

说得大家哈哈大笑，碰杯的时候大家也都小心翼翼起来了。

正在这时，有官员来报：“郑大帅的官船到了！”

拜里米苏拉国王下令满剌加文武百官立即到码头迎候郑大帅。

郑和一行下了官船，与满剌加国王码头上相见，便被引见到下西洋中转港，在中转港的兵营里早就布置了一套豪华的供郑大帅起居和办公会客的府第。

郑和略一坐定，便有周闻副千户长汇报下西洋中转港建设的情况，陈良绍汇报了满剌加大明医局的建设和运转情况，医局医师兼买卖街总管张仕奇也汇报了买卖街商市的现况。

郑和说：“耳听为虚，眼见为实。各位带我去中转港、医局和买卖街看看。”

满剌加国王和百官、陈良绍与医局的众医师、千户长等一行官员簇拥着郑大帅视察了中转港、医局和买卖街，所到之处，郑大帅都是频频赞赏。

途中，拜里米苏拉国王与郑和耳语了一番。

郑和大声说：“国王提议甚好，十天后，国王在王宫为陈良绍大师和蔡缥缈公主举办婚礼，也算是为下西洋的船队接风洗尘。哈哈，我们的船队海上航行，倒是一尘不染的哟，就算庆功宴吧，为下西洋中转港、大明永乐医局和买卖街的建成庆贺一番。”

众人一阵欢呼。

【第三十六回】

良绍缥缈结良缘　宴会闯进不速客

宝丽天妃宫配享，王宫摆宴宴佳宾。
蔡陈完亲友邦国，不速来宾认至亲。

在众人欢呼过后，郑大帅说：“副千户长周闻，临回国前，我曾说要在满剌加建一座天妃宫，天妃宫建得怎样了？快带我去看看，我回国朝见皇上，还特地请皇上批了‘敕建满剌加天妃宫’的御笔，还请大学士解缙写了一副对联，都做成了匾额和联牌，我们要择吉日恭迎御匾，张挂联牌。”

副千户长周闻说：“启禀大帅，遵照大帅的吩咐，谨与满剌加国王商量后，天妃宫已择一块吉地建在买卖街和下西洋中转港的码头联结处，总体框架结构已按大帅的旨意建好，正在油漆，天妃娘娘的神像已经立好，正在贴金。”

郑大帅问：“还有宝丽公主的配殿建得怎样了？这次我回国面见皇上，讲述了宝丽公主的故事，皇上特意嘉奖了宝丽公主，追授宝丽公主为大明安海公主，御笔亲题‘大明安海宝丽公主神殿’，这座配殿务必精心修建。”

拜里米苏拉国王听得郑和说大明永乐皇帝追授宝丽公主为大明安海公主，并御笔亲题“大明安海宝丽公主神殿”匾额，十分感激，立即率满剌加官员一起跪在大帅面前大呼：“大明永乐皇帝万岁！万万岁！”

郑大帅扶起拜里米苏拉国王说：“永乐皇帝对国王加强两国亲善、为大明下西洋船队提供方便大加奖赏，让我带上一批赠品送予国王，并邀请国王方便时访问大明国。”

拜里迷苏拉国王再次率满剌加官员下跪欢呼：“大明永乐皇帝万岁！万万岁！”

郑大帅扶起拜里米苏拉国王，对周闻说：“还有不到一个月时间，务必抓紧时间建好天妃宫和宝丽安海公主配殿，九月初九，天妃娘娘升天吉日，将举行天妃宫开宫仪式，各位将士要全力配合，把我们大明国第一个在海外建的天妃宫开宫仪式办得热热闹闹的。”

众将士齐呼：“遵命！”

随后，郑大帅命人将永乐皇帝赐赠给拜里米苏拉国王的赠品亲自送往满剌加王宫，下西洋的仪仗队鼓乐齐鸣，船员们抬着永乐皇帝赐予拜里米苏拉国王的御窑瓷器和皇家丝绸，赐品开箱摆放，王宫中光辉灿烂，耀眼夺目。

日月穿梭，吉时来临。已是九月初九，正逢妈祖娘娘升天的吉日，郑大帅携同拜里米苏拉国王率领下西洋众多官兵和满剌加文武百官前往满剌加天妃宫举行开宫仪式。

满剌加天妃宫建在买卖街尽头与中转港码头之间，坐北朝南，南朝大海，海浪拍岸，涛声阵阵，北靠小山，山头绿树蓊郁，云蒸霞蔚。天妃宫前后三进，依次为正山门、正殿、后殿，东西两侧分列钟鼓楼、厢房，后殿即为满剌加宝丽公主的配殿。

正山门前竖着一对高高的幡杆，幡杆上飘着长长的黄色锦缎幡旗，幡旗上绣着天妃娘娘的封号曰：“敕封护国庇民明著妙灵昭应弘仁普济天妃。”正山门前是一片开阔的广场，广场的远端建起一座戏台，戏台坐南向北，面对天妃宫。

这一日，永乐皇帝御笔亲题的“敕建满剌加天妃宫”和“大明安海宝丽公主神殿”的匾额已经挂上，蒙着红绸，等待大帅和满剌加国王前来揭彩。宫殿前摆满了各式花篮，山门和戏台前有陈小狗他们制作的狮象麒麟骏马奔鹿等各色纸扎，锣鼓喧天，号角齐鸣，船队上组织的舞龙队、荡船队、满剌加的跳神队在广场上表演，吸引了成千上万船队上下来的船员和满剌加的百姓前来观看。

在响彻云霄的十八响金铳震响之后，郑大帅和满剌加国王在船队将士和满剌加百官的护卫下乘坐象轿来到了天妃宫前，副千户长周闻、买卖街总管张仕奇率众在天妃宫正山门前迎候。

国王和郑大帅为“敕建满剌加天妃宫”和“大明安海宝丽公主神殿”揭了匾，率众将士和百官敬了香。

天妃宫妈祖神像端坐神台，慈眉善目，装了金身，解缙大学士的长楹联挂在立柱两侧：

天德昭昭帆樯并济达万邦，盛德配天民安国泰济友邻。

妃恩赫赫俎豆永馨共进香，大功在水雨顺风调敬天命。

天妃宫妈祖神像前，郑和向拜里米苏拉国王讲述了妈祖济海宁邦的故事，也把正殿的立柱上悬挂的解缙大学士的楹联做了讲释，国王连连点头。

大明安海宝丽公主神殿的神像是按照丽鹿公主的模样雕琢的，神像惟妙惟肖，身上缠着吉贝巾，王后式打扮，神像也涂了金身。立柱两侧有郑大帅手书的一副楹联：

安海公主满剌王后明满联姻亲如一家

宝丽贤慧助夫抗暴殉国英烈万民敬仰

拜里米苏拉国王凝视着宝丽王后的神像，点燃了一炷高香，献在宝丽王后的神座前，双手合掌，默默祈祷，往事历历在目，不禁潸然泪下。他对郑大帅说：“感谢大帅为宝丽王后在天妃宫建立这么庄严华美的神殿，我要带着丽鹿公主经常来天妃宫朝觐妈祖，看望宝丽王后，牢记两国友谊，学习宝丽王后的贤德。”

这时，人们发现丽鹿公主、蔡缥缈、马溜溜、陈良绍和一帮医师们都没来参加天妃宫的开宫仪式，他们这些人去哪里了？

原来这一天也是陈良绍和蔡缥缈结婚的大喜日子，丽鹿公主、马溜溜作为蔡缥缈的伴娘，正在忙着为蔡缥缈打扮，陈以诚作为结婚仪式的司仪忙着排演，匡愚则带领一众医师们在布置新房。

因为蔡缥缈已被拜里米苏拉国王认作满剌加公主，这样满剌加国王就是她的义父了，宝丽王后就是她的义母了。按照陈以诚结婚司仪的设置，新娘送往新郎处之前将要去天妃宫神殿祭拜宝丽王后娘娘。

郑大帅和满剌加国王在天妃宫开宫仪式后各自分别，郑大帅要赶到下西洋中转港，作为陈良绍的男方父母官来迎接新娘，拜里米苏拉国王则要待在大明安海宝丽公主神殿里等待新娘缥缈公主来拜祭辞行。

不一会，新娘缥缈公主在丽鹿公主和溜溜公主的陪同下，乘着象轿来到了大明安海宝丽王后的神殿，三位公主各点燃了一炷香，恭恭敬敬地插在宝丽王后神像前的香炉里。国王也端坐在宝丽王后神像边上，三位公主三叩九跪地行大礼。丽鹿公主是第一次看到母亲的形象，禁不住号啕大哭，长跪不起，惹得缥缈公主和溜溜公主也一齐抹眼泪，以致拜里米苏拉国王也热泪纵横。四个人抱作一团，难分难解。

最终还是国王开了腔："好了，今天是咱们缈缈公主出嫁的大喜日子，你们的母亲在天之灵看到她有了三个女儿，也会笑逐颜开的。以后我们家要立下规矩，每有婚嫁大事，都要到宝丽王后大殿来祭拜告慰。"

说着，拜里米苏拉国王捧着一只宝丽王后的小型塑像递给缥缈公主说道："这是你的义母的神像，我把她交给你，你要像王后一样贤慧英勇，她会保佑你的。好啦，我们要赶紧回去准备送缥缈公主出嫁了！"

四人回到王宫中，宫女们按照满剌加的风俗给新娘蔡缥缈打扮一番。

王宫中送亲的队伍正向大明下西洋中转港出发，九头大象一字排开，国王坐在第一头大象的羽盖下，第二头大象是新娘缥缈公主，丽鹿公主作为伴娘与新娘并坐在羽盖下。新娘和伴娘穿戴精制的鱼皮衣服，头戴七彩羽冠，鱼皮衣服鞣制轻盈，镶挂无数珍珠玛瑙。新娘与伴娘唯一不同的是新娘脸上涂了白粉，用朱砂和黑炭画了神符，这是满剌加的风俗，新娘的面貌不能随便让路人看到，只有拜了天地，进了洞房后才能由新郎帮着"洗脸"后才能露出真容。据说这是早期野蛮的抢婚习俗演变下来的风俗，蔡缥缈既然成了缥缈公主，就得随了满剌加的风俗了。

后面的七头大象装运着国王送给新娘的陪嫁，计有象牙八对、犀角一箱、玳瑁一箱、银制餐具全套、锡制餐具全套、龙涎香一箱、上等沉香木一箱、新娘全套嫁衣两箱。

送亲队伍的最前面是吹着螺号的仪仗队，紧贴国王大象左右和大象队伍的是王室护卫。

听得螺号走近了，郑和率下西洋文武官员在中转港门前迎候，大明下西洋的仪仗乐队鼓乐齐鸣，冲天炮炸响蓝天，红地毯从中转港门前铺到新房门口。

郑和把国王迎进大堂茶叙，新娘由陈良绍抱着和伴郎伴娘拥进新房，洗了脸、重新化了妆来到大堂按明式传统举行结婚大礼。

仪式结束，宴开百桌。王宫的御厨准备各式海鲜：大个龙虾、深海鲍鱼、青背海蟹、乌贼墨鱼、鱼翅鲸膏、燕窝雪蛤……郑大帅的厨师则杀猪宰牛羊，红烧油氽，煎炸炒焖，炖熬蒸煮……王宫的海鲜一律用银盆盛装，大帅的中餐为全套的宫廷青瓷摆设。大帅这边为每桌备筷子匙勺，王宫百官全部用十指撕抓。大明的醇酒和满剌加的椰子酒斟满了酒杯。宴厅里酒香扑鼻。

拜里米苏拉国王祝词曰："大明下西洋船队来到我们满剌加，建起中转港，开设买卖街，满剌加呈现出从来没有见过的繁华景象，我借今天的婚宴首先祝满剌加与大明国的友谊天长地久，今天我嫁缥缈公主与大明医师良绍结为夫妻，祝他们早早生个峇峇和娘惹。"

郑和的部下听得生个"爸爸""娘子"，一时没搞明白，嗡嗡地交头接耳。

郑和大帅祝祠："十分感谢拜里米苏拉国王，为我们大明下西洋安排了一个中转港，我把拜里米苏拉国王对大明下西洋的友谊禀告给大明永乐皇帝，大明永乐皇帝要我当面向拜里米苏拉国王和所有支持下西洋的满剌加臣民表示感谢，愿我们两国永结同好！今天拜里米苏拉国王将美丽的缥缈公主嫁给我们大明下西洋的随征医师良绍结为夫妻，这就是一个美好的象征，国王祝他们早早生个'峇峇'和'娘惹'。我们一些下西洋的官员随从误以为要他们生个爸爸、娘子，国王说的生个'峇峇'就是生个胖小子，国王说的生个'娘惹'就是生个漂亮的小女孩。我希望在满剌加下西洋中转站的大明官兵也能觅得一位满剌加的漂亮姑娘，为满剌加和大明两国生个'峇峇'、添个'娘惹'。"

酒席宴上一片欢呼。

郑大帅祝毕和拜里米苏拉国王一齐举起酒杯邀大家为新婚夫妇的幸福和明满友谊干杯！

酒宴上杯觥交错，明满宾客大快朵颐。

酒过半巡，满剌加侍卫向拜里米苏拉国王禀报，说有一位从渤泥国来的男子要前来认他的妹妹缥缈公主，并提交了一块用汉文、爪哇文、波斯文、泰米尔文写着的“妹妹蔡缥缈在下西洋的途中，寻找漂泊在西洋渤泥国的亲哥哥蔡莫厘”的绸布。

国王把绸布条转给了郑大帅，郑大帅召唤新娘蔡缥缈前来辨识。蔡缥缈一看到绸布条不禁欣喜若狂，举着绸布条大喊：“终于找到我的亲哥哥啦！莫厘哥哥在哪呀？”

陈良绍一看那绸布条，也不免狂喜：“大舅子，大舅子找到啦！”

听得新娘新郎狂喊，宴会厅里的宾客莫名其妙，先是一片寂静，接着便是嗡嗡嗡的交头接耳的猜测。

陈良绍和蔡缥缈双双来到国王和郑大帅面前，将放风筝寻找蔡缥缈哥哥的事情做了汇报，国王和郑大帅也为蔡缥缈找到亲哥哥的事大喜。

郑大帅说：“这真是人间奇迹，喜上加喜！”

拜里米苏拉国王连忙吩咐侍卫：“快请蔡莫厘先生前来入座！”

蔡缥缈和陈良绍也随着侍卫迎上前去，把亲哥哥迎进了宴会大厅。

【第三十七回】

家族苦难漂泊　兄妹奇迹相见

莫厘诉族氏劫难，大帅评兄妹重圆。

国王赞明满友谊，蔡兄有重任在肩。

国王和郑大帅听了陈良绍和蔡缥缈说的一番缘由，都说这是喜上加喜，立即重新安排座次，把蔡缥缈的哥哥安排在首席，坐在新郎新娘和郑大帅与国王的中间。

蔡莫厘一路海风扑扑，日晒雨淋，脸庞黝黑，浓眉大眼，来不及换衣服，一条吉贝布斜挎在身上，与蔡缥缈的瓜子脸、淡眉凤眼、皮肤白嫩的俊俏模样极不相称，他们是兄妹吗？难道仅凭他在海里捞到的那块写着“妹妹蔡缥缈在下西洋的途中，寻找漂泊在西洋渤泥国的亲哥哥蔡莫厘”的绸布就能认定他就是蔡缥缈要找的哥哥蔡莫厘吗？有人表示怀疑。

蔡莫厘知道就凭着这一条绸布难以证明他与面前的这位新娘就是兄妹。他没有坐下便从胸前掏出了一块金牌。这块金牌的正面刻着“蔡莫厘，男，生于大明洪武壬戌年正月十八日辰时”，在下面还刻着一只生肖狗。这块金牌的反面刻着“蔡缥缈，女，生于大明洪武丁卯年二月十二日酉时”，下面一只生肖兔。这块记名生肖金牌一式两块，一块挂在蔡莫厘的胸前，一块挂在蔡缥缈的胸前。他知道蔡缥缈的胸前也一定挂着这块姓名生肖金牌，不管他们的模样长得如何千差万别，只要两块金牌对上，兄妹关系就确证无疑了。

就在蔡莫厘掏出生肖姓名金牌的同时，蔡缥缈也从胸前掏出了那块姓名生肖金牌，金牌上写着一模一样的姓名生肖，这块金牌的正面刻着“蔡缥缈，女，生于大明洪武丁卯年二月十二日酉时”，下面一只生肖兔。金牌的反面刻着“蔡莫厘，男，生于大明洪武壬戌年正月十八日辰时”，在下面还刻着一只生肖狗。

这时已是大明永乐八年（1410），蔡莫厘记得父亲是带着五岁的妹妹乘船离开渤泥国回大明国去祭祖的，掐指算来兄妹已是十九年没见面了，当年妹妹还是个黄毛小丫头，自己也不过是个十一岁的毛头小子，如今妹子已出落得如花似玉，自己也已是三十开外，如果不是这两块姓名生肖金牌，他们又怎敢相识相认。对上生肖姓名金牌后，蔡莫厘、蔡缥缈两人紧紧相拥，涕泗滂沱。这是日夜思念流了再流的泪，这是梦想成真后幸福欢欣的泪。

如果不是妹妹跟着陈良绍随郑大帅下西洋，如果没有这条海上漂来的妹妹找哥哥的绸布，如果没有陈良绍这批医师在西洋行医出了名，他又怎能来到满剌加找到缥缈妹妹呢?

这是天意，这是贵人相助，哥哥妹妹相认相拥后，哥哥妹妹又双双向郑大帅、拜里米苏拉国王呈上两人的姓名生肖金牌，请郑大帅和拜里米苏拉国王见证，跪拜致谢。当他们又要向陈良绍跪拜致谢时，陈良绍一把把他们拉起来，连连说：“使不得，使不得，莫厘大哥是我的大舅子，缈缈是我的妻子，我们如今都是一家人了。”

说着三人紧紧地拥抱在一起，端起酒杯，一起向郑大帅、拜里米苏拉国王和全体参加宴会的朋友敬酒致谢致敬。

全场为他们兄妹在这特殊的地方、特殊时刻的神奇相见欢声雷动，把酒杯斟得满满的，尽情举杯祝贺。

郑大帅和国王请蔡莫厘坐下一边喝酒，一边慢慢叙述蔡家兄妹离散相聚的神奇经历。

蔡莫厘、蔡缥缈的父亲叫蔡石荪，蔡石荪的父亲蔡槎公是苏州洞庭西山的商人。那还是在元代的时候，蔡槎公曾驾着七桅大船带着蔡石荪漂洋过海到西洋一带贸易，把江南的丝绸运到西洋各国换了香料、海药回到国内出售，与沈万三他们也有联系。蔡槎公在西洋一带名气也是蛮大的。年代久远，蔡莫厘只是听父亲偶尔提起过。

天有不测风云，海上贸易既要有经验，也要靠运气。有一次遇到海上大风暴，七桅大船翻了，父子俩抱着一只大木盆在海上沉浮，木盆不堪重负，蔡槎公从手上摘下一枚戒指，套在蔡石荪的中指上，断断续续地说："儿啊，如果你命大，千万把我的这枚戒指带回苏州太湖西山东蔡村，埋在蔡氏祖坟里。"说完，蔡槎公手一松离开了木盆，沉没在波涛之中。

蔡石荪悲痛欲绝，本想与父亲一同沉海，但想到父亲的嘱托，只得牢牢地抓住木盆在海浪中漂浮。最终被渤泥国的一家渔民救起，收为义子，并与这家渔民的女儿成婚，生下儿子蔡莫厘和女儿蔡缥缈，莫厘和缥缈是太湖东西山的两座山峰，为儿子女儿用太湖东西山的两座山峰取名，正是要他们不忘故土的意思。

蔡石荪渤泥国的义父义母先后去世，父亲蔡槎公撒手大海时的嘱托时时浮现在他的脑海中，他中指上戴着的父亲留给他的那枚戒指日夜提醒他，要把父亲的遗物带回苏州，埋进西山东蔡村的蔡氏祖坟里去。

儿子蔡莫厘十一岁、女儿蔡缥缈五岁的时候，蔡石荪与妻子商量，他要回大明去，完成父亲的遗嘱。妻子不舍分离，他们都知道海途艰险，这一去何时再见面就很难说了。妻子的不舍也让蔡石荪犹豫不决。

有一天，蔡石荪晚上做了一梦，梦见父亲蔡槎公还在海上漂浮，跟他说："儿啊，我冷啊，无处安身呀！"

蔡石荪一梦惊醒，明月照窗，中指上的那枚戒指闪着奇异的绿光，他决心已定，一定要回大明去，把这枚戒指埋进蔡家祖坟中，让父亲的灵魂不再在海水中漂浮。

蔡石荪买了一块金子，找金匠打了两块刻录儿女姓名的记名挂件，一块挂在儿子的胸前，一块挂在女儿的胸前。他留下儿子莫厘在渤泥国妻子的身边，带着女儿缥缈搭乘一条开往大明的商船，踏上了回大明的旅程。他与妻子说："如果我们能够相见，那是最好不过了；如果我们不能再相见，那只能听天由命了。如果我们的儿女能有机会相见，便由他们胸前的记名挂件为凭。"

蔡石荪终于带着女儿回到了故乡，完成了父亲的嘱托，太湖西山东蔡村的蔡氏祖坟中垒起父亲的一座坟圈，竖起了一块墓碑，把父亲交给他的那枚戒指埋入墓里，了却了父亲遗愿。一路的颠沛流离，蔡石荪一病不起，死在了故乡，由族众安葬在祖坟他父亲蔡槎公的墓边。女儿蔡缥缈也病得奄奄一息，恰遇陈良绍西山出诊，经陈良绍悉心医治和照料，蔡缥缈长大成人，如今随郑和下西洋，在满剌加与陈良绍成婚。

渤泥国蔡石荪的妻子久久盼夫不归，也抑郁病死了，好在儿子蔡莫厘已经长大成人。母亲在世时，时常抚摸着蔡莫厘胸前的记名生肖牌，念叨着丈夫蔡石荪和女儿蔡缥缈的名字，向着北方的大海黯然神伤。每当这时，蔡莫厘便安慰母亲，说父亲妹妹会回来的。然而海途迢迢，信息不通，到哪里去寻找父亲和妹妹呢？

整整盼了十九年，思念了十九年，终于有人在海里捞到了一条写着“妹妹蔡缥缈在下西洋的途中，寻找漂泊在西洋渤泥国的亲哥哥蔡莫厘”的绸布，好心人把这条绸布送到了他的手上。

这条蔡缥缈找哥哥蔡莫厘的绸布又是怎么回事呢？蔡缥缈讲起了这条绸布的故事。

蔡缥缈随父亲乘着海船离开渤泥国的时候年龄尚小，在海上漂泊了一年才回到了苏州西山东蔡村，她只记得是西洋的渤泥国，已记不得家在渤泥国的具体位置了，父亲去世后她成了孤儿，只有哥哥蔡莫厘的名字挂在她的胸前。她被陈良绍救治后，知道陈良绍他们将随郑大帅下西洋，便缠着陈良绍也要下西洋，一方面她确实感恩想报答陈良绍的收留养育之恩，另一方面也想在下西洋的途中或许有机会寻找到在渤泥国的亲哥哥。

但是如何找哥哥呢？她把这个心结告诉了陈良绍，陈良绍想到郑和下西洋的船队有一项放风筝向西洋各国海飘大明下西洋诏告的做法，诏告曰：

“三宝太监郑和奉大明永乐皇帝御旨率船队下西洋，颁正朔、靖四海，欲宣教化于海外诸国，导以礼义，变其夷习，中天下而立，定四海之民，一视同仁，特此敬告。”

诏告用中文、波斯文、爪哇文、泰米尔文等多种文字木版刻录后漆书在丝绸上，绑定于风筝，船队到岛国附近，乘风势放飞风筝，待风筝飞到一定高度，便割断风筝线，让大明诏告任意飘向各国。即使飘到海上，印有丝绸的诏告绑在葫芦上，葫芦浮在水上不会沉没，这些诏告上还有一个钱袋，钱袋里装着几枚铜钱，奖励那些拾取诏告、宣扬诏告的人。

于是陈良绍便想出了借放风筝海飘诏告文书的机会海飘寻亲文告，在丝绸上漆书“妹妹蔡缥缈在下西洋的途中，寻找漂泊在西洋渤泥国的亲哥哥蔡莫厘”。寻亲文告也请通事费信翻译成多种文字一起书写。陈良绍曾把这寻亲文告禀告郑大帅，得到了郑大帅的首肯支持。

再说这蔡莫厘在渤泥国曾遇到一位大明的漂泊者来到渤泥国的道长，他向这位道长学习了捏骨推拿术和一些医学知识，竟在渤泥国成为一位家喻户晓的捏骨推拿高手，还被渤泥国国王聘为御用医师。

陈良绍帮蔡缥缈制作的通过风筝海飘寻哥哥的绸布被多位渔民捞获，有人辨识后终于送到了蔡莫厘的手上。这时候郑和浩浩荡荡的船队下西洋的传闻，以及随郑和下西洋的神医在爪哇、满剌加建医局，为百姓治病的神奇传说已传遍了西洋各国。蔡莫厘确信近来郑和下西洋的船队要到满剌加的信息，便乘船来到了满剌加，想不到巧遇妹妹蔡缥缈正在王宫举行婚礼，便带着那块绸布闯入了王宫。

十九年过去，兄妹俩容颜已改，妹妹长得像父亲，更像大明人了，哥哥长得像母亲，更像渤泥人了，即使见面也不识了。当他们掏出各自胸前的记名生肖牌后，兄妹俩抱头痛哭后又大笑不止。

郑大帅向赴宴的宾客简要叙述了蔡氏兄妹离别和相聚的神奇经历，所有赴宴的宾客得知蔡莫厘、蔡缥缈兄妹苦难的家史，凄凉的离别又神奇相见的传奇故事后无不为之动容。

郑大帅再次举起酒杯说：“我们大明下西洋的船队一路上战海浪、虏海盗、建医局、斗病魔，创造了一个又一个奇迹。利用放风筝海飘文告，传扬信息，使离散十九年的兄妹异国他乡重相聚，这是我们下西洋途中创造的又一个奇迹。让我们再次为这对奇迹般重新相遇的兄妹举杯祝福！也请大家在下西洋的海途中创造更多的奇迹！”

一声声的祝福此起彼伏。

拜里米苏拉国王也再次举起杯说：“郑大帅说得好，离散十九年的蔡氏兄妹能在满剌加再相聚确实是人间奇迹，说明我们满剌加是一块创造奇迹的福地。大明下西洋船队选择在我们满剌加建立中转港，更为我们满剌加提供了创造奇迹的机会，大明下西洋中转港在满剌加创建买卖街，同样为满剌加的繁荣昌盛创造了奇迹，大明下西洋的医师们在满剌加创建永乐医局为满剌加创造了健康的奇迹，这是明满友谊的奇迹！让我们为明满友谊再次干杯！”

“为明满友谊干杯！”

此起彼伏的呼喊声，婚宴达到了高潮。

婚宴结束后，来到下西洋中转港，蔡莫厘没来得及去看一看妹子的婚房，便来拜见郑大帅。

他对郑大帅说：“我这次来满剌加除了希望兄妹能相见外，还受渤泥国王重托请求大明下西洋船队能派医师到渤泥国去建立一个大明永乐医局，帮助培养渤泥国的医师。大明在爪哇国和满剌加建立医局的事声名远播，渤泥国王还专门让我带来了一份邀请书。”

说着，蔡莫厘掏出了渤泥国的国书，双手举过头顶，双膝跪地，向郑和大元帅郑重地递上了国书。

国书上写着：

大明国三宝太监下西洋指挥正使和：

近闻大明国下西洋舰船浩浩荡荡，靖海安邦，宣扬睦邻，威名远震。特传中华神医，仁心大爱，爪哇设医局，神药传海国，满剌加施神术，惠民无数。鄙渤泥国偏寓海岛，向望倾心，特遣使蔡莫厘前来求援，盼霖雨普施，恳请派一二神医莅临渤泥，救病民苦痛。切切！为表达敬意，特敬献红珊瑚、黄珊瑚、黑珊瑚三株，敬请笑纳！

渤泥国国王麻那惹加顿首

蔡莫厘敬献国书后，叫随从抬上来三只红木大锦盒，第一只锦盒里装的是一株三尺八寸高的红珊瑚，第二只锦盒里装的是一株三尺八寸高的黄珊瑚，第三只锦盒里装的是一株三尺八寸高的黑珊瑚，每株珊瑚都枝干完整，分别配以红、黄、黑色宝石底座，为防止碰撞，珊瑚裹以洁白的吉贝棉绒。

蔡莫厘说，这些珊瑚是渤泥国的国宝，是从深海中打捞上来的。麻那惹加国王特意要我转告郑大帅：红珊瑚象征仁爱，希望大明皇帝能把仁爱之心普施渤泥国；黄珊瑚象征光明，祝愿大明下西洋船队一帆风顺；黑珊瑚象征坚毅，祝愿大明下西洋船队所向无敌。

郑大帅接过国书，收下礼物，对蔡莫厘说：“渤泥国王如此至诚，郑和先代大明皇帝表示谢意。麻那惹加国王所请在渤泥国建医局的事，并派遣陈医师的大舅子前来送达国书和厚礼，可见用心良苦啊。容我与各位医师商量，一定会给一个让国王和大舅子满意的答复，请莫厘大舅子在满剌加稍加休息，也可去医局、买卖街和我们的中转港去看一看。”

蔡莫厘向郑大帅叩头感谢，并私下告诉郑大帅，渤泥国王特别希望郑大帅能派一位妇科医生去渤泥王国，因为王后多次怀孕后均流产，至今膝下无子，国王年事已高，如今王后刚有身孕，怕再次流产，影响王位的继承大业。

郑大帅说：“国王子嗣艰难，这是大事，我们会好好商量的。”

【第三十八回】

陈良绍转医到渤泥　忆背鬼欲见黄大仙

三建大明国医局，妹兄相见喜团圆。

忽忆贺九岭头事，欲见天涯黄大仙。

郑和下西洋一路下来，已深切体会到医师对宣扬中华文明、加强与各国的睦邻友好关系，甚至为下西洋开拓铺路都做出了特殊的贡献，应当继续充分发挥医师们的作用。郑大帅见渤泥国国王所呈国书言词恳切，蔡莫厘更密告国王子嗣艰难，当全力相助。遂召来满剌加大明永乐医局的陈良绍、陈以诚、匡愚和张仕琦等几位医师一起商量。

郑大帅向各位医师介绍了渤泥国要办大明医局的请求，王室面临断嗣的困境。经过一番商量，众医师虽然都愿意前往渤泥国办医局，但考虑再三，一致认为，论办大明医局的经验，当推陈良绍，从创办爪哇大明永乐医局，到建立满剌加大明永乐医局，已积累了丰富的经验。论妇科医术，陈家是祖传妇科，在苏州城乡治妇女难产唯有陈良绍是第一高手。只是新婚不久，就又要远赴渤泥国去开辟新天地，实在难为陈良绍了。

郑大帅权衡再三，决定还是派陈良绍去渤泥国建大明永乐医局，为王后保胎。

郑大帅说："虽说陈大师此去渤泥国建大明永乐医局又要从头开始，但正好夫妻双双正可借此去莫厘大舅子家探亲欢聚，一举两得，良绍师以为如何？"

陈良绍说："大帅下令敢不从命！各位师兄中肯推举，大帅更说中我的心事，确实是一举两得。蔡氏兄妹离散十九年，此去渤泥国正可以让他们享受一下欢聚在一起的天伦之乐。"

其实陈良绍还有一桩心事没有说出来。

这两天他忙里忙外，各方应酬，确实辛劳，筋骨酸痛，蔡莫厘给他作了一番推拿，大舅子的推拿手法竟然与黄大仙的手法如出一辙。他详细询问蔡莫厘传授他推拿术的师傅的姓名样貌，蔡莫厘说师傅叫张九四，从国内江南来渤泥国寻亲不着，便以行医积钱办了个贺九道院。

陈良绍想，这张九四不就是张士诚的小名吗？黄大仙原是张士诚的旧部，黄大仙不忘旧主恩德，在这天涯海角竟直接以张士诚的小名来张扬，贺九道院不就是把苏州贺九岭的道院搬到渤泥国来建个分院吗？这张九四一定就是那位贺九岭上给他按脊推拿治病、教他捏骨学医的黄大仙了。

陈良绍对与黄大仙的交往刻骨铭心，记忆犹新。

医生也会生病，医生的病自己也不一定能治得的。那一年，陈良绍的右腿突然痛得不能着地，他给自己配了几贴药，却一点效果也没有，一条右腿既不是筋骨痛，也不是皮肉痛，那疼痛似乎是来自神经，痛得钻心。睡不安稳不说，连下床迈步也艰难万分。自己的弟子也曾给他按摩针灸，却就是不见效果。

陈良绍为自己按了脉，心律齐整强劲，并没有虚象，也不是旺火。再细察那条右腿，皮肉无一处红肿，更别说痈疽溃疡了；若说是疯痹发作，按捏右腿大小关节却无压痛，扭动膝关节依然灵活，那五只脚趾更照样可以如手指般伸屈。

陈良绍知道自己的这个瘫病不在脚上，问题出在别处，但是这神经里的疼痛究竟缘于何方，却也找不出个病根来。一个医生，却为病痛折磨在床，且找不出病因，想不出医方，更别说为其他病人诊治医疗了。陈良绍看到满壁由病家赠送的"手到病除""天下名医""扁鹊转世""华佗再生"之类的匾牌，脸上红潮阵阵，心头害臊难耐，便喊来家人把这些匾牌统统摘下，砸烂火烧。

家人深知陈良绍的脾气，只得把这些牌匾一一摘下，暗中收藏。同时又暗访治瘫的丹方名医。

却说城西贺九岭上有一道观，道观内住持人称黄大仙。黄大仙专治腰腿病，据说不打针不吃药，只在病人的身上按按捏捏、敲敲打打，便能手到病除。让病人躺着进观，走着出门。只是黄大仙从不外出诊治，也不接收任何诊费，病家为表示谢礼，只要随愿向道观献上香火祭礼便是。家人要抬他去贺九岭请黄大仙看腿病，陈良绍将信将疑，不置可否。于是陈良绍家人便吩咐几位家丁，把陈良绍安置在一张竹榻上，抬着去城西贺九岭找黄大仙推拿推拿。

苏州城西是一抹绵延的山梁，这贺九岭在苏州城西三十里外，本是吴王九九重阳祭天之地。山坡上有一巨石如笏，上书篆体“贺九”两字。贺九岭南为天平山，西是天池山，东是高景山。

贺九岭上建有两道石关，据说为明初刘伯温所设。刘伯温来此看过风水，说贺九岭西侧有一黄鳝精，若让它窜进苏州城里便会作怪成灾，于是便设计成一个鳝笼般的两道石关，并在两道石关间建造一座道观，把黄鳝精捉来关在鳝笼里，不过谁也没见过那条黄鳝精。

这道观里的道长姓黄，长得仙风道骨，人称他为黄大仙。民间暗中说他就是黄鳝精的化身，而他来到道观做住持后，也从来没出过石关一步。

石关的西侧是吴县县界，关口上刻着刘伯温的一道神符和吴县县令的一枚印信。石关的东侧是长洲县境，石关上也有刘伯温的一道神符和长洲县令的一枚印信。据说那条黄鳝精只要踏出这东西石关一步，便会断头送命。这不出东西石关的道长黄大仙便让人猜测他是那条黄鳝精化身在此隐居的了。

这两道石关之间成了长洲县和吴县之间均不管辖的一块真空地带，若有人犯事，只要逃到这块“贺九”福地，地方官吏便不来捉拿了。但也出不得石关，如同自我禁闭。因此这石关内倒也藏得些许的强人，由黄大仙供给食宿，受黄大仙收治管束。

陈良绍躺在竹榻上，先是乘船到了高景山山脚，然后由家人抬上了贺九岭。贺九岭并不高，在两山夹持之下，此时正是十月艳阳天，山上树木依然葱茏，山坡上菊黄亮眼。远远地见有一座石关，关门开启，关内高大的银杏在翠柏映衬下更显得金光灿灿。在银杏和翠柏的掩映下是一座巍峨的大殿，正是一座玄一道观。观前香烟缭绕，正值民间贺九并祭拜太上老君和玄天大帝的时节。

陈良绍家准备了香烛和祭仪，分别由家眷供奉了香烛、敬献了贺仪。计有香油十担、红烛百对、高香百封、太上老君玉象一尊、金狮一双、白银千两。陈家这次是来为陈良绍看病的，但医家正是玄一道观的住持，因此必定要献上大礼，方显出陈家心诚。山门前的小道早把陈家的来意向黄大仙做了通报。

黄大仙也不出门相迎，只是叫陈家人把陈良绍抬到观后客厅就诊。黄大仙端坐客厅太师椅上，详听陈良绍诉说病况，也不言语，便用手指示道童把陈良绍抬到客厅屏风后面。原来屏风后有一床榻，铺着青花被单，看来是专为病家准备的。道童把陈良绍抬上床榻，脱了陈良绍的外衣，只剩一套素白单衣，吩咐陈良绍俯卧在床上。

黄大仙示意道童撩开陈良绍的上衣，解开陈良绍的裤带，把裤腰脱到臀部。这时，黄大仙才将袖管卷起，把双手在香油中浸泡后，先用掌根在陈良绍的腰椎两侧自颈椎部抹至臀部，又从臀部反抹至颈椎。如此反复数次，接着用右手的大拇指和食指在陈良绍的脊椎上反复提捏。最后，黄大仙便集中在正对脐眼的腰椎部椎体用五指反复揉擦按捏。约一炷香时间，道童递给黄大仙一只玉制的小槌，黄大仙举玉槌在陈良绍的背脊骨上轻轻敲打，敲过数百下后，只见黄大仙高举玉槌，在陈良绍脊椎上用力敲下。听得脊骨一声咔嚓闷响后，道童取来一张画着八卦道符的膏药贴在了陈良绍的腰椎上。黄大仙说："起来吧！"

陈良绍在那两炷香的工夫里，只觉得身子由凉变暖，由暖变热，一股热流在脊梁骨上下涌动，听得咔嚓声时不由得心头一惊，虽然不痛，却觉得脊椎震动，浑身如同电击。当听到黄大仙喊他起来。他才将信将疑地缓缓探起身体，觉得并无异常，便又荡下了双腿，当双腿着地，没有了痛感时，他又站起了身体，扭了扭腰，迈开了步。

啊哈，神了！陈良绍觉得腰腿不痛了，腰肢扭动自如了，双腿迈步正常了。

啊哈，黄大仙，真神仙！不吃药，不打针，真的是手到病除了！

神了！神了！陈良绍一迭声地称奇。陈良绍决定要拜黄大仙为师。不等陈良绍说出拜师的话语，黄大仙却像一阵风一样，早就离开了后堂。

陈良绍对着黄大仙的背影朗声喊道："师傅在上，请受后生一拜，隔日专访，希望能收后生为徒。”

陈良绍知道这些高人的脾气，不会轻易授人以技的，需要以诚心换得他的信任，才谈得上拜师授徒。

出得道观，陈良绍看到古银杏树边有一丈八青石碑上刻着“天养人”三字，天养人三字为书圣王羲之手书，刚劲端正。陈良绍反复颂读：天养人、天养人，似有所悟。天，自然也，人，自然界精灵也。人生自然中，自然供给了人的所有的物质需求，人的生命是自然的产物，人的生存是自然的供给，人的行为受自然的管束，违背自然规律就会得病，而医药只是通过药物辅助人顺天理气以得正道，达到天养人的天道。

陈良绍又反思自己的腿病，黄大仙根本没有帮我看腿捏脚，而只是在我的脊柱上按摩揉捏、拍打敲击，想来病不在腿而在脊柱。天生人，人如屋，人立天地间，如一间间房屋立于大地，房屋能挺立不倒，不在窗门椽木的配适，而在于立柱的坚挺，立柱歪斜，大屋将倾。黄大仙呀黄大仙，这是找到了我的病根之源啦。病源一除，百病皆消，黄大仙，医之圣手也！陈良绍下了决心，一定要向黄大仙学医术。

从此后，陈良绍便隔三岔五地去贺九岭拜访黄大仙。黄大仙本有戒心，怕陈良绍提起拜师学艺的事，而陈良绍从此竟绝口不谈医道，只和黄大仙品茶论棋，弹琴记谱，偶尔也吟诗作词，渐渐地两人熟了。陈良绍从黄大仙的只言片语中，终于探得他的一些曲折身世。

原来这黄大仙曾是吴王张士诚的军中医师，对金疮骨科颇有研究，曾为张士诚接过断骨，为张士诚老母治过疥疮，深得张士诚信赖。张士诚在苏州称王后，聘他为宫中御医。

朱元璋打败张士诚后，黄大仙化装成道士出城，落脚在贺九岭下的玄一道观，收罗张士诚旧部，以图东山再起。后来为刘伯温识破，论律黄大仙应当问罪斩首，但黄大仙与刘伯温是同乡，黄大仙行医时，曾救过刘伯温父母的性命。刘伯温为报恩，便留下了黄大仙的性命，但对黄大仙有个约定，只能在贺九岭的两道石关内活动，不能越出东西石关一步。若黄大仙不守信约，将格杀不论，咎由自取，那便怪罪不得刘伯温的无情了。

黄大仙见天下大势已定，便遣散张士诚旧部，几个不肯离开的，便做了玄一道观的道士，并都与黄大仙立下决不越石关半步的约定。

一年半载下来，陈良绍与黄大仙已成莫逆之交，既然话已谈到了这个地步，拜黄大仙为师已是水到渠成了。

黄大仙说："陈先生是医界高手，我这按脊治病只是雕虫小技，怕误人子弟，陈先生还是另请高明为好。"

陈良绍是个探究医术无止境的医师，他广泛收集民间单方，学习坊间草医。黄大仙的捏骨医术，他是一定要学习的。陈良绍认为黄大仙是推辞，便向黄大仙跪下："请大仙不要推辞，救人苦难，实乃大恩大德。"

黄大仙见陈良绍一片真诚，便问道："先生信鬼乎？

陈良绍说："鬼由心生，心中无鬼，惧鬼何为？"

黄大仙说："若如此，你要拜我为师得约个时间，进山背个鬼回去，这才算是拜我为师。"

陈良绍心想，"背鬼拜师"？无鬼何来背鬼之说？不过师父说了要进山背个鬼回去，那师父一定会作安排的，便答应说："听师父的，背鬼拜师。"

两人约好十天后陈良绍一人独自来贺九岭背鬼。

这一天正是农历十月的下旬，秋风萧瑟、风高夜黑。陈良绍依照黄大仙嘱咐，带了一只大麻袋来装鬼。黄大仙也不与陈良绍多讲话，只是提了一把铁锹，带了一对香烛，领着陈良绍向贺九岭山北的一块墓地走去。

两人走到一座写着黄大毛之墓的碑碣前立定，黄大仙取出香烛供品叩头祭拜，陈良绍也照黄大仙行事，叩头祭拜。

祭毕，黄大仙取出一壶酒绕着坟堆遍洒，口中念念有词："大毛兄，你已走了五年，谅你的皮囊早已腐朽，今天我来借你一副白骨，赐予我的朋友陈良绍先生，让他天天给你按摩按摩。"

说罢，抡起铁锹就来刨坟。

陈良绍见状，一把拉住黄大仙："大仙，使不得呀，他是你大哥，怎好刨他的坟，取他的骸骨！"

黄大仙不为所动，对陈良绍说道："先生有所不知，我的这位兄长，当年是为吴王张士诚牵马的。他日夜奔走，每晚都是由我为他按摩。吴王战败被杀后也一直跟着我。因战时过劳，一直身子骨痛，是我每晚给他按摩。临终前，他说，我走了，没人再为我按摩了，我做鬼也难安呀！我说，别怕，五年后，我找一个徒弟来为你按摩你的老骨头。今天，我终于找到为老兄按摩骨头的徒弟了，正是我兑现老兄承诺的好时机。况且我已在观中为他重塑真身，每天早晚给他点香。”

说罢，黄大仙抡起铁锹更用力地刨起坟来。

陈良绍见黄大仙如此说，便再次向黄大仙下跪，正式拜师，又再次向黄大毛的坟头跪拜，承诺一定遵照师父的教诲好好给他按摩拿捏骸骨。

不多时，黄大仙和陈良绍已刨开黄大毛的坟堆，坟堆中棺木已经腐败，尸身已经腐烂，只剩得一堆白骨了，他们一块不少地捡起黄大毛的遗骸，装进麻袋之中，背到观后的一个小山包。小山包里已支起一口大铁锅，他们俩生起火，把黄大毛的遗骸放进锅里煮沸清洗干净，再装进麻袋。

黄大仙嘱陈良绍回家后用金丝把黄大毛的骨头一根根地接好，每天按摩拿捏黄大毛的骨头，三个月后再来交流按摩捏骨的体会。

陈良绍虽是医师，背着个坟头上挖出的死人骨头走着夜路倒也有点心里发毛。他走走停停，直到第二天天麻麻亮的时候，陈良绍才把黄大毛的白骨背到了家里。

陈良绍把黄大毛的这堆白骨摊在家中的密室之中，不让家中老少进室，然后用粗粗细细的金丝把黄大毛的骨头串接起来。串连这些骨头倒也真不容易，大骨头好接，小骨头难连，手指骨和脚趾骨就常常接错。在拼接过程中，陈良绍翻看医书，捏着自己身上的骨头，花了整整一个月才把黄大毛的所有骨头完完整整一块不少地拼接成功。

陈良绍把黄大毛的骸骨安放在一座紫檀木架子上，同一座与真人同高的紫铜铸造的人体经络穴位铜人并列安置。他遵从黄大仙的嘱咐，每天上百遍地按摩揉捏黄大毛的骷髅白骨，有时捏了骷髅的部位再对着人体经络穴位铜人细看，有时捏了骷髅的部位再捏自己身上的相应部位找感觉，有时还拿出金针在自己的身上寻找穴位所在的骨缝处扎针，体会与平时针灸的不同体验。

三个月下来，白骨捏得亮堂了，自己身上却青一块紫一块地多了起来。

此时春节将临，陈良绍备了一分厚礼和祭品再上贺九岭，一是再次祭奠黄大毛，二是与黄大仙切磋捏骨心得。

当陈良绍兴冲冲来到贺九岭玄一道观，却已不见黄大仙的踪影，只是观中道童交给陈良绍一封密函。陈良绍打开密函，有一封黄大仙留给他的信笺：

“良绍贤弟：见字如晤。承蒙贤弟背着吾兄大毛骸骨走出关口，灵魂得以自由。吾在此处已无牵挂，已于日前突出关锁，云游四海。他日有缘相见或在天涯矣。身无长物，留下我的《捏骨图经》一卷相赠。二毛顿首。”

陈良绍遍问观中道师道童，均说不知黄大仙所踪，只得向四方叩首，以示相送。

陈良绍心想，想不到黄大仙真的漂泊到渤泥国这处天涯海角来了，我一定要去会会黄大仙。

【第三十九回】

渤泥国又见黄大仙　酒席间说破心中事

无情见面总反目，有缘天涯能相逢。
劝解大仙莫为敌，但传秘术德无穷。

陈良绍和蔡缥缈已经与满剌加国国王他们一家结成了深厚的友谊。这一次郑大帅要派陈良绍去渤泥国创建大明永乐医局，需要做通拜里米苏拉国王和丽鹿公主的工作。国王和公主当然不愿意陈良绍和蔡缥缈离开满剌加，特别是丽鹿公主，陈良绍是她的救命恩人，再生父亲；她与蔡缥缈虽不是同胞姐妹，但胜过同胞姐妹，两人无话不谈，舍不得分离呀！

郑大帅带着陈良绍和拜里米苏拉国王作了一次开诚布公的长谈，从渤泥国王宫的断嗣之急，陈良绍的医学专长，说到蔡缥缈兄妹骨肉团聚之情，也说了陈以诚、匡愚、张仕奇和众医师的能耐，下西洋中转港对明满两国友谊的重要性，满剌加大明永乐医局绝对不会因为陈良绍的短暂离开而衰败。终于拜里米苏拉国王松了口，但提出了两个要求：一旦渤泥国大明永乐医局筹建完成，希望陈良绍夫妇继续回到满剌加国来，另外在明年丽鹿公主大婚之时，陈良绍夫妇一定要回来喝喜酒。郑和与陈良绍爽快地答应了拜里米苏拉国王的要求。

喝过送行酒后，陈良绍和蔡缥缈登上了蔡莫厘的信使船，与郑大帅、满剌加国国王、丽鹿公主、陈以诚、匡愚、张仕奇等一众依依不舍地告别，丽鹿公主、马溜溜公主甚至跑上船来和蔡缥缈紧紧地拥抱在一起，久久不肯松手。

帆升起来了，岸上的人站在码头上挥手，船上的人站在船头上挥手，船远了，岸远了，人不见了。

风正帆举，天蓝云白，绿波轻漾，鱼跃鸥翔。陈良绍和蔡氏兄妹心情愉悦，坐在船头欣赏海景。五日的行程，远远地已见一条白色的岸线与湛蓝的海水相交，白色的岸线上方是成排的绿色椰子树。渐渐地船靠近了海岸，犹闻得鸡鸣狗吠，椰子林中似有了人家。帆船转过港湾，便见木屋鳞次栉比，蔡莫厘说渤泥国的王城到了，那高耸的尖尖的屋顶处就是王宫。

进了王宫，蔡莫厘带着陈良绍、蔡缥缈去见麻那惹加国王，蔡莫厘简略地禀报了到满剌加出使的行程，传达了满剌加拜里米苏拉国王向麻那惹加国王的亲切问候，接着郑重地向国王递交了大明下西洋三宝太监大元帅推荐大明国医师陈良绍前来筹建渤泥国大明永乐医局的公函。蔡莫厘向国王介绍了陈良绍医师和药师蔡缥缈，把在满剌加医局、买卖街、下西洋中转港的见闻做了一番描述。

麻那惹加国王对满剌加的见闻十分向往，说道："渤泥国大明永乐医局建好后，我们也要建买卖街、郑大帅下西洋中转港。"

蔡莫厘又把这次在满剌加和亲妹妹相认的情况也告知了国王。麻那惹加国王对满剌加的见闻听得出了神，这才想起站在蔡莫厘身后的正是从满剌加请来的两位帮助建渤泥国大明永乐医局的医师，连忙请陈良绍和蔡缥缈上座，表达热烈欢迎之意。

陈良绍说："郑大帅要我对国王敬献给大明皇帝的礼物深表感谢，他要我带来一点礼物敬献给国王。"

说着，陈良绍打开了三只大箱子，摆上一只大瓷瓶，瓷瓶高三尺八寸，瓷瓶上画了一百个在庭园里游玩的孩子，是为"百婴图"。第二只箱子里是两匹丝绸，黄缎寿字一匹和百子婴戏锦一匹。这些吉祥的图案是郑大帅精心挑选的回赠品，以祝祷麻那惹加国王子嗣兴旺，正迎合了国王的企盼。第三只箱子里是爪哇医局制作的乌黄鱼油膏和蜜制乌黄香药丸，陈良绍已将这两种膏丸的用途和用法详细写明，并叫蔡莫厘译成渤泥文字。

麻那惹加国王非常喜欢郑大帅赠送的具有吉祥寓意的瓷瓶和丝绸，从王座上下来绕着瓷瓶和展开的绸缎看了又看。麻那惹加国王欣赏良久，回到王座上叫人把瓷瓶摆放在王座的边上，他要天天欣赏，把两匹丝绸入藏国库。那一箱膏丸除留下部分供王室使用外，让蔡莫厘带回供来看病的百姓使用。

国王对陈良绍说："郑大帅精心赠我渤泥国的瓷器、丝绸极其美妙，中华文明光辉灿烂，有机会我要专程前往大明朝拜，亲自感谢。郑大帅又应邀派来陈大师、蔡大师来渤泥助建大明永乐医局，可见大明下西洋宣扬的睦邻友好不是说在嘴上、写在绸上的。两位大师海途劳顿，还请早为安息。"

陈良绍示意蔡莫厘要国王屏退左右，以便为王后诊治。蔡莫厘心领神会，向国王说："请大王屏退左右，陈大师带有郑和大帅的口信转告大王。"

陈良绍待国王屏退左右后即将话语切入正题。陈良绍说："十分感谢国王对大明医学的重视，我受郑大帅指派前来筹建渤泥国大明永乐医局，近期我将根据大王的要求，提交筹建渤泥国大明永乐医局的规划方案，请大王审批。据告王后有喜，身体略感不适，郑大帅要我全力以赴为国王和王后服务，如果大王不介意，我想先见见王后，为王后切脉就诊。"

蔡莫厘把陈良绍的话作了翻译，麻那惹加国王十分高兴："陈大师真是医德高尚，海途劳顿，不及休整便来为王后诊治，我先谢过！"

麻那惹加国王把陈良绍一行引入后宫，陈良绍待王后坐定，让她伸出手来，陈良绍把食指中指无名指三指轻轻按在王后的左右手腕上，闭目静心切脉后说："恭喜大王，王后有孕已近三月，胎体安闲并无大碍，只是王后的身体虚弱，呕吐恶食，体倦嗜卧，此恶阻之症，让我配上两剂六君子汤为王后调理身体。"

随即陈良绍取出药单和笔墨，写下药方：人参二钱半、白术二钱半、茯苓二钱半、炙甘草二钱、陈皮一钱半、半夏一钱半。一式两份，并押上自己的印信，一份交给国王保管，一份交给蔡缥缈，吩咐蔡缥缈亲自配药、亲自煎药，早晚将煎好的汤药亲自送到王宫，亲自服待王后服用。

陈良绍接着说："服药五天后，我再来王宫为王后复诊，视王后服药后的状况再来调整药方。"

麻那惹加国王见陈良绍医师神定气闲诊脉、配药、写方的样子，暗暗佩服叫好；又说要叫蔡缥缈亲自煎药送药服待王后吃药，内心便十分感动。他连忙叫贴身侍卫取来两块王宫象牙雕制的通行牌递给陈良绍和蔡缥缈说："你们带着这象牙通行牌，随时可以在宫里自由行走。”

麻那惹加国王要安排陈良绍和蔡缥缈在宫里住宿。蔡莫厘说：“谢谢大王好意，我已吩咐家眷为他们整理了房间。我们兄妹离散十九年了，刚刚相见，想有更多的时间叙谈亲情，恳请大王恩准。”

麻那惹加国王说：“也好！那就请莫厘医师代我好好照料两位了！”

蔡氏兄妹和陈良绍辞别国王，向蔡莫厘家走去。

蔡莫厘的家就在王宫附近濒临海边的地方，占地很大，用木栅围起，木栅上藤蔓缠绕，藤蔓上开着红的、紫的、黄的、蓝的、白的各色的花，园子里挖了水池，搭了假山，种了花草，一棵高大的桫椤树上吊着一笼鹦鹉，听得有人进门，用汉语和渤泥语叫着：“您好，欢迎！”

一对峇峇、娘惹蹦蹦跳跳地迎上前来，蔡莫厘叫他们对着蔡缥缈喊“姑妈”，对着陈良绍喊“姑爷”，那怪腔怪调的叫声惹得蔡缥缈和陈良绍哈哈大笑。陈良绍和蔡缥缈按祖国传统给了峇峇、娘惹见面礼。

峇峇娘惹的身后是蔡莫厘的妻子麻娜姑。莫厘向妻子介绍妹妹和妹夫，陈良绍向嫂子点头示意，蔡缥缈则和嫂子麻娜姑紧紧相拥。

莫厘的妻子说：“快进屋吧，堂屋里还有一位客人等了你们多时了。”

“谁？”莫厘问。

“姑爷的师父张九四！”妻子麻娜姑答。

“黄大仙！”陈良绍大喊着奔向堂屋。

堂屋的椅子上端端正正地坐着一位穿青衣戴方巾的道长，须眉全白，波澜不惊地说：“陈良绍，贫道在此等候你多时也。”

陈良绍一个箭步冲到黄大仙的跟前，扑通一声双腿跪下：“师父在上，请受徒弟一拜！当年我背回黄大毛的骸骨，捏了三个月后，有了心得，前去贺九岭拜谢请益师父时，告知师父已云游四海去了。给我留下了您的《捏骨图经》一卷，令我受益匪浅。您说过我们或将在天涯海角再相见，您真是神仙呀！我们今天真的在天涯海角相见啦！”

陈良绍接着说：“自从蔡莫厘在满剌加给我作了一次推拿，并说他的师父叫张九四，我就断定他的师父就是我的师父黄大仙了！你怎么来到渤泥国的？”

黄大仙扶起陈良绍，依然端坐不动，缓缓地说：“当下郑和下西洋的壮举声名远播呀！船过处人人皆说郑三宝。这次徒弟去满剌加认亲，并请大明的医师来渤泥国，我掐指一算，断定你一定会来渤泥国，就在这里等你了，省得你爬山到小观里找我。”

“哈哈哈，师父真是神仙，能掐会算呀！”陈良绍说道，“不过您怎么就只身一人离开贺九岭，悄无声息地来到这天涯海角的渤泥国来呢？”

黄大仙对蔡莫厘说：“我这里带来一罐陈年老窖，烫几个酒杯，我们边说边聊！”

酒斟上了，烈烈的酒香，浓浓的大明味道。黄大仙侃侃而谈，真有点海外仙谈的味道。

黄大仙说：“自从朱元璋归天，小皇帝登基，我本以为复仇的时机到了，便遁出贺九岭，以吴王张士诚的小名张九四为号召，想纠集吴王的旧部复仇。想不到燕王朱棣成了大事，吴王的旧部死的死，散的散，没有几个人响应我的号召，人心思治呀！在福建遇到一位高人，一席话让我醍醐灌顶。我从五虎门搭上了一条渔船，漂到苏禄、占城，曾一度与陈祖义在一起，后来却无法与这位海盗共事，离开了陈祖义，就隐住到渤泥国这边来了。建一个小道观，替天行道而已。偶尔也帮人捏捏骨头，混口饭吃，就认识了小徒蔡莫厘。想不到天下之大不见边，走过高山有大海，浮过大海还有山。然而天下又是那样的小，到了天涯海角，还有大明的舰船驶来，还有想见的朋友来见，真所谓无情见面总反目，有缘天涯能相逢啊！”

陈良绍和蔡莫厘一样感慨系之，三人碰杯，一饮而尽。

陈良绍说：“大仙啊大仙，我得劝您一句啦，如今大明王朝如日中天，天下归心，愿结天下朋友，睦邻友好。吴楚之争早成历史，张士诚可埋在您的心里，就不要再与大明王朝作对了。”

黄大仙长叹一声：“良绍所言有理，朱棣这小子有本事，我对吴王先主已是尽忠了。如今身处异国，只想在此传播道学，替天行道了。只是我年岁已高，枉有一身本事，不曾全部传人，两位昔日向我学了一点捏骨推拿术，其实我何曾只有这一点雕虫小技啊。如今我们有缘在渤泥相见，我将把我的全部本领传授给你们两位，不致祖国秘术在我身上绝学。”

陈良绍和蔡莫厘被黄大仙的一番感慨感动，又听得大仙将把全身绝技传授给他俩，一起座跪在黄大仙脚跟前，齐声说道：“大仙在上，徒弟一定跟着师父勤学苦练，一心求学，请受徒弟三拜。”两个人砰砰砰地在大仙脚下磕了三个响头。

徒弟三个响头磕好，黄大仙只用左右两个中指在两人的膝盖处轻轻一点，说声“起来吧”，就被黄大仙点得翻了个三百六十度转身，傻傻地站在黄大仙身前面面相觑。

黄大仙说：“两位继续就坐，继续喝酒。”

直喝到月升中天，海潮澎湃，方才散席。

见黄大仙略有醉态，陈良绍和蔡莫厘执意送黄大仙回道观，三人踏着月色，听着涛声，把黄大仙一直送进道观中。

陈良绍环视了道观四周，见三间茅屋的道观建在半岛上，四周怪石嶙峋，杂树丛生。陈良绍心中生出一个将渤泥国大明永乐医局建在道观附近的想法。此处清静，宜于修学，邻近道观，便于向黄大仙求学。

陈良绍把在道观所在地半岛筹建渤泥国大明永乐医局的计划提交后获得了麻那惹加国王的批准。半个月来陈良绍一直在工地上忙碌，准备建材，平整土地，开挖地基，还忙里偷闲向黄大仙学内家气功、点穴脱骨、踏浪泗水等功夫。

突然，蔡缥缈匆匆赶来，说王后吃了安胎的六君子汤不但身子不见好转，反而下身漏血，似乎是动了胎气，叫陈良绍速速赶往王宫诊断。

【第四十回】

王后保胎遇意外　良绍细察揭阴谋

大仙落户渤泥国，浪迹天涯泯宿仇。
国王听琴会曲意，协同平叛暗商筹。

陈良绍立即随同蔡缥缈赶往王宫。在路上，陈良绍问蔡缥缈：“六君子汤是你亲自配药、亲自煎药、亲自送给王后喝下去的吗？”

蔡缥缈说：“是的！”

蔡缥缈跟随陈良绍多年，配药、煎药的事他绝对放心。按理说这六君子汤只是调理孕妇身体的药，绝对不会动了孕妇的胎气，以致下体漏血的呀！

陈良绍再问：“你送去的汤药碗除了你和王后有第三者动过吗？”

蔡缥缈说：“我把药碗送给王后，是由王后身边的贴身使女一口一口喂王后喝下去的。”

陈良绍心里一沉，他不能责怪缥缈，不能让她当作王后的使唤丫头看呀。

陈良绍再问：“药渣保留了吗？”

蔡缥缈说：“当天的药渣我都保留的。”

陈良绍说：“好！”

陈良绍和蔡缥缈来到了王宫中王后的住处，麻那惹加国王已经先期到了王后的住处，铁青着脸不讲话。

陈良绍一进室内，就闻到一股浓浓的香味，他四处察看，凭着他敏感的嗅觉，那香味是从王后随身的使唤丫头和王后的呼吸中散发出来的。陈良绍为王后诊脉，脉洪而促，阳旺而阴虚，至胎动不宁，迫经血下漏，极其不利安胎。

陈良绍查看药渣，打开药袋，有香气扑鼻，不是六君子汤的药香味，与王后随身的使唤丫头和王后的呼吸中散发出来的香味一致。

陈良绍细细地拨弄药渣，有极少许灰白色的细粒混杂在药渣之中，他捡出几粒，放在鼻子上闻了闻，知道了王后随身的使唤丫头和王后的呼吸中散发出来的香味正是由这种白色细粒产生的。

陈良绍不动声色，走到铁青着脸的国王面前微微弓身说道："良绍无能，让大王失望了，请大王找一僻静处说话。"

麻那惹加国王会意，带陈良绍和蔡缥缈来到一密室，屏退左右，请陈良绍说明原由。近来蔡缥缈与兄长蔡莫厘在一起，又重拾了儿时说的渤泥话，这时她便充当了国王与陈良绍对话时的翻译。

陈良绍把指间的白色颗粒伸向国王的鼻子，让国王闻嗅后问："大王嗅到的香味是否与王后随身的使唤丫头和王后的呼吸中散发出来的香味一致？"

大王点头。

陈良绍说："这白色的细颗粒是还没有溶解于汤药的麝香。麝香是一味名贵药材，它味辛，入心、脾、肝经。功用开窍、活血、散结、止痛，有破血化淤功效，绝对不能给孕妇使用，否则胎儿不保。"

大王大惊，又疑惑不解。

陈良绍继续说："六君子汤是我开的，我开的药方大王处有一份存单，这药单中绝没有麝香这味药，药是缥缈配的，是缥缈煎的，也是缥缈送到王后住处的，缥缈也绝不会在六君子汤中加进麝香这味药。缥缈把煎好的药端到王后处，是王后身边的那位使唤丫头接过去喂王后喝的，而使唤丫头身上有麝香味，王后喝药后的呼吸中有麝香味……"

不待陈良绍说完，麻那惹加国王大喝一声："她想叫我绝后，我要杀了她！"

麻那惹加国王拔出剑来冲到门口，陈良绍一把拉住国王，悄声说："大王息怒，这事不是杀了使唤丫头就了事那么简单。麝香是大明的名贵药材，比黄金价高，不要说在渤泥国，在大明也很难买到。使唤丫头又是哪里得到的麝香，使唤丫头知道麝香对孕妇的危害吗？使唤丫头有对国王绝后的要求吗？究竟是谁希望国王绝后？究竟是谁觊觎国王的宝座？”

麻那惹加国王陷入了沉思。

陈良绍继续说：“当然，这是渤泥国的国事，作为大明国的医师无权干涉，也无能力插手其间。但作为一名医师，保护孕妇的健康，保障胎儿顺利降生是一种责任，但是在这样的充斥着阴谋和权争的环境中，我们是做不到的，希望大王另请高明。”

麻那惹加国王果断地说：“陈大师分析得细致入微，句句在理。我已经明白这个企图篡权的阴谋家了。我会立即暗中拘押审讯这位使唤丫头，一旦证据坐实，我会动用我的国家力量全歼这个阴谋集团。当务之急，我会派出得力可靠的卫兵加强对王后住处的保护，敬请陈大师不要推辞为王后的诊治。为了不节外生枝，我请求缥缈女士能住进宫里来，和王后同住一室，配药、煎药、服药，不让他人插手。”

陈良绍征求缥缈的意见，蔡缥缈点头承诺。于是陈良绍说：“既然大王有如此决心，又如此对我们信任，我们就照大王的意见办。我们可以不动声色，一切如常。我和蔡莫厘，还有一位道长张九四一起筹建渤泥国大明永乐医局。说起这位道长张九四，他是我和蔡莫厘的师父，这位道长医术高超，本领超群，肝侠义胆。有机会大王可以与这位道长会会面，或许他可以为大王铲除渤泥国的阴谋家助一臂之力。”

麻那惹加国王说：“我一定找机会会你们这位师父。”

按照国王和陈良绍的约定，国王的平叛计划将悄无声息地进行。

陈良绍和蔡莫厘有条不紊地筹建渤泥国大明永乐医局，并利用多余的建材帮黄大仙改建和整修贺九道院。道院四周建起了木栅栏，院子里种植了花草，挖了一口水井，修了一区池塘，解决了黄大仙用水的水源问题，将道观的棕榈叶屋顶改建成了双层木板屋顶，在双层木板中间夹铺了密密的棕榈叶，既防雨也隔热。山门前竖起了一根高高的旗杆，杏黄旗上绣着“贺九道院”四个字和一幅八卦图案。

堂屋正中条桌上供着一尊老子骑牛雕塑，金铜香炉中燃着奇楠香，青烟缭绕，香气氤氲，供桌前摆一张琴桌，黄大仙常独坐抚琴；东屋是他的卧室兼书房，西屋铺一张榻儿，偶有病家来此正骨。

黄大仙几经波折来到渤泥国时已是衣衫褴褛、身无分文，在半岛搭了一个窝棚遮风蔽雨，以讨要为生。巧遇蔡莫厘，竟是一位会说苏州话的老乡，分外亲切。蔡家时常接济黄大仙，让这位落难的大仙十分感激。

蔡莫厘以采药为生，一次从山崖上摔下来，骨折后卧床不起，依然吩咐蔡大嫂给黄大仙送粮送菜。因蔡大嫂不会汉话，黄大仙比画着问蔡莫厘为何多日不见，蔡大嫂比画着让黄大仙明白了蔡莫厘是重病卧床不起。

知道蔡莫厘卧床不起，黄大仙立即赶到蔡家。捏骨推拿是黄大仙的绝活。一番拿捏，他诊断蔡莫厘的脊椎错位，若不即时纠正错位，蔡莫厘就只能永远瘫痪在床了。黄人仙知道像蔡莫厘这样的错位不能贸然行事，不可一次按捏到位，否则会造成再次伤害，黄大仙只能每天一丝一毫地帮蔡莫厘正骨，一个月后，黄大仙一拍蔡莫厘的屁股说："莫厘老弟，起来吧！"

蔡莫厘将信将疑，慢慢地翻身，缓缓地挪下床来，小步走了几步，又大步走了起来，哈哈哈，张九四真是神手呀！那时候蔡莫厘只知道他叫张九四，不知道他在苏州大号黄大仙。

突然蔡莫厘扑通一下跪倒在黄大仙面前，说："师父在上，请受徒弟一拜，从此我就跟定师父学习捏骨推拿之术了，以此术为百姓解苦痛，也以此术混口饭吃。"

黄大仙想自己已经落难到如此地步，不能再靠别人的施予来过日子，蔡莫厘懂渤泥语，两人合作办个推拿诊所也是正途。两人的诊所开始开在蔡莫厘家里，名声一传十，十传百地传扬开了，前来推拿正骨的人渐渐多了起来，黄大仙便把自己的茅棚扩建为贺九道院，以正骨推拿为生计，以宣扬道家义理为信念。

近来又遇下西洋来的旧友陈良绍，越发觉得大明的声威远播。不由得想起了他离开苏州贺九岭的缘由。

就在陈良绍背回他的大哥黄大毛的骸骨后没有几天，贺九岭道观抬上来一位和尚。这位和尚个子矮小，长得精瘦，颀骨高耸，戒疤深陷，隆鼻纵目，眼眶作三角状，病虎模样，穿着黑色袈裟，报上法名道衍，前来治疗腰腿痛。黄大仙知道这道衍和尚就是山下不远处长洲陆墓人女儿广孝。年轻时在苏州妙智庵出家为僧，却拜道士席应真为师，学习阴阳术数。黄大仙的师傅是铁冠道人张中，而铁冠道人与席应真都是张三丰的徒弟，是师兄关系。师父铁冠道人张中与道衍和尚有交往，听师父铁冠道人多次提起过道衍和尚，说这人必有大用，不在刘伯温之下。

既然道衍和尚说是来贺九岭道观看病，黄大仙也不言语，只当不认识。他目示来人将姚广孝抬到屏风后面的床榻之上，退下姚广孝的僧衣，让其躬身俯卧，露出背脊。黄大仙运气给姚广孝的背脊上下按摩拿捏后，停下了手，说道："法师称病欺我，或有所见教于我？"

姚广孝翻身坐起，哈哈大笑："高人，高人。确实我并无大病，但先生或许将有大难临头！"黄大仙目示左右退下："道衍法师，我脚不出石关一步，有何大难临头，何故作惊人之语。"

姚广孝面色凝重，目光直视黄大仙："道广师弟！"

黄大仙一惊，这道广的道号是当年铁冠道长给他起的道号。他跟了张士诚后就再没有用过，也没人喊过，姚广孝竟然会知道自己的道号，并称他为师弟，这道衍和尚厉害。

姚广孝说道："你的身世我知道得一清二楚，虽然我遁入佛门，但也曾拜过席应真子阳子道长学过阴阳术数，道号光虚子。你是拜的铁冠道人学的道术，论辈分我们是道家师兄弟。你后来跟随张士诚与咱明太祖争天下败后，是刘伯温把你锁入这道石关，立下不得出石关一步的规矩的。如今太祖殡天，幼帝初立。我夜观天象，见中天紫微暗淡，西北玄武明亮，玄武将立极，天下将有一场纷争，道广弟将无法独善其身。我偶游贺九岭，见玄一道观有黑气笼罩，又看你的印堂红中发黑，据报近来有人常与你联络，你或卷入一场血光之中。"

黄大仙听姚广孝开头讲得玄乎，最后两句倒切中实情，近来确有人来暗中联络，要他纠集旧部起事等。这姚广孝绝非等闲之辈，听他如何解说："愿听道兄赐教！"

姚广孝正色道："既然道弟愿听我的劝告，我就直说了。据我观察天象，大明皇位或有变迁，但大明江山稳固，道弟切不可卷入纷争。为兄有一建议，弟可远走海外，爪哇或远，渤泥不近，择一而居，替天行道，或可为天下建功立业，届时当可留名青史！"

黄大仙沉思不语，姚广孝已起身出了道观。姚广孝走后，黄大仙闭关三日不出，想起师父铁冠道人曾评价姚广孝此人眼光远大，识天时地利，非常人能比。再分析当下时势，正有人暗中前来拉他卷入纷争，觉得姚广孝来贺九岭一趟不简单，还是听听姚广孝的忠告为好，他也早厌倦了蜷缩在这石关中的生活，大男儿也当以天下为家，于是留下了一封书信给陈良绍，就下西洋来了。

姚广孝的这一趟贺九岭之行，为后来建文帝出逃企图东山再起扫除了一方助力，为燕王朱棣登基拔掉了一颗钉子。

如今竟然在这天涯海角又遇上郑和下西洋派来的医师来到渤泥国，来的医师还正是他的徒弟，天下无巧不成书啊。或许正如姚广孝当年所说，在这天涯海角，还可成就一番新的事业，留名青史了。

当年刘伯温用压制的办法来处置黄大仙，他遵守了对刘伯温的承诺。姚广孝用好言相劝的办法来打动黄大仙，他更佩服姚广孝的智慧，出世为学，入世为用。如今遇上徒弟来到渤泥国传扬中华文明，促进睦邻友好，大明朝声名远播。黄大仙与朱氏作对的旧念顿消，维护大明一统才是正道，更想到自己年岁已高，除为了吃饭生计的捏骨推拿小技外，一身的武功绝技当有传人，而身边的陈良绍、蔡莫厘正是可以依托传授的人选。刘伯温的软禁法，让他的一生功夫作废了，姚广孝让他逃离禁脔，是要重新启动他的功夫，为世所用啊。

这几日，黄大仙心情极佳。陈良绍和蔡莫厘就在道院边上筹建大明永乐医局，还不时来陪伴自己，黄大仙就每天的早晚向他们开始传授内家气功。这内家气功正是捏骨推拿的真功夫，不懂气功的推拿手那只是揉面条，轻飘飘的，而有了内家气功底气，推拿捏骨才叫打铁锻钢，可以通经络，入肺腑，抵中枢。

这一天，陈良绍来到黄大仙道院，关上大门，拉着蔡莫厘一起进了黄大仙的卧室，把在王宫遇到的王室权力斗争，干扰王后保胎的事向两位作了详细介绍。有王室成员中的阴谋家想让麻那惹加国王断绝子嗣达到夺权的目的。麻那惹加国王已严加防范，并想近期来访问黄大仙，因为他得知黄大仙武功高强，绝技在身，想请黄大仙能助他一臂之力。

黄大仙说："哈哈，那一定是陈老弟在国王面前把我吹嘘了一番，待这位国王来了之后，我看过他的面相后再作定论。若这位国王是位仁德之士，我们再决定助他除奸固位不迟。"

陈良绍说："大仙说得在理。若是看出这位国王是位奸诈之辈，我们早早离开是非之地；若看出是位仁德之士，倒不妨助他一臂，也可光大我中华神威。”

正在这时，只听得轻轻的叩门声，正是国王独自来访。

麻那惹加国王环顾四周，陈良绍、蔡莫厘他是认识的，他对两位点头示意，又对着黄大仙说：“这位长者，一定是久闻大名的张九四黄大仙了。”

黄大仙略一欠身说：“在下正是张九四，国王大驾光临蔽观，有失远迎，请多多包涵呀！”

国王说：“大仙来敝国传播道学，未及早来拜访，请见谅才是。”

黄大仙请国王在中堂坐南面北上座，陈良绍和蔡莫厘东西两侧坐定，黄大仙在国王的对面落座后定睛观察他的面相，说：“大王亲临，无以为报，请允许我为大王弹一曲如何？”

国王说：“愿听中华雅乐！”

黄大仙拂袖如风，十指急促地来回掠过琴弦，如急风暴雨，切切促促，似树倒木摧，再轰轰啪啪，似巨浪触天，澎湃汹涌，又的的橐橐，似万马奔腾，铁蹄践踏。突然间见黄大仙指面在琴面上四周回旋，又听得“砰”的一声，一切归于平静。黄大仙细细抚过琴弦，似听得鸟语虫鸣、春风拂柳、风平浪静、海波轻漾。

一曲终了，陈良绍和蔡莫厘听得如痴如醉，国王则热烈鼓掌，说道：“十面埋伏，惊心动魂，只待有力一击，鬼魅全消，天朗气清了。在下要借大仙巨臂，一击而消鬼魅了。”

黄大仙说：“国王聪颖过人，不肖愿助绵薄之力。”

终于，道院又密闭了门窗，四人敞开心扉，讨论起平叛的详细计划。

【第四十一回】

国王密谋平叛策　王叔嫁祸大明医

国王平叛计周密，王叔嫁祸大明医。
王后保胎迁道院，发兵医局不知迷。

四人讨论平叛的详细计划。

第一步，不动声色，暗中调查，掌握铁证。

第二步，王后移驾，藏身道院，静养保胎。

第三步，透露风声，引蛇出洞，各个击破。

第四步，决战医局，大仙助力，全歼叛贼。

其实黄大仙还保留了一项万全之策，因为还没有与相关方联系上，所以暂且不列入计划。

麻那惹加国王对王后身边的使唤丫头在药里投麝香企图使王后流产的事并没有张扬，而是暗中审讯。查实了这些麝香是宫中的一位御医提供的，说是这麝香气味优雅，使唤丫头携带涂抹麝香可以得到王后的欢心；在王后服用的药里放一些麝香可以增加药味的香气，王后会更喜欢喝；更能够提振王后的精神，有利保胎。也可能这丫头只是御医的枪手，当然也可能丫头早就被御医买通，只是事发后推卸罪责。

拘捕那位向王后身边的丫头提供麝香的御医后，这位御医供述他是受国王的叔父麻那惹拉指使，国王的叔父有个儿子，想篡夺王位，公开地夺权会引起民怨，于是便买通了这位御医，只要他能想办法不让王后怀孕或怀孕后流产，使国王断了子嗣，他的儿子便可以名正言顺地坐上国王的大位。王后几次怀孕后流产都是他用保胎为名下了打胎药。这一次国王请来了大明医师为王后保胎，御医很害怕，想撒手不管，但国王的叔父对他软硬兼施，说如果他不继续想办法使王后流产，就要向国王告发，把罪责全推给他。而现在来了大明朝的医师，他只要把打胎的药交给王后身边的使唤丫头就行了，如何下药不要他管，如果王后这次又流产了，国王的叔父麻那惹拉说他会想办法把责任推给大明国的医师，把大明国的医师赶走。

麻那惹加国王继位时尚幼，老国王请他的亲弟弟扶助幼子担负治国的大任。初始，叔父倒也尽心尽力，匡扶幼王，勤理国政；但随着权力的膨胀，做太上王的欲望越来越强烈，他一手策划了让麻那惹加国王断绝子嗣的阴谋，企图用神不知鬼不觉的手段，名正言顺地让自己的儿子坐上国王宝座。

麻那惹加国王聘请大明国医师前来为王后保胎的举动打乱了王叔的计谋，近来传出的王后身边的使唤丫头和御医被捕的种种消息让王叔有点坐卧不安，他只有起兵谋反孤注一掷了。

因为辅王理政有功，他得到过国王的大量赏赐，又利用自己的权力大肆搜刮财产，拥有良田万顷，庄园几十处，结党营私，私募亲兵千员，准备罪恶败露后与国王兵刃相对，抢夺王位。

麻那惹加国王虽然不动声色，对王叔亲热有加，绝不在王叔面前流露半点怨言，但暗中早就派出了各路密探，密切侦缉王叔的一举一动。

根据各路密报，王叔谋反的行动已经迫在眉睫。他们实行了第二步行动计划：转移王后，藏身道院，静养保胎。以免动了刀兵后，王后受惊吓动了胎气以致流产。

这天清晨，一对宫女打扮的女子手挎竹篮走出了王宫，她们似乎要去早市采办货物。走过一段街市，一乘简易小轿抬着两位宫女直奔贺九道院而去，有三位男子在轿子的前后导引和跟随，又似乎是某农家的家眷去道院烧香。

到了道院，下得轿来的正是王后和蔡缥缈，前后跟随的正是黄大仙、陈良绍和蔡莫厘。黄大仙对王后说："敝观简陋，让王后受委屈了！"

道院的东屋已经重新布置，雅致整洁，一应俱全，正适合王后和蔡缥缈起居。王后已从国王处知道了事情的缘由，且多天来与蔡缥缈相处亲如姐妹，见道院外林木森森，道院内花木扶疏，走出王宫后倒也别有一番新鲜感。

其实，道院的树林后边有条秘道可以直通海边崖石间一个极其隐蔽的山洞，洞口小而洞内大而深，这个洞还可通向另一处海滩，海滩边的红树林中藏着一条小船，随时可以转移，可以确保王后的人身安全，万无一失。

安顿好王后和蔡缥缈后，渤泥国大明永乐医局的建筑工地上才陆续来人做工，他们把道观的大门紧闭，不允许外人入内，陈良绍、蔡莫厘照常指挥人砌墙造屋。黄大仙则调琴弹奏，等待暴风雨的到来。

安顿好王后，麻那惹加国王开始实施第三步反叛计划了：透露风声，引蛇出洞，各个击破。

这天早朝时，麻那惹加国王面对文武大臣宣读了御医和使女的供词，当面斥责王叔主使御医和使女下药的恶毒阴谋。

国王当朝训斥王叔后说："看在王叔多年来辅国有功，本王暂不追究罪责，从今天起闭门思过，安分守己。"

王叔大喊冤枉，麻那惹加国王斩钉截铁地说："铁证如山，卫兵，把王叔押解回府。"

麻那惹加国王又对群臣训话："多年来王叔暗使阴谋，下药使王后流产，欲使本王断嗣，夺取王位。如今阴谋败露，昔日里迫于王叔权势，趋炎附势者，如能从此改过自新者，本王不再追究，否则定将身败名裂。"

国王训话后留下心腹大臣枕戈待旦，他不想先下手擒贼，毕竟王叔扶助有功。如若王叔轻举妄动，那是他恩断义绝，自取灭亡。依据各路传来的信息，王叔正在蠢蠢欲动，他按计划做好了充分的准备，等待决战时刻的来临。

果然，王叔回府与左右心腹商量后，一致认为事已至此，不能束手就擒，决心起兵反叛，以驱赶大明医匪、申冤雪仇为号召。王叔先是派出一支几十人的小队直赴大明永乐医局去捉拿大明国派来的医师，以为那是手到就擒的事情。

王叔又派出近千人重兵围住王宫，他亲自带领精锐直扑后宫，他要寻找御医和使唤婢女，逼其更改口供，嫁祸于大明医师，最终杀人灭口，消灭罪证。更要劫持王后，作为人质，与国王谈判，逼其让位。

王叔麻那惹拉率兵很快攻入了后宫，找遍后宫也没有找到那位御医和婢女，王后也不在后宫，吓成一团的其他使唤婢女结结巴巴地说：“王后已随大明来的医师出宫去了，说是到海那边的一个道院去烧香了。”

王叔麻那惹拉留下部分亲兵围住王宫，吩咐他们只围不攻，待他们去捉住大明医师，迎回王后以后再找国王算账。王叔知道如果贸然攻进王宫、杀了国王，会激起民怨，他的儿子可能也坐不上王位。

王叔以为派出的几十人捉拿大明两名医师的亲兵会轻而易举得手，待他率大批亲兵赶到大明永乐医局时，那几十个亲兵早被五花大绑在了医局的工地里。原来大明永乐医局工地上的建筑员工早就换了王宫卫队的百余精兵。王叔的亲兵一到，这些建筑员工立即拿起长矛大刀，王叔的亲兵根本不是王宫卫队精兵的对手。

王叔亲率大队亲兵赶到医局，见状又气又急。一面布置阵仗，一面假惺惺地上前对守卫医局的王宫官兵说：“我们渤泥国人不打渤泥国人，我是被大明国医师诬陷了的，我们来只想捉拿大明国的妖医，迎回王后到国王面前申冤。只要你们交出大明国的妖医和王后，你们就可以免死。你们区区百来人，根本不是我们的对手，否则我只要一挥手臂，攻进医局，你们就成肉酱了。”

王叔的身前是一排手持盾牌、长矛的亲兵，王叔身后的弓箭手也已张弓搭箭。渤泥国王宫卫队倚着医局的短墙一字排开，也张弓搭箭。王叔麻那惹拉仗着人多势众，或许真的一挥手，王叔的亲兵就会攻入医局。

正在这时，黄大仙拨开守卫医局的兵士，来到王叔的面前，只见他一身青色道袍，头戴青色方巾，张开一幅黄色丝缎，上用汉文和渤泥国文写着“敕建贺九道院”，下方盖着渤泥国国王的大印。

黄大仙指着这黄色丝缎上的字符问道：“王叔，可看清了这丝缎上的文字的印信，我是贺九道院的道长张九四，我这道院可是麻那惹加国王亲自敕封的。王后近来身体略有不适，特来本道院敬香修行。王后说了，过一段时间，她会自己返回王宫，不劳王叔兵阵相拥。王叔带了这么多张箭拿刀的兵丁前来押送王后恐怕不合适吧，还是请回吧！”

王叔想不到这位道长来这一套，一时语塞，但既然带着兵来了，绝不能被一个道长吓得退缩，自己的罪行已经败露，还顾及什么国王不国王的敕封，大声喝道：“你这大明国来的妖道，哪里偷来的国王印信！我只是不信！快快交出王后，否则我大手一挥，便将踏平道院，救回王后为我申冤。”

黄大仙说：“哈哈哈，你的罪恶铁证如山，阴谋毒害王后，篡位夺权，竟说出救回王后为你申冤的谎话，也不害臊！不过，如果你能抬手挥臂，贫道就让开一条道，让你进入道院。”

王叔刚将右手举到肩平，黄大仙的一块小鹅卵石已砸入了他的右肩胛骨，王叔的右手举不起，也放不下。王叔又想举起左手，也是刚举到肩平，黄大仙的一块小鹅卵石又砸入了他的左肩胛骨，王叔的左手同样举不起，也放不下。王叔想喊：“给我——”冲字还没喊出口，一块不大不小的鹅卵石砸进了王叔的嘴巴，砸断门牙，塞住嘴巴，发不出声音来了。

王叔的贴身护卫见状立即上前把王叔护在了盾牌后面，簇拥到人群之中，亲兵头目大喊：“射箭！”

一支支利箭像飞蝗一般向黄大仙扑来。

说时迟，那时快，黄大仙轻身一纵，跳上了墙头，亲兵的利箭又向墙头上的黄大仙扑来。黄大仙举起精铜打制的法杖，用五指拨动，像车轮一般飞速转动，飞速转动的精铜法杖如同一面闪闪发光的大铜锣罩着黄大仙，亲兵射过来的箭在这面转动的大铜锣前丁零当啷地纷纷落地，一支也穿不过飞转的法杖。

这时，大明永乐医局墙后的王宫卫队也开始张弓搭箭，向王叔的亲兵射击，王叔的亲兵既要射击黄大仙，又要持盾牌抵御王宫卫队的弓箭，有点应接不暇了。黄大仙趁着王叔的亲兵取箭的空隙，摸出了口袋中的小石子，向王叔亲兵的头目脑袋砸去。亲兵头目中石倒地，王叔的亲兵失去指挥，开始乱了阵脚，有人向后退去。

王叔麻那惹拉嘴里和肩胛里的石子已经取出，经过一番按摩，双手已可放下，他和儿子麻那惹亚站在后队督阵，斩了几位后退的士兵，麻那惹亚大喊：“只许前进，不许后退，后退者杀无赦！妖兵人少，我方人多，救回王后，为父亲申冤！”

王叔的叛军仗着人多，一队一队地向前冲来，已越过了第一道防线，叛军与王宫卫队在第二道防线前面对面厮杀，看来第二道防线也保不住了。

黄大仙纵身跳到了道观的屋顶，向海湾张望，远远地见一艘独桅快艇向海滩边驶来，一面红旗向他摇晃，他知道那摇旗的正是蔡莫厘，他去搬的救兵来了。

原来渤泥国有一个华人部落，它的首领是黄森屏。黄森屏是福建泉州人，本名黄元寿，跟随明太祖朱元璋征战有功，升迁至腾冲千户所千户。此时大明沿海地带海盗作乱，倭寇横行，黄元寿领命率舰队前去征剿，在南海的森屏滩重创海盗和倭寇。朱元璋闻讯后大喜，晋升黄元寿为总兵，并为黄元寿改名为黄森屏。不久，朱元璋又命黄森屏为使者，率领使团出使南海诸岛国。然而，当黄森屏的使节船即将驶抵婆罗洲时，遭遇海啸，使节船队沉没，黄森屏等少数使者官兵漂流到一处海口存活下来，黄森屏落海后右手受伤，浸泡海水后发炎腐烂，发恨叫部下斩断发炎腐烂的右手，断手处是一条淡水河，为纪念黄森屏斩臂求生的决心，后来的人们便把那条河称作断手河。这时，黄森屏和存活的官兵们回国无望，就在断水河两岸开垦定居，陆续招引了大明来此捕鱼和寻找生机的大批华人，形成一处华人部落，黄森屏被推举为部落首领，也有一批当地岛民前来投靠黄森屏。他自称总兵，但当地番人皆称呼他为拉阇。黄森屏统率的部落人称森屏国，拥立黄森屏为国王。但王森屏仍不忘大明，得不到大明王朝的封号前，他不愿立国封王。

黄大仙漂泊南海，曾到过黄森屏的部落，此时黄森屏旧伤复发，瘫痪在床，黄大仙为黄森屏按摩正骨，采药治病，使黄森屏得以康复，重新站立行走。黄森屏本欲挽留黄大仙，封他为官，但黄大仙生性自由，不愿为官。黄森屏见黄大仙去意已决，便送给他一块森屏部落的符箓，告诉他若遇到困难随时可以来找他，他一定鼎力相助。

在黄大仙与渤泥国商量平叛计划时，他想起了森屏部落的那块符箓，写了一封求援信，暗中嘱蔡莫厘带上信和符录去森屏部落搬救兵。果然，黄森屏信守诺言，亲率一千救兵前来助阵。

正在麻那惹加王宫卫队坚守大明永乐医局第二道防线吃紧，叛军即将攻入贺九道院的关头，突然叛军的后队乱了起来，黄森屏率领的人马杀了过来，坚守阵地的麻那惹加王宫卫队士气大振，杀出了阵地，两边夹击叛军，叛军死的死、伤的伤、降的降，王叔麻那惹拉和他的儿子麻那惹亚也被活捉了。

蔡莫厘又带领黄森屏的援军前去为王宫解围，里外夹击，全歼了叛军。

【第四十二回】

森屏渤泥结友谊　大仙海滩说卜卦

森屏渤泥结友谊，王亲叛乱实堪悲。

大仙精彩说卜卦，任命莫厘为国师。

在黄大仙的策划调遣和黄森屏援兵的支持下，渤泥国的一场内乱终于被平息，王叔麻那惹拉和他的儿子等关进了监狱等待处罚。渤泥国王麻那惹加在王宫侍卫的簇拥下来到了贺九道院与陈良绍、黄大仙、蔡莫厘和黄森屏他们会合。

黄大仙首先向麻那惹加国王道歉："国王陛下，我们原来事前策划的平叛计划只有第四步，这第五步是事后经过周密计划临时想出来的，还没来得及向陛下汇报，敬请国王陛下谅解！"

麻那惹加国王说："大仙何言道歉，我感谢的话还没来得及说呢！你们大明人不说无把握的话，不说过满的话，令我佩服。"

黄大仙向麻那惹加国王介绍了黄森屏："黄森屏先生是我们大明国的总兵，他的部落是你们渤泥国的邻居，我与黄总兵也只是医患之交，他曾经与我有过有难相助的允诺。在这危难之际，我派徒弟蔡莫厘前去救援，黄总兵亲率大兵前来，真正是一诺千金啊！"

麻那惹加国王向黄森屏深深一揖："黄总兵的仁义我早有耳闻，只是不曾谋面。多谢黄总兵鼎力相助，这就是大明人常说的危难时刻见真情啊！如不见弃，渤泥国愿与贵部落结为友好邻邦！”

黄森屏总兵向渤泥国王深深作揖：“森屏对国王心仪已久。今日一见，果真是英名仁德之主！国王提议甚好，森屏怎不从命，愿结为友好，互助互利，共享太平。”

黄大仙立即在道观内铺排笔墨纸砚，签订一则《渤泥国与黄森屏部落缔结友好邦邻协议》，麻那惹加国王和黄森屏总兵分别押了大印，黄大仙和陈良绍分别作为见证人押上了贺九道院与大明永乐渤泥国医局的印鉴。

签好协议，麻那惹加国王想留下黄森屏好好叙谈叙谈。黄森屏婉言谢绝道：“这次我来得匆忙，部落那边有些要事等着我去处理，咱们后会有期！”说完便领着一千兵士乘船离开了渤泥国回他的部落去了。

送别黄森屏，麻那惹加国王才想起王后来。国王在道院院内院外寻了一遍，不见王后的人影。

黄大仙知道麻那惹加国王在找王后，故意不说，想先让他找一阵子再说。

麻那惹加国王也没有看到蔡缥缈的人影，他想王后一定与蔡缥缈在一起，他不好意思问王后在哪里，便问道：“蔡缥缈夫人在哪里？她可安好？没有被刀兵吓着吧！”

黄大仙哈哈大笑，对国王说：“国王是不是想王后了？您真聪明，知道找到蔡缥缈就找到王后了。陈良绍医师为了不让有孕在身的王后因叛军前来厮杀受到惊吓，正安排蔡缥缈陪着王后在海滩边散步赏景呢。我们领着国王前去海滩边一起与王后赏景如何？”

国王大喜：“你们真想得周到！平叛已经完胜，我正想放松一下身心，也想去海滩边看看大海呢。”

黄大仙、陈良绍和蔡莫厘领着渤泥国国王从道院的后院来到山边，黄大仙搬开一块巨石，露出一个山洞，他们打起火把，带着麻那惹加国王行走在曲曲折折的山洞里。约半个时辰，他们走出山洞，眼前豁然开朗，在近山远岛环抱中有碧波万顷，蓝天白云下，海浪烁金，渔舟点点，鸥鸟击水，银白色的沙滩上张着一把黄色的大伞，伞下放着两把藤椅，一把藤椅上坐着的正是王后。站在一旁的蔡缥缈正给王后指指点点说着什么。

麻那惹加国王看呆了，平日里处理国政，总是众人簇拥进出，从来无暇顾及村野景色，想不到海边竟有如此仙境，王后和蔡缥缈他们简直就是仙境中的仙人，他也顾不得身边的黄大仙、陈良绍、蔡莫厘和贴身护卫了，向王后直奔过去，他也要去藤椅中躺一躺，赏一赏仙景，做一做仙人。

麻那惹加国王踏上沙滩，沙滩发出的窸窸窣窣的声音让他愉悦，他更惊异脚底下的沙子像银子一样亮白晶莹，像米粒一样匀称细小。他像孩子般兴奋地脱掉鞋子，一任晶莹的白沙抚摸他的脚底，感受痒痒的暖暖的惬意，他就这样轻手轻脚地奔到了王后的身边，坐到了另一把藤椅上——那本来就是为国王准备好的椅子。

只是王后与蔡缥缈正专注海景，并不知道国王竟悄无声息地来到了身边，当王后和蔡缥缈反应过来欲上前行礼时，国王说："快免礼，让我也来做一会仙人，享受一下仙人的快乐！"引得众人一阵大笑。原来不想惊动国王和王后的黄大仙他们一行也快步赶上前来，国王招呼大家坐在沙滩上，不要作声，听涛声，看海浪，好好享受一番。

良久，国王和众人的身心都融化在了美景中，忘却了世俗的烦恼。然而人不能成仙，自然的美景只是对纷繁世俗的短暂抚慰。

国王推开了依偎在他身边的王后说："我是来迎接王后回宫的，随我回宫吧！"

王后说："大王，王宫中太繁杂枯燥，就让我在这道观和海滩边静养一阵吧，有缥缈妹子精心照料我，您就放心吧！"

国王想了想："也好！还是道观和海滩景色好！你就在这里安心地修养一阵子吧！"

国王又对黄大仙、陈良绍他们说："还是你们想得周到，非常感谢你们的精心安排！我决定让大明永乐医局抓紧完工，招收医徒及早授课，这事请陈大师全权负责，蔡莫厘全力协助。另外，我决定扩建贺九道院，这事请黄大仙筹划。我还想在海滩边建一座王家别院，供奉妈祖海神，也作为王室休闲之地，供王后在此静养，我一旦政务料理好之后就过来陪伴王后。"

陈良绍和众人说："请国王放心，王后在此，我们一定悉心照料，所托诸事，也会全力备办。请国王集中精力处理好国政，造福渤泥国民。"

麻那惹加国王问黄大仙："大仙，你是怎么发现这么一个神仙天地的？"

黄大仙说了他来到渤泥国的传奇经历。

黄大仙离开黄森屏的部落时，黄总兵专门派了一条船送他。船老大问他去哪儿，他说沿着海岛向西南航行，到了目的地他会告诉船老大。说实话，他心里并没有一个明确的目的地，临行时他卜了一卦，是第四十卦，卦象为震上坎下，震为雷，坎为水，是个解卦。卦辞曰：利西南，往得众也。无所往，其来复吉，有攸往，夙吉。

根据卦象，往西南方向有利。他嘱船老大向西南方向开船，他要等待一个雷雨天的时候下船，那是卦象对他前行的指示。第一天晴天，船继续往前开。第二天多云，船不停，继续开行。第三天午时，突然天空乌云密布，电闪雷鸣，大雨倾盆。一刻钟之后，雷雨声戛然而止，阳光灿烂，眼前是一座半岛，岛上花木扶疏，苍翠欲滴，山间流水淙淙，海滩白沙铺银，洁净无瑕，海上风平浪静，映照碧空蓝天。啊，这正是卦象指引的蓬莱仙境呀，他嘱船老大靠岸，跳下船来，义无返顾地叫船老大开船回家。

他在沙滩上四处环顾，三面环山，一面向海，山崖壁立，山间并无人烟，独处无法生存。难道是卦辞骗我，或是对卦辞理解错误？他虽曾起疑，但依然坚信卦象的指引不会有错，于是继续寻找通向山外的道路。终于，他发现山崖的西南向有一山洞，山洞内或空大或逼仄，曲曲折折，他打了火把一路向上，终于爬出了山洞。来到了山顶，向东北望去是山崖怀抱的海湾。向西南看去，远处有农舍田园，山间有泉水，林间有野果，天养人之所，恍如与苏州贺九道院地利地貌相仿，卦不欺我也。于是结茅山洞边。

黄大仙后来为蔡莫厘接骨，收他作了徒弟，不久又迎来了下西洋来的苏州老朋友陈良绍医徒。诚如卦辞所言，利西南，往得众也，前往这里可以得到志同道合者相助也。这是天大的巧合，也是卦辞指引的结果。卦辞又说：有攸往，夙吉。慢慢地住下来，将会建功立业，结下功德。果然，他们结识了国王，平息了由王叔发动的叛乱。

卦象震上坎下，震为雷，坎为水。坎为水，坎在内，雷在外。坎为水，暗示内有险难，而雷在外，指引他们要以迅速地行动消除内在的险难。这个内在的险难他们现在都明白了，是王叔要陷害国王子嗣并嫁祸大明医师，好在他们制订了平叛的方案，又请来了援兵，解除了内在的险难。

黄大仙的一段说辞说得神乎其神，而麻那惹加国王听得五体投地，大明竟有这等神奇能预言吉凶、指引行动的卦。麻那惹加国王问黄大仙："大仙，你说的卦是啥？大仙什么时候能不能给我算上几卦？能不能把占卦的方法也传授给我？”

黄大仙说：“这占卦一事，太深奥，大王不通汉字，我说了那些古人文书中的话，这蔡缥缈、蔡莫厘兄妹俩也翻译不了。简单地说是用阴与阳组合的八种卦象来对应自然界的八种基本物象：乾为天，坤为地，震为雷，巽为风，艮为山，兑为泽，坎为水，离为火，总称为经卦，由八个经卦中的两个为一组的排列，则构成六十四卦。用来象征各种千变万化的自然现象和人间世象，供当事者根据卦象来做出分析判断。”

麻那惹加国王似懂非懂地噢啊嗯地点头。黄大仙知道三言两语是难以让这位渤泥国国王听懂的。他对国王说：“国王不必自己占卦，国王只须向精通易经八卦且忠于自己的大臣问卦，国王再根据自己对天象和世象的观察了解做出判断，发布政令就好了。”

麻那惹加国王说：“黄大仙说得对，我便封蔡莫厘为国师，由他向黄大仙学习易经八卦之学，我有国事就向蔡国师问卦！”

蔡莫厘听得麻那惹加国王封他为国师，连忙下跪：“谢国王恩典，小臣一定谨遵大王旨意，向黄大仙师傅学习易经八卦圣学，为大王效劳！”

跪谢过国王，蔡莫厘又向黄大仙跪拜：“师傅在上，请受徒弟一拜！我原曾跟师傅学医，现在又将跟师傅学习易经八卦圣学，徒弟愚钝，敬请师傅不弃！”

黄大仙扶起蔡莫厘，说道：“学医者本来就要学易，易经是变化之学，八卦是象，占卦所得之象便要用易学经典来解读，这是一门精奥的学问，你当勤学好问，我必尽力教你。作为国师，更要忠君为民。谨记谨记！”

蔡莫厘连连点头，诺诺称是。

正在这时，蔡莫厘的妻子麻娜姑拎着一只竹篮出现了。她来到麻那惹加国王和王后面前跪下道：“草民麻娜姑向国王王后敬献水果！”

蔡莫厘上前向国王王后介绍说：“麻娜姑是我的妻子，特来向国王王后献上家里种植的几样水果，请国王王后品尝。”

原来，蔡莫厘的妻子早就将家里种的葡萄、木瓜、莲雾、香蕉等时鲜水果事先藏进了道观后院的山洞之中，山洞中有几处密室，可以藏粮食、水果、淡水等各色生活用品。按照黄大仙的要求，在山洞里早早作了储存，以免遇到各种不测时好保障王后在道院的生活起居。

麻那惹加国王让麻娜姑免礼，叫麻娜姑拿出水果给大家一起分享。

【第四十三回】

渤泥国功成名就　归途中落海漂浮

渤泥医局上正道，良绍携妻返帅船。

夫妇遇浪落大海，海滩寻妻终团圆。

正当大家在海滩边尽心赏景，听黄大仙侃易学八卦神奇的时候，蔡莫厘的妻子麻娜姑拎来了新鲜水果敬献给国王和王后，国王吩咐大家一齐分享。

麻娜姑已准备了丰盛的晚餐，欲请国王和大家共进晚餐，麻那惹加国王想到平叛甫定，国事繁忙，不能在海滩边久待，不能与王后及众人共进晚餐。便和侍卫回宫去了。

临行前，麻那惹加国王对黄大仙和陈良绍他们说："你对卜辞震（雷）坎（水）的解说其实十分符合渤泥国当下国情，坎水有内乱，震雷迅速化解了这场由王叔引发的内乱，在渤泥国西南角平息了这场内乱，王后在渤泥国西南这片风景秀丽的地方由陈良绍医师和蔡夫人及各位精心保胎，呈显了渤泥国的吉祥之兆，太感谢各位从大明国来的朋友们了。

时间过得飞快，一年多时间在陈良绍、黄大仙等人的忙碌中过去了。

贺九道院的扩建工程已经完成，专门另辟了一座妈祖庙，以备渔民信众前来供奉，易经八卦传习馆已经开馆，招收了包括蔡莫厘在内的学员，懂汉语的年轻人不好找。若不懂汉语，易经八卦对他们来说犹如天书。

渤泥国大明永乐医局的建造完工后，招收了十八名医徒，一边授徒，一边为当地百姓施医。除了陈良绍授课，黄大仙和蔡莫厘也充当教员。

海滩边，兼具大明园林式和渤泥建筑风格的王室别院也已建成，王后在那里静养安胎，在陈良绍和蔡缥缈的精心照料下，王后十月怀孕，一朝分娩，母子平安，国王终于有了子嗣，举国欢庆，国王大赦天下。王叔及参与叛乱的人也在赦免之列。

在要不要赦免王叔这样罪大恶极的罪犯的时候，国王麻那惹加有点犹豫。国王来请黄大仙卜卦，黄大仙说这是渤泥国的内政，他不好干预，就让国师蔡莫厘来占卦吧。黄大仙对蔡莫厘精心栽培，易学经典和八卦要义已基本掌握。占卜的结果依然是震上坎下之卦，蔡莫厘不敢轻易解释卦象，想请黄大仙代为作解，黄大仙鼓励蔡莫厘大胆解卦。蔡莫厘解道：震在上为雷，是王势威权，坎在下为雨，为水，为雨为水可以成灾，也可以利用雨水促使万物的生长。作为平叛这件事，国王以雷霆之势镇压了王叔之乱，干得好。雷霆之后必有甘雨，王后得子，如苗裔兴旺，这是大喜。作为君子普洒的雨霖，当惠及万民，国王借此喜庆，赦免有过失的人，宽恕有罪恶的人，给他们重新做人的机会，如春雷阵阵，春雨潇潇，促万物舒展生长之象。王叔也是王家后裔，只要他们有悔罪之意，就可以赦免他们。但要剥夺他们的财产，就好似不让土地上长满荆棘毒草一样。

黄大仙说，爱徒学易学得好，解卦解得精，请国王做主决断。

麻那惹加国王说："国师已详解了卦象，我决定赦免王叔和他儿子的罪责，将他们削职为民，剥夺他们的财产，就好似没有土地长不出荆棘毒草一样。"

那以后，渤泥国大明永乐医局因为王后保胎成功的事传遍朝野。渤泥国气候炎热，潮湿蒸暑，瘴疠横行，妇女流产或难产频发，因此来医局就诊妇产科的病人特别多；而陈良绍本来就是妇科圣手，但是仅凭他一人是忙不过来的。于是渤泥国大明永乐医局专门召收了一批接生婆来传授妇科医术。陈良绍把自己的就诊经验整理成文，供徒抄录，并就地取材制作安胎丹、保胎膏、顺产汤之类成药，供为产妇在怀孕和生育的不同时段的不同病症施药。陈良绍常带着这些成药和医徒乘小舟到岛国各处村寨为病家诊治，大明永乐医局的这些药和他培训出来的接生婆给渤泥国的许多家庭带来了欢乐。黄大仙曾借陆游的《山村径行因施药》的诗略作改动以记述其事：

小舟每带药囊行，村巷欢欣夹道迎。
其说向来曾活我，生儿多以乐为名。

诗中所说的以乐为名语含双关，既是妇女产子给家庭增添欢乐之乐，更是指这些欢乐是大明永乐医局带来的。

日月如梭，光阴似箭，陈良绍和蔡缥缈来渤泥国也已近两年了，陈良绍和蔡缥缈这对夫妇在异乡他国，有兄弟陪伴、故友相酬，日子过得倒也舒适和谐，更让陈良绍欣喜的是蔡缥缈也有孕在身了。归期已近，大明永乐医局由黄大仙和蔡莫厘继续照料、授徒，已走入正规。

这一天麻那惹加国王、王后带着小王子为陈良绍、蔡缥缈在王宫中举办送别宴，蔡莫厘、黄大仙陪同，席间觥筹交错。国王和王后称陈良绍夫妇、黄大仙、蔡莫厘的恩德天下，小王子竟然也已会对着陈良绍、蔡缥缈开口哈哈笑出声来了。

天下没有不散的宴席，临别前，麻那惹加国王拿出重金和一包精炼燕窝酬谢陈良绍、蔡缥缈夫妇。陈良绍说："大王，金银我就不拿了，希望把这些酬金用在渤泥国买卖街的建设上，这就算对我的酬谢了。因为情况特殊，我们精力有限，郑大帅关照的在渤泥国建买卖街的事没有做起来。这事由国师蔡莫厘、道长黄大仙来做。根据我们在满剌加的经验，买卖街建在渔港菜市为好，便于百姓的生活。国王您赠送的燕窝我就收下了，我知道它是你们渤泥国的特产，是金丝燕用唾液筑成的窝，用来保护幼雏的，对孕妇有极好的滋补功能，是您对缥缈的一份关爱，我们夫妇深表感谢！更希望大王将来方便时到大明国来看看，到时候我们到京城来看您！"

麻那惹加国王说："好吧，我们就依陈大师的说法办，这份酬金我们就算您对渤泥国买卖街的赞助，太感谢你们夫妇为渤泥国做出的贡献了。"

道长黄大仙说："国内的买卖街我知道！"

国师蔡莫厘说："在满剌加我参观过买卖街，确实很便民、很热闹。这事我们一定办好，你们就放心归队好了！"

麻那惹加国王说："明天我将派出信使船把你们夫妇送往满剌加与郑大帅的下西洋船队会合，祝你们夫妇一路平安，我们将来大明国相见！"

太阳升起，麻那惹加国王和一众大臣、王后抱着小王子早早来到码头相送，前来相送的还有蔡莫厘一家、黄大仙道长。蔡缥缈和王后早已成为莫逆之交，两人紧紧相拥，依依不舍。蔡氏兄妹更是长拥不放，涕泪相流，这一别又是何时能相见呢?

黄大仙神色凝重，对陈良绍说："海途艰险，千万保重，后会有期！"说着，捧着一尊他亲手雕制的妈祖神像交给陈良绍夫妇，"祝妈祖保佑你们！"

天朗气清，渤泥国的信使船载着陈良绍蔡缥缈夫妇向着太阳升起的方向，向着满剌加驶去，船头上的陈良绍夫妇看岸上的人渐成几许黑点方进入船舱，岸上的送别人群看信使船成了一片树叶漂浮后方才各归住处。

送别陈良绍夫妇的渤泥国信使船在海上航行，白天是万里无云，天朗气清，大海上波光粼粼，信使船轻轻地摇晃着平稳地前行。

天有不测风云，想不到后半夜海面上竟狂风大作，大雨倾盆，巨浪滔天，信使船激烈地摇晃，舵手已对信使船失去了控制，拼命地敲起警铃。陈良绍和蔡缥缈被颠簸的信使船从床上摔到了船舱里，陈良绍习惯地抓起药箱斜背在背上，蔡缥缈捧起一尊妈祖神像揣在怀里，就在信使船被一波涛天巨浪掀翻的一刻，陈良绍拉着蔡缥缈抱着甲板上的一条小舢板掉进了漆黑的大海里。

小舢板是信使船上在紧急情况下的救命小艇，是落水者在海上漂浮的救命工具。如果船上的人被大船扣到船底，多半就会丢了性命，抓住小舢板的落水者有可能在海上漂浮一阵，尚有一息被搭救或被漂浮上岸的可能性。

渤泥国的信使船本来不大，救生用的小舢板更小，像只浴盆一般大小，陈良绍和蔡缥缈两人紧紧地抓住小舢板，小舢板却无法承载两人的按压，一波又一波的巨浪不时地压过他们的舢板，他们随时有被巨浪吞没的危险，只听得蔡缥缈大叫一声："先生保重——"就松开双手，弃板游水，被海浪卷得无影无综了。

蔡缥缈主动放弃了舢板，让陈良绍不致在海水中沉没，看着蔡缥缈被海浪吞没，他也无能为力，只能怀着无尽的悲伤在海浪中沉浮。他用药箱的背带把自己的身体和舢板紧紧捆在一起，任舢板在海浪中任意漂浮，在滔天海浪中，人的双臂实在是渺小无能的。他呛了一口又一口的海水，开始还觉得苦涩，渐渐地没有了味觉，他分不清东南西北，看不到岛礁海岸，他在冰冷的海水中失去了知觉，昏死了过去。不知漂浮了多久，陈良绍被海浪冲到了一处海滩上。

雨不知何时停了，风也不知何时息的，云散了，太阳升起，潮水退去，陈良绍感到了太阳的暖意，慢慢地苏醒了过来。他试着站立起来，站了几次都没有站稳，他只得匍匐着在沙滩上爬行，他知道潮水还会上涨，他得赶紧离开沙滩，以免被上涨的海浪再次卷入海中。

陈良绍清醒后的第一个反应就是找蔡缥缈。缥缈，我的爱妻你在哪里？他记起了在海上是缥缈舍弃了舢板，把生的希望让给了自己。

他想，既然自己不是凭着自己的力气而完全是被海浪冲到这个海滩上来的，或许蔡缥缈也会漂到这个海滩上来，他拄着海滩上捡到的一根树枝，开始巡视全岛，他要在涨潮之前把全岛的沙滩走个遍。

陈良绍的判断是对的。蔡缥缈为了救陈良绍，主动脱开了舢板，任海浪把自己随意冲走，她本来就抱着沉海舍身的信念，她知道在海浪中的任何挣扎都是无意义的，她紧紧地抱着怀中的妈祖雕像，或许妈祖会保佑她和陈良绍平安。她迷迷糊糊中觉得有一条大鱼驮着她，把她下沉的身体顶出海面，使她得以呼吸，不再呛水，想不到海浪竟然真的把她冲到了与陈良绍的同一座岛礁上来了。啊，不是，是一条大鱼把她驮到这座岛上来的。

当陈良绍发现蔡缥缈时，蔡缥缈似乎已失去了知觉，潮水正在上涨，上涨的潮水正在一步步地淹没她的双脚，直向她的腰身上浸漫。在与海浪的搏击和在海浪中挣扎的过程中，蔡缥缈身上的衣裳早被海浪卷走了，被海水浸泡和漂白的胴体像一尊大理石雕一般仰卧在金黄色的沙滩上，乌黑的长发散乱着，乳房高耸，小腹鼓起，那是一具已有三个月身孕的胴体啊！

陈良绍竟一时间为蔡缥缈的美丽胴体惊艳，在狭窄的医船上，在异国他乡的医局里，他都没能如此清晰地欣赏过蔡缥缈裸露着的优美的身体。

在短暂的惊艳过后，他迅速地跑到蔡缥缈的跟前，脱下自己仅存的一条短裤衩遮住她的下体，虽然这个荒岛上空无一人。他抓起蔡缥缈的右手，蔡缥缈把妈祖的塑像紧紧地握在手中，陈良绍细心地按了按蔡缥缈的脉搏，惊异地发现还有轻微的脉息，蔡缥缈还活着！他发疯般地狂叫着“缥缈！缥缈！”用全身力气抱起蔡缥缈，抱到海岛的高处，他把蔡缥缈轻轻地安放在细沙上，把她俯卧在自己的大腿上，用一根细树枝撬开她的嘴巴，轻轻拍打她的后背，让她吐尽腹中的海水，他又用大拇指反复按捏着蔡缥缈的人中穴，终于，蔡缥缈轻轻地哼了一声，陈良绍犹如听得一声呱呱坠地的婴儿的哭啼。

陈良绍把蔡缥缈紧紧地搂在怀里，蔡缥缈也紧紧地依偎在陈良绍的怀里，在这蛮荒的海天孤岛中，在海浪击岸的和声中，互相感受着对方心脏的搏动。

时间在相互的依偎中消失了，他们不需要语言，他们只需要对方的心跳。他们不在乎衣服，衣服已被海浪剥夺。他们不需要动作，大海消耗了他们所有的精力，相互依偎就是一切。

【第四十四回】

喝龟血如琼浆玉液　找住处见先人旧屋

缈缈良郎庆脱险，润喉龟血口生津。
旧房觅得心狂喜，天赐窠巢且厝身。

笑对困境无厄难，腰围蕉叶手相牵。
水晶凸镜照干艾，天火引来煮海鲜。

理智渐渐地在陈良绍的头脑中苏醒，大海没有吞没他们的生命，在这蛮荒的海岛上如何生存是对他们严峻的考验。他要去找淡水、找吃的。找到淡水才能活，找到吃的才有力气。他轻轻地对缥缈说："缈缈，你躺在这里好好休息，我去帮你找水喝、找东西吃。""缈缈"，这可是陈良绍第一次这样亲昵地称呼蔡缥缈，他自己感到吃惊，蔡缥缈也感动得流下了热泪。

好在陈良绍的药箱还背在身上，药箱虽然泡了海水，一些药泡烂了，但一些密封的小瓶子里的药还能用，药箱里的小刀子小剪子在这蛮荒的小岛上找水找吃的正可派上用场，不必像野人一样制作石刀石斧来使用。

陈良绍走到海滩上，挖了几只海贝，他用手术刀剖开海贝，海贝的肉里有鲜嫩的汁水，虽然腥味很重，但很解渴，也能充饥。他寻到了一些大大小小的海贝壳，那真是天然的碗碟汤匙，贝壳中银色的珍珠层在阳光下闪耀出七彩，非常漂亮。他像到了一家瓷器店里，他竟快乐地欣赏起来，挑挑捡捡，找最漂亮的贝壳当他们的碗碟。沙滩上竟然还有很大的一动不动的海龟。他捉了一只，用刀子割开海龟的头颈，一股鲜血流进了一只大大的海贝壳中。他喝了一口，啊！一股腥味冲鼻，但却很鲜美，被海水呛痛的口腔喉管胃肠在龟血的浸润下如同抹了一层油膏，舒服极了。他又杀了一只海龟，用挑捡来的最漂亮的海贝壳盛着，高兴地端到蔡缥缈的身边，轻轻地喊："缈缈！缈缈，快来喝琼浆玉液！"

蔡缥缈闻得一股浓浓的腥味，不禁激烈地呕吐起来。是啊，三个月身孕的她，对这种带着强烈腥味的琼浆玉液是会引起反应的。

陈良绍能够理解缥缈的反应，但当下缥缈最需要的是补充液体，治愈海水对她的口腔、食管和胃肠的伤害，而当下这龟血可算是最好的液体药物了。他劝缈缈先少喝一点，慢慢地适应，即使呕了吐了，也要继续喝。蔡缥缈知道陈良绍的用心，喝下这龟血对她有好处。陈良绍给她看捡来的漂亮的贝壳，引起她对海洋生物的好感，他用最漂亮的小贝壳舀了一小勺龟血送到了蔡缥缈的嘴边。蔡缥缈忍着刺鼻的腥味试着喝了下去，就这样一小勺，一小口地，陈良绍服侍着婴儿一样让蔡缥缈把一只海龟的鲜血喝完了，呕了一半，喝到胃里也有了一半。

果然，龟血下肚后，蔡缥缈觉得口腔、喉管、胃里舒服了不少，哑了的喉咙能低低地说出话来了："良郎，与你在一起真好！"

蔡缥缈过去一直是喊陈良绍陈先生的，即使结婚后也不曾改过口，经过这场生死劫，她终于把"良郎"喊出了口。

陈良绍听得蔡缥缈喊他"良郎"也激动得流下了泪，两人再次紧紧地依偎在一起。陈良绍说："缈缈，别怕，你我同在，这无人的海岛就是我们的家。我会找到水，找到吃的。我们还要搭起房子来，生孩子，当父母，做岛上的主人。"

蔡缥缈听得良郎说得那么美好，脸上露出了笑容。

陈良绍想，喝龟血，吃生海鲜暂时没有问题，马上需要解决的是找到一个可以安身住宿的地方，这个炎热的海岛说下雨就会下雨，中午太阳会晒得人脱一层皮，没有安身之处可不行。他扶着缈缈来到一处山岩的阴凉处坐下休息，缈缈看着良郎一丝不挂的样子，不禁咯咯咯笑了起来。陈良绍听到缈缈笑他一丝不挂，故意吓她说：“你把我的裤衩还给我吧，你不穿裤衩才更好看呢。”缈缈以为良郎当真，用双手紧紧地护着裤衩，陈良绍禁不住哈哈大笑起来。

两个人的笑声似乎已经把这场灾难化为乌有了。陈良绍突然觉得他现在就是这个岛国的国王，蔡缥缈就是王后，他先要巡游全岛，看看他们的国土面积有多大，看看岛上有什么危险的因素，有没有猛兽，有没有别的居民，有没有山洞，有些什么植被，有没有可以搭建窝棚的材料，附近的海域有没有相连的岛屿，有没有来往的渔船。对，如果有来往的船只，他们就可以获救了。

陈良绍登上了全岛的最高点。全岛不大，目力所及便是沙滩、海水。太阳直晒在头顶上，他有点分不清东南西北了，他看到全岛四周是沙滩、海水，岛上的陆地有一半是绿色的植被，有一处椰树林，有一丛芭蕉林，有茂密的杂树灌木，很好，那里会有可供他们吃的水果和燃料，也有可供他们搭建房屋的材料了。岛的另一半是裸露的奇形怪状的石头，海浪冲刷着它们，浪花飞溅。

不远处有星星点点的小岛礁。他想起他从沙滩上醒来时小舢板还和他连在一起，他曾经把小舢板拖上了海岸，他要把这个小舢板拖到更高的山坡上，不能让海浪把它冲走。这是岛上的唯一交通工具，或许将来他可以摇着去那些小岛礁上去溜溜。

四周没见人影，海上也没有看到来往的渔船。难道这处岛礁附近从来没有人来往？如何回归，如何与郑大帅或渤泥国、爪哇国、满剌加联络，转递信息？唉，这些暂时不考虑吧，现在在这小岛上活下来是最重要的。

突然，陈良绍眼睛一亮，他在半山腰上发现了一堵石墙，很像是人工砌造的石墙。如果是人工砌造的石墙，就说明这里曾经有过居民，或曾经有人在这里居住过，这就是一处可以生活生存的岛礁。

陈良绍兴奋地向石墙奔去，顾不得一丝不挂的身体被荆棘划出一道道血痕。

啊，老天保佑，这确实是一处人工砌造的石墙，是一处废弃的屋顶已经坍塌的小屋的墙壁，小屋内还有灶台，谢天谢地，灶台上还有一口铁锅，太好了！是哪位先人在此住过，是哪位恩主为他们安排了住所？他略略打扫一番，腾出一块平整的地块，他们今晚就可以在这里住下了。

陈良绍急急忙忙地下山去，告诉缈缈这个好消息，把缈缈接到这破屋来居住。

当他赶到缈缈休息的地方时，缈缈却不见了，这让他急出了一身汗来，他大声地喊叫："缈缈！缈缈！"

陈良绍喊哑了嗓子，只听得海浪澎湃，却没有缈缈的回音。

蔡缥缈去哪儿了呢？

陈良绍细看沙滩上有一排歪歪扭扭的脚印，他循着脚印寻去，终于在脚印的尽头看到了缈缈，她正在一丛芭蕉林中采集芭蕉叶，他大声地喊："缈缈！"

蔡缥缈听到了，向陈良绍招手："良郎！快来，我给你做了一条裙子，芭蕉叶做的。"

陈良绍快速来到蔡缥缈的跟前，缈缈又是看着他赤身露体的样子咴咴地笑。她仔细一看，发现陈良绍的身上被划出了一道道血痕，心痛地过来给他抚摸，把一条用绿色芭蕉叶和枯萎的芭蕉叶混编的裙子套到了陈良绍身上说："良郎，快套上这裙子，让人看见多难为情啊！"

陈良绍乖乖地套上了缈缈给他编的芭蕉叶裙子，还调皮地扭了扭屁股，芭蕉叶裙子随着陈良绍腰身和屁股的扭动，抖动着发出窸窸窣窣的声音，完全像一个南海岛国的岛民了。

蔡缥缈和陈良绍都开心地笑了。

笑过之后，陈良绍拉着缈缈的手说："芭蕉衣慢慢地编吧，快去看看我们的房子吧！"

缈缈说："这么快，你已搭好房子了？"

良郎说："你去看了就知道了！"

陈良绍又掰了一些芭蕉叶，系成一捆，扛在肩上，他要把这些芭蕉叶用来铺作床垫。他扶着缈缈来到了先民在半山腰废弃的破屋前说："缈缈，咱们到家了。我们赶快收拾一下，准备生火烧水吃东西。"

缈缈说："良郎，生火，那来的火？"

陈良绍说："缈缈，我会变戏法呀！你等着，我马上给你变出火来。"

是钻木取火吗？不是，钻木取火费时费力不说，凭陈良绍的力气一时半会是钻不出火来的。

蔡缥缈只见陈良绍打开药箱，取出了一块镜片，圆圆的，中间凸出来，陈良绍说，这是一片水晶制作的放大镜。他拿着这块镜片给缈缈看他的手指，手指在镜片下变粗了，指纹也看得清清楚楚的，很神奇。陈良绍告诉缈缈，这是苏州一位琢玉器的病家送的，老人看书时拿着它，再小的字也看得清清楚楚，陈良绍把它放在药箱里是用来辨析药材的。

可是这块镜子又怎么变出火来呢？缈缈还是将信将疑。

陈良绍又取来一小堆毛绒绒的东西，这是他药箱里的艾绒，曾被海水泡湿，他早早拿出来放在屋里的石块上晒干了。

陈良绍说："缈缈，你看好，马上就会变出火来了，你先准备好一些柴火，我变出来的火苗就可以引燃柴火了。"

缈缈睁大眼睛看着良郎变戏法。

只见陈良绍把水晶片对着太阳，太阳光透过水晶片形成一个耀眼的白点子，陈良绍把白点子对准晒干了的艾绒，不一会艾绒便冒出了白烟。陈良绍把一堆枯柴放到点燃了的艾绒上，噘着嘴吹那冒烟的艾绒，不一会枯柴便点燃了，火苗旺旺地跳跃起来。

缈缈像小孩子一样拍起手来欢叫："有火了，晚上就不怕了，良郎真会变戏法呀！"

陈良绍说："缈缈，这是水晶片把太阳的热量引下来点燃艾绒的。如果没有这块水晶片，有冰块也行，西晋有个叫张华的人写过一本《博物志》的书，他在书中说的这个办法。

缈缈说："先生，你真是博学多闻呀！"缈缈又尊称陈良绍为先生了。陈良绍马上说："缈缈，不许再叫我先生，叫我良郎，良郎！"

陈良绍叫缈缈把脱下来的裤衩铺在铁锅上，这只破灶台上的铁锅已由陈良绍擦了又擦、抹了又抹。

缈缈又是不解："难道真要煮裤衩当饭吃吗？"但还是照陈良绍的要求做了。

只见陈良绍不知从那里寻到的一只罐头盒，并在盒子里装了绿茵茵的雨水，把罐头盒里的水倒在蒙在铁锅上的裤衩上，绿茵茵的雨水透过裤衩，留在裤衩上一层绿泥，铁锅里的水倒变清了，原来良郎是在用裤衩过滤这发绿的雨水呀!

陈良绍说："缈缈，难为你了，趁着太阳还旺，赶紧把裤衩放石头上晒干了穿上。”

陈良绍盯着缈缈赤裸的身体定定地看着，看得蔡缥缈脸上泛起阵阵红晕。

蔡缥缈说：“你要看就看个够吧！”

陈良绍叫缈缈把柴火送到灶堂里，他把被喝了血的那只海龟用石块砸碎了放到铁锅里煮。

这一顿的晚餐他们吃了海龟汤，虽然淡淡地无味，倒也充饥解渴。当黑夜降临，万籁无声时，他们围着火堆，相拥着躺在芭蕉叶铺成的床铺上，数着星星。陈良绍给缈缈讲着故事，缈缈依偎在良郎的怀里，感受着良郎的好，与昨晚的生死挣扎作对比，今晚躺在良郎的怀里感到幸福无比，不一会她就甜甜地像孩童般地睡着了。

陈良绍却睡不着，他知道这只是荒岛上的第一天，以后的日子还长，找淡水、找吃的，避风雨是马上需要解决的事，看着妻子和妻子肚子里的婴儿，他需要承担起责任。如何与郑大帅取得联系，更是难以解决的问题。

他要表现出淡定，只有他的淡定和坚毅，缈缈才会感受到希望。

他要充分调动智慧。他知道，只有智慧才有可能帮助他们早日脱离险境。

【第四十五回】

先民赐予无限宝　生活渐安却思归

唐宋元明古货币，灶锅盐水祖先留。
海疆处处有遗迹，感激先人涕泪流。

何曾快乐便忘返，生活渐安总思归。
碧海青天夜夜念，风筝翔逸烟凌飞。

第二天陈良绍早早醒来，他一睁眼却吓了一大跳，一条四五尺长的眼镜蛇正仰着头，吐着信子，发着咝咝的响声对着他们。这是一条剧毒蛇，必须小心地对付它。他首先必须把它引开，然后再想办法杀死它。

陈良绍轻手轻脚地起身，他不能惊醒缈缈，否则缈缈会受到惊吓，造成心理阴影。陈良绍起身后迅速抓起一根木棍，轻轻地在眼镜蛇前点击地面，让眼镜蛇顺着它的木棍爬过来，一直爬到墙外，在眼镜蛇再次昂起头的一刹那间，陈良绍精准地用木棍砸中了眼镜蛇的心脏部位，眼镜蛇挣扎着蜷缩成一团。

陈良绍从药箱里取出一只小药罐，小心翼翼地掰开眼镜蛇的嘴，将它的毒牙对准药罐获取眼镜蛇的毒液，以备日后不时所需。待眼镜蛇不再动弹时，他拿出手术刀，又小心地剥下眼镜蛇的皮，然后割下眼镜蛇的头，挖出眼镜蛇的内脏一起埋了，再把剥了皮的雪白的蛇肉剁成一段一段的，盛在大的贝壳里，这就是今天的一顿美餐，不过他不能告许缈缈，说了她会恶心吃不下的。

他把取下来的蛇胆悬在一根树枝上阴干，或许有一天可派上用场，那可是一剂清凉解毒剂。最后，他还把蛇皮剖开，刮尽蛇皮上的脂肪，对着阳光可以透出了眼镜蛇的黑白花纹，他把剖开刮净的蛇皮贴在一块缈缈看不到的石头上，待它干了之后再作鞣擦裁剪，可以做一条不错的腰带。

陈良绍悄无声息地做完这一切后，又打扫了地面，不留下一点痕迹。陈良绍想，这眼镜蛇是怎么到他们的居处来的呢？以后可能还会有别的蛇虫闯进来吧。他必须做一些防范措施。第一，他要彻底地清理这处旧屋，把屋子里的垃圾清理干净。第二，他要烧更多的草木灰，把草木灰撒在住处的四周，一般的蛇虫是会避开草木灰的。第三，他要去岛上寻找像艾草一样的植物，用植物焚烧的烟雾来驱蛇虫。

当然，他今天还必须去寻找水源，虽然屋子里还有一罐子绿色雨积水，但这雨水还需要省着用。

趁缈缈睡得正香，陈良绍把昨晚吃剩的海龟汤盛在大海贝壳里，继续当早餐，他把铁锅烧红，把洁白的眼镜蛇肉放在铁锅上烤，烤得焦黄喷香。缈缈被喷香的蛇肉吸引，醒来了，探头问道：

“良郎，做什么好吃的呀？这么香！”

“缈缈，快起来，我到海边捉到了一条鳗鱼，正在烤鳗鱼给你吃呢！”陈良绍答。

缈缈这才起身，没有水，无法清洗，理了理散乱的头发。喝着昨晚的龟汤，啃着烤得焦黄的“鳗鱼”，连声说好吃。

陈良绍看到缈缈啃蛇肉啃得香，暗暗地发笑，要说破了这是蛇肉，看你还吃不吃？

吃过早餐，陈良绍说：“缈缈，海上漂泊辛苦了，你再躺一会儿，我来把这家清理一下。”

缈缈说：“良郎，我倒觉得在海上漂着一点都不辛苦，我觉得是有一条大鱼一直驮着我在浪里荡呀荡的，就是有点冷，呛了几口海水。”

陈良绍也觉得奇怪，像蔡缥缈这样一个女子，还怀着身孕，即使会游泳，在这波涛滚滚的海里，没有神力相助，怎么也不可能活着漂到这海岛上来的。

缈缈说："我刚才做了一个梦，这个梦有点奇怪，梦见我还在海中漂浮，一会儿沉到海底，一会儿浮上浪尖。就在再次沉到海底的时候，遇到了你讲过的那个'苏州客'故事里的龙女，她穿的衣服好漂亮啊！衣服上镶满了闪亮的珍珠。她对我说，你不是我的夫君苏州柳毅家隔壁邻居家的那个药童吗？怎么游到这里来了，不认识回家了吧！我说，我刚才与良郎还在一起的，现在找不到他了。龙女说，别怕，你家良郎曾给我的夫君接过脚骨，有恩于我家。我叫小鲸送你去找你的良郎。说着，龙女叫来一条鲸鱼，吩咐我骑在鲸鱼背上，就这样荡呀，荡呀，把我荡醒了。真的，良郎，是一条鲸鱼驮着我找到你的！你真的给柳毅接过脚骨吗？"

良绍想了想，他黄鹂坊桥家医寓附近倒是有一座水仙庙，水仙庙供奉的就是为龙女送信的柳毅呀，说是邻居倒也差不多说得通。但他与柳毅凡神相隔，怎么能帮柳毅接骨呢？陈良绍想啊想，想到他曾看到柳毅神像的一只右脚断裂，他出资请人修补了神像，安好了断脚，这难道就是龙女说的为柳毅接骨？

缈缈说，这就是了，这就是了，你善有善报。

陈良绍说："缈缈，你落水后一直抱着黄大仙赠送给你的妈祖神像，是妈祖把你落海的消息告诉了龙女，龙女才派鲸鱼来救你的。"

缈缈说："对啊，是神灵保佑我们呀！"

蔡缥缈再次沉浸在美好的梦境中。

陈良绍加紧清理房屋中的杂物。

在清理的过程中，他们在灶洞里找到一包用牛皮纸包着的东西，打开一看是几十枚中国历代的铜钱，有唐代的"开元通宝"，北宋的"崇宁通宝"，南宋的"咸淳通宝"，元代的"至正通宝"，还有当朝的"洪武通宝"，这些历代的钱币显然不是一个人放置在这里的，是祖国历代来此打鱼的渔民有意放在这里的，表示他们人来过这里。陈良绍抚摸着这些钱币不禁热泪盈眶。陈良绍在药箱里找到了几枚"永乐通宝"，他把这几枚"永乐通宝"与灶洞里找到的历代铜钱包在一起，恭恭敬敬地放到了灶台上。恭恭敬敬地磕了三个响头，陈良绍口中念念有词："列祖列宗在上，小生陈良绍在此给你们磕头了，请历代各位祖宗保佑我们夫妇渡过难关，后生有机会一定在此建造大屋，庇护祖国渔民在此避风遮雨。"

陈良绍继续清理时，又发现积水罐下方有块石块，石块下方还有一只小陶罐，小陶罐里装着一罐白色的颗粒。啊，这是盐啊，这是宝贝啊，我们的列祖列宗想得真周到啊！把这盐都给后来者留好啦！

“缈缈，我们以后可以用盐来煮鱼做菜啦！”陈良绍高兴得喊醒了蔡缥缈。

蔡缥缈看到良郎发现了这么多宝贝，也赶快起来，帮着清除旧屋墙面的杂草，她发现了石墙上像是刻有图案，她看不懂，喊道：“良郎，快来看，这墙上画的是什么呀？”

陈良绍细细地看这石墙上的画，画着一间房子，房子的后墙不远处画着一棵树，树下画了一个圆圈，圆圈中画着几条曲线。陈良绍看着、想着，一拍大腿：“缈缈啊，我们马上就有水喝啦，天助我们啊，我们的祖先在帮助我们呀！”

蔡缥缈不知为什么陈良绍看了这幅画会这样兴奋。陈良绍拉着蔡缥缈转过石墙，看到不远处有棵孤零零的树，他带着蔡缥缈直奔而去。到了树下，他们并没有见到水池，但细看有一处长着特别茂密的青草，他细看青草根部的泥，却是潮湿的，他用带来的棍子向泥里插下去，可以插得很深。

他叫蔡缥缈在树下坐着等他，他奔到沙滩上，捡来一大堆贝壳，他用这些海贝壳拼命地挖泥，越往下挖，底下的泥越潮湿，不一会，泥里洇出水来了，陈良绍继续挖呀挖，水越来越多，形成了一个小水池，他像个孩子似的，用贝壳盛了水往蔡缥缈身上泼，蔡缥缈也开心地接住水往脸上抹，虽然这水很浑浊，但却是凉爽的，流到嘴角的水是甜甜的。

水不断地洇出来，陈良绍和蔡缥缈坐到了那棵树下，痴痴地看着小水池里的水在慢慢上涨，从浑浊又慢慢变清澈。他们把贝壳洗净，舀来清冽的泉水畅饮。清凉的泉水彻底浇灭了他们腹腔里不断升起的内火。

他们又用泥浆涂抹全身，一夜的海水浸泡，他们的皮肤有种腌渍发紧的感觉，用这淡水泥浆涂抹，等晒干后再用清水清洗，发紧的皮肤便松弛舒张开来了。

陈良绍领着蔡缥缈在小水池边下跪磕头，感谢列祖列宗的恩赐。

有了淡水，他们的生命有了最基本的保障，海岸边有各种可以捕获的鱼类资源，他们有了吃的东西，有了盐，他们可以把食物做得更可口了。

这一处旧屋，他们还需要加固，要防雨防风，要防蛇虫毒物的侵袭，今天早上的一幕不能再发生。如何保障缈缈母子平安，如何与郑大帅取得联系，早日回归，这是陈良绍日思夜想的问题。

陈良绍在海滩上、山地里找来许多搬得动的大石头，在旧屋前面向阳的空地上垒起了一座半人高的祭台，在祭台上用四块较平整的大石头搭起一座神龛，把妈祖供奉在这座神龛中。他们挑选最美丽的贝壳，每天从小水池中舀来清水供在妈祖的像前，他们从火堆中寻找易烧着又有香气的干树枝作为香插在石缝中祭拜。是妈祖救了他们，是妈祖的信仰让他们坚定了活下去的信念。如果有一天他们能走出这座荒岛，他们一定要给妈祖神像贴金，给妈祖造庙，让子子孙孙都记住妈祖的恩德。

早上他们吃了烤“海鳗”，中午他们吃了盐煮“海鳗”，汤里加了盐，味道真是好极了。蔡缥缈吃得津津有味。晚上吃什么呢？陈良绍想还需要寻找新的食源，要寻找一些可以食用的野菜野果来改善。

陈良绍和蔡缥缈每天都在营建着他们的乐园。他们用石头砍倒几棵高大的椰子树作屋梁，用灌木作椽子，用芭蕉叶披盖屋顶，并用藤萝编织牢固。旧屋可以遮风避雨了。

他们挖来一堆又一堆的泥土，在房子前后左右围起一条长埂，移来灌木杂草野花，勤浇水，常修剪，形成了一道开着各色野花的绿篱，他们还辟出了一块药圃，陈良绍从岛上选来各种既可当药又可当野菜吃的蒲公英、半枝莲、野薄荷、益母草、野菊花、艾草等，椰子林里可采椰子，草丛里有鸟蛋，芭蕉林中可摘芭蕉，海滩上有取之不尽的贝、龟、虾，海里可捉到各式各样的鱼，礁石上可采到鲜贝、海藻。

有了泉水，有了先人留下来的食盐，只是缺少油，陈良绍便从冲上海滩搁浅的鲸鱼身上割下脂肪来熬鱼油，吃的东西越来越多样、越来越丰盛了。

他们又反复试验，锤打灌木野草，从中精选可以抽丝编织的纤维，陈良绍制作纺锤，蔡缥缈精心编结出一件件衣裳、鞋子、草帽来，甚至还有了可作铺盖的被褥，蔡缥缈还给未来的宝宝编结了帽子、肚兜、鞋子等。

在强烈的为解决生存危机的奋斗中，他们曾一度忘记与郑大帅取得联系，能不能在荒岛上活下来是当务之急，连存活都成问题便去想那遥不可及的未来是不现实的幻梦。很长一段时间他们做的是与死神搏斗的恶梦，只是他们不想把这些恶梦讲出来以免引起悲伤，而只把好梦说出来，互相激励。在相濡以沫的日子里，他们夫妻俩互敬互爱、互助互利，他们谁也不能失去谁。他们觉得一起活下来就是最强烈的追求，把孩子生下来就是最大的幸福。

经过一番奋斗，世外桃源式的生活渐渐安定下来后，夫妻俩有了空闲，便回忆起了下西洋的各位医师，想起了郑大帅统率的庞大船队，想起了他们在爪哇、满剌加、渤泥国亲手建立起来的医局以及他们教授的异国医徒。

蔡缥缈说："唉，他们会想我们吗？"

陈良绍说："当然，他们当然会想我们的，就像我们想他们一样！"

蔡缥缈说："是啊，多想他们啊！这几天常常梦见渤泥国的王后和她的孩子，梦见了丽鹿公主和爪哇王子呢！"

蔡缥缈又说："唉，他们会来找我们吗？"

陈良绍说："啊！大帅忙啊，二万多人的船队，西洋各国去访问，忙不过来呀！不过渤泥国国王一定会派船四处来找我们，也会把我们翻船落海的事告诉郑大帅的呀！只要大帅知道我们落海了，一定会派人来救我们的。"

蔡缥缈又是叹气："唉，他们肯定以为我们死了，翻船落海能有几个人活着回去呀！"

陈良绍安慰缈缈说："这倒是，在茫茫大海上翻船落海能有几个人活下来呢？没有你，我不想活；没有我，你也没有活下去的勇气。我们既然活下来了，还活得好好的，我们要想办法把我们活着的信息传出去！"

蔡缥缈说："良郎，说得对！没有你，我真的活不了，也不想活。但是谁能帮我们送信呢？"

陈良绍说："我们要想办法，发信号，我们不是通过放风筝找到了莫厘大哥了吗？缈缈，你要想办法多织线，我来想办法扎风筝。还有我们白天要把烟飘得更高，晚上要把火放得更亮，让很远很远的人看到，知道这个荒岛上有人住着，或许就会有人来找我们了。"

蔡缥缈说："良郎，你聪明！我相信你一定能把我们的信号发送出去的！"

陈良绍想到了边关长城上的峰火台，他随口吟颂了宋代诗人马之纯的诗《烽火台》：

此到西陵路五千，烽台列置若星连。

欲知万骑还千骑，只看三烟与两烟。

不用赤囊来塞下，可须羽檄报军前。

如何向日缘褒姒，无事蓬蓬火又燃。

陈良绍向缈缈解释这首诗的意思，他说：烽火台是古代的军事建筑，它是长城上的一座座高台，守边的将士如果得知敌兵来犯，就会在高台上烧火，让烟飘得很高很高。那时边关荒凉，甚至寸草不生，只有捡牛粪狼粪来点火燃烧。而据说狼粪点燃的烟是直直的不散开，可以飘得很高很高，可以让很远的地方的人都能看到。点烧几堆烟是表示敌兵多少的信号，前方的军队就不需要派人带着“赤囊”即红色的文书袋向后方的军队报告军情了，后方的军队看到烽火台上点燃了几堆烟，就可以马上派人把军情报告——插着羽毛的告急文书——羽檄送到军队统帅手上去了。

陈良绍还给缈缈讲了周幽王点燃烽火戏诸侯以博褒姒一笑的故事。缈缈说：“良郎，你当时用水晶球引来天火也曾博得我哈哈大笑啊！”

笑声在荒岛上不断地响起。

陈良绍说：“我们也要建一座烽火台，我们要到这个岛的最高处垒一个烧火的高台，还要想法砌个高烟囱，把烟引向天空，让很远很远的地方的人能看到我们这处没有人烟的地方来了人，郑大帅的人或渤泥国的人就会循着烟来找我们。另外我们还要做风筝、放风筝，把我们的信息放飞出去。我相信，总有一天郑大帅会派人来接我们出去的！”

蔡缥缈也说：“良郎，我相信你，我也相信总有一天郑大帅会派人来接我们出去的！”

有了目标，有了信心，又有了具体的方法就只有努力去实施了。

到岛上的最高处筑烽火台，花的是力气，找石头，筑高台，和泥巴，砌烟囱，两人通力合作，陈良绍看着缈缈越来越大的肚子，只让她打打下手，怕她累着，伤了身体。缈缈便给他擦汗、扇扇……

足足花了两个多月的时间，烽火台垒成了，烧火冒出的青烟升得高高的，把他们存活在荒岛上的信息传得远远的，远远的……

如何做风筝，是个智力活。陈良绍动足了脑筋！

风筝的筋骨是用竹篾制作的，这里可以选用细而柔的荆棘来制作风筝的筋骨；风筝本是用绸布或纸张糊在筋骨上的，鼓起风，用线或绳牵着才能放得高，飞得远；绳线蔡缥缈会编结，这纸和绸布是找不到了，蔡缥缈身上只有他脱下来的那一条短裤衩，不能扯下缈缈的裤衩，让缈缈光着下身来做风筝呀。虽然缈缈编结了一些衣服，那都是很粗糙的临时将就的代用品，它不是织出来的，孔隙很大，鼓不起风来，做不了风筝。

陈良绍突然想到了那张眼镜蛇的皮，哈哈，用蛇皮可以扎风筝，把蛇皮裁剪切割一下可以做两三只风筝。他还可以再捉一些蛇，再剥一些蛇皮，他又试着去海边捉些鱼来，剥鱼皮来做风筝。鱼皮倒是和蛇皮一样有用呢。这荒岛海滩边的鱼多得很，也不怕人，捉之不尽，鱼皮可做风筝，鱼皮也可以做衣裳呀。

捉鱼容易，剥鱼皮制鱼皮却不容易，一次不成两次，两次不成三次，经过几十次剥鱼皮的试验，鱼皮已剥得很顺畅了。要把鱼皮制作成柔软如纸如绸子一样，他们反复地刮呀、揉呀、洗呀，用泥浆浸呀，用石块砸呀，上百次的试验也终于把鱼皮制成薄如纸、软如棉，可以随意用来剪裁缝制成衣服了。

陈良绍精心设计，蔡缥缈巧手缝制，鱼皮帽、鱼皮斗笠、鱼皮褂子、鱼皮长短裤、鱼皮裙子、鱼皮围裙都缝制好了，天然的鱼纹如龙似凤，如游鱼戏水，如海岛风光，漂亮轻盈，隔热透气。

他们更制作了鱼皮长短靴子，用多层硬鱼皮作底，在山地上行走不会被山石和树桩刺穿，行走方便，且可防草丛中的蛇蝎毒虫，安全又舒适。

他们的鱼皮制作得越来越美观轻盈，也越来越得心应手了，他们甚至想到要多制作几件鱼皮制品，将来送给亲朋好友作礼品了。

陈良绍终于又想到要用鱼皮来制作风筝了。可是他们放风筝不是放着玩的，他们要在风筝上写字画符，要把他们落难在荒岛上的信息描画在鱼皮上。可是，如何在鱼皮上写字画符呢？哪里来的笔墨呢？用草穗或羽毛可以做笔。锅底灰，黑色的锅底灰调在水里是黑的，但写在鱼皮上虽然可以看得清，但是入水字迹画符就看不清了。

怎么办？陈良绍想到了熬制的鱼油，他用鱼油调和锅底灰试试，果然，不错，鱼油调和锅底灰就成了高级油墨，写在蛇皮鱼皮上的字符黑而亮，入水也不会化掉，就像黑色的油漆粘在鱼皮上一样。陈良绍把他和缈缈的名字以及郑大帅、国王的名字用汉字和渤泥字写在了鱼皮上，还画上了一些落水、岛屿、烽火台、大明永乐医局等符号，让不识字的人也能看懂。

他们不断地制作风筝，不停地放飞风筝，断了线的风筝是他们向外界发出的救援希望。

“烽火台”的青烟一股股地冲上蓝天，救援的风筝一只只地飞向大海的远方。

每天，他们都带着希望爬上荒岛的高处向大海的四处张望……

【第四十六回】

游山寻得落难汉　大仙破译好消息

困顿夫妻寻快乐，游山发现落难人。
渔民出海细寻觅，推理风筝析果因。

到了晚上，他们却带着失望进入梦乡，但是第二天早上他们依然会点燃生起“狼烟”，放飞风筝。旧的希望在昨天破灭，他们又把新的希望在新的一天点燃和放飞。

陈良绍和蔡缥缈也不能把遥远的希望当饭吃，他们依然要为在荒岛上的生存捕捞、种植、采集、制作，并尽力把生活过得丰富多彩。

陈良绍想到了被他存放在沙滩高处的小舢板，那只救了他性命的宝贝。他把它作了清洗，用熬制的鱼油当桐油把它刷得铮亮。他在舱底铺上了柔软的枯草和鱼皮作坐垫，鱼皮袋里塞满了柔软的枯草。他让缈缈坐进船舱，他要推着缈缈去附近的一处珊瑚礁看着，他们在山头上看到那是一处在海浪中时隐时现的礁岛，发着淡黄色、清绿色的光，像一颗漂浮在海上的美丽宝石。

陈良绍把小舢板拖进海中，把缈缈扶进船舱坐定。他脱下了鱼皮衣服，赤身露体地跳进海水里，推着游着把小舢板带到了珊瑚礁上。鲜红的珊瑚、洁白的珊瑚、金黄的珊瑚像一棵棵小树从礁石上长出来，在水中软软的，还会随着海浪摇晃，绿色的海藻宽大的叶片像丝绸般在海水中漂动。鲜艳的、多彩的海鱼在珊瑚丛和海藻丛中悠闲地穿行，彩色的海螺、鲜红的大虾、硕大的海蟹张着大钳在舞动，海马，真的是小马的形状呀，只是它却是直立在海水中，但并不怒奔，一动不动。有大鱼来觅食，小鱼便到珊瑚从中躲藏，并没有惊慌失措的样子，所有的海上生物或许把在珊瑚林间穿行的小舢板和赤身裸体游动的陈良绍当作同类，并不躲避，让他们目不暇接地细细观赏，海滩上有的是可供他们食用的贝类虾蟹海龟，还有搁浅的大型海鱼，他们并不需要用暴力来捕捉这些可爱的小东西，只要它们把奇异的美丽带给他们愉悦就足够了。

采摘几支美丽的珊瑚吧，带回去装饰他们的屋子。陈良绍潜入海底采摘了一支鲜红的珊瑚，一支洁白的珊瑚和一支金黄的珊瑚。很怪，在海水中摇晃着看似柔软的珊瑚一出海水便硬邦邦的了。

缈缈把良郎采来的珊瑚放在胸前，顶在头上，做出怪样，问陈良绍漂亮不漂亮。陈良绍说：“哈哈哈，你是鱼婆作怪呀！”两人的笑声随着海浪荡漾。

珊瑚礁的中间是一片洁白的沙滩，陈良绍把小舢板拖上沙滩，扶缈缈踏上沙滩，缈缈捡了一大堆五颜六色的海螺贝壳，她说要回去串三串珠贝串。一串挂在良郎的胸前，一串自己挂，还有一串给将来的小宝宝挂。

回程的时候，陈良绍采了一片海藻，深绿色宽大厚硕的叶片，黏乎乎地柔软。一片海藻足足有一人长。他说带回去煮海藻汤喝，清凉、解暑、耐饥、有营养，足够吃两天了。

陈良绍和蔡缥缈登上了附近的一座小岛，他们想去寻找更多的野果来充饥，他们也想去那座邻近的小岛作一番游览和猎奇。

这一处海滩到山间是悬崖峭壁，无法攀登，陈良绍和蔡缥缈在海滩上沿峭壁行走，寻找可以攀登的地方。走了一段路，他们发现，悬崖间不知是谁凿出了一处石级，这石级很明显不是用铁器凿出来的，像是用石头砸出来的，每级台阶都不规则，在石缝中因势而砸，仅供一人攀缘。

陈良绍判断：“这岛上有人，也是一个落海遇难生还在这荒岛上的人。这岛与我们隔着一道海湾，我们从来没有看到过炊烟，这个落难人看来不会生火，只能吃生食，不知这人还活着否？”他向蔡缥缈说出他的想法。

蔡缥缈说：“同是天涯沦落人，我们应当认识认识，或许某一天我们能得救，也把他一同带走。”

陈良绍说：“缈缈说得对，如果这人还活着我们一定要与他认识一下，有机会一定把他带走。不过，一个人长期孤独地生活，性格和脾气会变得很怪异，我们也要防着他一点。”

石级难登，蔡缥缈还挺着大肚子，陈良绍嘱咐她坐在沙滩上休息，不要爬山了，他自己带了一支桨，并在沙滩上捡了一只海龟，桨是登山的拐棍，也是防身的武器，海龟是送给落难人的礼物，他想即使这落难人性格怪异了，但送他吃的东西应当是可以改变他的攻击性的一招。

陈良绍好不容易沿着石级攀登上了山头，让他大吃一惊的是这个山头上却是寸草不生，所有的石头都整齐划一，就像是一节一节的六角形蜂窝状的块石堆叠起来的，颜色赤黑发亮，这是大自然的杰作。陈良绍在山头上走了一圈，却没有见到人，难道落难者被人救走了或者死掉了？如果死了，应当会见到这个人的尸骨呀！他便继续寻找。

山头上没有遮挡，这落难者不可能在山头上安身，陈良绍转呀转，发现一处豁口的石头上晒着一些鱼干，一块相对较大的石头上凿出了一个水池，那是接雨水的水池，还有一只刚砸开吃了一半的海龟。陈良绍判断，这位落难者还活着，并且就在附近观察着他的行动，就在陈良绍拿起那只没啃完的海龟想细看一番的时候，突然听得一声大吼，从豁口处跳出一个人来，那人的头发披到腰间，胡子遮住了胸脯，全身赤裸，浑身黝黑，与岩石一体，手上举着石头，龇牙咧嘴地向着他嗷嗷大叫。陈良绍知道那人误以为他要抢他的食物，他赶紧把海龟放回原处，那人还是举着石头嗷嗷大叫，眼睛盯着他手上拿着的新鲜海龟。陈良绍明白了，于是又把手上的海龟放到了大石头上，那人终于放下了石头，发出哇哇哇的怪叫声来。陈良绍知道他这是在笑，但因为长期没有笑过了，已不知道如何发出笑的声音来了。

陈良绍知道，当下是无法和这个近似野人的落难者交流了，这需要慢慢地亲近他，才能引导他的正常思维，回忆往事，回归常态。他举了举木桨，作出打人的态势，以便不让野人来跟踪、追袭他。

陈良绍快速地退回到上岛的石级边，下到海滩，与蔡缥缈会合，把他见到的情景告诉了缈缈。就在这时，野人追到了石级边，哇哇哇地大喊，赤身露体的野人让蔡缥缈看得很尴尬。但想到当年他们漂流到荒岛的情景，也便释怀了。

陈良绍和蔡缥缈乘上小船离开了小岛，野人站在山顶上一直盯着他们俩，似乎若有所思，一直哇哇哇地叫着，舞着双手。

从此，陈良绍与蔡缥缈多了一桩心事，如何帮助野人回归正常。真有一天能够获救，一定也把他带走。

陈良绍隔三岔五地划着小船去对面的小岛上，他带去吃的，带了一小块盐巴，陈良绍每次去都看到野人站在山头上，陈良绍把食物放在沙滩上，向野人招招手，指指沙滩上的食物，示意他到沙滩上来取食物。开始野人只在山头上哇哇叫，也不下到沙滩上来，但是陈良绍隔几天去沙滩时，都发现沙滩上放的食物被取走了。取走一小块盐巴的几天后，陈良绍竟发现那块放食物的地方放了一条鱼干。哈哈，那是野人的回赠！

再过一段时间，陈良绍送去食物，还用大海贝盛了淡水，他一边向野人招手，一边向野人喊话："下来，下来！"野人只是没有反应，陈良绍便把食物举在手上，反复地喊："下来，下来。"见野人依然不动，良绍便举起食物往船上走，看来野人急了，便沿着石级向下爬，当野人爬下来后只站在石级边不过来，陈良绍才放下食物离开，野人迅速地跑过来取走食物快速爬上了石级。后来当陈良绍送食物去时，野人在山头上发出"下、下、下"的声音，陈良绍一时没明白。后来一想，大概是野人学他的话，意思是叫他上去，上去。

陈良绍就沿着石级向上爬去，野人退得远远的，陈良绍把食物放在石头上，向野人问话："你叫什么名字？哪里人？怎么到这个岛上来的？多长时间了？"

野人只是痴痴地似懂非懂地听着。

一次一次陈良绍尽量多地与野人讲话，名字、哪里的、多久了、年纪，反复地说。

有一次，陈良绍与野人说着话，问他是哪里的。野人竟说出了"横头"两个音，说出这两个音后便号啕大哭起来。陈良绍一看到野人哭了，自己也开心地哭了起来，野人终于有了模糊的记忆。

再后来，野人邀请陈良绍去他安身的洞穴中。洞穴不大，没床没灶，仅可供一个人蜷曲在里面避避风雨，但是四周的石壁上画满了一道又一道的印痕，陈良绍知道这一道印痕就是野人来到这座小岛的一天，他耐心地数了数，石壁上共画下了二千九百五十三个横杠，也就是说他流落到这座岛上已有八年零三十三天了。

因为没有与他说话的人，在这个荒岛上讲话已经显得多余，一天不讲话很自然，三天不讲话有点憋闷，三个月不讲话会成为习惯。这个野人八年多不讲话了，语言的功能已严重衰退，所以话也不会说了，只有咿呀咿呀的如野兽般的嚎叫。

因为只盼着有人来救他，所以他住的地方对着大海，开始还招招手，后来手也不招了，因为从来招不来载他回去的船。

因为没有食物，填饱肚子是他在这个荒岛中艰难生存的唯一追求，所以其他所有的想法就没了，思维只停留在饥饿和寻找食物上，人性在渐渐消失，兽性在不断增加。

陈良绍送食的方法强烈地吸引着野人。野人从山头上下到海滩上，开始不敢接近陈良绍，在他的意识里陈良绍似乎也是一只野兽，他像野兽一样地防着陈良绍。慢慢地知道陈良绍没有伤害他的意图，终于有一天敢亲手接过陈良绍的食物了，眯了眯眼睛，把鼻子和嘴巴缩到一起，发出哼哼哼的声音，陈良绍看着野人比哭还难看的面孔，知道这哼哼哼的声音是欢笑的面孔和欢喜的声音，只是表达欢乐的面部肌肉和发出的声音都走了样。

野人带着食物向石级上爬，一边对着陈良绍喊：下、下、下。但是手却是指向山头的。陈良绍明白那是野人邀请他上山去，表达了对他的友好。

陈良绍在落难的海岛上又多了一项义务，他要救助这位落难者，让他从野人的状态中通过训练来恢复人性。一旦他和缈缈获救时，他要把这位落难者带走，回归人间，送回他的家乡。

陈良绍和蔡缥缈落水的消息是在近一个月后渤泥国国王才知道的，信使船上的水手落水后都已淹死了，他们一直没等到信使船从满剌加返航。当他们派出第二条信使船去满剌加时，才知道陈良绍他们并没有到达满剌加。他们估计信使船出事了，翻了船或信使船漂到了别的地方去了。他们立即将这事报告了满剌加大明下西洋中转港，恰逢郑大帅已经回国，只得在郑和再次下西洋来到满剌加时才转告了郑大帅。

郑大帅对陈良绍夫妇落海失踪非常痛心，要求渤泥国密切关注并派出船只寻找陈良绍夫妇的下落，一旦得到陈良绍夫妇的信息立即告知大明下西洋满剌加中转港，以便善后或救助。

麻那惹加国王把陈良绍夫妇失踪的消息告诉了黄大仙和蔡莫厘。蔡莫厘不禁失声痛哭。他们兄妹俩好不容易相见，现在又失散了。海上翻船，凶多吉少啊，骨肉分离，能不悲伤吗？黄大仙则对麻那惹加国王说："大王和莫厘兄别急，我看过陈良绍和蔡缥缈的面相，他们俩印堂都发着亮光，只是嘴角有点下撇，可能要呛几口海水，但顶上的亮光将压过这点凶煞。在分手前我曾送给蔡缥缈一尊妈祖雕像，嘱她在任何时候都要带在身上，不可分离，妈祖会保佑他们平安的。在第一次我与陈良绍不辞而别时，曾留给陈良绍一张字条，写着'后会有期'，结果我们在渤泥国再次相逢了。这一次送别时，我依然讲了句'后会有期'，我们一定会再相会的。"

在平叛过程中，麻那惹加国王对黄大仙的智慧和预测已经佩服得五体投地，现在听黄大仙这么一讲，寻找陈良绍夫妇的信心也倍增了。

黄大仙说："陈良绍大师智慧过人，我相信他们不仅活着，还会向我们主动发出求救信号，请派出船队往失事地点向北的方向搜寻。要关注两点，一是看看哪个荒岛上是否有青烟飘出，有青烟飘出的荒岛上必定有人，荒岛上的青烟便可能是陈良绍夫妇发出的信号。第二，嘱渤泥国的所有渔民，注意海面上是否有漂来的风筝，莫厘兄弟，你不就是当年有人捡到绸布才与妹妹缥缈相会的吗？这个办法他们还会用的。"

麻那惹加国王连连点头称是，向全国发出文告，凡有人发现荒岛上冒出青烟或捡到在海面上漂浮的风筝马上报告官府，并重重有赏。

三个月后，有渔民在渤泥国北方的海上捞到了一只蛇皮风筝，又有人在相同的海面上捞到了鱼皮风筝，这两只风筝都送到了渤泥国的王宫中。麻那惹加国王召来黄大仙和蔡莫厘分析这两只风筝是不是陈良绍发出的信息。

黄大仙看了又看，那风筝因为在海水中泡了较长的时间，膨胀了，软化了，已看不到风筝上存留的字迹，黄大仙对着日光反复细看，似乎看到蛇皮和鱼皮上有些黑色的斑点附着在上面。黄大仙说："这风筝基本可以肯定是陈良绍制作放飞的。陈良绍他们漂到了一座没有人烟的荒岛上，没有纸，没有布，怎么扎风筝？只有陈良绍会动出这样的脑筋来，用蛇皮、鱼皮扎风筝。郑大帅的船队曾经有通过风筝向西洋各国诏告大明下西洋的经历，所以相信风筝是传递信息的最好工具。为什么蛇皮和鱼皮上有星星点点的墨迹？这说明上面写过字，只是被海水浸泡时间太长，蛇皮、鱼皮膨胀时文字脱落了。请国王奖励送来蛇皮、鱼皮风筝的渔民，鼓励他们继续在那一带海面上搜寻风筝，如果找到有字迹符号的风筝将有更多的奖赏，同时叫渔民注意海上的风向，要他们逆风行船。为什么要逆风行船，因为风筝是顺风漂过来的，逆风开船去找，正是陈良绍他们放风筝的地方呀！逆着风行船，看到前方有小岛的影子就直对着小岛划过去，说不定就能看到升起的青烟。有青烟升起的地方，很可能就是陈良绍他们登陆的地方。”

麻那惹加国王听黄大仙分析得头头是道，实在佩服，奖励了送来风筝的渔民，嘱他们顶风向前寻找海面上的风筝，观察前方的小岛和岛上的青烟。

终于好消息不断地传来，渔民又捞到了两只鱼皮风筝，在一只风筝的尾巴上有一个鼓囊囊的密封小包，黄大仙打开密封小包，一行小字让黄大仙欣喜若狂：“陈良绍蔡缥缈求救。”聪明啊，陈良绍料到风筝上的字长期泡水会掉，便用密封的办法把字裹在鱼皮里，陈良绍蔡缥缈还活着啊！

不过捞到风筝的渔民因为船太小，海上的风浪太大，无法逆风向前寻找岛屿，察看青烟。

麻那惹加国王请蔡莫厘带着海上捞起的风筝去满剌加请求郑大帅派大明国的大船前去救援。

【第四十七回】

郑和派船来搜寻　获救生子双喜临

生子获救双喜降，求生荒岛技高超。
泽遗于后留工具，绑架野人脱苦樵。

当蔡莫厘乘坐的信使船赶到满剌加大明永乐中转港的时候，郑和再次下西洋的船队正从国内过来在满剌加中转港休整。郑和计算着陈良绍和蔡缥缈在渤泥国建大明永乐医局的事已经完成，应当回到了满剌加，准备和陈良绍夫妇会合，带着陈良绍夫妇向锡兰方向前行。况且这次下西洋船上还有一位秘密人物是陈良绍的故友，很想与陈良绍见面，却想不到蔡莫厘带来的是陈良绍夫妇落海下落不明的消息。

郑和听了消息后非常着急，又听说有了陈良绍夫妇还活着的信息后大喜，立即决定派出最有经验的火长带一帮船员驾驶一艘大船，带好充足的给养前去搜救陈良绍夫妇，希望搜寻到陈良绍夫妇后即带着他们与船队会合。他要陈良绍把落海后如何生存自救的经验告诉全体船员，海上总有不测风云，翻船落海也时有发生，落海后生还者却是凤毛麟角，陈良绍夫妇落海幸存的经验值得船员们学习，吸取经验。

郑和派出的搜寻救援船是一艘三桅船，驾驶这艘船的火长是吴香山师傅，华裔琉球国人，他的父亲是苏州洞庭东山人，正宗的钻天洞庭商人，航海世家。他们的船早就航行到南洋一带，经营海上贸易，掌握了使用航海罗盘驾船航海的针法。所谓针法指的是将指南浮针装置到堪舆罗盘上的航海罗盘使用的方法。这种航海罗盘既不是简单的指南浮针，也不是堪舆罗盘，它是一种将指南浮针装置在堪舆罗盘中心，剔除其他堪舆的标志，仅保留二十四个方位的罗盘。

大明洪武年间，明朝与琉球国建立了宗藩关系，一方面朱元璋采取闭关锁国政策，片板不许下海；另一方面又想要万国前来朝贡。这种朝贡其实也带有海外贸易的性质，海外诸国带来大明国需要的贡品，大明国赐予丝绸瓷器等物。

朱元璋如何处置原来航海的船家呢？朱元璋把江浙福建一带的火长或赶上岸，或赶到国外去。朱元璋曾派遣三十六姓人组成的善操舟者移居琉球国。这三十六姓本来都是闽南人，这闽南的有位姓吴的船户不愿迁往琉球，买通了官府，恰逢苏州香山船户吴士海从西洋贸易返回泉州港，官家就强行将吴士海的七桅大船编入了三十六姓之中，遣送到琉球国去了。

这吴士海遣送到琉球国就编入了琉球国籍，无法再回到大明。琉球国是个岛国，正派得上用场。这些朱元璋派来的火长在琉球国依然世代专职为火长。吴士海在琉球国娶了一位女子结婚生了几个孩子，分别取名吴东山、吴西山、吴香山、吴金山等。吴香山是他的第三个儿子，跟他学开船，到西洋各国去贸易，也曾驾船到过大明的泉州，但不能上岸，无法去苏州东山祭祖，成为吴士海永远的憾事。

郑和下西洋的壮举传扬西洋各国后，就有琉球国的火长前来要求加入下西洋的航行。郑和也很器重这些番国来的火长，他们既熟悉西洋海岛诸国的情况和海路，又懂得番语，正派得上大用场；凡是愿意前来随他下西洋的琉球国的火长他都接受，把他们编入下西洋的船队之中。

吴士海已经故去，无法再驾驶船只海上航行，他临终前嘱儿孙一定要找机会回大明，到苏州东山的祖坟去祭祖。吴香山听到有些火长应征去参加郑和下西洋的船队，便也报名参加了郑和的船队，任火长，希望在下西洋的过程中立功，而获得允许上岸到东山完成父亲祭祖的遗愿。

而这琉球国的火长吴香山与陈良绍的相识却是因陈良绍治好了他的雀

蒙眼。

吴香山在和陈良绍的交往中知道他们还是苏州老乡这一层关系，便更亲热起来了。吴香山便把想回苏州东山祭祖的愿望告诉了陈良绍，陈良绍说一定帮忙给他了却这一心愿。

得知陈良绍夫妇落海的消息，吴香山非常悲痛，后来得知陈良绍夫妇已传出了信息，郑大帅要派船去寻找救援，吴香山就主动向郑大帅提出了去搜寻陈良绍夫妇的请求。郑大帅觉得派一个既是老乡又会说汉语还懂番语的火长去搜寻陈良绍夫妇是最恰当不过了。要求吴香山务必精心搜索，早日把陈良绍夫妇寻救归队。

吴香山带着蔡莫厘到了渤泥国，见了麻那惹加国王，召来捞到风筝的渔民，详细了解海域的风向、海流情况，并带着渔民、蔡莫厘和黄大仙一起前去寻找。一番分析判断，吴香山驾着船向着风筝飘来的方向逆风向北航行，白天黑夜地寻找，第二天太阳升起的时候，他们终于看到了一座小岛上隐隐约约飘着青烟，吴香山便驾着三桅船向着飘青烟的小岛驶去。

话说正当郑和派出吴香山来寻找陈良绍夫妇的这天，蔡缥缈突然肚子阵痛，这时蔡缥缈已经怀孕九月有余，临产的状况也很正常。有陈良绍陪在身边，蔡缥缈当然不怕。一切顺利，蔡缥缈在陈良绍的照应下生下了一个男孩。孩子落地时哇哇的啼哭声给这座孤岛带来了喜庆，蔡缥缈高兴得流下了热泪，陈良绍也高兴得手舞足蹈起来，完全忘记了漂泊孤岛的艰难。一座孤岛，有了第一个完整的家庭，这座岛就叫陈蔡岛吧。

他们对孩子的问世早有准备，柔软的草编婴儿衫、防风避雨的鱼皮婴儿被将孩子包得严严实实。

蔡缥缈说："良郎，给孩子起个名字吧！"

陈良绍略一思索，说道："就叫海漂吧。这孩子是随着她母亲从海上漂来的。陈海漂！"

蔡缥缈说："好好好！漂漂宝儿好！"

陈良绍和蔡缥缈的欢笑声和漂漂宝宝的哭啼声响彻在陈蔡岛上。

就在蔡缥缈的婴儿呱呱落地的时候，吴香山、蔡莫厘和黄大仙也已经登上了岸，顺着山道，看着青烟，听着婴儿啼哭中夹带的笑声来到了陈良绍夫妇暂居的茅屋外。蔡莫厘和吴香山正欲冲进茅屋想马上见到陈良绍和蔡缥缈，黄大仙一把把他们拉住说："别急，说不定他们俩都没有穿一件完整的衣服，快回船去取来给他们俩，等他们俩穿上衣服后再相见也不迟。"

黄大仙想得周全。

听得有人喊，陈良绍先是一惊，接着便欣喜若狂，竟忘了穿上鱼皮衣，裸着身体直奔出去，见是黄大仙站在门外，狂扑上去，涕泪直流，说不出话来。黄大仙看着身边的陈良绍，身上一丝不挂，却没有想象的头发披在身后，胡须长挂胸前的模样，陈良绍的头发束在头顶，胡须精心修剪过，再看脚上，黄大仙以为陈良绍一定是赤脚泥腿，像个野人一般，他却发现陈良绍的脚上竟套着一双花纹别致的皮靴。黄大仙看出来了，这是一双鱼皮靴。黄大仙想，陈良绍能制作如此精美的鱼皮靴，一定会制作精美的鱼皮衣的。

黄大仙立即叫蔡莫厘把手上的衣服收起来，对着陈良绍说："多年不见，你就这样来面见师父吗？"

黄大仙这么一讲，陈良绍才发现刚才一阵激动，竟然赤身裸体地来见师父了，海岛炎热，他平时倒也是赤裸惯了。他一阵脸红，对师父说："各位稍候，我稍作整理再来见各位。"

陈良绍退回茅屋，穿上精致的鱼皮衣服，还戴上了漂亮的鱼皮帽子，牵着早已打扮妥帖、抱着漂漂宝宝的缈缈来见黄大仙和蔡莫厘及吴香山。

又是一阵亲人朋友的相互拥抱，一阵阵哭泣和欢笑。

黄大仙说："两人落海，三人出岛，陈家添丁，真正是双喜临门！天大的喜事啊！"

陈良绍对黄大仙说："师父和大舅子还有香山兄弟既然来到鄙岛陋庄，还请进茅屋小坐片刻再走不迟。"

黄大仙说："哈哈，这才是迎客之道呀！让我们进陈家别院参观一番，好不容易才找到你隐居的山庄呀！"

进得山门，一道绿篱围绕茅屋，转过绿篱，却有菜地药圃，花径盆栽，妈祖神像前香烟缭绕，铿亮的贝壳里供奉着时鲜野果，屋檐下悬挂着鱼干禽脯。推开柴扉，虽是泥墙茅舍，室内却石炕石桌石凳齐全，炕上有鱼皮铺盖，桌凳有鱼皮垫子，贝壳制作的碗碟杯盆精巧美观，竟然还有鱼皮扇子。除了宫扇的式样，还有折扇。

再看墙上，竟挂有用鱼皮当纸画的一幅《大明郑和航海图》。另一张鱼皮纸上是陈良绍写的一首诗：

浮海踏惊浪，潜波探贝宫。
漂流蓬岛上，登揽啸长空。

黄大仙读出声来，为陈良绍的不屈精神热泪盈眶。

黄大仙又看到石桌上有陈良绍磨制的石砚，用海鸟羽毛扎制的毛笔，用鱼油调和炭灰而成的墨汁，一本用鱼皮装订的记事本封面上写着《海槎志异》，他翻阅了几页，是陈良绍记录他们夫妇落海寄生海岛的日记。

“良绍啊，看了你垦殖的小岛，真如世外桃源尔！我们就别回去了，再回大明招募几十名男女，来此仙岛长享安乐，以求不老如何？”

吴香山听黄大仙如此说，以为他与陈良绍他们真的不走了，倒急起来了：“这可不行啊，郑大帅还等着陈大师有要事相商呢！”

这时蔡缥缈怀里的孩子哇哇哇地哭起来了。黄大仙说：“哈哈哈，看来孩儿已催着我们回渤泥国了，我们赶快收拾东西准备上船吧。”

陈良绍说：“除了我的鱼皮日记要留作纪念必须带走，还有制作的鱼皮衣服鞋帽要作为礼物赠送各位外，其他一应物品一概不拿了。如果船上有盐巴、碗碟、刀铲榔头锄镰一类工具请香山兄弟拿一些来放在茅屋中，以备将来有人上岛来好派用场。请莫厘大舅子先带着缈缈上船休息稍候，我还有一人要带走。”

“还有一个人？”众人不解，陈良绍夫妇添了一丁，蔡缥缈正抱在怀里，哪还有一人？

陈良绍说：“在对面小岛上还有一位野人，大概是福建落水的渔民，在对面小岛上孤独地生活了八年多，已不会讲话，性格孤僻，难以沟通，但我们一定要把他带回去，为防止这野人不肯配合，我要请师父和我一起去把野人兄弟带走。”

蔡莫厘陪着蔡缥缈和小宝宝上船休息。吴香山到船上去找盐巴和刀铲榔头等工具。陈良绍和黄大仙乘着小舟去到对面山头上找野人。陈良绍先用食物把野人引下山来，野人看到陈良绍身后还有个人，显得十分惊恐，任陈良绍说破嘴皮，野人就是不肯登上小舟，甚至手舞足蹈，不让他们两人靠近。

黄大仙没法，摸出几粒石子，击中了野人的要害，锁定了野人的穴位，架着野人上了小船，再强行将野人安顿到大船的船舱里。

吴香山扯起帆，正是万里晴空，风顺浪静，三桅船向着渤泥国开行。

陈良绍、黄大仙、蔡氏兄妹在甲板上坐定，说不尽的别后经历和思念、感慨和赞叹。

黄大仙在甲板上展开陈良绍原定要留在岛上茅屋中的鱼皮画，对陈良绍说："这幅鱼皮画和鱼皮日记《海槎志异》绝对是稀世珍宝。人处绝境时，要么沉沦，要么奋发，良绍弟发愤图强，并有所作为的精神，是值得下西洋的每个人学习的，我将建议郑大帅把良绍弟的精神好好宣扬一番。"

【第四十八回】

大仙童谣训野人　良绍别妻归西洋

诵童谣野人渐醒，读帅信任重路长。

甫出困厄脱苦海，告辞爱妻归西洋。

一场生死相逢时的悲切和欢乐无法描述。陈良绍夫妇两年八个月的艰辛、坚强和求生存的智慧让人赞叹和动容，亲友们坚持不懈的搭救也让陈良绍夫妇十分感动。

吴香山火长驾着三桅船把从孤岛救回的陈良绍夫妇送到渤泥国，并交给陈良绍一封郑大帅的亲笔信。

蔡莫厘把陈良绍夫妇安顿在自己家里，按照家乡的习惯，蔡缥缈刚生下孩子，要在家里坐月子，便由自己的妻子照顾妹妹。

麻那惹加国王和王后知道陈良绍夫妇获救的消息，立即带着小王子麻那惹恩和贺礼来到蔡莫厘家来慰问和贺喜。麻那惹加国王说："良绍大师夫妇为了渤泥国遭此大难，我们真是过意不去啊，有句俗话'大难不死，必有后福'，陈大师夫妇将来一定后福不浅。你看，你们的小宝宝多可爱，你们的宝宝是怀在渤泥的，是麻那惹恩的兄弟，我要封他为渤泥国的王子，我给他起个渤泥国的名字吧，就叫麻那惹泽吧。大明永乐医局恩人的孩子，也是大明国赐予渤泥国友谊和恩泽的象征。”

说着，国王打开一只锦盒，取出一条系着王室印绶的金链挂在了海漂的脖子上。从此，陈海漂又多了一个渤泥国的名字。

麻那惹加国王说：“渤泥是个海国，每年风浪常常卷走好多渔民，你们夫妇能够落海生还的秘密是什么？你看，我们送你们到满剌加的船员一个都没有回来呀！”

陈良绍说：“我们落海生还并没有什么秘密，多靠了妈祖保佑。这尊妈祖像是黄大仙临别时送给我们的。”

说着，陈良绍把国王领到了供奉在莫厘家里的妈祖像前，烧香跪拜，麻那惹加也跟着烧香跪拜。

麻那惹加国王说：“妈祖是海神，她慈悲宽仁，也一定会保佑我们渤泥国的子民。我要在黄大仙的道观旁再建一座妈祖庙，供国民敬奉！”

陈良绍又介绍了他们在孤岛上求生存的一些方法。麻那惹加说：“陈大师的这些求生的办法好啊，我要请国师蔡莫厘协助渤泥国永乐医局把它整理出来，告诉子民，让落水者获得更多的生还的希望。”

送走了国王，陈良绍才有空拿出郑大帅的信：

良绍夫妇：

展信当已脱险，幸甚，喜甚！

盼及早归队，随征一位贵人也是你的同乡亟欲见你。当另有重任。切切！

郑和字

陈良绍读信后，一是感激郑大帅的关切和看重。二是对所提到的贵人老乡，他一时猜测不透。三是让他十分为难，刚脱离险境，缥缈刚生下孩子。他与蔡缥缈患难与共两年八个月时间，缈缈怀的第一个孩子流产了，在孤岛上怀上了第二个孩子。在生下孩子的第二天，郑大帅派来的救助船就上了岛。刚带着缈缈和漂儿宝宝来到莫厘弟弟家坐月子，缈缈带着漂漂是不适宜在海上漂泊的。如果让他抛下缈缈孤身一人去与郑和船队会合，他与缈缈和漂漂实在是难舍难分啊。

怎么办？怎么办？又是一次艰难的选择。

这天晚上，陈良绍翻来覆去睡不着。缈缈有所觉察，问道："良郎，我们已经脱离险境，我们的儿子已平安诞生，你为啥心事重重睡不着啊？"

陈良绍说："缈缈，你既然问了，我实话相告。郑大帅要我们随吴香山的船去锡兰相会，另有重任相托。你刚生了漂儿，海上颠簸，不能同行，我怎舍得放下你们娘儿俩去锡兰呀！"

缈缈沉默良久，是啊，她也舍不得离开良郎呀，良郎在身边就是她的依靠，给她带来欢乐，再苦再难也都能熬过。刚从苦海脱出来，怎能又分离呢？可是，郑大帅说另有重任相托，那一定是必须由良郎去办的大事，我可不能拖后腿。另外他们落海生存的经验也值得及时推广。海上航行，风云不测，落海是难以避免的事。落海后如何生存，他们的经验值得其他落海者借鉴，那是可以救命的方法呀！

缈缈一骨碌坐起来，坚定地说："良郎，你得听郑大帅的话。郑大帅说有大事相托，他是皇帝身边的人，那一定是国家大事，这是大帅相信你啊！另外把我们落海求生的经验告诉大家，况且我们在岛上还有许诺，要在岛上建妈祖庙、土地庙，修好岛上的房屋庇护渔民，那个岛可是我们大明朝的国土啊，你不去找郑大帅陈情，我们的许诺怎么能够兑现呢？我们可是对妈祖发过誓、许过愿的哟！"

"我怎么舍得离开你们娘儿俩呀！"陈良绍依然愁苦。

"良郎啊，在最困难的时候你都是笑着面对，现在我和漂儿住在哥嫂家，哥哥疼爱我们，嫂嫂照料我们，国王、王后优待我们，还有黄大仙也会保护我们。妈祖会保佑我们的，你就放心地去吧!"

听缈缈如此说，陈良绍的心宽了不少，说道："大帅说这次下西洋随船来了一位贵人，这位贵人还是我的同乡，他要见我。我想不明白这位贵人究竟是谁，见我有什么事，我得去找黄大仙帮我分析分析。"

蔡缥缈说："这黄大仙真有本事，这事是得找黄大仙分析分析。"

吴香山不能在渤泥国多停留，催促陈良绍尽早归队，去锡兰与郑大帅相会。

那位被陈良绍和黄大仙绑架带上船来的野人，回到渤泥国后一直在黄大仙的道观里接受黄大仙的治疗和训练。野人因为营养不良，骨瘦如柴，黄大仙首先给他增加营养。野人吃惯了生食，抓到什么吃什么，抓不到吃的只能饿着；抓到了吃的就拼着命地吃，已没有了一日三餐的习惯和饮食的节制。

黄大仙得训练这位野人，让他回归文明社会。首先得让他养成一日三餐和吃熟食的习惯，其实这倒是好办的。因为他不肯随陈良绍他们上船，为了救回他，黄大仙用定身法给野人锁定了手脚的穴位，当时是为了防止他在船上做出伤害自己和他人的行为来。到了渤泥国黄大仙的道观里，黄大仙定时解锁定量给野人吃饭，黄大仙给他煮鸡鸭鱼肉和米饭，野人不会用筷子，他便教他用筷子吃饭，一旦他用手抓了吃，就把吃食拿走，饥饿是最好的训练方法，没多久野人就学会了用筷子进食。

野人一直赤身裸体的，要让他回归人间，必须给他穿上衣裳，黄大仙给野人缝制了一套衣裳，“野人”穿上衣服总是不自在，总是反复地扯掉身上的衣裳，有时是不经意间扯掉的。黄大仙只能不时地点穴锁住他的手脚，让他习惯了穿衣服后再点开穴位。

黄大仙知道，要让野人最终回归人间，必须恢复野人的语言功能，从何处入手训练野人的语言功能，黄大仙听陈良绍讲，野人在孤岛的石壁上曾经刻画了二千九百五十三个横杠，每三十个横杠还划上了一个杠，表示是一个月，也就是说他流落到这座岛上已有八年零三十三天了。看来野人对数字是敏感的，可以先从读数教他说话。

陈良绍也曾试着问他是哪里人，叫什么名字，野人含混不清地吐出了两个字音“横头”。

横头、红豆、红头、涵头……

黄大仙下西洋前到过广东福建一带游历，知道沿海各地多有下洋的渔民，听过兴化戏，对沿海各地方言有也所了解。他突然想起在兴化府莆田街头一群小孩排着队唱着的童谣，中间有“红头”这个词，于是他用兴化方言唱起了这首童谣，看看野人有何反应。他知道，童谣最能唤起一个人的记忆，他唱道：

一二一，一二一，红头走城里。

城里未走到，变成猪十戒。

他在莆田街头听这首童谣时不知其意，向街头的一位老翁请教，老翁说：

"红头就是穿城而过的涵头，涵头就是涵江，猪十戒就是猪八戒，这是莆田人的叫法。"

黄大仙一遍一遍摇头晃脑地唱着一二一的童谣，引起野人的好奇和关注，黄大仙唱着唱着，野人竟然也"一二一，一二一，红头啊，红头啊啊"地唱了起来。

他们早上唱，白天唱，晚上唱，在院子里扭着，走着，唱着，像是做着儿时的游戏，野人倒也兴致昂然地开了腔：

一二一，一二一，红头啊啊，十戒啊啊……

野人虽然唱得不完整，吐字很含糊，但那啊啊啊的拖腔的调调让黄大仙听出了兴化戏的味道，野人的发音符合兴化方言的韵味。

黄大仙猜想，这野人很可能就是兴化府莆田人。于是他又唱起了莆田人妇幼皆知的童谣《老父撑船囝做戏》：

红土舂，乌土塞，老父卖碗囝卖碟。
老父撑船囝做戏，老父三十囝四十。
老父吃饭囝吃浡，老父睏铺囝睏板。

莆田沿海多红土，红土的黏性较强，是建房的好材料，人们起厝造屋时，墙壁大都用红土舂夯而成。乌土就是黑土，富含腐殖质且缺少黏性，不能舂墙，只能用来填坑或塞洞。兴化方言，囝指儿子，浡，指稀饭汤。"老父卖碗囝卖碟"说的是子承父业。"老父撑船囝做戏，老父三十囝四十"，指老父三十岁，干的是撑船活，儿子是演戏的，他可以扮四十岁的老生，化装以后再挂上髯口，戏台上的儿子就显得比现实中的老父老得多。"老父撑船囝做戏，老父三十囝四十"这句童谣就传成莆田非常有名的一句俗语。因为父亲要干活养家糊口，只有吃好睡好干活才有力气，所以童谣里便有"老父吃饭囝吃浡，老父睏铺囝睏板"的说词。童谣广泛传唱，莆田人老幼皆唱皆明白。如果这野人真的是莆田人，黄大仙想他唱了这首童谣野人也能听得懂。

黄大仙反复地唱着童谣《老父撑船囝做戏》。野人先是若有所思，慢慢似乎听懂了，一会儿哭，一会儿笑，接着又含混不清地跟着唱，说出一些十三、十四、四十、三十、囝吃浡之类的词来，更做出了兴化戏中表达欢乐的"雀儿跳”、愤怒的“双摇步”、痛哭的“双掩面”、愉快的“双作肩”，以及受责骂的“青蛙跳”等一系列表演的动作来。

野人经过黄大仙半个月训练，渐渐地已能开口说出几个词、哼出兴化戏的几个调调、做出兴化戏的几个动作来了。黄大仙已不再点穴锁住野人手脚，让他自由行走了，野人也渐渐地与他亲热起来了。

过了几天，把缈缈身边的事都安顿好之后，陈良绍去见黄大仙了。

陈良绍来贺九道观找黄大仙，听得黄大仙与野人在道观内咿咿呀呀，哇哇啦啦地学说话唱童谣，知道这是黄大仙为他带走野人作准备的。

野人一看到陈良绍，马上迎上前来，做了一个“雀儿跳”的动作，表示欢迎，又“红头，一二一，红头，一二一”地说个不停。

看来野人已被黄大仙训练得亲近人，也喜欢唠叨起来了。

黄大仙看到陈良绍来了，便说：“看来你要归队了，这位野人已可以让你带走了。你们就暂时叫他红头吧。他可能是福建莆田人，你带他到船上，可以找一位说兴化方言的人与他住一起，几个月后他将恢复语言功能，说清他的身世。”

陈良绍说：“师父真有能耐，几天工夫就辨明了野人的身份，训得野人说了话，真不愧为仙人也。”

黄大仙说：“这两天我知道你陪着你妻子事多，没来打搅你。今天你来一定有事要找我吧？”

陈良绍说：“师父猜得对，这里有一封郑大帅催我归队的信，说有一位贵人是我的同乡要见我，还另有任务要我去办，我猜不透这位贵人是谁，另有什么任务要我去做，请师父帮我分析分析。”

黄大仙接过信，略一沉思，说道：“如果我没猜错的话，这人一定是道衍大和尚了。道衍是你们陆墓人，又是永乐皇帝的谋臣，官封少师，当然就是贵人同乡了。”

陈良绍说道：“我娘姚广孝倒是从小在一起玩过。他父亲是行医的，与我父亲是同道，他后来到了皇帝身边后就没再见过。他这么大的官不在皇帝身边，辛辛苦苦跑到西洋来干啥？大帅还要委我重任？我除了行医，还有什么要事能做呢？”

黄大仙说：“要委你以重任，我想当与要见的道衍大和尚有关系，不过天机不可泄露，你去了就会知道的。你临走时我有两封信要你带上，一封交给姚广孝，一封交给将要见到的另一位贵人。良绍啊，从郑大帅派出吴香山来救你，已经二十多天了，郑大帅那边是急着要你回去了，事情重大，你还是快快归队吧，缥缈留在渤泥的哥哥家，我们都会关照她，你就放心吧。”

陈良绍说：“谨遵师父教诲，我明天就启程归队。”

说完陈良绍急忙回到蔡缥缈身边，把黄大仙的一番话转告了她。蔡缥缈说：“良郎，你就听师父的话，明天就启程归队吧，等你办完大事再来接我。”

第二天，陈良绍向国王、王后辞别，请国王对缈缈和儿子给予关照。麻那惹加国王说：“陈大师，你们夫妇是我们的恩人，你们是为渤泥国落难的，蔡缥缈留在渤泥就是我们最尊贵的客人，麻那惹泽王子就是我们小王子的兄弟，你就放心去会郑大帅吧。当小王子即位后，我会去大明国看你，咱们将来大明国相见。”

陈良绍又去向黄大仙辞别，黄大仙把两封密封好的信交给了陈良绍，一封的信封上写着“道衍大和尚亲启”字样，另一封信封上没有写收信人姓名，只按了大大的红手印，黄大仙说这封信是要陈良绍交给他和道衍大和尚将来要寻找的另一位贵人的。

黄大仙将野人交给陈良绍，对着野人指向大海说：“一二一，去红头，回家，红头，回家！”

野人似乎听懂了大仙的话，扑通一声向黄大仙跪了下来，哇哇哇地大哭不止。

黄大仙扶起野人，拉着他的手放到了陈良绍的手上，陈良绍紧紧地握住野人的手，向黄大仙挥手告别。野人一步一回头地向黄大仙哇哇哇地喊着，野人在黄大仙的启发下，已渐渐地唤醒了记忆，知道陈良绍要把他带回家乡去了。

黄大仙将野人和两封信交给陈良绍后只是默默地与陈良绍握别，竟没说一句话，过去两次分别时那句“后会有期”的话也没说。黄大仙知道，自己年岁已高，再会是不可能了。

陈良绍领着野人走了一段路回头时，看着黄大仙依然站在道观前目送着他们。一旦他们的目光再次相接，黄大仙却转过身去，流下几滴泪。他是历经过生死的人，他不想让人看到自己的软弱，他知道天涯相逢已不易，这次挥手相别定会是永诀了！

陈良绍心中不忍，再次向黄大仙奔去，躬身长揖：“师父保重，我会永远记住师父的恩德，大明国也将记住您的功劳！“

黄大仙挥挥手，不说一句话，或已说不出一句话来。

陈良绍回到了蔡莫厘的家中，又一次絮絮叨叨地说着拜托莫厘夫妇照料缈缈和漂儿的话，其实不需要更多的语言，莫厘和缥缈骨肉情深啊。

陈良绍深情地吻了缈缈和儿子海漂，便头也不回地上了吴香山的三桅船。

陈良绍乘的三桅船，顺风顺流，快速通过满剌加海峡，在苏门答剌追上了郑大帅率领的大部队。吴香山的船靠上了郑和的帅船，见到了郑大帅，吴香山汇报了救助陈良绍的经过，陈良绍叙述了落海、求生的经历。郑和在帅船上宴请陈良绍和众医师。

郑和说：“陈良绍夫妇落海生还是个奇迹，要好好总结，大力宣扬，让迷航失散的船员能提升活下来的信心，找到活下来的办法。众医师要帮助总结，编一本《落海救生法》的小册子，供大家学习，请陈大师带着小册子到各条船上去现身说法。”

陈良绍说：“谢谢大帅的鼓励，我们一定照办，妈祖是我们的救星，蔡缥缈在抛弃舢板后凭着自身的漂浮活下来，不过据缥缈说是妈祖找了龙王派了鲸鱼驮着她漂到那座岛上去的。不管怎么说就是信仰妈祖能搭救她，我们在荒岛上能坚持活下来，也是妈祖的保佑。还有我们祖先的护佑。我们漂去的那个岛是我们的祖先在那里建成的一个避风港，他们建了房子、挖到了泉眼、留了铁锅、存放了盐巴，让我们活得还不错，希望郑大帅派出船只，在我们祖先曾开拓的海岛上或者是还没有人的荒岛上建土地庙、妈祖庙，把先人修建的避风的破屋重新修好，在我们船队可能经过没有房子的荒岛上建一些房子，寻找水源，存放一些盐巴、粮菜种子，让流落到这些荒岛上的船员或西洋各国的渔民有活命的依靠。”

郑大帅说：“陈大师的提议很好，我马上派船调查一下我们沿途经过的地方哪里有我们祖先留下来的遗迹，我们要把这些遗迹保护好、整修好，为我们大明国的渔民或西洋各国的人到这些岛上来避风避难提供方便。我会先派人带着建筑材料和生活必需品到陈大师避难的那个小岛上去建土地庙、妈祖庙，修房子。陈良绍夫妇向妈祖许了愿，我们一定要在海神妈祖面前兑现陈大师夫妇的许诺。”

这是一项善举，郑和把它作为一项官办的事情来做，这不但为下西洋遭遇海难的船员提供了救命的机会，也为大明国和各国遭遇海难的渔民提供了庇护地，是活人无数的大好事呀！

后来曾有人写诗赞颂这项义举：

三宝郑和下西洋，海岛指引达胜瀛。
有岛便建妈祖庙，避风遮雨救生灵。

【第四十九回】

众医师协助认亲　孤野人一鸣惊人

野人有幸归家族，血脉亲情胜药汤。

十载闭喉声浏亮，一鸣悦耳乐巡航。

陈良绍在宝船上见过郑大帅，讲述了落海被救的经历，提出了在下西洋途经的荒岛上建天妃宫、土地庙，储备一些生活生产用具的建议。郑和已派出工匠船去办。

郑和并没有立即安排陈良绍与贵人相见，也没另委重任给陈良绍，陈良绍虽然有点迷茫，这么急着把他召回来，却不让他见贵人，也不委派他所说的重任，这葫芦里卖的是什么药呢？陈良绍不便多问。

陈良绍当然也急着回到医船，与多年不见的各位兄弟相见。

“陈院长回来了！”不知是谁喊了一声。

“陈院长回来了！”见到陈良绍的医师们一转十，十传百地呼喊起来，医师们都放下了手上的工作，拥到甲板上来与陈良绍相见。

陈良绍曾在医船上和大家日夜漂泊在大海上，切磋医技，共渡患难，亲如兄弟。陈良绍和蔡缥缈又多次离船去爪哇办医局，到满剌加为丽鹿公主看病，到渤泥国为王后保胎，据说翻船落难，大家难过了一阵，现在又平安回到了医船上，大家纷纷前来祝贺重生。在占城国救活的尸头蛮马溜溜突然问了一句：“缈缈姐姐怎么没来？”

这一问不禁勾起陈良绍对缈缈的思念，一时语塞，流下热泪。

马溜溜见状以为缈缈姐落海遇难了，急得大哭起来：“缈缈姐她怎么了啊？”

匡愚也是急不可耐，大声地问：“蔡缥缈她怎么啦？”

众人也都急了，都急着问：“蔡缥缈她怎么啦？”

陈良绍知道马溜溜和众兄弟误解了，马上破涕为笑：“缥缈她没事，她刚生了宝宝，不能前来，在渤泥国他的兄弟家坐月子呢，请大家放心好了！”

匡愚大喊：“好啊，好啊！”

“哈哈哈，好啊！我们有了下西洋的宝宝啦！今天晚上我们医船上的伙房要加几个菜，要庆贺一番！”代理院长陈以诚向大家说。

“好！庆贺陈院长和缥缈夫人逢凶化吉，庆贺下西洋的宝宝诞生！”众人齐声呼应。

陈良绍还带着那个野人，在大家热烈欢迎陈良绍归队的欢呼声中，野人有点手足无措。八年多来，他从来没有见到过这么多人，听到这么喧哗的人声，虽然在黄大仙的训练下，开始咿咿呀呀地学说话，但面对这样的场面他很不适应，躲在角落里不敢吱声。

陈良绍急忙把野人拉过来，向大家介绍：“我带来了一位在荒岛上落难多年的难兄，因长期孤独，差不多已丧失了语言功能，在黄大仙的启发下，已重新牙牙学语了，初步判断他是福建莆田人，他会唱《一二一，走红头》的儿歌，大家叫他红头好了，希望大家多多与他交流，和他做朋友。”

陈良绍急于要把这位落难获救的野人安置好，他请陈以诚把正副院长招到一起，详细介绍了发现野人的情况，为了帮助野人回归正常的人间生活，需要找一位福建莆田一带的医师和野人一起生活，以帮助野人回忆起自己老家。

大家想到了福建泉州来的医师李海，陈以诚说莆田话也叫莆仙话，即莆仙方言，莆仙方言即兴化方言，……

匡愚听了陈以诚的掉书袋式的解说，早不耐烦了，打断说：“我们不研究兴化方言的来源和演变，我已叫小狗子去找李海医师了。李海来了，让李医师与野人对上话就是了。”

匡愚正说着，陈小狗已把李海找来了。李海刚到前方导航船上去巡诊回来。陈良绍把野人的情况与李海作了介绍，李海说他听得懂莆田的兴化方言，但自己的兴化方言说得不标准、不流利，看来无法与野人正常交流。不过船队里有几位正宗的莆田人，在前方导航船上的火长黄洋、黄海父子就是莆田人。

陈良绍曾经到导航船上巡诊过，与火长黄洋黄海父子有过交流，他请李海医师马上用联络艇把火长黄洋接过来与这位野人见一见、聊一聊。

火长黄洋来了，天下事总是那样巧合，这黄洋火长一眼就看出这位野人就是他失散十多年的堂弟黄涵。

“涵涵，涵涵！”黄洋一下就抱着野人痛哭起来，或许是血液里流淌着亲人的血脉，心脏里跳动着一样的脉动，野人似有感觉，叫着：洋、洋、洋……黄洋喊着：红、红、红……

一二一，一二一，红头走城里。
城里未走到，变成猪十戒。

黄洋从小就领着黄涵唱这首童谣，做这种游戏。黄洋叫着黄涵的名字，两人不知不觉走起了方步，唱起了童谣。这童谣似乎就是为黄涵写的。黄涵走着走着，就不知走到了哪里。黄洋拉着黄涵唱着、哭着、叫着。

黄洋说，黄涵是蒲田涵江县兴化戏班子里的一位最年轻最有名的小生，常被航班请到船上去唱戏，以解海上寂寞。八年前，这个航班在海上遇到海盗，连船和船上的人都被掠走，有的海员水性好，逃了回来，这黄涵只会唱戏，并不识水性，从此不知所踪。黄涵的父母盼子回归，母亲哭瞎了双眼，父亲委托黄洋下西洋时多方打听，想不到，竟让陈大师遇到，把他带了回来，黄洋拉着野人跪在陈良绍面前千恩万谢。

陈良绍拉起黄洋、黄涵兄弟说：“天下事真是无巧不成书啊！想不到这野人在船上就找到了兄弟、亲人，我也正犯难如何让野人回归人间呢，这下好了！有了你们亲人的照料，我也就可以放心了。不过，还是得叮嘱黄洋师傅几句：黄涵流浪八年多，生活所迫，有些坏习惯一下改不过来，如赤身裸体，随地拉撒，日夜不分，夜半鬼嚎，甚至会张口咬人等，这是长期生活无度、精神恐惧造成的，你们得包容他，让他慢慢改过来。”

黄洋师傅说："谢谢陈大师提醒，我会向船上的兄弟们讲清楚，像对待一个病人一样对待黄涵老弟，有准备，多包容，不厌弃，帮助他及早改掉坏习惯。"

陈良绍说："好，这情况一定得向各位老乡和船员说清楚，八年多精神上的孤独，对一个人身心的摧残是难以想象的，需要乡情、亲情、温情和包容心去安抚精神的创伤。"

匡愚接着说："野人，不，是红头，啊，是黄涵兄弟，八年间饮食无备，饥饱无常，营养失调，健康堪忧，你们要给他增加营养，增强他的体质。"

陈以诚说："我们这些医师已给野人把了脉，他的脉相按医书上的说法可以概括为四句话：脉浮犹如水漂木，表有余兮里不足，浮而无力则为芤，傍实中空应淖衄。这个'芤'指葱管，'淖衄'则好比烂泥塘，形容医生用手指按在他的浮而软的脉搏上，好像捏在一根葱管上，又像是按在了烂泥里，这种脉象表示野人的身体极度虚弱。人像一根葱管一样。看看架子还不错，但内里是空虚的。中医说浮而实之，虚而补之，为此，我们经过集体研究，根据宋人洪遵收集的《洪氏集验方》中的方子，以新罗人参、生地黄、白茯苓为主，用白蜜精心配制了三罐琼玉膏。每天早上取一匙，用温开水化开让他喝下。它有滋阴润肺、益气补脾的功能，以帮助野人解决肺阴亏损、虚劳干咳、肌肉消瘦、气短乏力的症状。这一罐琼玉膏可以吃一个月，三罐琼玉膏足足可吃三个月。另外，我们药房存有一包五味子酒炙龙眼干，这是用鲜桂圆去核浸五味子酒炙烤而成的。每晚取三片用温开水泡开服用，它有养心安神的作用，这一包五味子酒炙龙眼干也足可吃三个月了，三个月后野人就不再野了。服药期间有啥情况可以及时与医疗船联系，我们根据情况调配药物。"

陈以诚医师说得详细，黄洋师傅也听得耐心。待陈以诚说完，连声道谢："你们想得真周到，我一定给黄涵按时服药，让他及早摆脱野性，回归人间。"

匡愚说："我们医师虽然配药给病人吃，但依然相信'药补不如食补'，希望你们能用家乡的美食佳肴调动野人的食欲，药补加上食补，野人才能早早回归人间。"

陈以诚又说道："陈医师和匡医师说了两点，一是要爱护他，包容他，二是调理他，强壮他。我要说的是第三点，也是最关健的，要让他有事可做，要发挥他的特长，让他觉得自己是个有用的人，受人尊敬的人。他原来是兴化戏班子里有名的小生。因为唱戏唱得好，被船队请去到船上唱戏才遭海匪劫掠，听陈医师介绍，他在救回渤泥国的时候，黄大仙已调动了他唱兴化戏的兴趣，他现在回到船上，回到亲人中间，会有梦游的感觉，如同生活在戏文中，黄师傅要想办法让黄涵重新唱起戏来。我希望黄火长能广用人脉，组织一个兴化戏班子，调动起黄涵先生唱兴化戏的兴趣，我想这会创造一个奇迹，一个八年多不开腔的小生，一旦重新开腔，相信会很入戏，唱戏唱得很忘情的。把他积蓄在胸腔中的激愤、大悲大喜之情像火山爆发一样喷涌出来，将来我们还要请他和你们的兴化戏班子到各条船上，到江南，到苏州去演唱呢。”

黄洋师傅说：“确实黄涵兄是唱兴化戏的名角，莆田四村八社的人都说黄涵的戏唱得好。”

陈良绍最后说：“黄师傅，我们已讲了不少，希望你把黄涵带到领航船上后做到四多：多给他温情、多和他说话、多帮他回忆、多让他唱戏。”

黄洋说：“一定谨遵陈大师教导，使我的老弟黄涵尽早恢复常态。”

黄洋把野人带到了他的领航船上，说的家乡话，黄涵听得懂，八音齐全，嘴皮轻翘，天天念叨，温故知新。聊的家乡事，恩爱情仇，如在眼前，引发回忆。吃的家乡菜，鼎边糊、九层粿、焖豆腐，酸甜苦辣，三餐定时，五味调和，早饮琼玉膏，晚喝龙眼汤，药助食补，胖了，壮了。

野人在亲情的怀抱里，感受着温情和友爱，话渐渐多了起来。

黄洋联络了各船上喜欢吹拉弹唱的莆田籍船员，一旦码头停靠，就带上轧筝、四弦胡、伬胡、老胡、南琶、苏笛、八角琴、三弦、月盒胡、丹皮鼓、檀板、云锣等各式乐器，组成了兴化戏班子，演奏起了《驻云飞》《大且喜》《风和子》《风入松》等南音。

音乐是医治精神创伤的油膏，它给黄涵八年多孤独的伤口止了痛；音乐也是沟通人间心灵疏离的桥梁，柔和的音调、优美的音色抚平了人间隔阂，有规律的或紧或慢、或疾或舒的节拍牵引着心境的紧迫和舒缓，让神经适时和恰当地得到调节。

黄涵成了音乐和戏班的忠实成员，他在音乐中寻得了快乐，忘却了忧愁，找到了自我。黄涵一唱起兴化戏，便痴迷入戏，八年多闷无声，枯嗓重开腔，真如火山喷发，无法抑止。胸臆如决堤，高腔入云霄，破云除雾揽星辰，裂帛炸雷惊鬼神，低喝如龙吟，随波逐浪声声远，引鸥翔鹏腾，鲸欢喷水柱，鼋龟船尾随。

黄涵他们的戏班子恢复了一组船民航海很特别的“请敬妈祖花”的表演形式，每逢重大节日，乐队要先到妈祖神像前去请“妈祖花”，从妈祖神像前请来“妈祖花”。到船头去敬过天地海神后，再把妈祖花敬献到妈祖神像前。

在“请敬妈祖花”的表演过程中，黄涵主演称作架旦的角色，他既要用牙咬住特制的“香架”，还需要一边演唱一边点香。唱完九首曲，点燃九支香，请得九支“妈祖花”。这样请得的“妈祖花”才能上通天帝下达海神。敬过天地的“妈祖花”还要以点香唱曲的方式回敬到妈祖神像前，这是莆田人海船上敬妈祖、请妈祖花的最高礼节。

黄涵和他的兴化戏班子“请敬妈祖花”的表演，先是在黄洋的领航船上唱，后来又纷纷被各船请去唱，以至传到了帅船上。郑大帅派船来接到帅船上去演唱，最终被郑和点名加入下西洋乐队，凡是到一个新的国度、新的港口，或接待重要客人，都要请兴化戏班子表演一番“请敬妈祖花”的节目，或安排黄涵唱一曲兴化戏。

西洋各国多有福建、广东一带华人开拓居住，兴化方言、兴化戏是情感联络的工具，黄涵一曲高吭的兴化腔唱得他乡故人热血沸腾。以至有西洋各国华人集聚的港口社区，便派人来船上跟黄涵学戏唱曲。

这个落海孤魂，最终却在下西洋的海途中成了兴化戏的传播者。

【第五十回】

陈良绍著书救落海　姚广孝谋划新官厂

求生法杀青刊印，援助案翔实可行。

郑和擒拏苏干喇，新君莅位万民迎。

陈良绍，回到帅船上见了郑大帅，大帅却一字不提贵人相见的事，也没提另有重任委派的事，只让他回到医船去编写《落海求生法》一书。

陈良绍回医船安排了野人、与新朋旧友一番久别重逢的欢叙后，就全身心地投入编写《落海救生法》一书。他根据自己的落海生存的切身体会，从五个方面着手撰写：第一，敬仰海神妈祖，坚定妈祖信仰；第二，完善救生设施，配齐救生器具；第三，选择避难岛礁建设，投放生活设施；第四，寻找水和食物；第五，放送求援信号。

陈良绍把已写好的初稿与各位医师多次讨论和修改后，提请郑大帅付梓刊印。下西洋的宝船上设有印刷所。这个印刷所是为印制各种广告所设，制版师傅可以根据稿本制版包括汉文、波斯文、梵文、伊斯兰文等各种文稿。

陈良绍的《落海求生法》提交给郑大帅后，郑大帅送交制版印刷前交给一位贵人看了，这位贵人给《落海求生法》写了一个简短的序言。

大明巨舰，浩浩荡荡，清扫海盗，平叛荡逆，靖宇四海，铺平海路，睦邻友邦，其功至伟。然浩瀚大海，无边无垠，载舟覆舟，反复无情。若夫阴风怒号，浊浪排空，日星隐曜，海岛潜形，雷霆震耳，电闪耀目，暴雨如注，樯倾楫摧，落海者或入鱼腹，或沉海底，为国捐躯，道衍视为英雄。其时也，心有所念，妈祖观音，救苦救难，灵光忽显，一苇渡海，片板踏浪，鲸鲵相助，大鼋伏驮，送渡孤岛，蛮荒亿年，托孤大荒，全凭自救。陈君良绍，智勇双全，辟草莱，学神农，化精卫，筑海路。望梅止渴，渴如火何。如破蚌，获取方渚水；若刺龟，饮血填肠饥。砗磲肉嫩，海藻鲜美，结草为衣，鱼皮蔽体，钻木取火。寻坎位，觅清泉以活；立巽位，腾烟火为号。孜孜乞乞，不弃不舍，历周岁而健全，录心得而喻众人，大智法天，圣医活人。善哉！善哉！

逃虚子识于瀛岛海槎。

当陈良绍拿到印刷精美的《落海求生法》的小册子时，见封面是郑大帅题写的书名，翻开首页，是逃虚子作的序言，这逃虚子不是姚广孝的一个不常用的道号吗？果然，黄大仙猜得不错，郑大帅急着招他归队让他来见的贵人果真是当今圣上的心腹谋臣少师姚广孝法号道衍大和尚。

既然姚广孝到了宝船上，为什么不马上召见他呢？官当大了，架子大了，陈良绍对这位发小有点不满。人家是大官，何时见你，你都得随时到，你是草民，你要见大官，倒不是想见就能见得到的。

不过，当陈良绍细细读着逃虚子的这篇序言，倒也觉得亲切。其实当下，他倒真的不急着见姚广孝，他的任务是要带着小册子散发给各船，并现身说法，用亲身的经历传授落海救生的办法。

陈良绍夫妇落海获救的奇迹成为下西洋船员们最想听的故事，激励人心，广为传扬，陈良绍夫妇成了下西洋途中的英雄。

而这段时间郑大帅和姚广孝确实顾不上召见陈良绍，是因为姚广孝和三宝太监郑和他们正在策划一场大战役。

郑和下西洋的船队正从满剌加向西南方向航行，船员们除值班操舵扯帆划桨及警戒瞭望之外，都来到了甲板上乘凉看风景。这时，船队正处于赤道无风带上，只见波平浪静，有鲸龙戏水，吸气喷水，水柱入云，有巨鼋凫水，大如船舰。天空或蓝天白云耀目，或乌云洒雨驱暑。两岸或崇山峻岭，山间有飞瀑直下三千尺，疑是银河落九天；有虎啸猿啼，苍鹰盘旋，群鸟鸣叫。或平岗巨礁，潮涌成旋，旋涡如磨，击浪排空，飞沫溅雪，海浪砥砺山岗，切削礁石，鬼斧神工，其状不可描摩。或沙滩万顷，铺银撒金，银闪金耀，无瑕纤毫；或珊瑚成礁，淡黄碧绿，鱼贝虾蟹，依凭穿行，形异而怪，色艳而娇，似龙宫妖精出逃，如水怪欢娱跳跃，令船员目不暇接。突然船底有几条花蛇样的肉臂伸上医船的船帮，胆小的吓得怪叫，胆大的用手去扯，那肉臂吸盘紧紧吸牢船板，任你使多大劲都不能把它扯掉。这时大厨拿来一把菜刀，咔嚓咔嚓几下把这些肉手臂砍了，那怪物忍痛逃了，留下几条肉臂。大厨说，正好今天各位医师加餐——咸菜炒章鱼，味道好极了，吃了就知道了。厨师一说吃，有人口水就流出来了。

不知不觉已是夕阳西下，前卫船发现前方一条小船直对着船队驶来。待小船靠近，见船上打着一面白旗，上面画着一个花脸，花脸下方是一行歪歪扭扭的字符。请来一位通事，说是花面国王子“罕难阿拉勐”的旗号。使者站在船头，大声说道：“花面国王子罕难阿拉勐请求面见郑和大帅，有要事相求。”

前卫船验明了来者身份，与帅船取得联系后，引导花面国王子罕难阿拉勐的小船靠向了宝船。宝船上放下吊篮，把花面国王子一行接上了宝船。接着在卫兵的护卫下，把王子引入郑大帅的座前。

花面国王子罕难阿拉勐从来没有见过如此高大豪华的宝船，在金碧辉煌的大帅厅里看得眼睛发花，听得卫兵大声喊道：“大明国下西洋总兵郑大元帅到！”便扑通一声跪倒在郑大帅的脚下，喃喃说道：“花面国王子罕难阿拉勐请求大明国郑大帅救花面国于倒悬！”

花面国的国事早有情报传来，已在郑大帅与少师姚广孝掌握之中，今有王子前来求援，正是预料中事。他叫卫兵把王子引入小议事厅，请来少师一起听取花面国王子罕难阿拉勐求援事宜。

通事马欢把花面国王子罕难阿拉勐求援的话语记录在案：

吾苏门答剌花面国王子罕难阿拉勐是了，吾八岁时，那孤儿花面王入侵吾国，父王罕难阿必镇率众奋战十昼夜，终因那孤儿花面王国人善骑射，吾父不慎被敌射中大腿，忍痛拔箭投向敌军，然其箭有毒，当日毒发而亡。吾国军乱，吾国民散，那孤儿花面国军乘乱烧杀抢掠。吾母心如刀割，此时吾幼，无力报仇。吾母遂誓曰："有能报夫死之仇，复全其地者，吾愿妻之，共主国事。"并将誓言布告全国。

母后的布告传遍全国，好久无人应答。消息传到了海峡边的渔村，渔村里有位见多识广的渔翁名叫苏辛喇，他知道那孤儿花面王国在苏门答刺花面国的西北面，地界相连，只是相邻的几个大山村组合而成，地方不广，只有千余人家，垦着山地，米粮稀少，农闲时去山上打猎。那孤儿花面国的言语和风俗本与我们苏门答刺花面王国相同，本来就是一个国家，为了一点小矛盾，地方酋长就自立为王。为了表示与苏门答刺花面王国有所区别，要求凡是年满十二岁的男女都要在两颊和额头上刺上三块尖形的青花为号，所以那孤儿国也称作花面国，他们的国王戴着金冠，号称金冠花面王。一旦土无出产、打猎无获时，他们就要来苏门答刺国抢掠。这一次父王亲征，不意中毒箭而亡。渔翁苏辛喇揭了王榜后，先是踏勘了那孤儿国的地形，切断了那孤儿国的唯一从山上流下来的水源。那孤儿国人一旦断水，就失去了活路。渔翁此计很灵，他兵分两路，一路在山泉水源地，另一路在河流的入河口伏击前来取水的那孤儿国人。最后，渔翁苏辛喇率众杀入孤儿花面国老巢，砍下了金冠花面王的头颅来见母后。

母后既有誓约，不负前盟，即与渔翁苏辛喇配合，因渔翁年岁已老，故称老王，并与老王再作合约，待吾十二岁成年后，即立吾为新王。这渔翁苏辛喇当了国王后，倒也勤政，利用他的捕鱼特长发展渔业，建造船只，吾花面国渐渐成为海峡一带渔业兼运输业的强国。老王待我也不错，我尊他为义父，他称我为王子。

渔翁并没有与母后生育子嗣，但他也有一个亲生儿子，叫苏干喇。渔翁苏辛喇当了国王以后，渐渐认识到权力的作用和威力，于是暗中培植自己的势力，他把国内的渔业和造船业的事务交由他的儿子操办。苏门答刺花面国本来就是以渔业和海上运输为主要经济，谁掌握了渔业和造船业，谁就掌控了国家的经济命脉。苏辛喇手上权力大了起来，开始放出风声要让他的儿子苏干喇来当国王。

对这种背信弃义的行为母后多次警告老王，老王和他的儿子却不以为然，母后便暗中召集一干老臣谋事。当我十二岁那年，在一干老臣的支持下，王后及一批老臣当面向老王提出应当按照约定让位给吾来继承王位。然而老王置若罔闻，仗着手中握有军政大权，依凭他的儿子苏干喇掌控国家的财政经济命脉，且暗下毒手，把敢于为母后与吾仗义执言的老臣撤了一批，杀了几个，就是不肯让出王位。虽然母后有所准备，也有一支亲兵，但与老王和他儿子苏干喇相比，还是势单力弱。闻说大明下西洋大军浩浩荡荡，威震八方，住持正义，睦邻友邦，母后与一干老臣特派我来求助，愿借助大帅正义之师，为鄙国住持正义，赶老王下野，帮鄙人归位。鄙人归位后的苏门答剌花面国将拜大明帝国为天朝上国，缔结友邦。

谨献上父王亲自佩带的犀角嵌宝柄镔铁宝刀为凭，如若背誓，请以此刀斩吾首级。

苏门答剌花面国王子罕难阿拉勐口述

大明帝国下西洋总兵郑和大元帅帐下通事马欢记录

马欢用汉文和伊斯兰文作了两份记录，两份均由汉文和泰米尔文书写，分别交少师、大帅和苏门答剌花面国王子罕难阿拉勐阅读，并押上印信。

郑和接过苏门答剌花面国王子罕难阿拉勐敬献的犀角嵌宝柄镔铁宝刀，听了王子的一番诉述和求助要求，与少师交换了意见，对苏门答剌花面国王子罕难阿拉勐慎重说道："王子请先在宝船住上一晚，通事马欢带王子在宝船各处参观一番。王子所提救助一事，容我们商量后给王子一个答复。"

待苏门答剌花面国王子罕难阿拉勐由马欢带着前去参观宝船，郑和请教少师："少师大人，王子的话您都听到了，苏门答剌国两方争王位，王子前来求援。您看，我们该不该插手？如果我们插手，那么我们该协助哪一方？"

姚广孝知道郑大帅其实心里是有数的，他并不回答大帅的提问，而是对着挂在宝船大厅壁间的西洋万国舆图思考。良久，他用朱笔在满剌加的位置上画了一个圈，又在苏门答剌的位置上画了一个圈，说道："此乃天赐良缘，满剌加国在海峡东南，苏门答剌在海峡西北，此乃我们从东洋到西洋必经的咽喉。这两处地方，如海峡的两扇大门，控制了这两扇大门，我们下西洋的船队就可以顺畅地通行。我们在满剌加已经建了一个中转港，储存物资，休整海员，联络各方，多么方便啊。现在苏门答剌方面前来求援，我们救助哪一方，哪一方就是胜者，胜者就可为王，我们就有恩于救助的一方，将来我们向他们提出在苏门答剌也建一个中转港，开发、中转、休整，哈哈，天助大明也！”

郑和说：“少师分析得好，但是我们究竟应该救助哪一方更为恰当，还请少师断定。”

姚广孝说：“这两方，我们支持弱的一方，也就是支持先王罕难阿必镇的儿子，即由正宗王子罕难阿拉勐来继承王位。首先，支持正宗王子继位有民意基础。当年王后让渔父当国王时有一个协议，即当王子长大成人后，渔父应当让位。第二，渔父的儿子苏干喇并不是他与王后所生，是他当了国王后，暗中扶持苏干喇上位，是毁约争权，且暗杀政敌，属专权的恶势力，却又自不量力，胡作非为之徒。第三，王子罕难阿拉勐是弱势的一方，且亲自前来请求我们救援，这是对大明国的信任，相信我们的力量，识大体，知进退，智者所为也。我们支持了弱的一方，让他从危难中得以承继王位，他会对我们感激不尽，我们提出在苏门答剌建中转港他将求之不得，对我们来说，我们控制了满剌加海峡，有了南北两个中转港，这个咽喉就控制在了我们手上。而对新立的国王罕难阿拉勐来说正需要我们的支持，以巩固他的王位。”

郑大帅说：“少师分析得精当，高屋建瓴，高瞻远瞩，我们就照少师的意见布署。一旦罕难阿拉勐继位，我们就在苏门答剌按照满剌加的模式拓港口，设兵营，造商市，建医局。”

姚广孝与郑和又具体商议了协助罕难阿拉勐夺取王位的方案。

姚广孝说：“按照大帅统领的实力，拿下老王和苏干喇应该是不费吹灰之力。我们先不急于用兵，我们要让这位王子在登基前对苏门答剌拓港口，设兵营，造商市，建医局有个概念，让他树立想建，想马上建，想建得比满剌加还要好的坚定信念。我建议派一条三桅船，载上苏门答剌花面国王子罕难阿拉勐和他的随从，由百户长周泰、医师陈以诚、匡愚和他的两个弟子，以及南京的那个张仕奇陪同，去满剌加看看中转港、港口码头、商业街、永乐医局，拜见满剌加拜里米苏拉国王，让他耳听为虚，眼见为实，急着想在苏门答剌仿照满剌加一样建立中转港、开拓港口码头、建造商业街、永乐医局。只要王子有了信心，有了规划，我们扶助他登基，把筹建满剌加中转港、商业街、医局的那几位有经验的人员留在苏门答剌。不过陈良绍不能留下了，他要跟我们走。不出一年甚至半年，大明下西洋的北大门就建好了。”

郑大帅说：“好！就按少师意见办！”

【第五十一回】

彩色海彩色分析　龙涎屿龙涎探秘

赤橙青绿紫蓝黄，七种芳颜说海洋。
过海八仙传异说，龙涎收购为明皇。

郑大帅和少师姚广孝在宝船上密谋扶助苏门答剌花面国王子罕难阿拉勐为国王，继而在苏门答剌建立新官厂的大计。船队在满剌加海峡上浩浩荡荡地穿行，这几日天朗气清，海上风平浪静，虽是赤道，太阳在头顶上直晒，但每天中午会突然飘来乌云，电闪雷鸣，稀里哗啦一阵大雨，便将暑气吹散了。每当清晨和傍晚，海员们便会拥上甲板，观赏海峡两岸的美景。

这天傍晚，医师们来到了甲板上，只是少了陈以诚这位掉书袋和匡愚这位专与陈以诚叫板的搭档，大家的话题总不热烈。

突然有人提出陆上有五色土，海上有七色水的说法。

陈以诚不在，南浔的沈舟开了腔："五色土大家都应该见过。各地的社稷坛就是由五色土堆砌而成，敬奉土地神就是人们对土地的崇拜，五种色彩的土既代表五方：东南西北中，也代表五行：金木水火土，还代表开创华夏的五帝：青帝伏羲、赤帝神农、黄帝轩辕、白帝少昊、黑帝颛顼。黄土代表黄帝居中，东西南北依次为青白红黑，也即皇帝的四方又各有一个王侯辅佐。"

沈舟虽然不像陈以诚那样引经据典，但也说得头头是道。

这时有人问沈舟：“那么在海洋中你看到过几种颜色的海水呢？赤橙黄绿青蓝紫，有红海黑海黄海绿海青海紫海吗？我经过黄海，海水一点不黄，为何叫黄海？”

沈舟一时语塞，他见过蓝色的海、黄色的海、黑色的海，其他颜色的海水倒没见过。他乘船在东海上驶过，倒不知黄海的情况。

一位从山东蓬莱新征召来下西洋的医师鲁逢来说道：“七种颜色的海水或更多种颜色的海水我倒是都见过的。”

鲁逢来，山东蓬莱人，生于沙门岛上，祖先是沙门岛上的狱吏。沙门岛本来是北宋年间刺配犯人养马的地主，金兵入侵，宋室南迁，南宋的犯人刺配的地方也移到了南边的东步洲上去了。他的祖上做不成狱吏，便开始行医，他的祖父辈和父辈也是懂医术的，祖父辈的医术是一位他们救助过的狱囚传授的。鲁逢来从小就跟着祖父、父亲乘着小船，往来于沙门岛一带为渔民看病，睁眼看到的都是滔滔海水，鲁逢来本来应是写成鲁蓬莱的，一位老先生把蓬莱两字头上的草字头去了用来作他的名字。老先生说，把蓬莱说成仙境是一派鬼话，就是长些野草藤蒿的荒岛，我看这小子机灵活泼，将来会逢见大人物、大世面的，名字就写成逢来吧。得知郑和要征召医生，他就积极自荐来了，他相信下西洋一定会逢见大人物、大世面的。

鲁逢来缓缓地说道：“我先来说说黄海，因为常言道：老铁山头入海深，黄海渤海自此分。西去急流如云涌，南来薄雾应风生。我是经常驾船经过老铁山的，蓬莱阁外这个老铁山的山头深入在海中。老铁山角，位于辽东半岛的尖端，延伸在黄海和渤海之中，便成了黄海和渤海的自然分界线。这黄海和渤海的海水颜色在这里可谓是泾渭分明。东部黄海部分水是深蓝色，而西部渤海水却显得浑浊，略呈微黄色。为什么？这是因为黄河在滨州入黄海。”

鲁逢来继续说：“这是从老铁山黄海渤海分界线那边看海水的颜色是这样的。但是黄海近岸却是淡黄色甚至深黄色的，因为它水浅，海滩不断向外延伸，人们在岸上看到的黄海真的是黄色的海，但是只要乘船向外海驶去，海水便越来越蓝、越来越青、越来越黑了。那是海底深了，越是深不可测的地方，海水越黑，这个大家都懂。黄色的海水也有深浅，便可分为橙色和黄色，那绿色的海水其实大家也都看过的，就是那些或沉或浮在海水中的珊瑚礁周边长满了海藻，在阳光照耀下，它就是淡蓝淡黄淡绿色的，就把它当绿色的海水吧。还有红的海水和紫的海水，倒是少见一些，但不是没有。在一些海湾湾里会流出红色的水来，把海水染红，这是一种红色的海水，还有一种也是在比较避风的港湾或海滩，它会长出一些海藻或海草来，这些海藻或海草便有各种颜色了，特别是到秋冬，一些海草一经霜打，便成紫红或枯黄颜色，海一涨潮，海水看上去便是一片红色或紫色。当然海藻也有红色的紫色的，它们大片大片地生长漂散，便把海水染成或紫或红了。”

经鲁逢来这么一说，甲板上的医师们都服了。有人说道：“鲁医师说的都是亲身体验，让人信服。不像陈以诚医师，他是掉书袋——纸上得来终觉浅。”

就在这天晚上，下西洋的船队看到了大海上的一场奇迹，荧光海滩。当太阳落下海平面，除了满天星斗，海上一片漆黑。吃好晚饭，登上甲板的医师们发现在远方的海面上，有越来越多的银光闪烁。当医师们纷纷来到甲板上时，远处的海面上铺满了闪烁的银光，宏伟而奇异。

有人说这大概是龙王办宴会，在张灯结彩。有的人提议开船过去看看，有的人则说去不得，如果把龙王家的花灯弄灭了，龙王一发怒，会把船掀翻的。

鲁逢来听大家纷纷议论，他倒也没看到过这种发光的海洋景观，不过他听过老人讲过，陆地的坟地里会有鬼火，海上也有鬼火，一闪一闪地在海里游荡，渔家看到海里的鬼火就会避开。后来有大胆的渔民，用渔网捞起那发光的鬼火，捞上来的却是水母。再细看，这水母是会发光的。原来晚上海水中的鬼火就是这种会发光的水母，于是人们就把这种水母称作鬼水母。鲁逢来把这个故事讲给甲板上的医师们听，大家觉得有道理。有人就提议划条巡诊艇过去看看。于是由鲁逢来带头，划了一条巡诊艇到了发光的海面上，他们用网捞上来一看却不是水母，却是个头很大的海虾。这些海虾的背壳中一闪一闪地闪出白光。这片海上密密麻麻地聚集着无数会发光的海虾，这大海里会发光的东西倒真不少。

世间万事须躬身，鲁逢来这一趟黑夜开船探秘，终于弄明白了海水发光是怎么回事了。一到晚上，海医们聚集到甲板上来，就喜欢围着鲁逢来听他说古今。

鲁逢来给大家讲了水龙卷连船带人把一条渔船卷上天，又把这条船和船上的人以及捕捞的鱼一条不少地送到渔民老家院子里的故事。

李海医师说："我们这些医师都会写会记，我希望大家都把我们的所见所闻记下来，写出来，说不定将来会有编故事的人把我们下西洋的事情编成《海医下西洋》呢。"

医师们说古论今，下西洋的船队已驶过了满剌加海峡，到了一个叫南巫里的岛国。

南巫里国东北方向的海上，有一座叫龙涎屿的小岛，元代的航海家汪大渊在他的《岛夷志异》里写道："屿方而平，延袤荒野，上如云坞之盘，绝无田产之利。每值天清气和，风作浪涌，群龙游戏，出没海滨，时吐涎沫于其屿之上，故以得名。涎之色或黑于乌香，或类于浮石，闻之微有腥气，然用之合诸香，则味尤清远，虽茄蓝木、梅花脑、檀、麝、栀子花、沉速木、蔷薇水众香，必待此以发之。此地前代无人居之，间有他番之人，用完木凿舟，驾使以拾之，转鬻于他国，货用金银之属博之。"

汪大渊描绘的是一座颇具神秘色彩的岛屿，医生们早已知道龙涎香的神奇，他们一路上在各处也已经采办了一些龙涎香，也在陈祖义的巢穴中缴获过龙涎香，也点燃过一些零碎的龙涎香。

下西洋的船队浩浩荡荡地通过了满剌加海峡，暂时没有惊动苏门答剌，而是到南巫里国添加淡水，补充水果菜蔬，进行休整。下西洋船队在南巫里国休整，还有一个重要的事项是到南巫里国去收购龙涎香。永乐皇帝下西洋前特别关照，要多多收集龙涎香制作降真香，以供皇室使用。

陈良绍他们的医船要到龙涎岛去走一趟，去探一探龙涎香的究竟，郑大帅同意陈良绍提出的要求，让医船去龙涎岛考察一下龙涎香是怎样的一种东西。

陈良绍他们的医船挂出满帆行驶了一昼夜终于到了龙涎屿，但见龙涎屿浮滟海面，波激云腾。有时候风浪大了，海浪会把独木舟掀翻，独木舟上采龙涎香的人便掉进海里。落海后，他们一手攀附在独木舟旁，另一只手依然打捞不止，把一大块一大块的所谓龙涎捞到船上。南巫里人从独木舟上卸下龙涎，那些抹香鲸的分泌物初看起来好似脂胶，橙黄色，是上等的龙涎香。有时这种吐涎的抹香鲸会冲上岛来，南巫里国的渔民就会剖开它们的肚子，从它们的胃肠里掏出黏乎乎的所谓龙涎，这时候可以看到那黏乎乎的龙涎里往往包裹着巨型章鱼或者是巨大的乌贼鱼的骨头，看来这种抹香鲸喜欢活吞巨型乌贼鱼和章鱼，抹香鲸的胃分泌出消化液来消化乌贼鱼和章鱼，有时一时消化不了，还会从嘴里吐出这些吞进胃里的乌贼鱼和章鱼。这些吐出来的、排泄出来和开膛从胃肠里取出来的黏液之类的东西统称为龙涎或龙泄。新鲜时它们臭不可闻，需要在太阳底下晒，在海水中漂洗，根据漂晒的时间长短，它们就变黑变灰甚至变成灰白色，分量也变轻了许多，这样的龙涎香比口吐的涎沫和交戏排泄的精液差几个等级，因为它是抹香鲸身上出来的东西，便显得无比高贵。

再看抹香鲸，那真是庞然大物，它是胎生的，据说它生出来时就有一丈有余，重达千余斤，成年后的海龙雄性体长可达四至六丈，最重的超过十万余斤，雌性体长三至五丈，体重达五万余斤以上。与身躯比较，这种抹香鲸的头部显得不成比例的重而大，头可以占到身躯全长的四分之一甚至达到身躯的三分之一，而它的尾部却显得既轻又小，看起来就像是一只特大号的大蝌蚪。它的头不像一般的海鱼是椭圆形的，而是呈方形的，就像是戴着巨大的木头箱子的头，它的鼻孔位于头部的两侧，虽然它有两个鼻孔，但只有左侧鼻孔畅通，用来呼吸，而右侧的鼻孔则天生阻塞不通，因此它在浮出水面呼吸喷水时，总是身躯偏右，偏向左前方喷出数丈高的水柱。

在南巫里国的市面上每斤优质的龙涎香值其国金钱一百九十二枚，折合成大明的铜钱约合九千文。郑大帅给医船批了十万贯钱让医师们采购龙涎香，一贯钱是一千文，要九贯钱才能买到一斤上好的龙延香。十万贯钱，就是全部都买到了龙涎香也只能买万斤上好的龙涎香。不过想买一万斤龙涎香也是买不到的，因为南巫里一个小小岛国也采不到这么多的龙涎香。

大明朝的船队来到南巫里，南巫里的大街小巷像过节一样，家家户户都拿出龙涎香来卖给大明的船员。郑大帅规定龙涎香买下来一律交医船上保管，不准私人收藏，但公家以十贯钱收购一斤龙涎香，医生上岛采购龙涎香只要花九贯钱就可以买一斤龙涎香，再卖给公家，一斤龙涎香可赚一贯，即一千枚铜钱。这是两利的事情。当然船员们向南巫里人购买龙涎香也会讨价还价，所以实际上船员赚得还要多。

郑和的船队在龙涎屿短暂停留，从巫里南的商人手上采购到一批龙涎香后，便一路向西往锡兰国航行。

【第五十二回】

良绍帅船遇故友　少师同行朝佛国

少师同行去朝圣，良绍帅船遇故人。
窃国劫财行不义，佛牙寺里说缘因。

国王窃国又劫财，少师朝圣却被困。
听得铳声一阵阵，报因善恶等佳讯。

锡兰是一个美丽的佛国，东晋时期，高僧法显西行求法，翻越帕米尔高原抵达印度之后曾到达锡兰，在锡兰修行数年后携大量经书通过海路返回，于山东青州登陆。撰写了《佛国记》，对锡兰国的寺庙、风俗、景象做了详细记述。郑和读过法显的《佛国记》，对锡兰国的佛寺心生向往，带着丰厚的供品，并专门制作了一块用汉文、泰米尔文、波斯文刻录的《郑和布施锡兰山佛寺碑》前去拜会锡兰国王，与锡兰国结交。

可是，这一友好的拜访却引起了一场战争。

这一次前来佛国朝圣的还有一位特殊的客人，他就是永乐皇帝的谋臣姚广孝。

姚广孝十多岁时得了一场大病，久治不愈，发愿到苏州妙智庵出家为僧，法名道衍，精通儒佛道。洪武年间，朱元璋诏令精通儒学的僧人到礼部应试，姚广孝以通儒僧人被明太祖召入京师，后来成为朱棣的谋士，帮朱棣以靖难为名登基称帝。成祖继位后，姚广孝担任僧录司左善世，又加太子少师，辅佐太子朱高炽监国，教导皇长孙朱瞻基，被称为黑衣宰相。永乐皇帝常委他以重任，负责迁都事宜，担任了《永乐大典》和《明太祖实录》的最高编撰官。明初以来佛教式微，作为掌控大权的道衍和尚便义不容辞地担起重振佛学之责，正在编写《道余录》，批驳排佛的妄言。他读了法显的《佛国记》后，对佛牙寺十分向往，发愿要到锡兰朝圣，得到永乐帝恩准后，便与郑和联系，要求随郑和到锡兰朝佛，并赞助了丰厚的供品带到锡兰献祭于佛牙寺。郑和当然很高兴能与少师同行，知道陈良绍是少师的少年同伴，先得知陈良绍夫妇落水失踪的消息，大为叹息，后传来陈良绍夫妇传出求援信号，立即派出三桅船前去寻找救助，并带去一封急召陈良绍归队的信件，以释少师姚广孝旅途寂寞。陈良绍应召赶回船队后，恰逢苏门答剌王子罕难阿拉勐前来救助，大帅和姚广孝忙于谋划助王子罕难阿拉勐立为国王和建大明下西洋苏门答剌官厂大事，顾不上与陈良绍相见，而陈良绍恰好用这段时间来编写《落海求生法》小册子。陈良绍拿到木刻印刷的《落海求生法》后，看到姚广孝竟然为这本小册子写了序言，确证黄大仙猜测的贵人果然就是姚广孝。

郑大帅和姚广孝安排好了苏门答剌立王建官厂的大事后，终于召见陈良绍到帅船上与姚广孝见面。自从姚广孝召入京师后陈良绍就没有再见过他，现在他是皇帝身边的高官，陈良绍竟拘谨起来，他只知道他的小名叫天僖，出家后称道衍和尚，不知郑和等官员为何叫他少师。只见他一袭黑色袈裟，挂一串檀香佛珠。这串檀香佛珠共有一百零八颗，檀香珠用暹逻国的千年葛藤细丝联缀，珠粒纹路致密细腻，是用千年檀香木精雕细刻而成的。由于长年日日摩挲，佛珠紫中泛红，光泽圆润，且有缕缕暗香逸出，高雅无比。佛门中人早已学会从僧人或香客所持法器来判断人的身份贵贱，陈良绍见到姚广孝时竟一时语塞。

倒是姚广孝没有丝毫架子，拍着陈良绍的肩膀说：“搔搔，我们是从小就在一起玩的伙伴，你还是叫我嘻嘻好了。听三宝介绍了你落海求生的故事，又读了你的《落海求生法》很受感动，于是提笔为你的大作写了序言。你真是了不起啊，吉人天相，菩萨保佑呀！”

姚广孝又拉着陈良绍的手悄悄地说："在这船上我有点睡不着觉，吃不好饭，你帮我开几剂药让我能多吃点，睡个好觉吧！"

经姚广孝一番亲切的话语，两人一下拉近了关系，回想起儿时一起游玩打闹的情景，陈良绍便不再拘谨，给姚广孝搭了脉，看了舌苔说："少师，哈哈，嘻嘻啊，你是为君为民，日夜操劳呀，受了暑热，有点肾虚，并无大碍。船舱中太闷热，多到甲板上来吹吹海风，看看海景就会好的。我给你开几剂安神滋补的药吧！你已经很瘦了，再吃不下饭睡不好觉，再挠你就只能挠到一把骨头了。嘻嘻！"

"哈哈哈！"姚广孝大笑起来。

他们一边诊疗，一边开心地聊起了少年往事，也聊到陈良绍的家事，姚广孝对陈良绍为追随郑和下西洋而把妻儿安置在渤泥国很是不忍。

姚广孝说："到了锡兰，你和我一起上岸去，到佛牙寺去烧炷香，朝拜如来，为妻儿求如来保佑平安吧！"

陈良绍说："谢少师关心，上岸朝圣，正如我愿！"

此时，风正顺，帆满挂，舵把稳，浪涛涛，鱼跳跃，鲸喷水汽丈余高。偶见珊瑚礁，黄绿隐隐真美妙。

大西洋上的鱼儿似乎很傻，有时候钓上一条鱼来，争食的鱼儿竟会咬着被钓上来鱼儿的尾巴钓上来一串。还有一些大鱼吞了钩需要几个人一起帮忙才能把鱼弄上甲板，当然还有一些鱼实在拉不上船，钓鱼人只得剪断钓鱼线弃鱼钩望洋兴叹了。

远远地，突兀在大西洋中的锡兰国在望了，岛上一片葱绿，只有岛根部被海浪日夜吞噬，露出金黄色的岸线，如硕大无比的水石盆景漂浮在大海之中。

锡兰国的国王叫亚烈苦柰儿，此前郑和曾为到锡兰国补充淡水与他见过一面。亚烈苦柰儿长得面黑人瘦，隆鼻凹眼，郑和作为礼节曾赠送给锡兰国几大箱丝绸和瓷器。亚烈苦柰儿对郑和显得不冷不热，也没邀请郑和上岸去访问。

锡兰国是下西洋的船队出满剌加海峡前往忽鲁谟斯、天方、慢八撒的中途站，是补充水源和食品的重要补给地，要安全到达天方各国，必须与锡兰国搞好关系。

锡兰国又是佛教圣地，供奉着释迦牟尼的佛牙舍利，郑和与众船员也都想前往顶礼膜拜。这次又有少师同行，并带来石刻碑文和丰盛的祭礼前往拜访，想必亚烈苦奈儿国王是不会把他们拒之于国门之外的。

但佛家有言，一念成佛，一念成魔。亚烈苦奈儿国王是成佛还是成魔全在他的一念之间。既要完成一行人上岸朝圣的愿望，并与锡兰缔结友好关系，在大西洋上获得重要的休整补给，还要保障少师和所有人员的安全。郑和与王景弘反复推敲朝圣方案和安全保障，充分作好两手准备，以保万全。

郑和把这些准备的方案向少师作了汇报，姚广孝点头称好，只补充了一句："虚虚实实，方为上策。善哉！善哉！"

郑和问道："何谓虚虚实实，怎么个虚虚实实法，请少师明示。"

姚广孝说："我们大明朝的官员去朝圣佛牙寺是诚心诚意，实实在在；扛着石碑，碑文写得明明白白；抬着祭礼，看得清清楚楚，这就是实。但我们不能派出大部队，扛着枪，拿着刀去朝圣，那是吓人家，佛祖也会不高兴的。人家这次被吓住了，下次来就不会让我们上岸了。但为了安全防范，我们也不能不有所准备，但我们的军队要藏在暗处。兵不在多，但要派出精锐之师，这是虚。但虚中也有实，一旦他们心生歹意，我们就要出其不意，一击致命。这条海上之路就畅通了。"

郑和与王景弘不得不佩服少师的智谋，对这次朝拜和防范计划按少师的意见做了修改。

锡兰到了，郑和把船队编成两组，一组西海岸停靠，郑和和少师姚广孝、陈良绍等一行人抬着五尺多高的《郑和布施锡兰山佛寺碑》和供品、礼品向着锡兰都城高朗务前行。前有仪仗，后有护卫，二百多人的队伍，吹吹打打，好不热闹。懂泰米尔语言文字的马欢作为随队翻译。

郑和的另一组船队在锡兰岛的东海岸海面停泊，由从太仓卫征召的百户长周率带领一支两千人的精兵登岸向锡兰的狮子岩进发，他们把刀枪放在大木箱里，抬着几十只木箱前进，也像是一支朝圣进香的队伍。队伍中有一支近百人的特殊仪仗，他们高举着铳，周率的大部队就在狮子岩的树丛中隐蔽。而带着铳的近百人还要继续前进，每半里路留下一位带铳的士兵，直到与从锡兰西海岸登陆的由郑大帅带领的朝圣的队伍中的护卫接上头。

郑和、少师一行吹吹打打来到王宫前，卫兵向亚烈苦奈儿国王通报。

国王问卫兵："来了多少人？"

卫兵说："二百人左右，抬着几大箱礼物呢！"

国王说："叫他们在王宫外等着，我马上就到。"

郑和一行在王宫外等候多时，亚烈苦奈儿国王却姗姗来迟。马欢上前禀报："尊敬的锡兰国亚烈苦奈儿国王，我大明国久闻锡兰佛国盛名，特派少师官人和下西洋郑和大帅备祭礼前来朝圣，并略献我大明国精美丝绸三箱九匹、雕花瓷瓶八对十六只以求通好。"

亚烈苦奈儿国王不冷不热地说："礼物我就收下了，放下吧。我将派我的一位臣子带你们去佛牙舍利寺朝圣。"

说完就头也不回地回到王宫去了。

郑和向少师递过不满的眼神，少师只微微一笑，不多言语。郑和暗中关照护卫密切关注王室和周边动静，加强与持铳的联络兵的联系。

少师和郑和一行随着亚烈苦奈儿国王派来的臣子带着祭品来到了供奉释迦牟尼佛牙舍利的寺庙。佛牙寺坐落在一处山脚下，山头整日里雾罩烟障，人迹罕至。寺前一泓碧池，倒映蓝天白云，有象群悠闲地在池边吸水吃草，山间树木葱笼，寺边菩提高大，佛殿巍峨。佛牙寺中恭奉着释迦牟尼佛牙舍利数粒，佛牙舍利晶莹如玉，装在一只金盒之中，供奉在释迦牟尼如来佛座前。

少师和郑和一行参见了佛牙寺的住持希瓦希里长老，恭恭敬敬地献上了供养祭品，计有：金一千钱、银五千钱，各色丝五十匹、各色绢五十匹、织金丝宝幡四对、内红幡二对、黄幡一对、青幡一对，古铜香炉五对、戗金座全古铜花瓶五对、戗金座全黄铜烛台五对、戗金座全黄铜灯盏五个、戗金座全朱红漆戗金香盒五个、金莲花六对、香油二千五百斤、蜡烛十对、檀香十炷。

少师、郑和、陈良绍、一众官员和随行人员依次跪拜，虔诚礼佛。陈良绍还专门上了一炷香，为远在渤泥国的妻子蔡缥缈和儿子海漂祈福。

献礼跪拜毕，少师、郑和与一众官员等在佛牙寺僧众的协助下在佛殿前竖起了《郑和布施锡兰山佛寺碑》，碑文曰：

大明皇帝遣太监郑和王贵通等昭告于佛世尊曰

仰惟慈尊圆明广大道臻玄妙法济群伦历劫河沙悉归弘化能仁慧力妙应无方惟锡兰山介乎海南言言梵刹灵感翕遵彰比者遣使诏谕诸番海道之开深赖慈佑人舟安利来往无虞永惟大德礼用报施

献祭立碑毕，希瓦希里长老向少师、郑和回赠了佛牙寺五尊雕漆贴金佛象和一百零八卷佛经，佛像和佛经分别装在檀香木漆盒之中。

在希瓦希里住持的带领下，少师、郑和一行游览参观了佛牙寺。

佛牙寺坐西面东，寺前面对大海，大海浩浩淼淼不知其阔大长短、深浅奥妙。山脚在寺前把海岸线围成一个半圆，如半弯明月映衬佛寺，佛寺侧后为一悬崖，岸上有一缕泉水汩汩注入小潭。潭如玉钩，水清如碧。寺周有四时不败的绿树鲜花，真是世外仙境。

寺侧玉钩潭的石壁上有字，马欢译作“洗心泉”，有人用红粉描过。住持希瓦希里长老说当年佛祖经过此处，在此歇过脚。一路上名刹迎迓，官宦联络，觉得吸入太多俗气，心头无端烦恼。佛祖坐在玉钩潭边，觉得清静了许多，但一时浊气难消，边自剖胸腔，捧出心来，在潭水中浸漂洗涤多时，当那涤净漂清的心再安进胸腔时，佛祖顿觉舒畅。

潭中有奇鱼数尾戏水，小鱼通体透明，映着红心历历在目；若在夜晚，那池鱼竟然莹莹发光，把那红灿灿的心儿衬托得更为亮眼。僧众传说是池鱼吸了佛祖的心血所致。

这玉钩潭旱天不涸、雨天不盈。雨水和泉水落入潭内时，犹雨打荷叶，滴滴如珍珠滚动。住持希瓦希里长老称玉钩潭水乃是龙涎所聚，容不得凡水入潭。龙涎水饮之益寿，常饮则保童颜长驻，令耳聪目明，促五内通畅。龙涎水浴之健身，常浴能却痹湿风痛，去顽癣痈疡，退黑痣黄瘢。潭边有古旧石槽一方，乃僧众引潭中龙涎水沐浴处。

玉钩潭边有一青皮巨石，石根书“试心”两字，巨石如砥之平滑，如几之方正，如玉之温润，乃佛祖洗心后小憩之处。自佛祖卧临之后，据说此石便得了灵气，可测人心善恶，人即名之谓“试心石”。善者卧其上可现红心，恶者卧其上则现黑心，不善不恶之人则现灰白之心，屡试均应。有夫妻验者分手，有朋友验者反目，有官僚验者惊心。曾有官府将疑犯带到这块石头上来验证，以定犯人生死。

住持希瓦希里长老说，当年法显来龙牙寺修行，闻得试心石的奇妙，曾暗中对此石作专门考察，上下摩挲，细细观测，亲卧其上，反复比照。事后写出《奇石有心，愚人自误》的偈文一首告诫众人。

偈文曰：

显亦好石之徒闻有石可试心奇之疑之秘访之仰卧其上少顷下观之石上乃隐现一颗黑心显颤栗不已指天长叹吾忠君爱民晨昏念经一心向善蝼蚁不灭蚊蝇不扑不食荤腥一颗红心天可鉴石欺显也再试石显灰心示我为不善不恶之人或警示我学佛不精向佛不诚修炼不深吾当戒之又试石现红心吾大喜真奇石也然我本一片赤诚向佛东土西来修行只求内心修为何欲他物示真不以物喜勿以己悲继则疑之一试为黑二试为灰三试则为赤何故吾细观巨石拂袖拭之取水擦之对光鉴之噫奇石也内隐三色之心左赤右黑下灰白遇清水热汗则显人卧其上或左或右忽上或下背心所据各各有别则红黑灰白所显亦约略不一嘻石不欺人人自欺也

此偈一出，试心石秘密公之天下，再无人来卧此石试心。

法显的这通偈文佛牙塔寺一直保存着。说到这里，希瓦希里住持领着道衍、郑和一行来到佛牙寺藏经阁，找出了法显的真迹。这通偈文写在一片褐布上，字迹端庄清秀，千年的墨宝保存至今，道衍膜拜顶礼有加。

道衍、郑和一行在希瓦希里长老带领下走出藏经阁，来到寺院僧房喝茶休息。郑和命人铺开随行带来的素食点心，邀请佛牙寺住持一起品尝聊天。

少师说道："希瓦希里大师，我们晋朝与贵国佛牙寺渊源颇深啊！刚才在贵寺藏经阁拜颂了晋朝法显大和尚在贵寺保存的墨宝，真是大开眼界，我们两国佛法交流源远流长啊！"

希瓦希里住持说："尊贵的客人，感谢你们对佛牙寺的施舍。当年东土有法显高僧前来修行，当今有诸位前来献祭，鄙寺有缘啊！"

少师问道："我们也是依着法显高僧的指引前来朝圣呀。不过法显大和尚撰写的《佛国记》中并没有说到寺内供奉佛牙舍利之事。请教住持，这佛牙舍利是何处又是何人迎奉而来的呢？"

希瓦希里住持说："唉！说来作孽呀！国王亚烈苦柰儿有个哥哥叫亚烈伟柰儿，一心向佛，与我是故交，常常前来寺院施舍。为了重振佛国盛名，是他受老国王之命到释迦牟尼的故国迦毗罗卫亲自迎来佛祖的舍利供奉在本寺之内的。作孽啊，作孽！"

少师见希瓦希里住持欲言又止，便说："但说无妨，这里没有锡兰国人。”

希瓦希里住持说：“就在亚烈伟柰儿王子去迦毗罗卫迎来佛祖的舍利的时候，老国王却不明不白地死了，亚烈伟柰儿的弟弟不等哥哥回国就抢先登上了王位。亚烈伟柰儿王子迎回佛牙舍利供奉本寺回家的路上便被他的弟弟、现在的国王亚烈苦柰儿以私通外国的罪名逮捕并关进了大牢，至今还在大牢里受难呀！罪过，罪过，阿弥陀佛！”

希瓦希里住持口中的“罪过，罪过，阿弥陀佛！”话音刚落，便听得一声铳声响起，接着铳声一响接一响地传得很远很远。

就在少师、郑和他们在佛牙寺朝圣献祭时，少师和郑和就已得到情报，亚烈苦柰儿国王已派人砍断了郑和他们来佛牙寺朝圣道路上的大树，阻断了他们的退路。与此同时，亚烈苦柰儿国王派儿子世利巴交喇王子率兵五万去锡兰东海岸劫掠郑和的船队。

少师和郑和得到消息后镇定自若，依然依规依礼在佛牙寺朝圣献祭和立碑。立碑毕，待希瓦希里住持揭露了亚烈苦柰儿陷害兄长篡取王位的罪恶后，发起反攻的铳声才一声声地响起。郑和的随从护卫对佛牙寺加强了警戒，少师关照警戒工作不能惊扰寺庙，要内紧外松，只把亚烈苦柰儿国王派来的联络大臣扣押起来。

希瓦希里住持听到铳声阵阵，似觉异样，略显慌乱。

少师说：“希瓦希里大师，请别惊慌。佛祖说过一念成佛，一念成魔呀。佛又说，善有善报，恶有恶报，时间一到，一切将报。当下时间已到，亚烈伟柰儿将会得到善报，亚烈苦柰儿的恶行将会得到恶报的。”

听得少师如此说，住持不敢多言，只合掌作揖，连连口称“善哉！善哉！”退出了僧房。

因为出佛牙寺的道路被伐倒的大树阻挡，当晚，少师和郑和一行前来朝圣的众人借佛寺僧房住了下来。少师或因服了陈良绍的安神药，睡得很香。郑和等众人却是度过了一个不眠之夜，焦急地等待着前方汇报战况。

【第五十三回】

旧王退位立新王　狮岩感怀发诗兴

篡位劫船罪孽重，恶行败露降妖魔。

新王岩上述陈迹，道衍改诗感慨多。

第二天一早，道衍起得很早。净手后，他到佛牙寺中上香膜拜。膜拜毕，他来到佛牙寺前的一棵高大的菩提树下，捡拾树下的菩提果，他要带回国内，培育成苗，种植在南方各寺庙之中。他知道两千多年前，佛祖释迦牟尼就是在菩提树下静坐了七天七夜，战胜了各种邪恶诱惑，在天将拂晓启明星升起的时候，才大彻大悟，修炼成佛陀的。“菩提”一词为梵文的音译，意思是觉悟、智慧，用以指人如梦初醒，豁然开朗，顿悟真理，达到超凡脱俗的境界。佛祖既然是在此树下“成道”，此树便被称为菩提树。在西土佛国，每个寺庙至少种植一棵菩提树，而且非常讲究菩提树的“血脉”，以当年佛祖顿悟时的圣菩提树直系后代为尊。据说位于菩提迦耶的圣菩提树在阿拉伯人入侵被毁前，阿育王的妹妹砍下了圣菩提树的一根树枝，将其带到了锡兰国并种植成活。此后锡兰国的菩提树便成了维系佛祖渊源的“唯一血脉”。

道衍整整捡了一百零八颗佛牙寺菩提树下的菩提果。他把这一百零八颗菩提果供奉在佛牙寺的释迦牟尼如来佛前，恭请佛牙寺僧众一起颂读了《金刚般若波罗蜜经》《摩诃般若波罗蜜心经》和《妙法莲华经》，为这一百零八颗菩提果开光。然后，他嘱郑和精心打包，帮他带回国内交给南方寺院精心培育。

待道衍、郑和一行用完早餐，千户长周率带的两千精兵打通了通向佛牙寺的道路，押着锡兰国国王亚烈苦柰儿来到了佛牙寺，并从大牢里解救了国王的哥哥亚烈伟柰儿。

昨天下午，隐伏在狮子岩下丛林里多时的周率统领的两千精兵听得从远方传来的一声声铳响，立即从箱子里取出刀枪，全副武装，本欲去解宝船之围，半路上接到了郑和派来的联络官的指示：五万锡兰兵前去劫船，王城空虚，国王罪恶滔天，务必捉拿押送到佛牙寺。此后又接到郑和发来的第二道指令：攻入监狱，解救国王的哥哥亚烈伟柰儿，把他护送到佛牙寺来。

刚押来佛牙寺的锡兰国王亚烈苦柰儿依然头昂得高高的，大喊大叫："我是一国之君，你们不得无礼！我已派我儿率五万精兵前去攻打你们停泊在海上的船只，你们的船将会全部烧毁，他即将回师前来救我！现在你们放了我还来得及，我可免你们一死，否则锡兰的大军一到，你们区区两千人将死无葬身之地！"

少师和郑和也不搭理他，让他先做一会美梦吧！

昨天傍晚，就在亚烈苦柰儿国王派世利巴交喇王子率兵五万来到了郑和停船的东海岸。等到天黑，只见郑和船队上的灯都熄了，锡兰的士兵乘着几百条小船去偷袭，只听得几声铳响，郑和的船上便万箭齐发，第一批靠近大明下西洋宝船的锡兰兵便纷纷中箭落水。世利巴交喇王子趁着人多，不断地发动攻击，并不断地鼓动：大明国宝船上的宝贝多，谁上船抢到大明国的东西就归谁所有。不怕死的锡兰兵又蜂拥着向宝船攻去。

正在这时，隐藏在锡兰西海岸的百来条郑和的舰船听到传来的铳响已全速赶来，从锡兰小船的背后围剿过去，凭着船大坚固，把一条条锡兰的小船撞翻，锡兰兵溃不成军，死的死、逃的逃、投降的投降，世利巴交喇王子被生擒。

清理完战场，副帅王景弘押着锡兰战俘和王子来到了佛牙寺。当亚烈苦柰儿国王看到儿子世利巴交喇王子已成战俘后，一下瘫倒在地，像只泄了气的皮球，再蹦跶不起来了。

郑和把亚烈苦柰儿和亚烈伟柰儿兄弟俩带到释迦牟尼佛前，向佛祖宣告亚烈苦柰儿的罪状：篡权谋国，戕害兄长，劫掠宝船，形同海盗，德不配位，谨遵大明少师旨意押回大明国交永乐皇帝处置，王位交由长兄亚烈伟柰儿承继。

郑和要亚烈苦柰儿在佛前起誓，让位于兄长亚烈伟柰儿。亚烈苦柰儿自知罪行败露，在佛前认罪退位，无奈地摘下了王冠，将权杖交给了郑和。郑和把它交给佛牙寺的住持，由住持给亚烈伟柰儿戴上王冠，递交权杖。亚烈伟柰儿戴上王冠后也向佛祖起誓：“佛祖在上，佛徒亚烈伟柰儿今天承继锡兰国王位，谨遵佛法，除恶扬善，睦邻友邦，绥靖海疆，爱护百姓，劝耕农桑。”

兄弟俩在佛牙寺起誓移交王位后，亚烈伟柰儿国王携少师、郑和等一行大明官员骑上大象，押着亚烈苦柰儿和世利巴交喇王子来到王宫，召集锡兰国众大臣宣告新王登基。新王宣告大赦天下，告诫众大臣既往不究，从今后一心向佛，勤政爱民，睦邻友邦，重振国威。众大臣对新国王三呼万岁，纷纷表达效忠之意。郑和当着众大臣的面再次宣告亚烈苦柰儿的罪行，宣告完毕，着人将亚烈苦柰儿和世利巴交喇王子押送回大明下西洋宝船，带回大明国听从永乐皇帝处置。众大臣又齐呼“郑大帅英明”。

郑和为贺新国王登基又送上大礼，新国王开国宴为少师、郑和帮助锡兰国拨乱反正表示感谢。国宴毕，亚烈伟柰儿国王还亲自带着少师、郑和、王景弘、陈良绍等大明官员到锡兰名胜古迹狮子山参观。

锡兰国的交通工具是大象，新国王调来了王家象队，少师、郑和一行人全骑在大象上去狮子岩参访，骑在大象上犹如在大海上坐船，摇摇晃晃，颠颠簸簸，真所谓是陆上行舟。

狮子岩，顾名思义就是像一头巨狮一样的巨大岩石，高六十余丈，广六百多亩，山下开凿有许多洞窟，窟壁间有彩色的壁画，洞前多有藤蔓遮掩，大家不及细看。上岩顶需要登石级而上，因为已经荒废，新国王亚烈伟柰儿已经派人把石级清理出来。登上狮子岩顶上，只见断墙残垣，一片荒芜。凿石而成的水池中绿水泅泅，扑地的雕塑依然精彩，地形开阔，瞭望四野林木葱茏，青山如黛，河道蜿蜒，一条条绿色的山脊，起起伏伏。层层叠叠的冈峦上的树浅绿、深绿、黛绿，由近及远，漫无边际。蜿蜒的河道，曲曲折折，一直伸到天边，注入大海。大海茫茫，一望无垠，令人心胸开阔，心旷神怡。

亚烈伟柰儿亲自讲解这处古迹的历史。一千年前，锡兰国的一个小王子卡西雅伯为了夺取父亲的王位，与表兄密谋政变，弑父篡位，成了摩利耶王朝的君主。而真正的王位继承人，他的同父异母的兄长莫加兰则被迫逃亡至邻国印度。由于害怕正宗的王位继承人回来报复，卡西雅伯不顾民生，花了十八年时间，动用数万民工，在这座巨石上建起了空中宫殿，在这里尽情享乐。这座巨岩如同堡垒要塞，在半山腰的一个平台上，有着一对巨大的狮爪，通过这对巨大的爪子之间的一道门，才能够攀登阶梯到达顶端，易守难攻。二十年后，流亡印度的兄长莫加兰带着军队回来复仇。终究是邪不压正，卡西雅伯荒淫无度，失去民心，败于莫加兰手下，被迫自刎，结束了自己费尽心机夺来的王朝，而耗费巨资打造出的狮子岩顶端的豪华大殿，在他去世后就被遗弃。在那之后，狮子岩一度成了一处佛教寺庙，后来又长期荒废，令人兴叹。

听了亚烈伟柰儿国王的一番解述，少师和郑和明白了新国王带他们来看这处历史遗迹其实是要抒发心中多年的郁积。他的经历与千年前的莫加兰相似，多亏了大明官军来到锡兰拨乱反正，他才登上王座，他是借故引发一番兴叹，并表达一种感激之情。

少师姚广孝不禁想起了他多年前登临镇江北固山作的一首诗，他略作改动重新吟来道：

锡兰年来战血干，烟花犹自半凋残。
高朗山近朝云乱，故宫楼空夜月寒。
海水来潮通洞窟，舟泊有路到西洋。
佛国帝业今何在？狮岩青青客相看。

郑和及大明官员及陈良绍听了，众口一词说好。马欢也把少师的这首诗翻译给亚烈伟柰儿国王听，国王称赞一番后，恳请少师抄录后赠送给他。

少师说：“好吧，我到船上即给国王抄录，你派人上船来取即可。”

亚烈伟柰儿国王说：“我要亲自上船看着少师挥毫，立等取回。另外为表感谢，我们将送大象三对，长颈鹿两对，佛牙寺供奉的佛像五尊和佛经一百零八卷给大明国皇帝陛下，恭请少师转达我们锡兰国对大明国的敬意和谢意。我们的区区谢意正在送往海港的途中。”

亚烈伟柰儿国王和少师、郑和一行离开狮子岩骑着大象向海边走去，到了港口，锡兰国的礼品已经送到，正在艰难地把大象和长项鹿通过驳船运到大明国的宝船上去，那是三对幼象和两对幼鹿，为了保证这些大象和长颈鹿运到大明国能够成活，锡兰国派出了两位驯养师同船前往。

郑大帅用专门的船装上大象和长颈鹿，并派了六位驯养员跟着锡兰的驯兽师一起到满剌加中转港先行寄养，学习驯养大象和长颈鹿。郑和的船队还要继续前行，以便回程时将驯养的大象和长颈鹿带回国内。

佛牙寺的五尊雕漆贴金佛像和一百零八卷佛经已用精致的檀香木盒装好了。在码头上进行了庄严的交接仪式，郑和下西洋的仪仗队吹吹打打地把这些宝物送上下西洋的宝船。少师和郑和一行陪同亚烈伟奈儿国王上了帅船，郑和领着亚烈伟奈儿国王在帅船的上上下下参观了一番，亚烈伟奈儿国王盛赞道：“如此巨大，如此宏伟的宝船真如锡兰国精美的狮子岩一样，都是世界奇迹。”

郑和的随从已经在三层客厅里的大条桌上为少师铺好了宣纸、磨好了浓墨，等待亚烈伟奈儿国王前来客厅。只见少师早已运足了气息，略一审视，饱蘸乌墨，龙走蛇舞般一挥而就，那首《游锡兰山怀古》的七律就落墨在了白色的大宣纸上。

少师与众人一齐吟毕，取出印鉴，在墨宝的首部、腰部和尾部押上了独庵老人、斯道、道衍、姚氏广孝朱白印鉴，待墨汁干透即送宝船上的装裱师精心装裱。

一幅写毕，道衍似诗兴未尽，又铺宣纸一张，略一思索，一挥而就。

题赠锡兰佛牙寺希瓦希里大和尚

整顿衣巾拂净榻，拾得菩果配袈裟。

携行东土勤浇水，绿荫婆娑护华夏。

大明国庆寿寺僧道衍和尚书

这幅诗作也一并送装裱师精心装裱，赠送给佛牙寺希瓦希里长老。

为了等待装裱师装裱少师的墨宝，郑和吩咐在宝船上开宴，宴请锡兰国新国王亚烈伟奈儿一行。

国宴开始，先是奏乐。这一次郑和宝船上的音乐班子演奏的与往昔不同，都是演奏的雅乐，或称国乐，宝船上的音乐班子回国后已请宫廷乐队进行过专门训练，演奏的曲目有宏大的《破阵乐》《霓裳羽衣曲》。也有琵琶弹琴的《阳关三叠》配着慷慨高吭的豪歌，还有锣鼓钟钹敲击的《十面埋伏》，配着箫笛悲鸣。最后是一曲《高山流水》，古琴悠扬，意味隽永。

国宴不可无酒。宝船上装有大明各地的名酒，如山东的秋露白、淮安的绿豆烧、括苍的金盘露、婺州的金华液、建昌的麻姑酿、太平的采石醉、苏州的小瓶香等，应有尽有。郑和吩咐上苏州产的小瓶香酒。这苏州的小瓶香酒用苏州产的糯米酿造，绵软上口，略带甜味。它用景德镇的青花瓷小瓶装着，酒瓶上画着一枝梅花，雅致可爱。一瓶二两半，不多不少，适合一般人的酒量。

既然用的是苏州的酒，那也就上苏州的船菜，因天天吃腻了海鲜，就不再上海贝、海蟹、海鱼了。

冷盘八道助酒：卤汁腐干、冬笋青豆、桂花糖藕、虾籽鲞鱼、烟熏青鱼、出骨卤鸡、酒糟鹅肝、铁板鸭脯。

酒过三巡，便上八道热菜，菜名文辞艳丽，如珠圆玉润、太湖春晓、满天星斗、黄袍加身、王不留行、吴越遗风、红粉佳人、独钓寒江等等，无非是蒸熘烩炒的各式荤素佳肴，文辞虽艳，但口味却很清淡鲜香。

接着上来的是苏式糕点：玖瑰松子糕、薄荷枣泥糕、赤桂芝麻团、长寿酥油团、蟹粉烧卖、鸡丝春卷。

最后是二道甜点：银耳燕窝羹、杏仁芡实羹。

锡兰国新国王亚烈伟奈儿面对这些精美的苏式佳肴美酒一边大快朵颐，一边赞不绝口，更对那些精美的装菜盛汤的碗盘碟匙爱不释手。郑和知道国王的心思，便说道："大王，您若喜欢中国的这些餐具，宴会结束之后，我吩咐厨房赠送八套与今晚宴会同样的餐具给您带回去。"

亚烈伟奈儿国王不禁喜出望外，竟然情不自禁地紧紧抱住郑大帅说："谢谢！谢谢！"

与此同时，姚广孝道衍大和尚却在宝船上的小包间里与佛牙寺的希瓦希里住持静静地用着素食，无非是香茶一壶，冷菜有素鸭脯、素火腿、炝黄瓜、拌参须、萝卜卷、发菜卷。那些热菜也都是用豆制品、各式瓜果、干笋冬笋、香菇木耳、蕈菌菜蔬炒炸蒸煮烹饪制作而成。

姚广孝请陈良绍陪着用膳，两位大和尚用膳时一言不发，每份菜上来也都是分钵置于各人桌前，各人皆用尽，一丝不留，粒粒皆净。好在道衍在上宴前让郑和特别吩咐厨师每份素菜尽量少之又少，否则，按照僧人用餐规矩，那十八道素菜上来非得让两位大和尚撑死不可。

宴毕，装裱师已将少师的两幅书法作品装裱好了，覆背磨光、绫镶绢边，装了天地杆，包了象牙轴头，加了扎带，用红木锦盒装点，装裱师送到大堂。两幅书法作品一经裱画师精心装裱，如同美人添了锦衣，越发惊艳绝伦，大堂内掌声雷动。少师亲手恭敬地把书法作品分赠给亚烈伟柰儿国王和希瓦希里长老，国王和长老向道衍合掌致谢。

【第五十四回】

苏门答刺立新王　医师欢叙到天明

苏门答剌争王位，明室扶持伏义行。
道衍匡愚忆往昔，言欢叙旧到天明。

下西洋的船队在锡兰打了一个漂亮仗，征服了傲慢无理的锡兰旧国王亚烈苦柰儿，立了亚烈伟柰儿为新国王，确立了大明帝国与锡兰王国的友好关系，为下西洋路上休整、补充食物和淡水增加了一处安全的港湾。

一条三桅船靠上了郑大帅的宝船，火长吴香山驾船把陈以诚从苏门答剌送到了锡兰，上了宝船，陈以诚向少师和郑大帅汇报他们在苏门答剌了解的情况和下一步的建议。

郑大帅把陈以诚迎进密室，请来少师、王景弘总兵、千户长周率、陈良绍，听取陈以诚介绍他们在苏门答剌的情况。

陈良绍、陈以诚一见面就热烈拥抱，他们从满剌加分别之后就没有再见到，还有匡愚他们几位，已经几个月不见了，想不到他们是被派去苏门答剌开展秘密工作去了。

郑大帅待各位坐定，对陈以诚说："那就请陈医师说说苏门答剌的情况吧！"

陈以诚喝了一口茶，清了下嗓子后说道：“三个多月前，我们遵照少师和大帅的安排，在百户长周泰的率领下，我与张仕奇医师，加上匡愚医师和他的两个弟子一行六人陪同苏门答剌王子罕难阿拉勐乘坐吴香山火长的船，前往满剌加参观大明下西洋的官厂、海港码头、买卖街和永乐医局，拜访了满剌加拜里米苏拉国王。拜里米苏拉国王非常热情地接待了苏门答剌王子罕难阿拉勐，盛赞大明下西洋统帅对满剌加的仁义仁爱，人人都能干，会变戏法，不出几个月，就建成了官厂、拓宽了码头、建成了买卖街。你到买卖街上走一走，有吃的有喝的有用的，要啥有啥。满剌加拜里米苏拉国王问苏门答剌王子罕难阿拉勐：‘你吃过灯影牛肉吗？’苏门答剌王子罕难阿拉勐说没吃过，拜里米苏拉国王说：‘哎，我带你到买卖街去吃一吃灯影牛肉，真是既好看，又好吃。’”

陈以诚像说单口相声一样说着满剌加国王和苏门答剌王子的趣事，把一件小事也说得绘声绘声，听得大家哈哈大笑。郑大帅说：“陈医师，你别说得太细了，拣要紧的说吧！”

陈以诚说：“好的，谨遵大帅之命，现在开始拣要紧的说。满剌加丽鹿公主盛赞大明医生的医术高明，有起死回生的本领，说永乐医局的医师救了好多快要死的病人，苏门答剌一定也要建个永乐医局，连她也在永乐医局学医呢。哈哈，又说得太细了。”

陈以诚知道自己又说得太细了，再次提醒自己：“少师、大帅，我一定拣要紧的说。少师、大帅当时安排苏门答剌罕难阿拉勐王子到满剌加去参观这一招真是太对了，所谓耳听是虚，眼见为实。苏门答剌罕难阿拉勐王子到满剌加参观后非常高兴，回到船上后，一直对我们念叨，苏门答剌也要设官厂、拓码头、建买卖街、办永乐医局。”

郑大帅提醒说：“好！陈医师，再说说你们在苏门答剌做了些什么吧！”

陈以诚说：“好的，遵命！从满剌加回苏门答剌的时候，我们带上了匡愚做珠宝生意的朋友波斯商人艾哈迈德·阿布丁。阿布丁在苏门答剌也开设有一家珠宝店，但生意不好；听说匡愚和我们要到苏门答剌去办事，他便说要跟我们一起到苏门答剌去，我们这六个人可以吃住在他的店里。我们六个人一商量，这倒是个好办法，如果我们现在就跟着苏门答剌罕难阿拉勐王子一起上岸，让王子安排食宿太显眼，会引起苏干剌的注意，苏干剌就会派人盯梢，住在波斯商人艾哈迈德·阿布丁的店里方便我们开展工作。”

陈以诚喝了一口香茶，继续说：“匡愚的波斯朋友在苏门答腊有一家珠宝店，我们一行人就借宿在这家珠宝店中。我们与罕难阿拉勐王子约定，波斯商人艾哈迈德·阿布丁的珠宝店就是我们的联络点。虽然波斯商人艾哈迈德·阿布丁的珠宝店开在苏门答腊的都城，主要为国王官员加工珠宝首饰，离王宫也不远，但依然商市冷落。我们在店里就作为阿布丁的伙计，为他踏车床，用金刚沙磨石头，我们出门就扎一条波斯头巾，装扮成走村串巷的游医。周百户成为我们的保镖，马溜溜是我们的通事。”

陈以诚说：“我们借走街串巷游医的机会了解了苏门答腊两派的现状，王后与渔翁老国王事实上已经分居。王后和小王子住在都城西边的老王宫里，老王宫建在一座山上，由一批老臣子组织的兵丁护卫着。渔翁老国王住在城东，城东紧靠海口，有老国王的儿子苏干喇控制着苏门答腊的渔业航运之利，有较强的经济实力，建有一支比小王子们配备完善、人数众多的军队。苏干喇正在城东建一座新王宫，扬言新王宫建成之时就是他苏干喇登基之时。我们想，凭罕难阿拉勐王子的实力是无法与渔翁国王和他的儿子苏干喇较量的。”

陈以诚说：“我们以行医的名义，见过王后，她讲了当年与渔翁的约定，她说：‘我们言明在罕难阿拉勐王子十二岁时就让位给王子，可如今老渔翁在他儿子的胁迫下不肯退位了。如果让苏干喇登上王位，我对不住死去的老国王啊！当年我也是被逼无奈想出的笨办法呀！但愿老天有眼，助我儿能继承王位。’我们也应渔翁国王之邀去为他看过病。渔翁国王已经垂垂老矣。在我们施药后，身体有所好转。我们旁敲侧击地提出苏门答剌将来由谁继位的事，这位老渔翁倒也爽快，他说：‘当年我确实与王后有过约定，小王子十二岁时他就让位。但是，天下是打下来的，如果当年我不拼死擒杀那孤儿花面王，这苏门答腊花面国还存在吗？他们娘儿俩还活得了吗？现在我的儿苏干喇要当国王，我劝过他，他不听，我老了也没办法，就让他和小王子两人决一雌雄吧，谁胜了谁就当国王。’”

道衍哈哈大笑：“爽快，这老渔翁说的也是实话。不过，他当年当得了国王，现在他的儿子恐怕当不了国王了。”

道衍这一插话，大家以为少师改变扶持小王子继承王位的主意了，听到他说了“不过”后的话才明白少师的初衷没改。道衍的前半句其实是为他支持朱棣靖难辩护的，后半句是他随着时局的变化而改变应对方略的思考，一切为了大明帝国着想，这才是道衍不变的初衷。

陈以诚接着说：“经过一番踏勘，我们又与苏门答腊罕难阿拉勐王子反复商量，提出了以下办法：第一，请大帅派出一支舰队，封锁海口，围剿苏干喇的战斗打起来后，不能让他从海上得到援兵，也不能让他从海上逃跑。第二，派千余人绕过苏干喇控制的海口，从秘道暗中登陆，配合罕难阿拉勐王子从陆上围剿苏干喇，并控制西北面进山的山口，不让他逃窜上山，留下隐患。第三，我们列了苏干喇的六条罪行：背誓言、假王子、杀忠臣、掠民财、抢民女、好酒色。因苏门答腊人多不识字，准备以图画的形式张贴，揭露苏干喇的罪行，激起民愤。”

说着，陈以诚拿出了百户长周泰画的苏门答腊罕难阿拉勐王子和苏干喇各自所占的地形图、作战方略图以及他画的苏干喇的罪行图画呈给郑大帅。

陈以诚还说：“我们甚至还多次踏勘了建官厂、拓港口、修买卖街、设永乐医局的地块，只要罕难阿拉勐一登基，这些工程马上就可以开工。”

说完，陈以诚又呈上了一张由张仕奇画的官厂、港口、买卖街、医局的建筑设计图。

少师对郑大帅说：“千户长周率和陈以诚医师们想得周到，干得好，我们在苏门答腊撒下的网该收网了，我们对苏门答腊王子罕难阿拉勐的诺言应当兑现了。”

郑和对总兵王景弘和千户长周率说：“你们两位把封锁苏门答腊海口的舰队和登陆作战的千人队伍好好安排一下，另外还要充分考虑登陆作战的队伍，他们将来便是要留在苏门答腊建官厂、拓海港、修买卖街和永乐医局的队伍。其中要有手艺人和有经商经验的人，买卖街上的店铺要他们先开起来。好在我们在满剌加已有了经验，一切照满剌加的先例办。”

王景弘总兵和周率千户长说：“领命!”

郑和又对陈以诚说：“陈医师，你画的苏干喇的罪行图稿，我马上交给宝船上的印刷所立即刻版印制一百份，印好后你马上带回苏门答腊，一旦围剿苏干喇的战事一开，你们就把它张贴到苏门答腊都城的大街小巷。”

郑和问少师还有什么训示，少师说：“一切照大帅的安排办，到时候我们苏门答腊见！”

一切按计划进行中，郑和下西洋的舰队挥师掉头，在满剌加海峡的西北海口陈兵游弋，派出了十几条船封锁了苏门答腊的港口。一支千人的队伍绕道从苏门答剌的东边登陆，配合罕难阿拉勐王子从陆上围剿苏干喇。苏干喇不堪一击。东城被破时，渔翁国王自杀，苏干喇被生擒，郑和命关押苏干喇，赴阙明正其罪。郑和宣读永乐皇帝册封罕难阿拉勐的诏书，赐予印玺。有人要问，永乐帝远在万里之遥，哪里来得及发送册封诏书和印玺，其实这是永乐皇帝与少师及郑和等在郑和下西洋前就预先拟议了的，印玺早已制作好，诏书也已拟好，名字暂时空着，由少师和郑大帅见机行事。

郑和代永乐皇帝册封罕难阿拉勐为苏门答腊国王后，又赏赐了锦缎丝绸、瓷器玉雕等物，罕难阿拉勐国王感荷圣恩，大开宴席，宴请大明下西洋的官员们。

按照原定的计划，一千名参与围剿苏干喇的军人以及千户长周率、医师陈以诚、张仕奇、匡愚和他的两个弟子将暂留苏门答腊，待建好官厂、拓宽码头、修成买卖街，建好永乐医局再换防。

少师姚广孝将不再西行，他将回国另有任务安排，但他想回国之前到苏门答腊走一走，苏门答腊是他这次下西洋参与废立国王的第二个国家，他想去逛一逛，在宝船上他曾与陈以诚约定事成之后在苏门答腊相见，他当去兑现诺言。更有一层，他更想去见一见发小匡愚医师。姚广孝与匡愚也是自小就认识，匡愚的父亲匡忠是常熟民医局的医师，姚广孝的父亲姚妙心是长洲县的医师，姚广孝从小也是跟父亲学医的。陈良绍的父亲陈孟敷是苏州名医。陈良绍与他们一样，也是从小跟父亲学医的，因此姚广孝、匡愚、陈良绍三人的父辈是医学同道，作为子辈他们随父辈常有交往。姚广孝很想去苏门答腊与匡愚见上一面，陈良绍当然就更不用说了。

少师与郑和谈及想与陈以诚、匡愚等几位熟悉的医师叙一叙，大帅说："苏门答腊官厂和买卖街尚未建好，找不到一家适合的驿站或饭店，少师与几位医师的聚会就安排在吴香山的三桅船上吧，酒菜我叫宝船上的大厨做好了送到吴香山的三桅船上来，如何？"少师说："如此甚好！"

少师在陈良绍陪同下登上小舟上岸，扮作主仆二人，在苏门答腊港口一带转悠了一番。但见一条大河，其源于北部大山，奔腾流入大海；海上往来独木舟，独木舟上也张小帆；船民皆赤裸其身，偶尔在胯间缚棕丝编结的垂挂物，遮挡私部；船民或张网捕鱼，或运送瓜果。岸边行走的男女挽发于顶为髻，男女也皆赤裸，偶有腰间系红布者。脸上涂黑白赤三色粉，所以称花面国。涂面谓能压邪，口嚼槟榔，齿黑如漆，谓嚼之不生疾病。田瘠少收。胡椒蔓生，延蔓附树，枝叶如扁豆，花间红白，结椒累垂。有树结大瓜累累，皮厚，糙若荔枝，剖开有恶臭难闻，然食之香甜可口，俗名臭果，人以留恋呼之，其树开花时花大如莲，或可写作榴梿。又产鹤顶、锡斗、苏木、阔布、大茄等土产。煮海为盐，酿茭樟子为酒。有鱼市一处，腥臭杂乱，售各式海猎。也有售瓜果者，皆以物换物。

街道两边房屋皆砍树为柱，蕉叶茅草为顶，人皆席地而坐、席地而卧，道路或泥泞，或扬尘。鱼市边的道路便满是泥泞，瓜市边的道路便尘土飞扬。

陈良绍说："当年我们到满剌加时，都城王宫外街市也如此处一般破烂杂乱。自从建了官厂、拓了港口、修了买卖街才有整洁繁华景象。两年后，如果少师再来苏门答腊，一定是另一番天地了。"

少师说："两年后，我是不能再来了。这一次是因为要了却朝圣佛国的夙愿才下的西洋，但愿将来下西洋的路上，处处都繁华如满剌加。"

两处王宫一东一西，隐于绿树丛中。王宫可能另有一番景象，然而两人只是私服出行，不便深入前往，于是便回头乘小舟上了停泊在远处的吴香山的三桅船。

吴香山的三桅船虽然没有郑大帅的宝船气派，但也算宽敞整洁，郑大帅已经拨给少师作回程专用，又安排工匠师傅作了一番装修，精装修了卧房、书室、会客厅，改建厨房，安排了厨师，添置了红木家具、全套精美餐具茶具，一应俱全。

当姚广孝和陈良绍回到吴香山的三桅船上时，郑大帅早已把姚广孝要会的客人送到了三桅船上，船仆已安排他们在客厅落坐用茶。当姚广孝一踏进客厅，客人们不约而同地站了起来，显得拘谨不安，虽然来的客人大都与姚广孝有各种因缘世故，但少师是一品大员，可称得上一人之下万人之上的官员了。

姚广孝拍拍身上的便服，对大家说："看看，我就是一个普通老百姓，在苏门答腊与你们一样就是个外国人。大家快坐，哈哈！"他指着匡愚说："你这个芋头与我还生分起来了，快坐下！"

姚广孝走到匡愚身边，按着匡愚的肩膀让他坐下说："你这只芋头，几十年不见了，还是这样呆头呆脑的模样！”听得姚广孝叫匡愚为芋头，匡愚倒几十年没听人喊他芋头了，一下子脸红起来，引得大家一阵哄堂大笑，一下子客厅里的气氛便轻松了起来。随着匡愚坐下，大家也就全坐了下来。

姚广孝继续指着匡愚说：“想不到在这万里之遥的大海上看到了这个大芋头。我的老家陆墓那边离常熟很近，十里虞山横亘在家乡的北面，晴天一抹黛绿，阴天山间白云缭绕。我随父亲去常熟县城找芋头的父亲请教医术，这芋头便带着我去虞山爬山。这芋头家兄弟六个，分别名为愚、昧、呆、鲁、痴、笨，像是家里生了一堆傻瓜，哈哈哈！不，是生了一筐芋头！”

这匡愚被姚广孝一阵奚落，便也顾不得面对的是少师大官人了：“芋头还长毛呢，你这和尚秃驴，头上不但不长毛，竟然还烫出十二个疤来。”

陈以诚一听匡愚有点过火，便说道：“愚兄，少师可是一品大员，可不得图口舌之快呀！这十二个戒疤可是沙门中最高品级的大和尚哟！”

姚广孝说：“陈医师，没事没事，我当这个和尚倒也是这芋头造的孽。有一年，芋头带我爬虞山，遇到一场特大暴雨。倾盆大雨从天而降，雨水注满了山间小溪，小溪又溢到山间小道上，满山像是瀑布直泻横流，那气势见所未见。我浑身淋得透湿，回家就一直发烧，这高烧一直不退，奄奄一息。家父、匡愚的父亲、陈良绍的父亲都为我会诊，开过药，就是不见效。妙智庵的当家和尚与家父说了，这孩子或许与菩萨有缘，药治不了，就让菩萨来救他一命吧。家父便把我送到妙智庵，剃了发。没吃药，可烧也退了，病也没了。哈哈哈！大家说说，我是得谢谢芋头呢还是得恨芋头一辈子？”

姚广孝把他出家的缘由说得这么妙趣横生，大家又都笑了起来。

匡愚说：“哈哈哈，这倒是真事，不过，你当了和尚才成了大官，这倒是我成就了你呀，你倒是真得谢谢我才是。”

众人附和匡愚，齐声说：“少师得谢谢匡大医师！”

姚广孝说：“芋头说得有道理，所以今天我请大家来聚会，就是当众谢谢芋头当年让我出家当了和尚这一恩德。君子报恩十年不迟。和尚报恩，四十年不晚吧！今天大家能在这条漂浮在大海的一条船上聚一聚，都是托芋头的福啊!”

众人附和：“托福芋头，浮海相聚！”

姚广孝和匡愚的玩笑开过，气氛和谐，宾主毫无芥蒂。

陈良绍说：“少师，我来介绍一下今天请来的客人。这位是陈以诚医师，苏州府嘉定人，下西洋医船院判。”

陈以诚说：“代理院判，是代理陈良绍院判的代理院判。”

姚广孝说：“认识，不但是医师，还是一位大画家，据说学富五车，是位博学大师。”

陈以诚说道：“少师过奖。”

陈良绍继续介绍：“这位是南京的张仕奇医师。在南京老门东开诊所，对老门东滚瓜烂熟，满剌加买卖街就是他设计建造的。苏门答腊买卖街也将由他设计建设。”

张仕奇站起来向少师行礼。

少师说：“老门东我也很熟。买卖成市，有买卖才能聚人气。凡是在我们设官厂的地方都要建买卖街，这个主意好！”

陈良绍又向少师介绍了南浔的沈舟、明州的洪涛、泉州的李海等。

少师问：“那位飞针的郁震怎么没来？还有位药师李铁庵呢？”

陈良绍说：“少师，郁震在爪哇办永乐医局，李铁庵落海后被渤泥渔民父女救起，被爪哇王子请去办永乐医局，编《爪哇药经》去了！”

少师说：“有机会一定要会一会飞针郁震、药师李铁庵！”

陈良绍最后说：“这位是马溜溜，我们在占城国救下来的尸头蛮。她是匡愚老弟背到船上来的，她就认了芋头为义父，跟着芋头学医。她听得懂番语，也顺便帮我们做通事。”

马溜溜红着脸向少师行礼，匡愚说：“快喊伯父，看你大伯给你啥见面礼！”

马溜溜便走到少师跟前脆脆地喊了声：“伯父好！小侄女祝伯父万安！”说着欠身再拜。

少师马上扶起马溜溜细细端详：“好漂亮的姑娘！这姑娘是我们汉人的血脉呀，英雄的后代。咱们芋头有福气啊！”说着便在身上口袋里到处摸索，想找一件物品作为礼物送给溜溜姑娘作见面礼。才想到身上这件衣服是上岸微服私访穿的，口袋里一无所有。少师便从手上取下一串五彩琉璃珠戴到了马溜溜的手上说：“无以为赠，就把皇上送我的这串五彩琉璃珠给我的侄女作个纪念吧！”

马溜溜看着匡愚，意思是问他能否收下，匡愚说：“溜溜，伯父送你的见面礼快快收下，谢谢伯父！”马溜溜便顺着匡愚的话向少师说：“谢谢伯父！”

陈以诚说：“哈哈，这可是无价之宝呀，溜溜姑娘可得好好珍藏！”

陈良绍还向少师介绍了陈小狗：“小狗是冒名顶替上了下西洋的船。开始哭哭啼啼，后来跟着李铁庵师傅学配药，现在已成一名药师了。”

少师说：“下西洋是开眼界的好机遇呀，冒名顶替倒让你捡了个大漏呀，小伙子，好好珍惜哟！”

陈小狗说：“一定遵从少师教诲！不过我这名字太土，恳请少师给我赐一个名字吧！”

少师说：“好啊，你从东洋过来，这里是西洋，东洋到西洋，就叫洋洋吧，如何？”

陈以诚说：“这名字好，洋洋大观，洋洋洒洒。太好了，快谢谢少师！”

陈小狗向少师下跪：“谢谢少师！”

少师说：“起来吧，陈洋洋！大家也聊了不少话题，肚子也饿了，开席吧！和尚请大家吃饭，大家知道的，素来素去，默不作声，一点不剩！”

大家把各自面前的茶具收起，刚刚从宝船上送来的每人一份的素斋用精编藤制食篮装着。藤篮分三层，第一层六碟素菜，分别是素鸡腿一只，藕粉素式狮子头一只，油闷冬笋一碟，香油拌香菇木耳一碟，清炒苏门时鲜金瓜一碟，清炒时鲜碧叶一碟。六只菜碟可以叠在一起，分成三碟相叠加盖装篮。第二层为香米饭一碗，素净包子二只，烤香芋六只。第三层是苏门答腊时鲜水果若干。少师关照，饭菜不够可以添加。吃完后，盆碟藤篮洗涤后各自带走。其实，这精美的藤篮和官窑烧制的瓷器是送给大家的一份礼品。

如少师所说，大家默不作声、一点不剩地吃完了这顿素斋，又高高兴兴地收到了一份礼品，少师想得周到。

吃好素斋，大家兴致不减，医师嘛，本都是饱学之士，大家便吟起了诗。少师拿出了笔墨纸张，供大家题诗作画。

又聊起了芋头的话题，陈以诚说：“刚才的烤香芋实在好吃，我在嘉定这么多年从来没吃到这么又香又糯的香芋。谁知道这芋头是哪里种的？”

匡愚知道陈以诚是意有所指，便说道：“你这书蠹头，亏你摆出个天下无所不知无所不晓的样子，连这香芋头都不知道是哪里种的！哈哈！我告诉你，这香芋头就是我们匡家种的，匡家香芋，天下第一，哈哈哈，馋死书蠹头！”

陈以诚好似突然想起来了，摇头晃脑地说：“司马迁曰：周武灭商，古匡亦亡，奔命四逃，流寓庐山，渊明种菊，老匡种芋，芋叶如荷，芋果入泥，秋来挖泥，煮食臭气，老匡询陶，菊黄有香，芋果何臭？陶授秘技，如此如此，老匡明理，果结香芋。哈哈哈，匡家种的香芋头其实是陶渊明那儿学来的哟！”

匡愚知道这是书蠹头在编故事，便不理他。

少师说：“陈大师倒真是知识渊博，我来为芋头作首诗，请陈大师画一幅画如何？”

“少师所命，以诚敢不从命。”陈以诚说。

少师略一思索，脱口吟道：

田田碧叶花不开，褐褐麻衣无孔窥。
芋泥绵绵白似玉，酥酥即化无穷妙。

又是一阵喝彩。姚广孝的诗把芋头写得惟妙惟肖，叶似荷叶，块茎褐皮白肉，食之如玉羹般美妙。就看陈以诚如何作画了，只见陈以诚略一思索，画了一幅荷叶包着的剥皮白芋艿，荷叶边上还有几颗待剥皮的毛芋艿。陈以诚画好，少师录诗于上，送给了匡愚收藏。

陈以诚说：“看来少师是偏心于芋头。大家个个有诗书画入账，只有我两手空空，白忙一场，太亏了。”

少师说：“哈哈，确实是亏了陈大师，那我就把随身常带的几支御赐笔墨和几张宣纸送给陈大师作润笔吧！”

陈以诚受宠若惊，大喜过望，连连道谢。

就这样，三桅船上灯火通明，少师和几位下西洋的医师们欢叙了一个通宵。

【第五十五回】

老乡同舟欢欢喜喜　少师释密正正经经

少师良绍同船返，笑语欢声叙友情。
重任在肩归国去，尚留秘密更惊心。

少师和众医师在苏门答腊港外海的三桅船上欢叙了一个通宵，天明方散，医师们各自上岸或回到各自的船上。

少师朝圣佛国的心愿已经完成，与郑大帅策划了两场征战，给锡兰和苏门答腊册封了新国王，还秘密约见了一批布在各国的密探，对永乐皇帝关心的海外大事已了如指掌。他不再随郑和远航天方了，他将带着陈良绍一起赶回国内去完成另一项秘密任务。陈良绍当然愿意陪着少师返程回国，但他并不清楚一路上将做些什么事。郑和派出了熟悉航路、经验丰富的吴香山的三桅船送少师回国，还有十几位武艺高强的保镖和仆从一路护卫少师的安全和起居。

陈良绍陪同少师回国是再好不过了。他们是同乡，是自小在一起的好友，一路上可叙叙旧，以免海途寂寞；陈良绍是医师，少师身体也不太好，正可以一路照应；更想顺道带上蔡缥缈和儿子海漂回国去。

但是姚广孝告诉陈良绍，这一次回程有特殊任务，行动秘密，时间紧迫，不能带家眷走。他已关照郑和及早接回蔡缥缈娘儿俩回国，嘱陈良绍放心好了。

是什么秘密特殊任务呢？姚广孝没有说，陈良绍也不便问。

帆举风顺，吴香山驾轻途熟，姚广孝一路上与陈良绍交谈甚欢。谈乡情，谈故旧，谈海外见闻，谈北京皇宫的建设。姚广孝问陈良绍，那位驾船的吴香山是苏州香山人吗？陈良绍告诉姚广孝，吴香山现在是琉球国人，父亲和祖父均是火长，祖籍是苏州香山，本是洞庭商人，洪武年间朱皇帝使三十六姓去琉球国，吴香山的祖父和父亲被人调包错配去了琉球，吴香山出生在琉球，起了个吴香山的名字，也算是怀国怀乡吧。

姚广孝说："说到香山，真是人才辈出啊，京城皇宫里就是靠香山帮的建筑大师在设计建造啊！那个蒯祥父子，了不起，心灵手巧着呢！还有我们老家陆墓烧的砖，敲起来咚咚作响，皇上叫它金砖，都运到皇宫里铺地呀。苏州织的缂丝为皇帝做龙袍呀。苏州的丝绸一送到宫里，皇后妃子们抢着看，争着要啊。"

陈良绍说："苏州阳澄湖里的大闸蟹才是顶顶好吃的东西呀，还有藏书羊肉、枫镇大肉面……"

姚广孝有点急了："搔搔呀，我可是大和尚！你可不能给我说猪肉羊肉禽畜荤腥的吃食呀！唉，我跟你说实话吧，搔搔，我到妙智庵当和尚其实是红焖圈子救了我的命。"

陈良绍问："什么红闷圈子？一种什么药？"

姚广孝说："哈哈，待我慢慢说给你听。妙智庵是个小庙，施主不多，住持普智和尚当时就只带了我这一个小和尚。他是一位随遇而安的开明和尚，晨昏烧香礼佛念经，吃饱肚子睡觉。可是在那个兵荒马乱的年代，要吃饱肚子也难啊。妙智庵中常有叫花子来借宿，普智师傅从来不会赶叫花子出门，其实我们那些当和尚的与叫花子也差不多，这样普智师父就与叫花子结成了朋友，叫花子没得吃的时候，普智师父便把施主的供品分一点给叫花子充饥，和尚没得吃的时候，叫花子便将讨来的馊饭剩菜分一口给庙里的和尚填肚子。肚子饿了，哪还讲素食荤腥，只要能入口的东西都吃。

"有一次，我和师父三天没进一粒米了，突然庙前的空场上飘来阵阵香味，那是真真的香味啊！比降真香、龙涎香还诱人的香味啊！我们从床上硬撑着去寻找香味传来的地方。只见一位老叫花子正在火堆里扒出几只黄泥巴，他等泥巴冷却后，便用讨饭棍来敲泥巴。这泥巴敲开不要紧，敲开泥巴后传出的香味更香得要命，诱得我和师父都直流哈喇子，只见老叫花子撕开用荷叶包着的透着香味的东西，撕了一块往嘴里送，一边嚼一边说，香是香得来，好吃是好吃得来。又撕了两小块，一块给我师父，一块给我，我和师父是饥不择食，就往嘴里塞，香是香得来，好吃是好吃得来，我们的感觉与叫花子是一样一样的。

“接着老叫花子又敲开了一只黄泥巴，又把那烤得香喷喷的东西分了两大块给我师父和我吃，终于填饱了我们三天没吃一粒米的肚子。

“我们知道老叫花子给我们吃的是肉，但不知道是什么如此好吃的肉，我们也不敢说破，从此免谈我们当和尚在寺庙里吃荤腥的戒律。

“只是后来那位叫花子告诉我们，这好吃的东西是从一处屠宰场捡拾的丢弃不要的几块猪身上的活物。什么活物呀？叫花子说是圈子，你们就当吃了泥巴红焖圈子好了。师父再三追问，老叫花子说了实话：猪的肛门。”

陈良绍说：“哈哈哈，这是猪身上最脏的部位了，看了也恶心。”

姚广孝说：“不过当时如果没有这两块猪肛门肉，我也活不到今天，而且自从吃了那两块猪肛门肉，哈哈，是吃了红焖圈子之后便再也不发烧了。这泥巴红焖圈子是我吃过的印象最深的一种食物了。菩萨佛祖慈悲，并没有因为我们破戒而怪罪我们。不过后来我正式受戒后就再也没有破过戒了。我现在到苏州只吃苏州的水八仙，水八仙知道吗？”

慈菇、茭白、菱角、莼菜、水芹、莲藕、荸荠、芡实。

两个人一起扳着手指头在说水八仙的名称。说到芡实时，姚广孝说是芡实，陈良绍偏要说是鸡头米。姚广孝说陈良绍是欺负他这和尚，把芡实说成鸡头米，要伸手来搔陈良绍的痒痒。陈良绍也不示弱，也伸手来搔姚广孝的痒痒。嘻嘻，就是鸡头米，像鸡头里装着的米粒。你说芡实苏州人不懂，你想吃也吃不到。

陈良绍忘掉了姚广孝是少师，是大官了。

陈良绍还说了常熟的鸭血糯，姚广孝偏说是黑糯米，不提鸭血两字。

陈良绍说：“鸭血糯的名称是朱皇帝定的，朱皇帝也当过和尚，皇帝都不忌讳鸭血，你这个和尚怎么倒忌讳起来啦！”

哈哈哈，有人说老乡见老乡两眼泪汪汪，不知为啥要泪汪汪，他们这两位老乡相见就是一路上嘻嘻哈哈。哭是泪汪汪，其实笑得很开心，也是泪汪汪呀。

姚广孝话题一转，问陈良绍是怎样认识黄大仙的。

陈良绍说："那是在苏州的时候，我病瘫了，两只脚不能落地，找到在贺九岭道观里的黄大仙，是他把我的腿治好了。我曾拜他为师，他还刨出他兄长黄大毛的尸骨叫我学捏骨推拿术。后来他却不辞而别，这一次竟在渤泥国不期而遇。"

姚广孝说："你们倒是有缘分呀！不过，你知道他是怎么来到渤泥国的吗？"

陈良绍说："不知道。"

姚广孝说："我来告诉你吧，这事你可不能向外张扬，这可是秘密啊。黄大仙可是我派他出来打听建文帝是不是逃到国外来的密探。"

陈良绍听了非常吃惊，说道："我与黄大仙这么要好，他可绝口没有向我透露过这事呀！"

姚广孝说："黄大仙是张士诚的军医，本来是我们大明的死对头，开始还怀着收复旧部，与大明作对的幻想，后来我们做了工作，他看到大明朝国基巩固，与大明作对已不可能。但他与反明的旧势力有千丝万缕的联系，有一些反明势力已潜入西洋各国，我们做通了他的工作，派他到海外来，秘密侦探建文帝的下落和反明势力在海外的动态，如果建文帝渡海来到西洋，这些反永乐皇帝的势力很可能会纠集到建文帝的麾下来。"

陈良绍说："早就传说郑大帅下西洋是带着寻找建文帝的任务，但从来没听郑大帅向大家布置如何寻找建文帝踪迹的事情。"

姚广孝说："假如建文帝逃到了海外，也是秘密行动的，大张旗鼓地寻找，既不可能，也无效果。你想啊，郑和下西洋接触的都是各国国王大臣，郑和下西洋宣扬了国威，看到我们浩浩荡荡的船队，又得到了大明国丰厚的赏赐，建文帝真的逃到这些国家还与这些国王大臣联系吗？只有在民间寻访才有效果。我们在西洋各国像黄大仙这样的密探可不是一个啊。我这次随郑和下西洋一是要了却朝圣佛国的心愿，二是要确证建文帝并没有渡海到西洋的实情，从各处密探报来的信息，已排除了建文帝逃到西洋来的可能性。

"从国内的另一条途径，我们已探得建文帝的踪迹。我这次与你回国，就是要去见见建文帝，所以我们不能前去渤泥国接你的妻子蔡缥缈和儿子陈海漂了，希望老弟能够原谅。”

陈良绍听得姚广孝的一番话，惊得张大了嘴。

陈良绍问：“我们去哪见建文帝呢？”

姚广孝说道：“天机不可泄露，到时候你就知道了。”

吴香山驾驶的三桅船在印度洋上航行，一直向东，向着太阳升起的方向前行，日夜兼程。

印度洋海上的白天太阳直晒，姚广孝和陈良绍只得在船舱中的阴凉处歇着聊天，每当晚上，甲板上倒是海风习习，星空灿烂。他们便到甲板上来纳凉。

姚广孝和陈良绍无话不谈。

看着一望无际的大海，他们想到了古人吟颂大海的诗，姚广孝毫无顾忌地大胆评说道，唐代张九龄的《望月怀远》的首联“海上生明月，天涯共此时”还有点诗意，后面的六句“情人怨遥夜，竟夕起相思。灭烛怜光满，披衣觉露滋。不堪盈手赠，还寝梦佳期”就是自说自话了，想不到这张九龄还是个多情种子，不知在怀念什么情人呢。

姚广孝又说曹操的《观沧海》，说曹操和一大批吟诵大海的诗人不过都是站在岸上瞎掰，至于唐代那位少年诗人王勃《送杜少府之任蜀川》中的“海内存知己，天涯若比邻”的说法也只是一种想象，他的父亲在交趾当官，他能知道大海有多辽阔？乘了一会小船，竟被海浪吞没，可惜了这少年才俊。

陈良绍说，古人不可能像我们这样深入大海，在大海大洋中来观察海洋，不能不说他们写出的关于大海的诗句会显得浮浅，不够真实，虽有所寄托，也只是一种幻想，不够精彩。不如我们也来写两首海诗，或许可以流传后世，成为绝唱呢。

姚广孝说：“好，搔搔倒是难得如此豪放，那我们就来吟两首。”姚广孝见一轮明月正欲而出，随口吟道：

海浪涛涛欲拍天，一轮跃跃浪吞银。
拼将老命涨红脸，跃上天界海大明。

陈良绍喊道：“天僖呀，这首诗形象生动，气势磅礴，大海大明，大明大海，寓意深刻，一定会传诸后世的，没有你这海洋般博大的胸怀是写不出来的。”

姚广孝哈哈大笑：“见笑，见笑！”

陈良绍问道：“据传当年永乐皇帝从燕京起兵之时，突起狂风暴雨，燕王府的檐瓦吹落在地。有人认为是不祥之兆，因此永乐皇帝对起兵南下犹豫不决。你却鼓动永乐帝说：‘这是吉兆啊！自古飞龙在天，必有风雨相从。王府的青瓦堕地，预示着殿下要用上皇帝的黄瓦了。’有你的鼓动，靖难才能成功，这是靖难首功啊！有这事吧？”

姚广孝哈哈一笑，不置可否，却鼓动陈良绍说：“搔搔，你也是风流才子，何不也来一番？”

陈良绍说：“我可没有少师这样大的胸怀，在少师面前可不敢放肆。吟首打油诗，给少师一哂。”

卧海夜观天，坠星浮身边。
伸手捞不到，入梦怀里明。

姚广孝鼓掌叫好：“实景实话，‘入梦怀里明’，又给人遐想，好！”

三桅船到了满剌加，他们曾在那里驻留过，就不再上岸了。过满剌加就是南洋了，三桅船逆风向北行驶，到了占城新洲港加水添柴，采办新鲜蔬菜水果。姚广孝不想上岸，陈良绍陪着姚广孝讲占城国救护尸头蛮马溜溜的故事。

陈良绍说：“元代汪大渊撰的《岛夷志略》中把尸头蛮讲得可怕至极，说什么‘其尸头蛮女子害人，故民多庙事而血祭之，蛮亦父母胎生，与女子不异，特眼中无瞳人，遇夜则飞头食人粪尖。头飞去，若人以纸或布掩其项，则头归不接而死。凡人居其地，大便后必用水净浣，否则蛮食其粪，即逐臭与人同睡。倘有所犯，则肠肚皆为所食，精神尽为所夺而死矣’。马溜溜这个女孩就是作为尸头蛮被绑在庙前准备血祭的。如非我等亲眼所见，诊断为高烧昏迷，并将她救护到医船上医治好，马溜溜就会像所有的所谓尸头蛮一样被血祭而死于非命。因为这事与占城人还闹了一场纠纷，在郑大帅的协助下处理得很成功，让占城人从此不再处死所谓的尸头蛮了。”

姚广孝说：“所谓海外仙谈，有些是实地考察所记，有些是传来传去的鬼话胡言，看来下西洋既让我们的海员认识了外面的世界，也让外面的世界认识了大明帝国，好啊！这一趟西洋行，也让我开了眼界啦！”

吴香山的三桅船在占城国新洲加了淡水添了柴草蔬菜水果，顺风向东北方向行驶，绕行于万里石塘、石星石塘的岛礁，从台湾岛和吕宋岛之间穿过，转向直北，忽见白燕大如鸥，绕樯而飞，遥见一岛雄峙海中，形如笔架，便是钓鱼岛了。吴香山说这钓鱼岛用闽南语发音称为“好鱼须”。“钓鱼屿”是钓鱼岛群岛中最大的一个，群岛一共有八个，分别为钓鱼屿、北小岛、南小岛、赤尾屿、黄尾屿、北屿、南屿以及飞屿。

吴香山对少师和陈良绍说：“少师大人、陈医师，这地方就是钓鱼岛。大明太祖皇帝选调泉州三十六姓到琉球的中途站就是钓鱼岛，我们家有一册太祖父亲自描绘的《顺风相送》航海图，上标着‘由闽安镇出五虎门，取鸡笼头，经花瓶屿、彭家山、钓鱼屿、黄尾屿、赤尾屿，取姑米山、马齿岛，入琉球那霸港’。这里还有四站海路就到五虎门了，要不要到岛上去钓鱼？据说这是神仙常来钓鱼的地方，仙人只用直钩子钓鱼，也不用鱼饵，愿者上钩。钓上来的都是金龙鱼、银龙鱼。仙人们也不吃鱼，把钓上来的金龙鱼、银龙鱼送给西海王母娘娘养到西海中，给西海王母娘娘观赏。”

少师说：“哈哈哈，仙人也学姜太公直钩钓鱼！”

陈良绍说：“是姜太公学仙人直钩钓鱼吧！”

姚广孝说：“不管谁学谁了，我们也没闲工夫钓鱼。停船，到岛上散散步去，看看风景倒不错。”

陈良绍说：“听李铁庵药师讲，钓鱼屿盛产海芙蓉，别名石苁蓉、乌芙蓉，是功能强劲的补血药。药工常说采得钓鱼岛海芙蓉一束，胜得金银满车。我今天就上钓鱼岛去采点海芙蓉回去，调制膏滋，给少师补补身体。”

姚广孝说：“好啊好啊！补他个长命百岁，最好是补得返老还童，长生不老！”

陈良绍朝姚广孝一揖：“恭祝少师千岁千岁千千岁！”

哈哈哈，哈哈哈！笑声在钓鱼岛上回荡！

陈良绍在钓鱼岛采割了一大捆海芙蓉，姚广孝在钓鱼岛的大石头底下压了几十枚永乐通宝作为纪念。

正是夏天，姚广孝和陈良绍每天清晨和傍晚甚至晚饭后都要到甲板上来欣赏大海的美景。

清晨，航向东南，甲板上的清风吹散船舱里的暑气，在月亮和太阳交接的一瞬，海天间顿时混沌一片，如入创世之初。瞬间，太阳跃出海平面，霞光万道，红艳纯净，大海如沸，一会儿又云蒸霞蔚，缤纷五彩，变幻万端。突然间，海风吹散云霞，晴空万里，太阳光辉夺目，宇空朗朗，海浪涛涛，姚广孝、陈良绍一遍遍地观看海上旭日东升，即将结束海上之行时，他们突然更觉新鲜。双双闭上眼睛，凝神思虑，一切景象如幻如梦，如雾如霰，如光如电，看不到海天，听不见浪击，觉不出船摇，思与神接，心中诵起《般若波罗蜜多心经》。

似乎一下子豁然开通了，看这海上旭日东升的变幻，如同念千百遍《心经》，而再诵《心经》时，又如同看到了海上旭日东升的场景。姚广孝念了数千遍《心经》，旭日东升给他的观感使他对《心经》又有了新的升华。陈良绍虽不是僧人，但多日来受姚广孝开示，对《心经》也颇有感悟。

海上的落日晚霞真美，白皙耀眼的太阳在这时变得红艳可亲，于是便有云彩围绕着它展示变幻的模样，如万马奔腾，如蓬莱仙境，如瀛崖海槎，有仙人弈棋，有仙女舞蹈，有万鸟归林，有凤凰振翅，有神兽奔逐。凡世间所有者，它都给你演绎展示。凡世间所无者，它也给你变幻炫耀。它给云朵染色，或银光闪耀，或金黄橙明，或红霞艳丽，终成紫色近墨。在太阳落入海平面后，它依然要把海水煮沸，渐渐地凉爽全身，安然落在扶桑枝头入睡。

入夜，没有月光的夜晚，天黑如漆，挤挤挨挨大大小小的星星是嵌在漆板上的粒粒珍珠，伸手似可摘得，真想摘一粒尝尝星星的味道，可是当你伸手去采它时，它却又是那么高不可攀，远不可得。如果是月明星稀之夜，晶圆明亮大如玉盘的月亮是天上的公主，众星如闪烁的鬼火，便避得远远的。月亮把银光映在海面上，海似乎不想让月光打扰它的睡眠，用海浪把月光撕成碎片，抛向浪尖，掷入浪底，掷成万千碎片，却永远抛不掉灭不熄。

【第五十六回】

五虎门密会千户长　陈良绍临时当幕僚

五虎门威闽水阔，罗星塔耸德恩长。
少师微服访要塞，海防坚强思虎将。

那一日，吴香山驾驶三桅船锚泊在钓鱼岛的港湾里，姚广孝和陈良绍上了岛，吴香山陪着陈良绍翻过一个山头，到一处海滩上采了一大捆海芙蓉，由吴香山背回了船上，准备空了后再将它制成药。姚广孝则在岛上信步走走，寻找岛上的遗迹他在一处残垣断壁间摩挲着一块残缺的古碑，见石碑上依稀有仙人钓鱼、徐福寻药之类文字，便掏空口袋，摸出几十枚永乐通宝压在了残碑底下，突然诗兴大发，一口气吟颂了四首诗：

老年步履犹非昔，破帽遮头谁识得。
不问海礁与荒岛，杖藜到处寻陈迹。

至今断墙遗涧阿，松扉昼掩萦烟萝。
水流涓涓水乐奏，山木黯黯山禽歌。

渔民舟子偶尔到，石径云断老僧过。
有碑千年字漫灭，忍使老眼空摩挲。

仙人去久不钓鱼，唯听艄公传戏语。
古往今来一笑间，不用悲歌泪如雨。

等大家都上了船，吴香山便扯上帆，星夜兼程，全速直向福建长乐五虎门驶去。

当旭日初升，姚广孝和陈良绍已早早地站到了船头，远远地看到闽江入江口那边的罗星山了。罗星山上有座高高的罗星塔，罗星塔是指引海船回归的路标。罗星塔是宋代所建，某年，长乐几条渔船出海打鱼，他们在远海遇到鱼群，满载而归，却在回港时遇到大雾，一时迷失方向，渔船触礁，渔民落海身亡，柳七娘的女子，她的丈夫也在这帮渔民之中。柳七娘怀着无限悲伤，天天站在罗星山山顶盼望着丈夫归来，流干了眼泪也没盼到丈夫，于是她发愿要建一座灯塔，指引海船归航。她变卖家财，四处乞讨，凑足银两，由长乐宁德雪峰寺方丈住持建起了七层八角，高十丈，塔座直径三丈的罗星石塔。塔的檐角上镇有八佛，角下悬铃铎，海风吹来，叮当作响。晚上点上防风灯，白天黑夜，远远地就能看到，指引着海船归航。陈良绍随郑和的船队来到长乐五虎门，听了柳七娘的故事，为柳七娘的义举所感动，不禁俯身揖拜，口占一首曰：

高塔引航海路平，柳氏义举传嘉名。
舵楼风细听铃雨，月近家园渐觉明。

陈良绍对姚广孝说道：“柳七娘靠一己之力建塔引航，为渔民船民指引，功德无量啊，如同妈祖再世。落海的人能生还流落海岛时，前人在海岛上留存的星星点点的遗物都是救命之物，因此心存感激之情。特别希望郑大帅能在沿途海岛上建造一些遮风避雨之所，以备落海者不时之需。”

姚广孝说：“此议甚好，我很赞成，还是你曾落海到荒岛求生有深切体会，我要向郑和建议，这钓鱼岛和所有下西洋的无人岛上都应建土地庙或妈祖庙，开凿水井，存放盐巴，存留火种，为以后来岛上避风躲雨求生的渔民和船民提供方便。”

陈良绍说：“少师能体恤渔民船民，为他们发话，那是做大好事啦！”

吴香山驾驶的三桅船绕过罗星塔，向北就到了五虎门。

五虎门位于长乐闽江入海口，闽江是福建最大河流，发源于福建、江西交界的建宁均口。建溪、富屯溪、沙溪三大支流在南平市附近汇合后称闽江。穿过沿海山脉至福州南台岛分南北两支，至罗星塔复合为一，折向东北流出琅歧岛注入东海。这里有四十里的海岸线，姚广孝和陈良绍坐在甲板上，兴致勃勃地一路上欣赏宁静的沙滩、嶙峋的怪石、遍布的岩洞和被浪花咬得百孔千疮的礁石。有一处海礁石叫石锣石鼓。海浪冲击，石锣锵锵、石鼓嘭嘭。闽江口“双龟把口”“五虎守门”“金鸡报晓”“白猴镇江”，这些鬼斧神工天造地设的海礁，形神兼备，这些巨大的礁石雄踞在出海口，如同巨大的屏风，挡住狂风，阻断潮涌，在五虎门里形成一处天然的避风港，为前来避险的渔船和商舟提供庇护，也为从刘家港等地过来的下西洋船队在此编组、操练，等待扬帆起航的季风，起锚开洋。

郑和率领二万七千余人，二百艘船队从这里开洋前都要到附近岛上的妈祖庙应显宫去祭拜妈祖。对这些，陈良绍记忆犹新。特别是陈良绍这次落海后，蔡缥缈凭着一尊妈祖神像，浮海生存，让他更坚信了妈祖神灵的功德。

这一次，少师带着他来到五虎门，当然也要去朝拜妈祖庙，献香拜祭。在陈良绍拜祭妈祖的时候，姚广孝说他有一桩公务在身，需要去视察长乐的千户所。千户所者，明代的卫所也。千户为一所长官，驻扎在重要府州，统兵一千一百二十人，分为十个百户所，分别驻扎，百户长也管辖设于关津、要寨、通商口岸的巡检司，一个地方的百户长和巡检司统由千户长统领。这是姚广孝的一桩公务，本来陈良绍随行纯属私人性质，对郑和来说是为了照应少师的身体和生活起居，陈良绍如果随行去巡察千户所多有不便，姚广孝为了公务方便，临时聘任陈良绍为随行幕僚，行使书记之职。

陈良绍做个随行书记当然是称职的。且看陈良绍的笔录：

少师宣旨，众官兵跪接。

“奉天承运，大明永乐皇帝宣曰：福建一路，山海相接，地处险要，民多凶顽，五方杂处，长乐更守海门，着千户百户坚守要津，严密查访，据密报近来宁德、福宁一地多有异情，据实将探得的军情、政情、社况写成密札，报于少师带来京城。钦此。”

千户长及百户长一众官兵三呼万岁。

千户长蔡密率一众呈上密札计三十一封。

少师训话曰：“永乐皇帝承继大位以来，海宇清明，万邦归顺，民富国强，然有肖小蠢蠢，永乐皇帝特别关注宁德福宁一带异情，所谓异情，不可枉加猜测，更不可大肆宣扬，望各自谨遵职守，不懈不怠，既要掌握动态，也不贸然行事，听命上方，泰然处之。我这次来长乐，是受永乐皇帝密旨暗察，各位切切保密，不要惊动地方，若走漏风声，军法从事。切切。”

千户长蔡密等一众诺诺。

千户长蔡密汇报在福宁、宁德一带的巡检司由四处增设为十六处。它们分别为柘洋巡检司、芦门巡检司、大筼筜巡检司、清湾巡检司、高罗巡检司、延亭巡检司；蒋洋巡检司、小澜巡检司、小澳巡检司、库溪巡检司、蓝田巡检司、西白巡检司等等。

少师训曰：“巡检司所设在于把控关津要道，各处所设重在打击走私，缉捕盗贼，归当地县衙管辖。而宁德、福宁情况特殊，所设特多特密，归千户所百户长管辖。除缉捕盗贼的队之外，要特别重视稽查往来行人，包括官员僧众人等，一律登记造册，密封上报。若有异动，加急处置，切切谨记。”

千户长蔡密等一众诺诺。

少师又密会了福宁、宁德、武平、镇海的千户长，听取敌情社况，详情见各千户长所呈密折。

姚广孝查看了陈良绍的记录，详而不繁，约而不漏，盛赞陈良绍记录功夫绝佳，临时幕僚当得好。

姚广孝说：“搔搔，回到苏州安顿好家中后，你就跟我到京城去吧，别再当郎中了，就跟着我做幕僚吧！”

陈良绍说：“嘻嘻，谢谢你的盛情，我是无意间卷入政事，总觉得战战兢兢，还是当个郎中快意，再说了郎中是为万民除病痛，我不是当幕僚的料，还是饶了我吧！”

少师说：“搔搔，你倒是很清高。既然不愿当好和尚的好走狗，也罢，我不能勉强你，但是这一路还有一些事，还得麻烦你当几天少师的走狗，哈哈哈！”

陈良绍说：“上了你的官船（本想说贼船，没有说出口），本想享两天官福的，却依然是忙忙碌碌、颠颠簸簸。我见到的官一出门就是八抬大轿子，前呼后拥，鸣锣开道，还扛着肃静回避的大牌子，只有你这位一品和尚，披着袈裟，拄着法杖，像个化缘的一样。”

少师说：“我若坐进轿子，你也只能在轿子后面跟着，咱俩就变得生分起来了，还是让我这和尚陪着郎中一起走走吧！听了汇报，作了训示，下面我们去一处兵营——镇海卫所走走看看吧。”

镇海卫所在漳州府，他们坐上了吴香山的三桅船从长乐卫所向南，绕过福州、泉州，到了漳州，傍上镇海卫城的码头。镇海卫城建在突兀于南海之中的半岛上，与威海卫、济南卫、天津卫并称大明四大卫城，从南到北扼守中国的海上大门。

镇海卫的管辖地域十分广阔，南到汕头，北至马尾，有着漫长的海岸线，设卫指挥使司和前、后、中、左、右五个千户所于卫城内，辖六鳌、铜山、悬钟三个守御千户所，及巡检司、烽堠、把截所、巡哨、望口等无数个海防要塞，筑有约十万丈的卫所城墙，驻扎官兵五千三百名，形成海上的铜墙铁壁。

卫城观海是镇海卫位于南太武山麓、鸿江之滨，城墙全部用石头砌就，依山临海，如出水蛟龙，其有女墙一千六百六十个，窝铺二十个，垛口七百二十个，开东西南北四门和水门，门各有楼，城门两重，进入第一道城门后，两侧又各筑一道半月形城墙，俗称月眉城。登楼俯视，城下陡绝，以海为壕，易守难攻，固若金汤。

“卫城观海”指站在卫城东西南北的城楼上不但是放哨的绝佳位置，也是观赏海景的绝佳位置。镇海角两边是两个月牙形的天然海湾，金黄色的沙滩加上湛蓝的海水，养目骋怀，风景绝佳。渔船商船战船各自排列，云集而有序，若有倭寇的船进犯也一目了然，哨所瞭望绝佳。

卫城有“七星落地”说。所谓七星，指城内后山、鼓山、曜山、昭山、仓山，城外酿酒的桶头山和土地公山，状似七星散落，合称七星落地。山各有奇石怪洞古树寺观。军营和民居间建有各式祠、庙、亭、碑、坊，有观音寺、东岳庙、城隍庙、夫子庙、关帝庙等，水门右侧柳树下有“飞蛾洞”，据说是四通八达的地洞群。卫城内除了驻军，更多的是民众，卫所的士兵都是世袭的，叫军户，每家一个男人当兵，享有一定的免徭役的特权，军户在卫所城内城外垦田，平时耕种，战时打仗。海水不能饮，有淡水才能活，卫城内到处是井，据说共有99口井，分布于石径路边、榕树之下、庭院之中。

在镇海卫城南部，又有陆鳌、铜山、悬钟三座卫城。它们如四个严阵以待的巨人，由北而南守护着海防前线。

陆鳌千户所卫城城墙依山势起伏筑于岩石上，以花岗岩条石砌成。陆鳌卫城状如“巨鳌载岳”，因而命名为陆鳌城。城周长550丈，宽1丈，高2丈，女墙865垛，窝铺15个。设官军1898名。

铜山千户所城，临海砌石，环山筑城，逶迤环绕，方圆551丈，宽1丈，女墙855垛，窝铺16个，高2.1丈。城置东南西北四门，一面靠山，三面临海，宛如“沧海悬珠”。

悬钟千户所城，也是背靠大山，环海为壕。周长550丈，砌以条石，宽1丈、高2丈，女墙861垛，窝铺15个。有士兵1168名。悬东门、南门均有瓮城，东西长13.2丈，南北宽8.8丈，城门系石拱门，顶宽2.45丈，厚1.7米，高2.5丈。

除了在海岸线上建有卫城、巡司等陆地防线，还在海上设立了以水寨为核心的海上防线，水寨是海防体系中的第一道防线，据守着大江大河的出海口，是陆地的海上屏障。水寨泊有兵船，驻有一定数量的水军，海陆防线之间彼此联系，相互应援。

陆鳌、铜山、悬钟三座千户所卫城及水寨皆属镇海卫管辖。在镇海卫城，少师和陈良绍听取了卫城的武略将军的汇报，少师不想惊动众多官兵，只是登上城楼居高临下地检阅了卫所水军的海上作战演习。少师也拒绝了卫所武略将军的宴请，只是和陈良绍在卫所内的观音寺中吃了素斋。

回到吴香山的三桅船上，姚广孝对陈良绍说：“这些卫城卫所水寨的建立，不能忘记一个人的功劳，他就是江夏侯周德兴。周德兴濠州钟离人，明太祖的同乡，淮西二十四将之一，大明开国名将。元至正十三年（1353）六月，随太祖皇帝起兵，身经百战，参与了平定陈友谅、张士诚的战斗，累立战功。

明洪武三年（1370）封为江夏侯。洪武五年（1372）元月，征战平定西南。洪武二十年（1387）经略福建，以福、兴、漳、泉四府民户三丁取一，征得民兵十万余人，经过周德兴的规划，漳州府、福州府、兴化府、泉州府兴建诸巡检司，拨民兵防守，分隶于各卫所，以互相策应。在军事要地、沿海地区，筑铜山城等十六座，设置巡司四十五个，修建了镇海卫等五卫，其后又建立了武平卫所，还在海上设立了以水寨为核心的海上防线。我这次来实地考察，亲眼所见，这些军事设施确实宏伟，可以称作海上长城，与北方的陆上长城有一比啊！回想洪武之初，倭寇出没海岛，乘间剽掠，沿海居民患苦。彼时，还有割据于闽浙的方国珍、陈友定等武装集团的余部出没海中，与倭寇勾结，屡屡伺机内犯。没有江夏侯周德兴如此周密的布防构建，海防焉得安宁？”

陈良绍说：“在我眼里只看到山、海、城的宏伟秀丽，民风淳朴，也不知道江夏侯周德兴，看来少师不只是一位和尚，只知道念阿弥陀佛，还是位军事专家、历史学家呀，难怪永乐皇帝要封你为少师呢！”

姚广孝说：“搔搔啊！不在其位，不谋其政。你是医家，医术精湛是你的本分，我入了佛门，又为皇家所用，也当尽我所能了。我在其位，就当谋其政，不能尸位素餐呀。”

姚广孝对周德兴的功绩十分赞赏。周德兴与文官不一样，他是不用文章朝圣王，全凭武艺见君王。对周德兴因儿子周骥宫中作乱连坐致死十分惋惜。他说：“这次回京，我要面陈永乐帝，功是周德兴所立，罪是周德兴儿子所为，儿子的罪过虽可说是周德兴教育不力，但不是周德兴所为，且更要考虑周德兴长期在外为大明征战和守边，没时间教育儿子，把他儿子的罪加在周德兴的头上，因儿子的罪而牵连一位为国建功立业的武将赴死实属不当。我将建议为江夏侯重申功罪，平反冤案，立祠建庙，褒奖其功。”

陈良绍说：“嘻嘻啊，还是和尚心善，平反一人，胜造七级浮屠啊!”

【第五十七回】

洁庵遥指支提寺　良绍古庙看武戏

大帽山藏古佛寺，巍峨庄肃檀香迷。
少师追缉建文帝，和尚遥瞻古刹西。

姚广孝说：“我还要见几个人，你还是当我的幕僚，作记录。”

陈良绍说：“是临时幕僚！”

姚广孝说：“好好好，临时幕僚！这一次我们要爬爬山了，去雪峰寺，见见洁庵和尚！”

说起洁庵和尚，姚广孝说：“洁庵和尚俗名正映，字澄渊，是江西抚州金溪洪姓人家的孩子。从小就不食荤腥，到宁德三峰寺出家当了小沙弥。曾于洪武二十九年（1396）应召赴考得度到灵谷寺当和尚，我是在洪武八年（1375）就应召到礼部应试得度的，他只能算是我的同门师弟了。洁庵禅师后来受命前往泉州开元寺当住持，不久便离开泉州来到雪峰寺当住持，算来是雪峰寺的第六十七代传人了，却与逃到闽南来的建文帝搭上了关系。”

陈良绍说：“嘻嘻，大明朝是和尚打下的江山，巩固大明江山当然也要你们这些和尚帮忙了。听说当年是你向燕王说了句他若带上你，你将送给他一顶白帽子的话，才被燕王带到燕京去的。几年后在你的谋划下，燕王真的戴上了白帽子，王成了皇帝了。有这事吗？”

姚广孝只哈哈一笑，不置可否地说：“搔搔，这话可不能乱传啊！永乐皇帝可是凭他的雄才大略、文功武备才当上皇帝的。广孝我只是敲敲边鼓的角色哟！”

姚广孝和陈良绍一路说说笑笑，倒也毫无顾忌。

雪峰寺在闽南的大帽山中。姚广孝一身和尚的行头：一顶僧帽、一袭赭色袈裟、一双布袜芒鞋。天气炎热，他将僧帽摘了塞在背上的行囊里。光亮的秃头上闪着几颗晶亮的汗珠。他提着锡杖，权当登山杖，踽踽而行。陈良绍书生打扮，一身皂衣，头戴笠帽，背着简单的行装，跟在姚广孝的身后，亦步亦趋，缓缓向雪峰寺走去。

正是八月初秋，太阳尚未露脸，峰巅紫雾祥云盘绕，山间礁石嶙峋，流水潺潺，道旁大树参天，藤蔓纠缠，杂树丛生，鲜花点缀。一路行来，倒也神清气爽。

姚广孝和陈良绍一路观景，一路说笑，已来到了山腰间的雪峰寺。

只见殿阁建筑主次相依、檐楹相摩、高低错落、层层递升，东西两边有相互对称的钟楼、鼓楼，另有地藏王殿、祖师殿等廊庑配殿相毗连。殿前如来七塔高低散落，有一泓清澈的山泉注入的放生池边耸立着高大的枫香、云松和菩提树，曼陀罗花鲜艳开放，金桂银桂丹桂飘香。

姚广孝想，这洁庵大和尚果然是神通广大，把个曾经颓废残败的晋代古刹修复得如此恢宏。果真是千古江山留胜迹，一林风月伴高僧。然而如此热闹的寺院，朱允炆怎可在此藏身？姚广孝不禁有点迷惑。

但是不管如何，建文帝朱允炆南逃的所有相关的情报都指向了闽南这座雪峰寺，还是见了洁庵和尚再说。

姚广孝带着陈良绍直奔后院洁庵大和尚的禅房。不等洁庵和尚发话，姚广孝坐定上位，吩咐陈良绍铺纸研墨记录。洁庵明白道衍的身份，知道来者不善，屏退禅房中的所有堂客，谦恭地站在了道衍的对面。

姚广孝说道：“洁庵，我是道衍，前来拜访。”

洁庵下跪：“师傅在上，请受徒弟一拜！”

姚广孝正色道：“起来就坐吧。你还记得我们曾在南京灵谷寺和北京庆寿寺见过面，谢谢你尊我为师傅。我这次来是受永乐皇帝之命前来找你谈话，谈话的内容将由我的幕僚记录在案，希望你实话实说。”

洁庵就坐，点头。

姚广孝问：“洁庵，你知罪吗？”

洁庵不语。

姚广孝说：“我刚随郑和下了趟西洋，在郑和的帅船上我们交谈甚洽。我出京前见了被关在牢里的溥洽大和尚。他被关在牢里已经很久了，我与他作了长谈，溥洽把他协助建文帝南逃的事情一五一十地给我说清楚了，我已恳请永乐皇帝赦免溥洽大和尚，永乐皇帝已恩准我之所请。溥洽是建文帝的主录僧，又受先主所托，臣忠于君，理所当然。如今永乐皇帝已坐稳了江山，大明江山依然是朱家天下，建文帝既然已抛弃了江山，天无二日，国无二君，旧臣就没有必要再墨守成规，当以天下安定、百姓安宁为依归。”

洁庵略有所思，依然不语。

姚广孝继续说：“刚才我与幕僚参谒了你修建的雪峰寺，巍峨庄严，实为佛家增光添彩，当为巩固大明江山教化僧众，切不可乱了佛心，动乱国基，切勿不可为而为之，请洁庵三思。”

洁庵点头不语。

姚广孝继续说：“此处人潮涌动，人员繁杂，朱允炆不会在此躲避，你告诉我朱允炆当下藏身之所，我要见他一面，转达永乐皇帝对侄儿的一番劝导，安排好他的后续之事。永乐皇帝要寻找他，并不是要置他于死地，而是要他识时务，为朱家江山做长远考虑，也为他的善终做出安排。”

洁庵略有所动。

姚广孝说：“对你，我们一定会既往不咎。你也不必多说，我们早就了如指掌。只要你说出朱允炆当下所在，我也就不难为你了。”

洁庵只说了三个字：“支提寺！”说完便放声大哭起来。

姚广孝冷冷地说：“洁庵，你痛痛快快地哭一番吧，把对旧主的恩德、思念、追随的辛劳都随着你的眼泪一起流尽，建文王朝已成旧事，永乐王朝已光照日月，我们将去见一见朱允炆，劝他一劝，给他安排一个完美的结局。但我要特别叮嘱你，千万不得走漏我们的消息。”

说完姚广孝也不与洁庵道别，就和陈良绍离开了雪峰寺。洁庵瘫坐在那里，依然嘤嘤低泣。

天色已晚，退回到五虎门船上过夜已不可能，他们必须找一处就近的地方安息。

他们向着支提寺的方向前进。翻过一座山头，天已经黑了下来，看到不远处有一星灯光，他们朝着灯光走去。

这是一座破败的古庙，里面住着一位老和尚和几位小和尚，姚广孝和老和尚打过招呼，老和尚便安排他们在偏房住下。

一路爬山，走得累了，小和尚给他们打来热水泡脚，姚广孝显出疲惫之态。

陈良绍说："嘻嘻，官老爷本来出门是要乘轿子的，现在微服私访，看把你累的样子，你躺下，我来给你捏捏脚吧。"

姚广孝说："哈哈，搔搔，你倒真适宜做我的幕僚。真累了！好好帮我捏一捏吧，让我好好睡一觉。等到半夜，还有一场好戏看呢！"

陈良绍不懂半夜的好戏是啥玩意儿，但却施出了从黄大仙那里学来的捏骨术，轻揉重捏，捏得姚广孝一会说舒服，一会哇哇叫着说酸得不得了。

陈良绍说："嘻嘻，这轻轻的揉是为让你酸得咧嘴作准备的。只有这捏到酸处才是真本事。点准了穴位，你一咧大嘴，身体里因劳累积聚的污秽之气才会从你的嘴里吐出，嘴里吐出秽气，才会把自然中的真气吸纳进来，你的元气才能恢复。"

姚广孝说："搔搔，我知道，你是从黄大仙那里得到真传了。好啊，你帮我好好捏一捏吧。让我吐尽秽气，吸入真气吧！"

姚广孝在陈良绍的揉捏之下，一会儿便鼾声如雷了。

陈良绍却睡不着。他作为一位儒医，听到的是病人的呻吟，看到的是病家的期盼，欣慰的是病人的恢复，痛苦的是诊治的无奈。这次与广孝老友随行，无意间却得知了宫廷的争斗和权变，政界的奸诈和计谋，既让他好奇也让他惊心。姚广孝说半夜里会有一场好戏，他不明白，也有点期待，倒想看看是怎样的一出好戏。

已是夜半时分，他走出偏房，躲到一株老树边静待好戏的演出，秋凉如水，秋虫如泣，星空灿烂，夜色迷蒙。

突然，一阵窸窣，从院墙上翻进三十六位黑衣男子，手持刀剑，直奔他们住的偏房而去，这让他惊出了一身冷汗，这不是针对着少师和他而来吗？他正想大喊一声，让少师起来躲避，说时迟，那时快，还没等他喊出声来，已经从大殿里冲出来三十六位持铁棒的和尚，一对一，刀棒相接，寒光闪烁，乒乒乓乓。一开始，和尚们且战且退，陈良绍看出和尚们是想把黑衣人从他们住的偏房那边引开，两方纠缠了多时。和尚们转了一个方向，一排儿护住了偏房。黑衣方似乎成了进攻方，一心想攻进屋去。和尚们只是挡在屋外，不让黑衣人靠近偏房。

黑衣人攻不进偏房，便且战且退，两方退到殿前厮杀。正在双方杀得难分难解时，又从围墙外跳进来六个黑衣人，直接跃上偏房的屋顶揭瓦，原来这群黑衣人意在把护住偏房的和尚们引开。在这紧要时刻，只见得嗖嗖嗖的一道道寒光向屋顶上的六位黑衣汉子闪去，屋顶上的黑衣汉子已应声一个个从屋顶滚到地面，动弹不得。黑衣人见计谋不成，便有了退意，这时候从大殿里又拥出了一帮持刀带棒的和尚前来助阵，把这群黑衣人围在中间，一连砍杀了三十五个黑衣人，有一个黑衣人跳出包围圈逃了。和尚正待追赶时，老和尚出现了，说道："徒弟们，手下留情，放一个活口，让他回去报个信吧。"

小和尚们这才住手，把四十一具被砍杀的黑衣汉子丢入沟壑，用山泉冲洗了血迹，回殿去了。

陈良绍捏捏大腿，却有痛感，知道自己不是在做梦，便悄悄溜进了偏屋，却听得姚广孝依然鼾声如雷，似乎他根本不知外面演出的这场好戏，似乎这好戏是专门演给他陈良绍看的。

这一夜，陈良绍辗转反侧，难以入睡。

当陈良绍睁开双眼，却见姚广孝已经梳洗完毕。姚广孝见他醒来，说道："搔搔，你的捏骨神技已经炉火纯青了，让我一觉睡到大天光。你怎么睡眼惺忪的样子，昨晚看戏看得太晚了，没睡好吧！"

陈良绍说："广孝，怎么会有这么一场戏？你又怎么知道会有这么一场戏的？"

姚广孝说："哈哈，搔搔啊，你看病是鞭辟入里，你看时势是有眼无珠，昨晚上的戏是洁庵哭戏的延续。不过这场戏演完后，他们就没戏可演了。"

"和尚本当看破红尘，怎的竟也杀人如麻？"陈良绍还是不解。

"搔搔啊，你还是没有看懂戏啊，这个破庙哪里还有和尚啊！"姚广孝点到为止。

陈良绍对姚广孝的话还是似懂非懂。

吃好早饭，陈良绍随姚广孝继续上路。

姚广孝说：“还要请你继续做我的幕僚呀！”

陈良绍说：“临时幕僚！”

姚广孝说：“好！临时幕僚！”

山路弯弯，溪水淙淙，奇峰插云，天高云淡。

姚广孝的腿经陈良绍昨晚一番按捏轻松了许多。姚广孝昨晚睡得很安稳，现在走起路来脚下生风，而陈良绍因一夜难眠，竟有点跟不上姚广孝的脚步了。

陈良绍有了怨言：“你这和尚，自己导演一出杀人的戏，竟然还要让我来看这杀人的戏，让我看得心惊肉跳，一夜难眠，你好残忍呀！”

姚广孝哈哈大笑：“搔搔呀，你这是妇人之仁，非大丈夫之仁！大丈夫之仁当以天下百姓安危为己任。我早年曾游嵩山寺，相士袁珙为我相面，说我是个奇和尚，三角形眼眶，如同病虎一般，天性必然，嗜好杀戮，是刘秉忠一样的人。袁珙虽然是有名的阴阳家，但也只是瞎说，我何曾好杀，说我像刘秉忠这样的人倒有点像。刘秉忠就是子聪大和尚，我是道衍大和尚。刘秉忠入忽必烈幕府、拜太师，协助忽必烈建立元朝，建元大都。我入燕王幕府、拜少师，拥燕王为永乐帝，协助迁都燕京。有人说刘秉忠随元世祖两次征伐大理和伐宋时，力劝元世祖勿滥杀，每克一城都没有妄戮一人，百姓全活者不可胜计，这不过是编书的人故意抬高刘秉忠，忽必烈杀的人倒是血流成河呀。其实我又何尝不是力劝永乐皇帝不要滥杀呢？当初，燕王率军从燕山出发发动清君侧时，我就特别请求燕王善待方孝孺，因为我估计燕王的军队攻入南京后，方孝孺这样的大儒绝不会投降。他们的书读得太多，脑子里都想着正统、愚忠，不要急着想让他们脑筋急转弯，不要逼他们马上归顺，千万不要在他们想通前就杀了他。我说杀了方孝孺，天下的读书种子就灭绝了。燕王当时是点了头应承我的。想不到这方孝孺不归顺也就算了，还当面羞辱永乐皇帝，并说不但自己不怕杀头，就算诛灭九族也不低头。惹得永乐皇帝火起，杀了方孝孺，灭了方孝孺十族。唉，世人愚忠，建文帝身边愚儒之臣误国呀！弄得我那位姐姐也不待见我。不过做大事者，就不必顾忌别人的议论了，让历史去评说吧！”

陈良绍一句话竟引出了姚广孝一大段的牢骚。陈良绍哈哈大笑：“民有怨，茶馆里都挂着‘莫谈国事’的牌牌，官有怨，也不能乱发牢骚哟！”

姚广孝也哈哈大笑道：“若你是史官，你来写史书，你给我批几句话我听听！”

陈良绍正色说道：“聪明和尚、诡计多端、帽子作坊、只卖一顶，病虎卧林、吼声震山、心怀大仁、除恶务尽。”

姚广孝又一阵哈哈大笑：“搔搔，知我者良绍也，有你这八句话，三十二字，我可以瞑目了。”

哈哈哈，哈哈哈。陈良绍与姚广孝笑着向支提寺前行。

【第五十八回】

支提寺道衍千万言　座上人允炆书禅字

道衍支提见废帝，恩威兼施话含音。

医师幕僚作存录，废帝默然卸至任。

姚广孝和陈良绍在说说笑笑中，到了支提寺。

支提寺在宁德东南的支提山上，远近罗列九十九座奇峰，三十六洞天，峰岩奇特，洞壑玲珑。

支提寺不大，藏在深山之中，雪峰寺香客络绎不绝，此处却绝少人烟，不过那附近洞壑中的城府阵仗就说不清了。姚广孝想这建文帝朱允炆藏身此处倒也是有一番精心布局的。

明知山有虎，偏向虎山行。姚广孝这次带着特殊的使命来找建文帝朱允炆要作一次摊牌。

不过这位志大才疏的小皇帝既然是亡命出逃，也早已在永乐皇帝的掌控之中了。胡濙的军队已密密层层地把这宁德一带包围住了，姚广孝是不怕朱允炆的小伎俩的，昨晚的武戏就是这场较量结局的预演。

支提寺寺门紧闭，姚广孝带着陈良绍敲门。

一位小沙弥前来开门，姚广孝说："道衍前来拜访沧海珠禅师，请小师父代为通报。”

隔了一阵，小沙弥前来引路，带着姚广孝和陈良绍步入后殿的方丈室中。号称沧海珠的方丈身披大红袈裟，端坐中堂，既不言语，也不让座。姚广孝见禅师隆额长脸，蒜鼻倒悬，下巴如钩，所谓天地相朝相，如同太祖皇帝的翻版。

姚广孝带着陈良绍一起匍匐在地，先是连呼万岁三声。姚广孝三声“万岁”的呼喊声来得很突然，号称沧海珠和尚的建文帝一下子睁开了双眼，久未听到有人喊他“万岁”了，似乎是一声春雷，把他震醒了。

姚广孝喊罢三声“万岁”后，霍然站起，合掌行礼曰：“广孝曾是建文帝的臣子，所以我先行君臣之礼。当下我是当今永乐皇帝的少师道衍，我领永乐皇帝之命前来向你下达旨意，及随行幕僚前来拜访沧海珠禅师！”

沧海珠和尚当然不会跪地接旨，依然端坐，纹丝不动。

姚广孝自己找了椅子坐下，示意陈良绍铺纸研墨记录这次与建文帝摊牌的情况。

姚广孝说：“在上，您是前建文皇帝，当下您是沧海珠禅师，在下少师道衍和尚奉永乐皇帝之命前来拜见。永乐皇帝多年来一直寻找您的下落，今天终于在此与您相见，十分荣幸。我受永乐皇帝旨意，特转达皇叔对皇侄的关爱之意。”

建文帝面露不屑。

姚广孝从行囊中抽出一份书轴，展开，只见上书“天下第一山”五个大字，大字末端押着永乐皇帝敕封印玺，用黄色龙纹绛丝衬裱着，显得金碧辉煌。

姚广孝说：“沧海珠禅师，这是永乐皇帝敕封支提寺御制诰封，天下第一山者，即支提寺为天下第一名寺，您沧海珠禅师为天下第一禅师也。在上，您依然是天下第一。”

建文帝似乎不为所动，依然端坐。小沙弥接过御书，搁于建文帝座侧。

姚广孝继续说：“永乐皇帝念您是亲侄子，特赐御书‘天下第一山’，这既是对您禅让皇位的褒奖，也是对您的恩护，有了这道御赐符书，天下无人敢再动您分毫。”

建文帝听得禅让一说，不禁鼻子里发出哼哼之声。

姚广孝继续说："在上，您可能不愿意听禅让之说，但是，当年燕王入京确实是为了清君侧，并不想夺皇位，只是您在一些昏官的唆使胁迫下逃出了皇宫，有些臣子又胡指着殿上的一堆灰烬说您已经自焚，驸马都尉梅殷竟从黄彦清之议，为您发丧，永乐皇帝追谥前帝为孝愍皇帝，庙号神宗，这事天下皆知。天不可无日，国不可无主。燕王无奈，只得承继大业，改元为永乐。"

建文帝无言，稳坐不动。

姚广孝继续说："在上，后来又听说您并没有自焚，而是逃出了皇宫，为此，永乐皇帝到处找您，一直找不到您。大明国不能一天没有国君，为朱家江山计，为百姓安宁计，燕王只能登上大位，承担柄国的大任。"

建文帝嘴角动了动，却依然没有说话。

姚广孝继续说："当然您会说，既然我还活着，那叫朱棣把皇位还给我。这话好说，但这恐怕又会引起天下大乱，生灵涂炭。天无二日，国无二主。既然您已经逃离了皇宫，且放出种种谣言说您已被烧死，梅殷还给您发了丧，这说明您已放弃皇位，已无了名分。当然，您可以不服，纠集旧部，重新夺回您的皇位，您有这个权利，但是识时务者为俊杰。当下的情况我可以告诉您，您早已在永乐帝的掌控之中，您和您的旧部的一举一动，我们都清清楚楚，明明白白。为国为民着想，为朱家江山着想，维持当下的局面看来最好。您就在福建这块地界的寺庙中走走，念念佛，散散心吧，毕竟您也是天下第一了，天下第一山，天下第一寺，天下第一禅师。不要鼓动这个那个反抗朝廷了，省得害了他人性命，到头来您的性命也难保。昨天晚上可能是您的手下导演的一出武戏，我们也看到了，您也知道了，枉费了四十一个人的性命啊，有一个是我们故意留下的通风报信者，可能您也得知消息了，其实您和您的手下的一些人已经在我们的掌控之中了，阿弥陀佛！"

建文帝扬了扬眉头，依然一言不发。

姚广孝继续说："在上，永乐皇帝还托我告诉您，只要您安分守己，不越界线，百年之后，永乐皇帝将以最高礼遇安排您的后事。这处寺庙名为支提寺，支提两字乃梵语'灭恶生善'之意。永乐皇帝有言：'一念思善，和风庆云；一念不善，灾星厉气。'善哉，善哉！"

建文帝若有所思。

建文帝只是一言不发，或许不想听，或许听进去了，不想讲出来。毕竟是帝位之争，毕竟是朱棣用武力夺取了他的帝位，此仇此恨难以下咽。

叔侄之争，依然是朱家家事。

姚广孝最后说："我给您带来了一位医生，大明名医陈良绍。他不是皇上派来的，他是我的朋友、老乡。他的岳父是韩公达，您是认识的。韩公达是御医院的院判，我这次下西洋遇到御医韩公达的女婿，回来的时候我把他专门带来。您这几年四处奔波，心神劳瘁，我让他给您搭搭脉，配些滋补药，好好调理调理身体，颐养天年。您放心，我带来的这位医生除医术高明外，心地也特别善良，他曾被湖匪劫去为匪看病，一剂药就解除了匪首的病痛。曾被地方官府以通匪罪名关押，他说在他眼里只有看病的病人，没有当湖匪的匪首，治匪不力是官方无能，医生治不好病是医术不高，这可是最高医德呀。您放心，我的这位朋友只开方，不给您抓药的，您可以找您的手下为您去抓药。禅师，您就让这位陈医师为您搭搭脉吧！"

陈良绍搁下了笔，伸手过去为建文帝把脉，建文帝顺从地伸过手来。陈良绍的食指、中指、无名指按在建文帝的右手的寸、关、尺三个穴位上，又让建文帝把左手伸过来把脉，陈良绍沉思良久，对建文帝说道："禅师脉象大致正常，并无大病，只是寸脉浮动，乃思虑郁积，夜眠不宁，我配一方剂请禅师服之。"

陈良绍提笔写下养神定心药方：

莲子煮粥早晚餐，三年陈皮当茶饮。
龙眼百合配党参，一碗夜半心绪宁。

陈良绍把药方交给小沙弥，小沙弥递与建文帝过目，建文帝轻轻地说了声："谢谢！"

陈良绍说："我差点忘了，我离开渤泥国时，我的师父黄大仙也是您的朋友，他托我当面交给福建宁德支提寺的一位禅师一封亲笔信。"

说着，陈良绍从行囊中掏出黄大仙密封的信双手呈上，禅师轻轻地说："放下吧！"陈良绍把黄大仙的信放在了禅师的案头。

姚广孝和陈良绍退出支提寺，小沙弥关上了支提寺的寺门。

正在姚广孝和陈良绍走出支提寺不久，小沙弥突然赶上来叫住姚广孝说：

“沧海珠禅师请你们回去一下，他有要事与你们讲。”

建文帝依然高高在上，稳坐不动，声色不改。见姚广孝来到了殿前，正色道：“跪下吧！”

姚广孝突然觉得建文帝已经承认自己是大明第二代皇帝了，那声威严的“跪下吧”三字绝不是一个和尚发威的语气，而是皇帝与臣子下达的命令。姚广孝觉得建文帝有重要事情要向他宣告，于是服服帖帖地俯伏在了建文帝的座下。

只听得建文帝一声叹息：“唉，我知道刚才这位医师给我开的药方不过是一帖安慰剂，与皇叔争夺天下，我不是他的对手，现在我也累了，我自觉天命已尽，请转告皇叔，请他为朱家的天下争口气，皇叔要找的东西，我今天就给你们带去。你们跟着小沙弥去拿吧！”

建文帝说完，挥挥手，闭上了双眼再不说话。

姚广孝连连磕头，三呼“万岁！万岁！万万岁！”

三呼万岁后起身跟着小沙弥到了寺院后花园中，小沙弥用一柄铁钩从井底捞上来一个密封的铁函，打开铁函，里面是两枚玉印，一枚玉印上刻着“受命于天既寿永昌”八个虫鸟篆字，另一块玉印上是九叠文“大明传国之宝”六个大字。

姚广孝带上从井底捞上的玉玺，又来到大殿，对着建文帝双手奉上，说道：“请旨！”

建文帝知道姚广孝的意思，便从案桌上取纸笔，写上一个大字“禅”，落款是“大明第一山支提寺沧海珠禅师”。他把写好的纸抛下，并示意小沙弥把玉玺装进锦匣，交给姚广孝。姚广孝接过，看到这个“禅”，便知是禅让之意，不等姚广孝讲话，沧海珠禅师便转入了后堂。

小沙弥再次为姚广孝开门，在把姚广孝送出寺门的那一刻对着姚广孝打了一偈：“聿走路，穿单衣。一点水，木点灯。白与朱，各安分。阿弥陀佛！”说完，嘎吱一声关上了寺门。

姚广孝问陈良绍：“小沙弥的偈子你听明白了吗？”

陈良绍想了半天，不明白。

姚广孝说：“聿走路，是建文帝的建字去掉了捺脚，单衣是一个禅字，一点水，是永字，木点灯，是个乐字。”

“白与朱啥意思？”陈良绍问。

“白与朱是双关，你想想，建文帝现在是啥法号？不是沧海珠禅师吗？珠禅师，朱王禅师。朱允炆原是建文皇帝，他现在把白帽子脱了，成为沧海‘珠’禅师，皇成了王，还是朱王禅师嘛，这是一。白与朱，他把白帽子给了燕王，燕王的头上加了一顶白帽子，燕王成了皇了，成了永乐皇帝了，但永乐皇帝姓朱，还是朱家人当皇帝，这是第二层意思。各安分，就是说我已禅让，你永乐皇帝和我的争斗可以了结了，天下也可以安宁了，这偈语有意思，有意思。”姚广孝答。

陈良绍也说：“有意思，有意思！不过这禅字是示字旁，不是衣字旁呀，穿单衣说成禅有点勉强吧！”

姚广孝说：“哈哈，这永字头上的一点水是永乐皇帝洒在建文帝身上的滔天洪水啊！这滔天洪水浇灭了朱允炆的幻想，只得以禅让这样的体面形式让位了。”

陈良绍说：“这朱允炆也怪可怜的，不情不愿、无可奈何的样子。”

姚广孝说：“哈哈哈，搔搔还是书生气十足，强者为皇、能者为皇，历来如此。赵匡胤陈桥兵变，黄袍加身，后周恭帝柴宗训只得禅位，肯定也是不情不愿，无可奈何的哟！柴宗训可怜吗？也可怜吧。成大事者不可有妇人之仁，要有大智大勇，敢作敢为，承担天下大任的雄心、魄力和胆识。”

“说到传国玉玺，这次郑和下西洋据说也有个寻找传国玉玺的任务，这是怎么回事？”陈良绍问姚广孝。

姚广孝说道：“对外说是找传国玉玺，对内其实下西洋是有一个寻找建文帝下落的目的，这传国玉玺就是指代建文帝的。”

陈良绍说：“噢，原来如此。”

姚广孝说：“说到传国玉玺说来话长。太祖皇帝初即位，诚意伯刘基从西洋海商处购得块很大的精美玉石，分割后，用九叠文刻制‘大明传国之宝’玉玺一枚，并又用余料制作玉圭一块。洪武二年（1369）诚意伯又奉命刻制‘奉天执中’小玉玺一枚，洪武帝随身佩戴。洪武四年（1371）又置玉印二枚，一曰‘广运之宝’，一曰‘厚载之宝’，由贴身宦官掌印。再后来，洪武帝又制作六枚宝玺，分别是‘天子行宝’‘天子信宝’‘天子之宾’‘皇帝行宝’‘皇帝信宝’‘皇帝之宝’。三枚用白玉雕刻，三枚用青玉雕成。唯洪武初年的那块‘大明传国之宝’玉玺不见下落，一块‘奉天执中’小玉玺随洪武帝随葬外，其余的八枚玉玺均在宫中。当年燕王于壬午六月十三日乙丑入京师，十七日己巳即位。十九日辛未嘱我刻制‘皇帝亲亲之宝’印玺一枚，向分封的朱姓诸王发送诏书，诫诸王各守其土，宁安勿躁，这份诏书押‘皇帝亲亲之宝’，以安定各位诸王不安的心绪和躁动的妄行。六月二十五日丁丑皇上又命我刻制‘皇帝奉天之宝’‘诰命之宝’‘敕命之宝’三枚，以备宣旨、敕封颁令之需。当年也有一些臣子私下议论圣旨中没有‘大明传国之宝’大玉玺的种种非议，现在建文帝将这枚‘大明传国之宝’大玉玺交给了我们，说明他已心灰意冷，虽心有不甘，但也无可奈何，禅让虽是无奈之举，但是行动却是真心实意的。至于那枚传说为秦始皇传之历代的虫鸟篆文的‘受命于天既寿永昌’传国玉玺更是历朝历代你争我夺，弄得真真假假的了。秦始皇的那块玉玺早已失传了，已是后来仿刻的了。只有这方太祖皇帝篆刻的九叠文‘大明传国之宝’才是国之重宝啊！”

陈良绍说：“‘大明传国之宝’大玉玺到了永乐皇帝的手上，皇上一块心病可以放下了，少师这次可是立了大功啦！恭喜啊！”

【第五十九回】

道衍写诗咏病猫　港口分别赠圣宝

医师把脉测遐夭，道衍写诗咏病猫。

功德圆满急复命，依依分别待来朝。

出了寺门，姚广孝问陈良绍建文帝身体状况如何。

陈良绍说："建文帝的寸脉浮而弱，偶有不齐整的跳动，此乃抑郁伤神，神伤动心，心绪紊乱，如国之崩，犹臣之散，已病入膏肓。当下他疑心太重，我若开出虎狼之药，大诊大治，他也不会吃的，我开的药方也不过是给建文帝一点安慰而已。更何况，少师道衍大和尚带我来也只是想测测这位前朝皇帝还能活多久罢了。"

姚广孝笑问："建文帝还能活多久？"

陈良绍竖起三个指头。

"三个月？"

"三年！"

姚广孝说："噢！知道了。有了你这句话，我回京后就向永乐皇帝奏明，为这位前朝皇帝，为如今的天下第一禅师作个后事了结，兑现诺言。"

姚广孝说的后事，就是后来在支提寺不远处的宁德上金坝村为建文帝修建的陵墓，墓碑上刻着“御赐金襕佛曰圆明大师第三代沧海珠禅师之塔”，“圆明”者指大明朝和功德圆满之意，也指早年出家的朱元璋。“第三代”是孙辈，与朱允炆的身份暗合。“沧海”有神州一统的隐喻，“珠”暗指“墓主姓朱”。陵墓墙上雕有龙头龙纹，龙嘴下唇长而翘，长于上唇，龙头硕大、额部隆起、大目圆睁，龙口前有火焰珠，龙鼻端呈如意形，雕的正是一只闭嘴龙，暗合了建文帝与少师道衍和尚见面后守信蛰伏于支提寺的意思。这是后话，按下不表。

姚广孝要陈良绍同行，表面上是郑和为了关照少师，让陈良绍一路照料少师。但少师却另有目的，就是要陈良绍也见一见建文帝，测一测建文帝的健康状况，以便视建文帝的健康状况作出安排。姚广孝相信陈良绍的医术。得知建文帝只有三年阳寿，且建文帝这次也表现得很冷静，知道复辟无望，心已死，永乐帝的心腹大患已经消除，为天下第一禅师安排后事可以列入议事日程了。

姚广孝问陈良绍：“搔搔，你知道为何建文帝在看了黄大仙的信之后才把传国玉玺交出来吗？我告诉你啊，这黄大仙本来是建文帝安插到海外去搜罗反明势力为他反抗永乐皇帝所用的，这黄大仙早被我晓以大义，为我所用，他给建文帝的那封信里是告诉他海外的反抗势力已被郑和收服，劝告建文帝不要再有梦想了，建文帝得到黄大仙的信息后终于心如死灰了。你不是也把黄大仙的一封信转交给我吗？他把这些话都告诉我啦。搔搔啊，这次下西洋，又跟我来福建吃惊吃苦不少，立下了大功，我倒要为你在皇上面前请个功德啦！”

陈良绍终于明白了黄大仙的真实身份，知道姚广孝说的是真心话，他忙说：“嘻嘻，你也知道我的，我下西洋也不是要求什么功名，我与几位医师同行只是想觅奇闻长见识，也为传扬我们医术和学习西洋医术，才跟随郑大帅同下西洋。嘻嘻，你是大官，如果你要帮我做点事，我倒有三个请求，一是我答应了爪哇的吴巫医把他的祖父及八位吴姓人在元爪征战时死在爪哇的遗骨运回苏州，入葬祖坟；二是帮我们开船的琉球国的火长吴香山的祖父、父亲是误被当作三十六姓送到琉球去的，他祖父和父亲的遗愿就是要他的后人去东山祖坟祭祖，他们入了琉球籍，无法上岸，希望你帮吴香山重入原籍，让吴家在苏州有人接续香火，有人为吴家祖坟扫墓祭奠。”

姚广孝说：“这两件小事，不在话下，一定办到。你自己有什么事要我帮忙尽管说来。”

陈良绍说："第三件事是我的，也是我们这些下西洋的医师们的一个请求。我回到苏州，想建一座妈祖庙，我与缥缈落海获救是妈祖的福佑，在妈祖庙里我要建一座医祖药王的配殿，让我们回到大明的众医师有一处茶聚的地方，让我们这帮下西洋的医师把海上的种种见闻一起回忆回忆，写一本《海医见闻录》，这也是我们众医师的共同心愿。我个人也就是在有生之年陪伴父母妻儿，报答父母的养育之恩，偿还夫人王氏的离别之苦，只是缈缈和漂儿他……"

陈良绍说到这儿，已是泣不成声。

姚广孝说："搔搔，你的心愿我知道了，话不多说，我一定帮你和众医师们了却这个心愿。我这次因要赶快面见皇上，不能与你一同回苏州老家看看了，苏州的一些腐儒对我扶助燕王一直不理解，对我颇有微词，在我姐姐面前说我的坏话，弄得我姐姐都不愿意和我说话，不肯让我进家门啊。我这里有三千两银票，你方便的时候把它转交给我的姐姐，他们的日子也不好过啊！你也设法把我做的事给我姐姐说说，不要听别人家的闲话。"

陈良绍说："给你姐姐的银票我一定送到。那些苏州腐儒的话也不要太放在心上，日久见人心，永乐皇帝雄才大略，登基后社会稳定，百姓生活日见好转，大家终会理解你的。"

姚广孝说："是的，搔搔，日久见人心，只要社会稳定了，老百姓过上好日子了，我也就问心无愧了。我告诉你一件事，我这次下西洋之前，那位最不理解我，最不待见我，我回乡后去见他，他关上大门不让我进门，隔着窗口对我喊'和尚误矣、和尚误矣'的王宾王光庵去世了。他是个孝子，是个光棍，没有子嗣，但临死前却对他的徒弟说'知我者，和尚也。我死后，你们叫姚和尚帮我写墓志吧，就说是我叫他写的'。后来由他的得意徒弟御医院的盛启东找到我，我当然不计前嫌，便为王宾撰写了王光庵行状和墓志。"

陈良绍说："从'和尚误矣'到'知我者，和尚也'，一张嘴，两种说辞，说明一个人对另一个人的理解要有一个过程。就像我，过去对你的认识还是停留在小时候的嘻嘻，这一趟与你一起到锡兰、苏门答剌，再同乘一条船返回，办了不少事，才对你的智慧、才能有了新的认识。"

姚广孝哈哈大笑。

姚广孝心情大好，这一趟下西洋事事顺利，特别是寻寻觅觅的传国玉玺也已到手，这是天大的喜事。他步履轻松，健步如飞，陈良绍紧随左右。两日的行程，他们便来到了五虎门，登上了吴香山的三桅船。一路向北，向着下西洋的起锚港——太仓刘家港而去。

这一趟山路，两人确实累了，上了船他们便舒舒服服地好好睡了一觉。不过姚广孝睡觉前没忘了他的宠物猫。原来姚广孝爱猫成癖，他这次下西洋带了两只猫。一只叫衔蝉，另一只叫踏雪探梅。

这猫的名称也太雅了，先来说说衔蝉是啥猫。

北宋陶穀的笔记《清异录》中记载：唐琼花公主，自总角养二猫，雌雄各一……其一白而嘴边有衔蝉花纹，呼为衔蝉奴。

称作衔蝉或衔蝉奴的猫皆是一种纯白毛色的猫，因其嘴角或者嘴边有蝉样的异色花纹而得名，这些历来爱猫的人士常常根据猫咪嘴角花纹和自己兴趣的不同，把他们的宠物猫呼作衔花、衔蝉、衔蝶、衔如意、衔元宝等美称。

姚广孝那只称作踏雪探梅的猫，毛色纯黑如炭，唯有四只蹄子上的毛色为白色，如同踏在雪地上，且尾巴尖端有一抹棕红色，尾巴摇曳，四爪蹦扑，呼其踏雪探梅十分形象。

姚广孝下西洋时没带他物，他知道郑和已为他安排好了一切，他只请工匠制作了一只金丝楠木的猫笼，把他最喜爱的衔蝉和踏雪探梅养在笼中带上船。在国内，姚广孝的猫吃的是淡水鱼，上了船，只能吃海上的咸水鱼了，口味改了，两只猫一直不习惯，皮毛无光，尽显倦态。

回到船上躺了一会儿，姚广孝想到了他的猫，急忙去找吴香山。提了猫笼，放出两只猫咪。两只猫多日不见主人，马上扑到姚广孝的怀里，姚广孝抱着两只猫像抱着两个孩子，幸福满满地睡着了。姚广孝醒来，那两只猫竟可怜巴巴地望着姚广孝发呆，姚广孝轻轻地抚着两只猫，口中念念有词，竟成一律：

衔蝉踏雪世难寻，爪敛毛摧苦病侵。
即倦终宵巡鳖下，唯思长日卧花荫。
欲急快啖非无意，纵鼠横行岂有心。
谁念前功能保受？夜寒收汝入重衾。

这时陈良绍也已醒来，听得姚广孝念念有词，却是一首七律《病猫》。细细体味，前两句是用他的两只生病的宠物猫来比喻建文帝，后两句说的是永乐这只大雄猫对建文帝寻找下落、追剿羽翼、安排后事、逼其禅让的事。

陈良绍把他对姚广孝的《病猫》作了一番解读，最后带着讽刺的口吻说："唉，建文帝你这只可怜的病猫，你毕竟是朱家苗裔，还是让我来把你收入被衾，给一点安慰吧。哈哈，嘻嘻，你真是个大善人呀！"

姚广孝也哈哈大笑："搔搔，你跟我这一趟倒是长进不少啊！"

本来吴香山可以从太仓刘家港沿娄江把陈良绍送回苏州，姚广孝也可以回老家看看。但元末黄河夺淮，京杭运河淮北以上壅塞，无法通航，姚广孝无法乘船沿运河进京，因公务在身，事涉建文帝下落和安置，他必须尽快去见永乐皇帝。姚广孝在太仓卫调了一只三桅官船，准备顺着长江口向北浮海直航京师，吴香山的三桅船就给陈良绍回苏州乘用。

姚广孝对陈良绍说："这一路上，多谢老乡照顾，又兼做了我的临时幕僚，万望对我们所见之人，所记之事切切保密。宫闱之事切不可外传。官场如战场。姚某无意间让老弟卷入其间，请多多谅解。"

随即，姚广孝抄录了一首旧诗赠予陈良绍，诗曰：

相见各知心，时闻击筑吟。
怀恩在一饭，不用酒杯深。

姚广孝郑重地押上道衍、广孝的印鉴，送到陈良绍的手上。

陈良绍临上船时，姚广孝又递给陈良绍两张银票，一张三万两，一张五千两。说道："这五千两是你为我做幕僚的一点薪酬。你长年在外，多有辛劳，请拿回去修理旧屋，为父母、妻子、孩子添几件衣服。这三万两是我资助你们在苏州建妈祖庙的。"

陈良绍再三推辞，姚广孝正色道："我的钱都是干净的，这五千两也是你应得的。另外的三万两是用于建妈祖庙的，这也是我的愿望，再不收下你就不把我当老乡了。"

姚广孝的话说到这个份儿上，陈良绍只得收下。

接着姚广孝又取出一只锦盒，双手递到陈良绍的手上说道："这是我下西洋前永乐皇帝赐给我的作为护身符的一尊妈祖神像，我把它转赠给你和所有下西洋的医师们，供奉在你们建好的妈祖庙内。妈祖庙建好后，下西洋的各位朋友返回时，就有一个聚会喝茶的地方。我正奉命编纂《永乐大典》，请你转告各位下西洋的朋友，请把他们写下的下西洋的诗文纪实抄录一份给我，我将选优录入《永乐大典》，修建妈祖庙的过程中若有难事可随时来找我。”

陈良绍双手接过御赐妈祖神像，恭恭敬敬地揣在怀里说道：“这是圣物，我一定照少师的嘱咐办理，妈祖是我和蔡氏的救命神，也是我们下西洋的所有人的保护神，我们一定虔诚供奉。”

姚广孝听得陈良绍提及蔡氏，知道话中有话，站在船头，对陈良绍说：“你托我办的三件事我一定尽力办妥，弟媳蔡缥缈的事，我会与郑和联系，定当早日接他们回国与你团圆！

“对了，吴师傅香山寻祖入籍的事我有一封给苏州知府的信，搔搔你带着吴师傅递上这封信就可以了。”姚广孝说。

陈良绍接过信件，与吴香山一起向姚广孝道谢。

姚广孝的官船沿海路向京师起航。

吴香山驾着三桅官船送陈良绍回苏州。

【第六十回】

回乡情怯见儿孙　寻访吴氏说飞车

海外八年归故里，回乡情怯见儿孙。
父母双逝妻霜鬓，父业儿承振医门。

姚广孝乘坐的三桅船顺着长江口向北浮海而去。

陈良绍乘坐吴香山的三桅船航行在娄江上向西回乡的归途中。

掐指算来，陈良绍从永乐三年（1405）第一次下西洋，又先后去爪哇、满剌加、渤泥创办医局，又随郑和、姚广孝去了锡兰，共计八年了。

八年来音信断绝，父亲母亲还健吗？妻子王氏还好吗？两个儿子都二十出头了，结婚了吗？添小孙子了吗？他家开的诊室还开着吗？

三桅船驶过昆山，渐渐地就看见苏州娄门、匠门了。三桅船船体宽大，不便进城，便泊在娄门外娄江岸边，陈良绍另行雇了一条小船进城。

小船穿过了娄门水关，娄门内大街上人来人往，他想看到一个熟人，又怕见到一个熟人。八年了，海风吹拂，烈日暴晒，还有人认得我这个西洋归来的游子吗？他想到了宋之问的一首诗，这时他的心情全写在宋之问的诗里了：

岭外音书断，经冬复历春。

近乡情更怯，不敢问来人。

远远的报恩寺塔在望，不一会船已摇到塔下。一阵风过，塔上风铃叮当，似在欢迎游子的归来。

航船转了一个弯，向南，不远处就是高高的黄鹂坊桥，桥堍就是他的家，就是他的诊所。

航船摇到了黄鹂坊桥的南堍，那是他熟悉的码头，两棵他种下的柳树已是绿荫匝地了。那条刀鱼船还停在码头上，船梢上依然挂着红黄两只灯笼，一只上写着“陈”，一只上写着“医”。

船夫把陈良绍的行李搬到岸上，陈良绍付清了船资，战战兢兢向堂屋走去。他要去跪拜二老。进得堂屋，他左右环顾，却见中堂的长条几上插着两块灵位牌，一块写着“先祖讳孟敷灵位”，另一块写着“先祖母陈门陆氏灵位”，这是他的儿子为祖父母立的灵位啊，陈良绍扑通跪倒在灵位前，放声大哭，哭声惊动了内屋的王氏。王氏一手抱着小孙，一手牵着长孙来到堂屋，一时没有认出跪在灵前的是陈良绍。少顷，看到摆在堂屋中的一堆行李，听得跪在灵前的男子喊爹哭娘，才明白过来，跪在灵前的正是他的丈夫陈良绍，也赶紧与陈良绍并排下跪。等陈良绍哭过之后，王氏才怯生生地问道：“是先生回来了吗？”

陈良绍看着面前的妇人，两鬓白发，一手抱着个孩子，一手牵着个孩子，也愣了半晌才认出是内人王氏。王氏告诉陈良绍，公婆已在三年前先后去世，她和儿子为公婆风风光光地办了后事，公婆临终前一直念叨着先生，久久不肯瞑目啊。说完两人又不禁抱头号啕大哭起来，惹得王氏身边的两个孩子也哭起来。

王氏止住了哭声说：“不哭了，别吓着两个小孩子。”

王氏告诉陈良绍，公婆在世的时候，她征得公婆的同意，为颀儿和颙儿说了两门亲事，为陈家添了两个小孙孙，公公还为两个孙孙起了西西、洋洋的小名。说着便拉着小西西和小洋洋来喊爷爷。两个小孙孙怯生生地看了陈良绍半天，先后喊出了两声爷爷。

陈良绍把两个小孙孙搂在怀里，亲了又亲。两个小孙孙却避了又避，他们不知道这位头发花白、脸庞黝黑的老者为什么要亲他们的脸蛋。

虽不是少小时离家，但回家已相隔八年了啊，父母双亡，孙子呀呀，柳荫匝地。他为王氏两鬓的斑白吃惊，王氏又何曾不为他的华发唏嘘呢。

正在这时，在陈氏诊所坐诊的儿子陈颀、陈颙和儿媳妇得到父亲从西洋归来的消息也赶了回来，跪在父亲面前喜泣不止。

陈良绍赶忙扶起两个儿子和儿媳妇，上下打量端详，拍拍两个儿子的肩膀说："八年不见，都长成大人了，还为我添了小孙孙，苦了你母亲啊。快给我介绍一下你们的妻子。"

大儿子陈颀说："妻子姓匡，常熟城里人。她的父亲是与你一起下西洋的匡愚。"

大儿媳妇匡氏上前拜见公公。

小儿子陈颙说："妻子姓郁，太仓沙溪人。她的父亲也是与你一起下西洋的郁震。"

二儿媳妇郁氏上前拜见公公。

陈良绍大喜："真是无缘不相识啊！我与匡大师和郁大师在西洋，你们两位来我家，真是亲上加亲啊！"

陈良绍问两位儿子的诊所开得如何。

陈颀说："父亲下西洋后，我与弟弟在祖父和外祖父的教授下潜心学医，继承父亲的医业，匡氏和郁氏来归，又带来匡氏儿科医术和郁氏针灸医术，我们兄弟俩便分成两所医室，我专攻陈氏妇科匡氏儿科。弟弟陈颙专攻陈氏捏骨和郁氏金针。如今在姑苏城内也算小有名气了。"

陈良绍说："好啊，我儿能承继家传，又吸收外家之长，令我欣慰。不过，匡氏儿科、郁氏金针医术之精，我都是领教过的，可不能只学一点皮毛啊。待亲家匡愚兄和亲家郁震兄回来，我要让他们俩亲自给你们传授医术。医术一途既要精益求精，更要心怀病家，解民痛苦，不可懈怠啊！"

陈颀、陈颙齐声说："谨遵父亲教诲！"

陈良绍又分别察看了陈颀的妇科儿科医室和陈颙的捏骨金针医室，见锦旗满屋，很是高兴。

接风的晚宴上，陈良绍想给两位儿媳和两位小孙孙见面礼，身边却没有现钱，便拿出五千两的银票递给王氏说："这五千银票等安顿好之后去钱庄提取出来，给两个孙孙、两房儿媳各二百银两作为见面礼。其他的，你一并安排处置。该添置的衣物添置，该增设的家具增设，有欠账的赶快还清，需送达的人情尽快送达，反正一切交给你安排。这三万两银票是姚广孝交给我筹建妈祖庙的，你给我好好保管着，不能动这里的分文。”

王氏接过两张银票说：“知道了！”

陈良绍从行囊中取出姚广孝转赠给他的御赐妈祖神像，恭恭敬敬地供奉在堂上，点燃龙涎香。在异香氤氲中，带着一家老小磕头礼赞，并讲述了他在西洋与蔡缥缈落海，得妈祖保佑获救的经过，并告诉王氏他和蔡氏结婚之事，并告知两个儿子，他们在渤泥国还有一位弟弟叫陈海漂，渤泥国国王认他为王子，给他起了个麻那惹泽的洋名。

王氏说：“先生一路有缥缈妹子照料，这也是我放心的一桩事，但愿缥缈妹子能早日回来团聚。”

兄弟俩也说：“想来海漂弟弟也有三岁了。陈家添丁，这是大喜事，盼小弟能早日回来欢聚。”

正在一家欢宴之时，忽然门外鼓乐齐鸣，吴县县令带着一帮衙役和乐队来到陈家门上。

县令向陈良绍道贺说：“闻得陈大师西洋归来，有失远迎。大师远征海外，医名遐迩，恩泽邦民，少师特令嘉奖。送上薄礼两千两，以备洗尘安家！”

陈良绍说：“这次回来匆匆，未及前来官衙报到，有待日后详述。”

一番礼让敷衍，县令一众回府，陈良绍把县衙送来的两千两一并交给王氏安排。

陈良绍带领全家人到父母亲的坟上祭奠了一番后，急着要办的是两件事：第一件事是帮吴香山重入国籍，到香山认祖归宗，祭扫祖宗墓园。第二件事就是寻找元爪征战时八位吴姓人的故乡，以便他们的遗骨从爪哇运回苏州后入葬祖坟。

第一件事办得很顺，陈良绍带着吴香山拿着少师姚广孝的信去见苏州知府金■。苏州知府看了两人许久，问：“你们怎么认识少师大人的？”

陈良绍记得少师的嘱咐，不能泄露官场上的秘事，只简单地说跟少师是儿时伙伴，这次是在下西洋的船上碰上的。金■知府看了少师的信，说：“少师已为吴香山作了担保，这事就算一锤定音了。我写一纸公文交差人发送到香山，你们去香山村认祖归宗便是。”

第二件事办起来有点曲折。他雇了条小船，在东西山之间走访故老。这时候西山杨湾的甫里先生已故，否则找他打听或许知晓。他曾想找梁同轩一起走访，也觉不宜，老先生年纪大了，身体不好，经不起颠簸了。

陈良绍这几日不断地想起在爪哇的时候吴巫医对他说过的话：“我的曾祖父一直有个遗愿，遇到家乡人，一定要把他和其他七位苏州人的骨殖带回苏州去，葬到祖坟里去。”眼前反复晃动着吴巫医那个山洞里中的八个装着八位苏州人骨殖的陶罐，他记着吴克海、吴克洋、吴克金、吴克雨、吴克火、吴克水、吴克木八位吴姓克字辈的姓名。临别爪哇时，吴巫医再三叮嘱陈良绍：“这些陶罐里装的就是曾祖父和他的苏州老乡的骨殖，这其中吴克海就是我的曾祖父。我们家供奉他们百余年了。从我的祖父、父亲到我这一辈生在了爪哇，就算爪哇人了吧，但曾祖父辈们是汉人，他们要回到家乡去，要把自己的骸骨埋进吴家祖坟里去。这是我们几辈子人对他们的承诺，希望陈医师千万成全他们的遗愿。”毕竟一百多年过去了，物是人非，山河变迁，要寻访到他们的故乡不容易啊。陈良绍踏遍了西山岛上所有的吴姓村落，也走过了太湖之滨的吴姓村落，都没有着落。

这一天陈良绍乘着小船来到了洞庭东山，寻访东山岛上吴姓人家。恰巧东山吴家湾吴姓种德堂正在续编家谱。住持家谱的编撰是吴懋光先生。懋光先生是位诸生，学识渊博，办事认真，因为世事纷乱，这支的宗谱二百年不修了，吴懋光先生走访故老，搜集吴姓遗事，记有元朝至元年间有一批失踪人员，他反复寻访调查，证实了八位失踪者名录：吴克海、吴克洋、吴克金、吴克雨、吴克火、吴克水、吴克木，这几位都是钻天洞庭商人，凭借七桅大船，四海运货经商，常跑的线路有湖广福建一路。

这一支吴姓自宋室南迁始祖吴嘉人开始，谱系按照“嘉时永定克绍景从懋光必应继礼承宗”的顺序排定名字。这样算下来，这八位克字辈先人仍是东山吴姓种德堂第五代先人。一百多年前从嘉字辈传到了克字辈，又隔一百多年，从克字辈已经传到了懋字辈。

他们是怎么失踪的，众说纷纭。有说被海盗抢劫掠杀，有的说是船遇飓风倾覆落海身亡，有的说流落海外穷困潦倒无力回归，甚至有人还说他们当了海盗，发了财，在海外吃喝嫖赌不思归了。所有种种说法都是猜测，始终无法定论，吴懋光先生不知如何落笔。正在这时，陈良绍医师找上门来了，将姓名两相对照，陈良绍在爪哇看到的装着八个骨殖陶罐上的人名与吴家湾失踪人员的姓名完全相同，失踪的年代也十分相近。

办事认真，一丝不苟的吴懋光先生又在元朝三任国史馆的苏天爵编撰的《元文类》中查到了证据。《元文类》卷四一《经世大典序录政典征伐》载："海外诸蕃，见于征伐者，唯爪哇之役为大。会三行省兵二万，设左右军都元帅府二，征行上万户府四，发舟千艘，费钞四万定，赍一年粮，降虎符十、金符四十、银符百，金衣段百端备赏。""至元二十九年（1292）二月八日，诏福建行省授亦黑迷失、史弼、高兴为平章政事，征爪哇。军二万，海舟千艘，给一年粮。二十五日，亦黑迷失等陛辞。上曰：卿等至爪哇，明告其国军民：朝廷初与爪哇通使往来交好，后刺诏使孟右丞之面，以此进讨。九月，军会庆元，弼、亦黑迷失领省事赴泉州，兴率军辎，自庆元登舟涉海。十一月，福建、江西、湖广三省军会泉州。十二月十四日，自后渚启行。"现在终于明白了，这八位克字辈先人的下落，原来是在经商途中被元军抓去，连同船只一起远征爪哇去了，最终客死万里之遥的爪哇孤岛。

吴氏族人对陈良绍帮他们万里寻亲的故事十分感动。听说其中的吴克海已在爪哇传了四代，还在爪哇当了医师，也算是他们吴姓的懋字辈兄弟了，希望陈良绍帮助带信，让他亲自带着克字辈祖先的骸骨回到故乡来省亲，陈良绍说一定一定。

吴氏族长吴从德为了表达对陈良绍的感谢，宴请了陈良绍，嘱吴懋光先生等陪同。席间，吴氏族人兴致勃勃地听陈良绍讲述下西洋的种种趣闻逸事。当听到陈良绍讲起船与船之间的联络困难，西洋小国码头仄小，大船无法靠岸的时候，吴懋光先生突然大喊一声："啊！可惜啊，可惜！如果吴从明老前辈还在，他发明的栲栳飞车没被烧掉，那你们下西洋船队间的联络和登岸就方便多了！"

族长吴从德也说："是啊是啊！我亲眼看到吴从明老兄制作的栲栳车在河汊湖港之间飞来飞去，太神奇了！可惜他死后被他的婆娘一把火烧了，连他画的图纸都没能留下一张呀！"

陈良绍听得吴懋光和吴从德声声叹息，问道："能飞的栲栳车？愿闻其详！"

吴懋光递给他一份他写的采访录《吴从明造栲栳飞车记》，说道："请陈医师一阅！"

陈良绍放下筷子，就在宴席上读了起来：

造飞车者吴从明，东山吴家湾人也。性敏，志专一。平生不事酒食征逐，每工散后，人多醉饱游嬉，从明独闭门寂坐，思一奇制以惊鸣于天下。闻人谈《山海经》，感及奇肱之故事。一旦告归，冥自沉思，伸纸画图，屡涂屡改，寝食俱忘。期年稿始就，按图操斫，有不合者削之，虽百易而不改其志。家故贫无担石储，至是妻子啼号，爨火不举，不得已而饥驱赴城。从明故有巧名，工肆闻其出山，争致之，丰其薪俸。不半年，囊蓄有余，复归造车如故。囊罄复出，如是者十有余年，而车始成。其制如栲栳椅子式，下有机关，尺牙错合。人坐椅中，以两足击板，上下之机转，风旋疾驰而去，离地可尺余，飞渡港汊不由桥。从明犹不满，于心谓：须高过楼屋，能越太湖面四五十里，往来缥缈莫厘，然复致远可恃。正在踌躇再图进步，而年已老矣，未几病卒。其妻嗔其一生材力心思销耗于此，以致饿填沟壑皆此车为之也，斧之付炊，其制遂绝焉莫考。

陈良绍读罢，黯然神伤曰："老天妒英才，可惜！愚妻毁飞车，可恨！若老天借给从明以英年，或愚妻不火焚栲栳，从明的飞车或可飞越太湖缥缈莫厘，郑和大帅带上这栲栳飞车将天下无险矣。唉唉唉！"

一阵阵唏嘘过后，吴从德族长曰："往者不可追、毁之已难造，有待后生啦！"

吴懋光也说道："是啊！我采访得这一吴氏奇事，也是叹息不已。我将把它写进族谱，以警诫吴氏后人，盼吴氏后人能胜过吴从明，造出飞越湖海高山的飞车来！"

陈良绍说："好，懋光先生说得好！不过眼下有一事相求，我这次从下西洋回来，发誓要在苏州建一座天妃宫，一是供奉妈祖，二是作为下西洋的医师们聚会纪念之地。不知两位是否能帮忙请动香山蒯大师帮我等设计筹划建造苏州天妃宫？"

吴懋光哈哈一笑："陈大师真正是找对人啦！我们族长大伯与香山蒯鲁班

正是儿女亲家，族长大伯出面这事一定成！”

陈良绍赶紧端起酒杯向族长敬酒：“烦请族长大人帮助说项，蒯鲁班如果能在苏州留下一件杰作，也是为乡里做贡献，必将流芳百世。”

吴从德族长只得站起回敬：“陈大师为我吴氏万里寻亲，其心至诚，其功至伟，只是蒯福、蒯祥京城事务繁忙，能不能抽身为苏州天妃宫画一张图纸倒也很难说，不过吴某一定尽力说合。”

陈良绍再次敬酒。

这一趟东山之行事情办得倒很顺利。

【第六十一回】

良绍开建天妃宫　同轩谱曲颂海医

良绍运筹妈祖庙，以诚作画记西洋。
请来周沈作墙画，同轩编戏唱异香。

陈良绍回乡后一直马不停蹄为吴香山办好了入籍的事，又四处寻找元爪征战时死在爪哇的八位吴氏先人的故乡，东山之行终于如愿，想起少师另赠有三万两银票，嘱托他在苏州城里建座妈祖庙，这是他回乡之后的要紧事项。

东山之行找到了元爪征战时死在爪哇的八位吴氏先人的故乡在东山吴家湾，吴从德族长与蒯祥大师为儿女亲家，终于恳请吴从德族长说动了蒯祥大师为苏州天妃宫设计规划。

他跑县衙批地，抬出少师姚广孝的牌子作筹码，姚广孝是永乐皇帝的谋臣，人称黑衣宰相，这是少师嘱托的项目，怀里又揣着永乐皇帝赐予的妈祖神像，七品芝麻官不敢不批。

“造天妃宫要多大的地？”县令问。

“九十九亩够了！”陈良绍答。

“好！这天妃宫供奉的是当今皇上赐予的妈祖神像，又是少师交代的项目，这是对我们吴县的光耀，我批给你一百零一亩地，在阊门外，吊桥北侧，这里紧靠开阔的护城河，南通胥江，东连娄江。即日我就派簿记去丈量划拨土地。另外，我叫簿记从县库中支取一万银两子，支持天妃宫开建，建造过程中有什么困难随时来找我！”

陈良绍想，今天县令办事怎么这样痛快？其实，少师早就给县令发了指令。少师是一品大员，县令只是七品芝麻官，当然要放在心上来办好这件事了。

建造天妃宫的地批下来了。这时，随着郑和下西洋的威名天下传扬，各地正兴起建造妈祖天妃宫的热潮，他要把苏州天妃庙建成天下第一，只有建成天下第一，才能承受得住供奉天子御赐的妈祖神像。

下西洋的同行们陆续回到苏州，准备下一次航程。同行们纷纷前来看望陈良绍，陈良绍与下西洋的同行们介绍建造天妃宫的设想，他说：“妈祖的精神是仁人仁心，救苦救难，在这一点上与我们医生的精神是一致的，所以我们要在苏州建一座天妃宫。”

匡愚说：“我建议在天妃宫中要建几个配殿，如药王殿、华佗殿。还要请以诚兄把我们在西洋各国建大明永乐医局的事画在药王殿、华佗殿的壁画之中。”

郁震附和说：“请铁庵兄提供我们从西洋各国采集来的海药图录，也请以诚兄把它描绘在药王殿的壁画中。”

绍兴的马欢得知苏州要建天妃宫的消息，也赶到苏州，他说：“我非常赞赏各位提出的在苏州建天妃宫的设想，我们下西洋一直是在海上行船，与龙王打交道，我建议要建一座龙王海神殿，把水仙神享祀其中，千江万河皆通海，顺水顺波行无疆。请以诚兄把一路上的海路路程描绘在其中。”

陈良绍说：“马兄说得有理，水仙神配祀龙王殿，缥缈曾梦见过龙女和柳毅，是两位神仙搭救了缥缈啊。与水利、江海相关的事都是与下西洋相关联的，也是妈祖保平安的疆域。”

陈良绍带着县令批得的土地地形图和众人对建造天妃宫的意见赶到香山去见蒯侍郎，请蒯侍郎设计时一并考虑。其实蒯侍郎肯接下此设计任务，也是少师托付过的。京城皇宫里的建造任务很忙，皇宫的总设计师其实是少师，他这个工部侍郎只是把少师的设计构想具体落实而已。少师关照的事，他这个侍郎是一定要办好的。他加班把苏州天妃宫的设计图样画好了，有天妃宫正殿，有药王殿、华佗殿、龙王海神殿等配殿，正对着天妃宫有一个大戏台，可供唱戏，娱神娱人。有大片的花园，花园中一曲折的大水池，亭台楼阁假山曲廊绕着水池建造，绝对的苏州园林特色，供下西洋的医师们和下过西洋的船员们及游客信众茶聚交流。

蒯侍郎的设计方案中将天妃宫花园的水池与护城河连通起来，那条河叫满剌加河，花园内的水池叫西洋，护城河那边就当作东洋了。满剌加河上架一座拱桥，便利百姓通行。花园的水池中造一座不系舟，不系舟是固定的石舫。护城河边泊那条三桅船。三桅船有船员驾驶，可以东航昆山太仓直抵海上。向南可以远航太湖、杭州。不论石舫还是三桅船中，都放置一些下西洋时带回来的物品，如珊瑚、玳瑁、象牙、犀角之类，挂上下西洋医生们的诗词书画，进了船就想起下西洋的征程。这两条船的设计超出了陈良绍等一行医师的想象，蒯侍郎的构想令下西洋的医师们叫绝。

蒯侍郎将设计图和一应建造方案交由香山帮的匠人们施工，他就急着赶回京城去了。

听说苏州天妃宫将供奉永乐皇帝御赐的天妃雕像，苏州的富户、信众纷纷前来捐款，陈良绍请来贺九岭黄大仙的徒弟、玄妙观的小道士和陈氏医室的徒弟三人前来记账，嘱咐他们一分一厘的出入都要记得清清楚楚，将来要刻石公布于众。

香山帮的匠人们也是加班加点地施工。陈良绍连家也不回了，就搬了铺盖睡在工棚内里里外外地照应。陈以诚是画家，大家提议要在天妃宫中画上下西洋的种种壁画，这壁画就交给陈以诚来画了，那位会捏泥巴塑像的杜兰尼作为陈以诚的助手一起来设计构思壁画。

陈以诚和杜兰尼接受了画壁画的任务，也搬了铺盖住进了天妃宫建筑工地的工棚里。他的心中早就有了画面，那就是郑和下西洋的船队和他们一路上做的事情，陈以诚很快就画出了样稿，画面有：海浪涛涛，巨舰巍巍，妈祖引领，破浪前行；海盗横行，海兽出没，郑和挥剑，海宇澄清；邪神作恶，瘴疠肆虐，神医施药，医局治病；锡兰拜佛，狮岩风情，惩恶扬善，敕封新王；满剌商市，中转码头，帆樯如林，帅旗猎猎；天方朝圣，大漠烽烟，驼队串铃；万邦来朝，长颈麒麟，神兽献瑞，胡姬舞袖；海龙吐涎，沉香成林，袅烟升天，歌舞升平。共计八幅。

匡愚、郁震、费信、马欢等看了个个都说好，郁震提出可以再加上两幅：朝拜天妃，始发刘港，大帅挥手，万众送行；牵星扬帆，飞鱼引航，海岛列张，番邦欢庆。来个十全十美，见画如同重下西洋，再游瀛涯。费信和马欢这两位通事，从民俗的角度，对画面中的人物形象、服饰打扮、村寨背景等细节提出了修改意见。

陈以诚接受了大家的意见，增加了两幅壁画，对壁画的细节作了修改。陈以诚过去只在宣纸上作画，一般用的只有四尺整张的，在高大宽敞的白粉墙面上倒从来没有画过，要制作这么大面积的壁画，靠陈以诚和杜兰尼两人是很难完成的。陈以诚和陈良绍走访了苏州的寒山寺、灵岩寺等几座寺庙，里面的壁画都是几十年前甚至百年前的了，要找到画壁画的人已经很难了。他们来到了支硎寺，寺内的壁画倒是新画上去的，询问寺内的住持，壁画为何方画师所作，住持告曰："此乃苏州城内著名的壁画圣手周沈先生所画。周先生住在苏州阊门内宋仙洲巷，各地的寺庙都纷纷邀请周沈先生制作壁画。若要请周沈先生作壁画一般要半年前预约的。"

陈良绍和陈以诚得到这个信息后，立马赶到宋仙洲巷，就在一家做洗锅刷碗用的竹筅帚作坊的隔壁找到了周沈府上。敲开周家大门，转过玄关，是一座小巧玲珑的花园，花园中养着几盆兰花，幽香阵阵。周沈正在画室作画，画作上点着一支奇楠香，周沈正全神贯注地临摹《簪花仕女图》。

终于周沈搁下了笔，互通了姓名后，周沈招呼陈良绍和陈以诚落座。

陈以诚问："这《簪花仕女图》？"

周沈说："这《簪花仕女图》是祖传的宝物。"

陈以诚问："你是唐代大画家周昉的后人？"

周沈说道："先高祖唐代时曾在江南越州、宣州一代为官，有一支周氏后人便留在了江南，我就是先祖周昉留在江南一带的后裔。传到我这一辈，手上只传下这一幅《簪花仕女图》了，我也不时地梵香膜拜临摹，得着些许'周家样'了。"

陈以诚对着周昉的《簪花仕女图》就行起了三叩大礼："小弟从小随祖父、父亲学画，祖父、父亲一直念叨周昉的大名，口口声声地说着'周家样'中画女子的特征：目波澄鲜，眉无连卷，朱唇皓齿，修耳悬鼻四句话十六字，今天才有缘一睹真迹。真是三生有幸，三生有幸啊！"

周沈说："谢谢陈先生对先祖的褒奖。两位今天造访，可是为画壁画的事？"

陈良绍便将苏州建天妃宫的缘由向周沈作了介绍。陈以诚则拿出了十幅下西洋的壁画图稿给周沈看，说道："我们只会在纸上作画，要把它画到那么大的天妃宫的墙面上实在是无能为力，今天特来恳请先生为天妃宫作壁画。"

周沈看得饶有兴趣："这些壁画图稿是我见所未见的画面，十分生动传神。我画了几十年的佛教壁画，都是固定了的维摩诘经变、天王镇妖、西方净土、天王送子等一成不变的图样，我早画腻了，你们这生动活泼下西洋壁画我画定了，虽然早就有几家寺庙邀请我去画壁画，那等我画好了天妃宫的壁画再说。"

陈良绍和陈以诚听周沈说得那么恳切，十分感动，一起站起来向周沈作揖。

周沈说："说干就干，我们马上就到阊门专诸巷去预订颜料去。我初步估算了一下，这十幅壁画大概有六十平方丈的面积，要用各种色彩，有的用量较大，且加工不易，选用的矿物颜料首先要寻找矿物颜料产地，专业鉴别、精心挑选。其次对采集的矿物进行分类、粉碎、去杂、研磨、沉淀、漂洗、分色后再加工制作。其中，研磨环节又有淘、澄、飞、跌四个步骤。淘，是指将矿石研碎，用水淘洗去杂质泥土；澄，是用乳钵将淘洗后的颜料研细，兑入已经制作好的动物胶水进行澄清，较轻的淡色上浮，重色的部分下沉；然后把上浮的部分撇到另一碗碟中，这叫飞；跌，是留下下沉的中色和重色部分，分别研磨，才能分出色差来。这需要时间，要他们赶紧采购矿石，加工磨成粉。而岱赭、黄土、白土、白垩、黄赭石这些土用量大，还要漂洗选料，并且马上就要和在泥土和石灰中上墙打底。"

周沈先是跟着陈良绍和陈以诚来到阊门外的天妃宫工地，与粉墙的工人师傅再三叮嘱了将作为壁画墙面的泥面和粉刷的要求：头遍粉墙的黄泥中要加隔年的麦芒，使泥墙有张力互相牵引，不会剥落；第二遍粉墙的石灰中可加适量的稻草灰，如有花椒少量加些花椒最好，稻草灰吸湿，加花椒墙面不会霉变；第三遍粉墙时要等他来调料，石灰泥中要根据不同的壁画板块加进不同的底色。

陈良绍和陈以诚马不停蹄地跟着周沈来到了专诸巷，专诸巷里有刺杀吴王僚的刺客专诸的墓，整条巷子里传出的是叮叮咚咚、丁零哐啷的声音，给人杀气腾腾的感觉，其实巷子里是百业工匠劳作传出来的声音，磨水晶的砂轮叽叽刺耳，琢玉的叮咚不息，片明瓦的呱呱刮削，磨石粉的轰隆轰隆，打铁的叮叮当当，熬胶的传出怪味。这里刺客的杀气早已埋葬，现在是百业兴旺，热气腾腾。周沈与几家颜料铺都熟悉，有的颜料铺是磨石粉的，有的是刮削明瓦的，有的是炼胶的，还有一家是打金箔银箔的，壁画中也要用到少量的金箔银箔。周沈预订了各种数量的颜料，陈良绍向各家颜料铺预交了定金。陈良绍也向周沈预付了五千两壁画制作费。

陈良绍和陈以诚把周沈送到了宋仙洲巷。陈以诚说："哈哈哈，这条巷名为宋仙洲巷，一开始让我想象着巷里有些仙气，原来却是有一家作竹筅帚的作坊而得名的，俗事用上仙名，想是在戏弄人。后来进了周沈家，竟看到了周家祖传的唐代画家周昉的《簪花仕女图》，这筅帚巷改名仙洲巷倒是名副其实的了，苏州这样的巷子里不知藏着多少仙人仙气呢！我们能在仙洲巷里遇到唐代大画家周昉的后人来为天妃宫作壁画，也是仙事一桩啊！"

陈良绍说："我从小在苏州，倒不知道小巷里还藏着这么个人物呢，天下之大，我们都去探知，小街小巷倒不知底细，唉！"

两人回到天妃宫的工地又忙开了。

陈以诚回到天妃宫工地，先是把十幅壁画的草图修改后定稿，形成线描图和着色图两种画稿。他和杜兰尼把线描图放大后白描在壁画的墙面上，周沈壁画师按照陈以诚的着色画稿在墙面的白描图上标上相关的色标，同一种颜色在不同的部位会标上不同的色差，如石绿分为头绿、二绿、三绿、四绿、五绿；石青分为空青、扁青、沙青、曾青；云母又有白云母、绿云母、金云母、黑云母之分等。

在制作壁画的过程中，陈以诚学到了很多，但大多数情况下只能作为助手供使唤，而杜兰尼因为是捏泥人出身，倒很快进入了角色，从起稿到涂染颜色，人物大体形象已经具备，但还没有完全定型，最后用墨线沿着人物面部晕染过的部位勾描出脸庞轮廓、五官、四肢、手足指节、衣裙，这样才算完成了人物的整体造型，接着再用浓墨线重描一次眉毛、上眼皮、点眼仁、合嘴线，人物神韵顿时显现。在做最后一道提线工序的时候，杜兰尼就完全可以与制作壁画的师傅一起干活了。

这一天，费信来到在建的天妃宫。他看到天妃宫中有戏台，说道：“我走遍了海内外，听过各种戏文和山歌，最好听的还是我们的昆腔，千转百回，轻抹细揉，如暑天里喝着酸梅汤，像寒冬中捂着热手炉，似酥手抓着了痒痒处，犹金针扎中了穴位里。”

一众人听了费信的这几句比喻，都笑了起来。匡愚说：“费通事倒像是陈以诚教出来的一样，说的话酸甜苦辣都配齐了。”

费信说：“我可没有陈大师的博学广闻，我只晓得我们家乡人喜欢听昆腔。我出生在昆山千灯，说起千灯的名称，倒也与我们是水乡有关，沟河纵横，淡荡相连，人们出门就得乘船。白天里，人们辨得清方向，可一到晚上，就不辨东西了，常常有船泊晚上找不到回家的路，甚至翻了船，死了人。于是，乡里约定晚上三更前家家门前要挂上灯笼，让晚上航船的船家看着灯火辨识方向。千灯通明，成为一景，镇名也就成了千灯。亮着灯的夜晚，人们便在灯光下寻乐子。元代末年，镇上有位读书人叫顾鉴的，书读得好，看穿了官场腐败，不求仕途，喜欢结交名士，常与‘风月福人’杨铁笛、‘风月主人’倪云林、‘风月异人’顾阿瑛交往。这三位风月异士，都是精于南辞，善作古赋，度词拍曲，看穿人生，追风弄月之人。顾鉴先生带着他的儿子顾坚一起与这几位风月骚人玩，这顾坚从小聪明好学，口齿伶俐，他搜集整理了《风月散人乐府》八卷，并在此基础上推敲琢磨，形成一种号称昆山腔的曲调。洪武初年，顾阿瑛被发配到凤阳修皇陵，直至客死他乡。后来经高人搭救，顾阿瑛的孙子顾品莲回到了昆山东亭，后来又拜在顾坚门下学习昆山腔，并在家组织昆曲班子。现在唱昆曲唱得好的非顾品莲家的昆曲班莫属。我提议在天妃宫落成开宫的那一天请顾家昆曲班来唱昆曲。要唱就一定要唱昆曲，找一位昆曲名家来编戏填曲，而且要唱一出郑和下西洋的昆曲。”

众人都说费信的提议甚好。

找戏班子倒可以缓一缓再说，当下最重要的是要有演出的脚本，找谁来编戏填曲呢?

“梁同轩，梁翰林！”匡愚、郁震、陈良绍异口同声。

梁翰林同轩先生不但是陈良绍的诗友，还曾带领他和匡愚、郁震去西山拜访甫里翁，讲述吴凌云下西洋的故事，他们随郑和下西洋就是受梁同轩老先生的启发和鼓励，陈良绍回到苏州曾去拜访过梁同轩，只是梁先生近来身体不好，行动不便。

匡愚说：“一定要请梁翰林来编一出海医的戏。”

郁震说：“编海医的戏，梁先生是最好的人选。”

这一天，陈良绍雇了一条画舫和一乘小轿，把梁同轩老先生抬到天妃宫后花园的书房中，点了一炷龙涎香，梁同轩只在笔记小说中听说过龙涎香，却从来没有闻过真香，此香如一缕青烟直上青天，不乱，不散，不弥，不漫，香气幽雅，直达天庭。

梁同轩一下子来了精神，说道：“这是天香呀，本来只有皇帝才能享受的天香，今天我这腐儒也能享受天香，多谢各位啦！这出昆曲我一定要编，其中一出一定有吟唱龙涎天香。”

第二天，梁翰林把昨晚一边闻龙涎香，一边填的“天香曲——龙涎香”词唱了起来：

烟峤收痕，云沙拥沫，孤槎万里春聚。
蜡杵冰尘，水研花片，带得海山风露。
纤痕透晓，银镂小、初浮一缕。
重剪纱窗暗烛，深垂绣帘微雨。
余馨恼人最苦。

染罗衣、少年情绪。
谩省佩珠曾解，蕙羞兰妒。
好似芳钿翠妩。
恨素被浓熏梦无据。
待剪秋云，殷勤寄与。

一曲终了，引来掌声一片。

为了便于梁翰林编戏填曲，陈以诚和众人领着梁同轩一边看天妃宫的壁画画稿，一边讲述壁画中的故事。这些海医和通事以他们亲身的经历讲述壁画中的生动故事，梁同轩听得津津有味，不时提问，反复追问。

梁同轩说道：“看了壁画，听了故事，如身临其境，感同身受，我想写的这本昆曲就叫《大明海医》，讲的就是咱大明朝的医师随郑大帅下西洋到各国采药治病救人的故事，写的是你们亲身经历的故事。妈祖庇护了你们，你们救治了大明病人，也救治了外国病人，你们也是妈祖。”

陈良绍一众深受鼓舞，齐声说：“谢谢梁翰林！”

梁同轩说：“我应该谢谢你们才是。这一首唱颂妈祖的曲子，既是颂扬天妃妈祖的，也是献给各位海医的。”

一勺泉甘，半袍浪湿，实济云屯万旅。
两卷内经，全活疲民，稳渡星槎道途。
海不扬波，龙涎香、克清疠瘤。
天上有妃降福，何愁恶浪腾舞。
施惠遍利工贾。

岐黄术、儒医最著。
精研易理证辩，难经重谱。
碧海光耀吾绪。
喜永乐医局遍岛渚。
归来看时，万邦沐露。

陈良绍等热烈鼓掌，盼剧本《大明海医》早日定稿，于明年三月二十三日，天妃诞辰日天妃宫落成大典时开演。

【第六十二回】

梁翰林出山访品莲　并蒂莲花开敬天妃

通事荐行家里手，翰林觅昆曲伶员。

医师拜晤昆山顾，道衍赋诗示品莲。

近来天妃宫正热火潮天地开建，正值郑和统率的下西洋的船队回国休整，陈以诚、匡愚、郁震、陈良绍几个铁哥们，就搬了铺盖一起同吃同住同筹划。费信、马欢、沈舟等苏州周边的下西洋的伙伴也时不时来到苏州天妃宫的工地，他们可以和下西洋的同伴一起喝茶聊天，一起谈天说地，只有他们在一起才有共同的语言。真所谓百年修得同船渡，千年修得共枕眠。下西洋的同伴虽不是夫妻，但大家同乘一条船、同吃一桌饭、同睡一船舱，同生死共患难，常人无法理解他们的感情有多深。

这一天，众人又议论到苏州的天妃宫要有苏州特色，苏州特色就是天妃宫要造得精致，要有亭台楼阁。既要娱神，也要娱人。苏州天妃宫有后花园的设想，并请蒯鲁班设计了方案，但那还是画在纸上的草图，如何落实，还得请行家里手来具体落实。

这一天费信又来了，他听大家在议论造园的事，便说："我上次介绍的那位顾品莲只要肯来苏州，就既可解决演昆曲《大明海医》的事，也可落实天妃宫后花园的设计事项。花草树木，顾品莲了如指掌，他家的玉山草堂你们可以去看看，如同人间仙境一般呀！顾品莲是元末昆山名士顾阿瑛的孙子，他继承祖业，把玉山草堂扩建成为玉山佳处，别墅内有亭、台、楼、阁数十处，特别是园池中种植的并蒂莲号称一绝，相传荷种来自西洋佛国，这些并蒂莲中有‘双萼并头’‘九品莲台’‘四面拜观音’诸形，最多有花茎顶端簇生十三个花苞的。为了防止外人盗掘，他家的荷池池底都铺以石板，在石板上钻出如莲房一样的孔洞，荷梗便从孔中钻出，别人无法盗种，成为一绝。顾品莲的祖父顾阿瑛才情妙丽，广交天下文友墨客，饮酒赋诗，踏曲品画，文会之盛，冠绝一时。顾品莲传承了祖父的衣钵，也是当代造园圣手、昆曲名家。如能请得动他，不但苏州天妃宫的花园可造得冠绝天下，移来并蒂莲供奉天妃娘娘也是绝品无双，更兼得他可调来他家中昆曲戏班子，演出昆剧《大明海医》那是不二之选了。”

众人听得费信如此崇拜式的介绍，对并蒂莲的美妙很是好奇，只是如何才能请得动顾品莲的大驾呢？据说顾品莲清高孤傲，不好打交道。

有人提议实在请不动顾品莲大驾，只得请官府出面了。

陈以诚说：“请官府出面，犹如绑架，那是万万不成的。这些士绅清高，一谈钱便觉俗气，一见官就觉逼迫。请顾品莲一不能谈钱，二不能用官威。说起昆山顾氏，他们是南朝学者顾野王的后裔，世代为官，到了元代，顾氏不愿为官了，顾阿瑛十六岁始便遵父命，一心治理产业，擅陶朱之术，经营有方，与周庄的沈万三一样，在经营航运业、海外贸易方面如鱼得水，富甲一方。顾阿瑛在元代虽曾被封过四次官，但都是迫不得已，每次都是辞官不就或见好就收。第一次是元至正初年（1341），授浙会稽教谕而避之。第二次是至正九年（1349），让其侄子顾良左代任。第三次是至正十四年（1354）二月，江浙行省参政董抟霄时任水军副都万户侯，治所在昆山州，邀顾阿瑛佐治军务，时海匪猖厥，海疆不宁，也影响他们的海上贸易，顾阿瑛遂领命巡海，利用智慧和人脉，招安海匪，化敌为友，使千艘粮船得以顺利由娄江出海运抵大都。由于顾阿瑛治事有方，董抟霄举荐他为昆山知州，但索要价值三万斛粟粮，这等于是叫顾阿瑛出钱买官，顾阿瑛坚决拒绝。第四次则在至正十六年（1356），吴王张士诚割据江南，欲强逼他以官，顾阿瑛便削发作家僧，坚决不从，临死还立下遗嘱，要后代子孙安分守己，不与官府交接。到了大明开国，洪武皇帝把他迁到凤阳去筑皇陵，顾氏这样的经历，派一个地方小吏就能请得动吗？”

匡愚有点不耐烦了：“书蠹头放了半天屁，却没说出个如何请得动顾品莲的办法来，放屁也不臭！”

陈以诚也不理睬匡愚的讥讽，继续他的说辞：“顾阿瑛深知躬耕海疆的重要性，因为顾家财富的积累就得益于海上贸易和海运事业。但当政者既想得利，又怕大海，因为大海不同于陆地，骑着马可以通达高山平原草地水泽，而大海风浪阻隔，深不可测，广不知边。不知便有惊恐，不晓便生疑虑。虽如洪武帝这样的马上争得天下的皇帝，登上皇位后也就颁下片板不许下海的禁令。洪武帝与陈友谅在陆地上打，横扫陈友谅，但打水仗，他却不是陈友谅的对手，于是他便对水有了恐惧感。”

匡愚又开了腔：“当心你的脑袋，对先皇大不敬会掉脑袋的！”

匡愚说：“书蠹头，快别说了，听得怪难受的。说了半天，还没说到如何去请顾品莲来为天妃宫种树种花演昆曲。”

费信倒是喜欢听陈以诚和匡愚两个人掰叉头的。两个人掰来掰去倒是能掰扯出不少书本上学不到的学问来。费信是个喜欢学习的人，他当通事，就是在太仓六国码头上跟外国人学的波斯语、马来语、希伯来语、爪哇语。那时可没有外国语学堂，他就用昆山话音来标记外国人的发音，再当着外国人的面读出来，指事、会意地对照着，日积月累，就学会了，被郑大帅知道了，便被选上当了通事，派上了用场。

费信听得大家急着问何人可以请来顾品莲来天妃宫种树栽花唱昆曲时，脑子里想了一想，自己虽然推崇顾品莲，但是自己的资历太浅，请不动顾品莲，但他听闻少师姚广孝对顾家有恩，只要姚广孝说一句话，顾品莲肯定会移植顾家的并蒂莲到天妃宫来，唱昆曲《大明海医》的事也会接下来。但此事不能公开讲，费信便单独悄悄地跟陈良绍说了少师姚广孝有恩于顾家的秘事：

“良绍医师，洪武年间，昆山顾家曾被发配到凤阳修皇陵，顾阿瑛痛惜自己创下的玉山草堂的那摊子家业，顾阿瑛与姚广孝的父亲有交往，他便悄悄给姚广孝写了一封求救信。据传信中只有短短一句话：求放归孙辈品莲，愿一溪花开，光辉大明。顾阿瑛客死凤阳后，姚广孝后来便以‘一溪花开，光辉大明’说动了永乐皇帝，放归了其孙顾品莲，得以重振玉山草堂，重建昆曲戏班子。你与少师是同乡，交情深厚，若少师发一句话给顾品莲，请动顾品莲不在话下。”

陈良绍说：“谢谢费信小弟如此热心，方便时我来与少师联系一下，此事请别外传。”

陈良绍得知费信透露的这一消息后，不声不响地给姚广孝写了封信。姚广孝很快便复信给陈良绍，并附上一只精制的长条红木盒子，盒子上由少师写着“品莲贤侄亲启”。

为了掩人耳目，陈良绍又邀请了编《大明海医》剧本的翰林梁同轩作说客。

这一天陈良绍雇了一条画舫，接来翰林梁同轩，出了娄门，张开白帆，沿着娄江向昆山正仪驶去。到了正仪地界，画舫折北划过景福桥、盛安桥，到绰墩下茜泽傍岸，两人上岸后向顾家玉山草堂去拜访顾品莲。

门房前去通报，这时顾品莲正在与家里的昆曲班拍曲，听说梁翰林前来拜访，马上赶到大门前迎候，向着梁同轩深深一揖道：“翰林大人前来寒舍，有失远迎，请！”

梁同轩也是深深一揖，说道：“近来老朽腿脚不济，久不来贵庄听曲了，两耳灌进的都是市井之声啊，今天特来贵庄听听雅乐，一洗恶俗！”

顾品莲把客人让进客厅，吩咐仆人上茶。

“梁翰林一定是带了新的曲本，来让我们小辈欣赏学唱一番吧！”顾品莲说。

梁同轩是顾品莲的前辈，与他的祖父、父亲就有来往，多年来常有曲子供顾家昆曲班子拍曲。那时他还小，但已经咿呀学唱，闻说了梁同轩翰林的大名。

梁同轩指着陈良绍说：“我来介绍一下，这位是苏州城里陈家诊所的主人陈良绍医师，刚从西洋回来，正在苏州城里筹建一座天妃宫。”

陈良绍站起向顾品莲致意：“久闻品莲贤侄大名，这次下西洋有幸与少师同行，他为贤侄写了一首诗，托我带给你！”随即双手捧出装着少师诗屏的红木盒子交给顾品莲。

顾品莲也向陈良绍作揖：“幸会，幸会。与少师道衍、梁翰林游者绝非俗流！”双手接过红木盒子，当即开启，黄绫装裱的诗轴徐徐展开，少师用楷书写着：

品莲贤侄雅正

一溪花盛开，借朵奉天妃。

昆腔曲清雅，妙音颂大明。

和尚道衍佛前书

“妙，好！”顾品莲和梁同轩、陈良绍齐声赞颂。

顾品莲略一颔首，已经明了诗意。其实这就够了，比写一封信，要求顾品莲为苏州天妃宫做这事那事要好得多，话不明说，给别人做的好事更不需要说明，两下明白便好，人情世故不是讨债要钱，凭的就是面子。一首诗主人就明白两者的关系，少师赠诗给小辈，那更是给足了顾品莲的面子了。这首赠诗不是寄达，而是由陈良绍亲自登门转呈，那陈良绍与少师的关系当然也非同一般了。后面的事由陈良绍他们去与顾品莲直接商量，这既给足了顾品莲的面子，也给足了陈良绍和梁翰林的面子。

顾品莲展示欣赏一通后又小心卷起，珍重地装进红木盒子里交与下人收藏。

梁同轩喝了一口香茗，说道：“老朽应陈医师之邀写了一个《大明海医》的昆曲本子，前来献丑，如蒙不弃，想请顾家昆曲班子来演这本《大明海医》哩！”

梁同轩又喝了一口香茗说：“顾家的茶真香啊。我这本《大明海医》写的是随郑和下西洋的医师们的故事，稀奇古怪，大仁大爱，不知顾家班子是否喜欢！”

顾品莲说道：“梁翰林是大手笔，您老的每一个曲子，顾家班子都喜欢，想来这《大明海医》一定是精心之作，否则不会亲自送来鄙庄的，哈哈哈，快把剧本拿出来吧，我已等不及啦！”

梁同轩双手送上《大明海医》曲本，顾品莲双手接过。

刚一过目，便看着曲本唱上了：

浩浩荡荡，波涛滚滚，星槎西洋破水。

炎火痨瘴，梦深薇露，化作断魂心字。

红瓷候火，药香炽、冰环玉指。
一缕幽帘翠影，依稀海天云气。
几回血痕肢碎。
剪夜灯、擦拭拼堆。
更瞧占城尸头，热疯昏闭。
荀令柴胡石膏，总忘却、屎面臭风味。
谩余熏，龙涎香被。

“奇、妙、好！”顾品莲连连叫好，“这本《大明海医》我们顾家班演定了。”

梁同轩说：“好！一言为定。不过这《大明海医》不是在玉山草堂演，要到苏州天妃宫去演出，它是献给天妃娘娘的一出戏。”

陈良绍说：“我们下西洋的同人，深受妈祖一路庇护，回来后正在苏州筹建一座天妃宫。”

顾品莲说：“噢，祖父旧时搞海运，搞海外贸易，也深受妈祖庇护，也曾在娄江边建过一座天妃宫，你们在苏州建天妃宫，颂扬妈祖恩德，正合我意，我捐银九千。”

梁同轩说：“这座天妃宫非同一般，供奉的是当今永乐皇上御赐的妈祖神像。他们筹建的资金已够了，不劳贤侄破费，只想来贵庄借一圣物供奉于天妃娘娘神像之前。”

顾品莲说：“区区九千，我捐定了，这是我敬奉妈祖的一点心意，请别嫌弃。需要何物，尽管开口。”

梁同轩说：“贵庄花园荷花池中压在石板底下的并蒂莲种藕一茎！”

顾品莲哈哈大笑，梁同轩和陈良绍以为是顾品莲拒绝了。

陈良绍说：“如有冒犯，请贤侄谅解。”

顾品莲却说：“两位误解了，以为玉山草堂荷池中压着石板是怕人盗并蒂莲的藕种，其实这是为不让荷花疯长，塞得满池碧绿，像个莲田模样。并蒂莲虽是家父从西洋佛国请来的圣物，但既然是供奉于苏州天妃宫中，我一定奉送，并要亲自前往种植，包种包活，定时开花，敬奉天妃。”

梁同轩和陈良绍如释重负，双双起立向顾品莲拱手致意。

梁同轩说："顾家真是造园圣手，市井上只说顾家把并蒂莲压在石板底下是怕人偷种，原来如此，高妙无比！"

陈良绍说："苏州天妃宫正要建一处后花园，这后花园要造一区莲池，有顾家西洋奉迎来的圣物并蒂莲养在其中，真正是功德无量啊，只怕我们建的后花园、莲花池俗不可耐，还请贤侄多多指教一番呀！"

顾品莲说："指教谈不上，若不厌弃，何不到鄗庄草堂一游，若看得上眼，我带上家丁来帮苏州天妃宫的后花园种草种花种树，如何？"

顾品莲带着梁同轩和陈良绍在玉山草堂环游一周。

梁同轩说："我已多次游过玉山草堂，四时风景皆不同，顾氏造园可称圣手，能请得动品莲贤侄亲自为苏州天妃宫后花园作园艺布置，真正是求之不得啊！"

梁同轩又说："贤侄，你不但是冶园圣手，也是昆曲名家，由你家传的西洋并蒂莲供奉妈祖，并由你家的戏班子来演出《大明海医》娱神娱人，那是真正的双绝呀！"

顾品莲说了一番话，倒让陈良绍和梁同轩大吃一惊：

顾品莲说："我祖父临终前说过，谁都不知道我们昆山顾家和沈家是如何发家的，其实我们两家都是靠大海发的家，我们顾家和沈家都有良田万顷，我们租田给佃户，是个大地主不错，但是真正的地主能发多大的家？要向国家缴田亩税、人丁税，一到旱灾水灾蝗灾，上至皇帝，下到官吏佃户，都盯着地主家的粮仓，不开仓赈灾，官方通不过，良心通不过，年年大大小小的灾荒都有，能发多大财呀？地主也就是夏收和秋收的季节快乐两天。围着土地田块打转转，能见多大的世面，天晓得。

"人人都说沈万三在湖里捞了一只聚宝盆，他是编故事，遮人耳目，其实我们两家都有海船几十艘上百艘，海船就是我们与沈万三家的聚宝盆呀。我们把江南的丝绸、瓷器、百货运到海上，换来国人抢手的香料、玳瑁、燕窝、鱼翅，海上贸易获利那是比米粮获利多几倍几十倍的。我祖父是出过海的，沈万三怕海，晕船，是个旱鸭子，他没有出过海，出过海与没出过海的相比，见识就要天差地别啦。在海上要与海浪搏斗生死，要与海匪纠缠互相利用，要与官家打交道卖通买通，我们与外国人做生意互通有无，又斤斤计较，我有的人家没有，人家有需要，就可以交换，就可以赚钱。人家有的，我们没有，我们有需要，我们就把它买回来，同样可以赚钱，踏浪到天涯，看穿了生死，人才豁达狂放。

“祖父与沈万三相比，确实两相不同。沈万三财主一味结交官府，先是将女儿送给吴王张士诚为妾，替张士诚树碑立传建功德碑。朱皇帝得了天下，在应天府建都，沈万三又去拍马屁，为京城修城墙，还要犒劳三军，结果马屁拍在马腿上，差点掉了脑袋，发配云南，客死途中。我祖父与沈万三不同，元朝三番四次要请他做官，他推了又推，最后没法，修了个家庙，剃了发在家中当和尚。他结交的是天下的文人、会玩的人。他们在一起饮酒、拍曲。拍曲还觉得不过瘾，也只一二人应和两句。他去过爪哇，应邀观赏了王宫中演戏，虽听不懂他们的语言，但是演员的动作，剧情的发展，通事的翻译告诉他，这叫什么《摩诃婆罗多》《罗摩衍那》，有唱有跳，有打有闹，有故事，有情节，比说书说的更丰富更出彩，这叫演戏。

“还有，你们停船的地方，有一个平顶大土墩，高三四十丈，围三百余丈，唐玄宗时期的伶人黄幡绰就葬在这处高墩上，人称绰墩山。黄幡绰擅演参军戏，常与诗人张徽搭档演出，一度轰动帝京。黄幡绰晚年流落江南，出入豪门，为这一带缙绅教练歌伎，留下了不少唐音歌调，当时非常流行，尊为正声。我祖父父亲辈和顾鉴、顾坚父子他们一起根据民间流传的唐音歌调切磋成为昆曲的水磨腔，又把才子佳人、帝王将相的故事情节写进昆曲之中，改皮影戏或木偶戏的表演由生旦净末丑的角色来演出，动作更生动，唱腔更清雅，有场次分段串联，每场又有多出，变换情节和场景，故事在这样的演出中连贯完整，倒也深受人们喜欢。”

顾品莲深情地说道：“在编剧的过程中，梁翰林多次参与其间，与我们顾家昆曲戏班密切合作，深知个中滋味，今天顾家班能与梁翰林再次合作乃是大幸也。”

梁同轩回忆那段经历说：“那还是在元朝末年呢，当下已是友人多已去，新人说往事了。这段经历如今能由贤侄品莲继承下来实属不易，我这次来竟然还可以与顾家新班子合作编演一场昆曲《大明海医》，也是我人生中的最后一场大戏了，确属大幸也。”

陈良绍说：“我在爪哇办永乐医局的时候，倒也到王宫中观看过爪哇皮影戏。这场皮影戏整整演了一个晚上。我从中看到旷世的征战、英雄的牺牲、发生在天神间的凄美爱情、反映人性的喜怒哀乐。那场皮影戏演的是爪哇人的历史故事，是宗教宣扬，是文化课堂，同时也是绝佳的娱乐，但另一方面我觉得太闹腾了点，唱便是哇呀呀地嘶叫，配合铿铃哐啷地敲打。我曾经想恳请郑大帅派人去爪哇学习皮影戏，但最终没能成行。顾老前辈能从爪哇皮影戏中得到启发，传承唐代参军戏的精华，把宋词元曲糅于其中，演化出绝美动听、情节动人的昆曲来，真是国人之福啊！《大明海医》能由昆曲来演唱，那更是我们这些下西洋的医师们的福气啊！”

顾品莲又说道：“在《汉书·食货志》里，班固对‘食’与‘货’这两个字做了明确的解释：‘食谓农殖嘉谷可食之物，货谓布帛可衣，及金刀龟贝，所以分财布利通有无者也，二者，生民之本……食足货通，然后国实民富，而教化成。’可见，‘食’是指农业生产，‘货’是指农家副业布帛的生产及货币流通。有食，人可以安，货通，才可以富也，才可以强也，才可以乐也，才可以教而化也。”

陈良绍说：“贤侄说得好，下西洋之旅，不只是炫耀大明之旅，也是安宁海疆，畅通海贸之策也。我们运去了丝绸瓷器，也换来了药材、香料、宝石、苏泥麻青等，现在一批批朝贡的外国船队带着他们的宝物来我大明国，我们下西洋的船队去了东洋到西洋，互通有无，更听说随着靖海安宁，肃清了海匪，闽南浙北一带，特别是下西洋副帅王景弘家乡的百姓已经自己凑钱，打造船只，跟随在下西洋的船队后面，到满剌加、爪哇、苏门答腊去开店做生意了，他们熟悉海路，深入民间，很快就熟悉了当地的语言、风俗、需求。他们在海岸边建起高脚屋，建造土地庙、妈祖庙，与当地人打成了一片，很快便发了财。”

顾品莲说：“啊哈，好啊！如果海途安宁，海门打开，我们顾家倒也想重操旧业呢！不过，我还是想看看再说！当下我们先将苏州的天妃宫建好再说，但愿它香火一直旺盛，保佑大明的海上真正兴旺起来。”

【第六十三回】

少师传言编胜览　众医踊跃撰见闻

药师博采谱方览，通事星槎录见闻。
壁画西洋歌永匀，海途图说赞医勋。

天妃宫后花园的事就交给顾品莲了，《大明海医》的编排演戏班子也都有了着落。

却说少师姚广孝还有一桩嘱陈良绍办的大事要与各位下西洋的众人通报，那就是要各位抓紧整理下西洋见闻录，汇总后交给姚广孝，他要把这些下西洋的见闻编进《永乐大典》之中。各位喜欢摇笔杆子的都很兴奋，能将自己的诗文编进《永乐大典》传诸后世，那是何等荣耀啊。

陈良绍在传示《永乐大典》主编少师的口喻时，提出各位进呈的下西洋的见闻录时，抄录一份存放在天妃宫中，给大家交流阅读，同时，也希望各位同伴提供一些下西洋的各式物品在天妃宫中展示。

费信送来第一份《星槎胜览》后，陈良绍很是高兴，拿起费信抄写得工工整整的《星槎胜览》对在场的同伴说："费通事已送来了他的下西洋见闻录，各位都来看看，互相启发，加紧把自己的下西洋的见闻录写好抄两份送来呀。"

匡愚说："我的《华夷胜览》今晚开夜工把它抄好交差。"

陈以诚说："我没有什么胜览，我现在没工夫写胜览，等我把天妃宫的壁画与周沈师傅他们一起画好后，我画一百幅《西洋图谱》，每幅图再配一首诗词，百图百诗。"

匡愚说："你这个书蠹头总是别出心裁，不过这个主意好，你画出来，我请我们常熟的雕刻匠把它雕成版印成书，放在天妃宫出售换酒喝！"

"好！我们看了陈大师的壁画犹如重下了一趟西洋。如果陈大师画一百幅刻印出来一定会来个'洛阳纸贵'，我先预定他一百本，送给亲朋好友！我暂时就不写胜览，也画不出图谱来，我得协助李铁庵大师把《海药广览》赶快写好，印好，作为天妃宫开宫的见面礼！"郁震说。

陈以诚说："郁震兄，这倒是花工夫的活，不过你们在爪哇就已经开始编写了。这是让我们开眼界的药经呀！"

陈良绍说："是啊！爪哇永乐医局开办之初设想的是编《爪哇草药经》，请了吴巫医来编的，后来李铁庵落海获救，他在海国采药卖药，被爪哇王子请到永乐医局去和吴巫医、郁震一起编《爪哇药经》，回来后大家交流西洋医药见闻，眼界大开，足可以编本《海药广览》。"

郁震说："这部药书将是中外医药界合作的产物，它促使海外诸国运用中医理念制作药材提高药效，也是中医扩大眼界，大开中医药源，向海国交流学习的途径。"

隔了几天，李铁庵终于把《海药广览》整理抄录了两份送到了苏州天妃宫。

《海药广览》是李铁庵深入岛国民间，踏遍西洋海岛，用他的传奇经历和辛酸甘苦写成的。

李铁庵对每一味药材按照提出释名、辨疑、性味、主治、附方等五项内容都做了系统分析，这五项也不一定每味药全有，各列三五项不等，他说对这些海药的认识还有待治病的实践来验证。

少师姚广孝读了李铁庵的《海药广览》后，欣然为其作序：

楚蕲阳李君铁庵，字黑犬，幼多羸疾，质成钝椎，长耽典籍，若啖蔗饴。遂渔猎群书，搜罗百氏。凡子史经传，声韵农圃，医卜星相，乐府诸家，稍有得处，辄寻而备考。

蕲阳山高水长，物产丰饶，然阴雨地湿，民多贫困。李君不思仕进，不结交官府，喜与药工往来，登山涉水，辨物采药，采录民间丹方，曾有《本草辨析》一书刊行，百药描摹详尽，以利药工采集。设药铺，研药制药以救民病。

闻三宝下西洋，欲开眼界，采海药以增药效，欣然应征。因海上巡诊而落水，幸遇渤泥翁救起，与翁女成婚，在渤泥国采药卖药以苟活，爪哇王子受三宝郑和所托，寻获铁庵，入爪哇永乐医局，与巫医切磋，踏遍海国山野海滨，访诸孤老，眼界大开。诊医之余，博闻详记，终编著成《海药广览》一书，予开卷细阅，每药标正名为纲，附释名为目，正始也。次以集解、辨疑、正误，详其土产形状也。次以气味、主治、附方，著其体用也。上自坟典，下及传奇，凡有相关，靡不备采。如入金谷之园，种色夺目;如登龙君之宫，宝藏悉陈;如对冰壶玉鉴，毛发可指数也。博而不繁，详而有要，综核究竟，直窥渊海。兹岂仅以医书觏哉，实性理之精微，格物之通典，帝王之秘录，臣民之重宝也。李君用心，加惠何勤哉。

《海药广览》草拟于爪哇大明永乐医局，医局院判陈良绍、郁震、爪哇医师吴巫医、甲耗、丙龙皆有功焉。

噫，它山之石，可以攻玉；异邦之草，视作灵苗。惜徐福不归，秦皇已老，今海药入典，期其寿考。兹集也，藏之秘室华屋无当，盍锲之，以共天下后世医师药工考究参契焉。

姚氏广孝识

姚广孝为《海药广览》写好序后，又提笔题写了书名，赠银万两，助其刊刻。郁震接过李铁庵的《海药广览》书稿，即去联系苏州的扫叶山房书局刻版印刷。

这两天大家读了费信的《星槎胜览》，纷纷议论写得好。从占城国写到天方国，共计四十四国。采写各国的地理风貌、物产经济、风俗民情，与大的关系等，短文后又有一首纪行小诗，记实抒情，众人皆说这种行文格式体例甚好，读来犹如身临其境，历历在目。

费信介绍了他写《星槎胜览》的经历，他说：“我跟随大帅左右，每莅番城，迎送之余，辄伏几濡毫，把听到的看到的叙缀成文，标其山川、夷类、物候、风习诸光怪奇诡事，以备采纳，题曰《星槎胜览》。”

陈以诚赞曰：“费通事不愧是郑大帅的贴身通事，更兼有记室秘书身份，记得有高人写的诗句有‘天王玉册颁三殿，汉使星槎下百蛮’句，星槎者，大明使节郑和大帅乘任的宝船也。费通事，郑大帅的左右手尔。费通事记录的《星槎胜览》对所记四十余国的位置沿革、重要都会、形胜名迹、山川地理形势、社会制度和政教刑法、生产状况和商业贸易、人民生活状况、社会风俗和宗教信仰以及气候、物产都分别作了扼要的叙述。特别是较翔实地记载了大明帝国使团到访国家的状况。他是见证者，乃史笔也。”

匡愚喜欢与陈以诚唱反调，有啥说啥：“费通事的《星槎胜览》写得肯定比我的《华夷胜览》好，但是，有些事情写得也不尽真实，也有道听途说的成分，比如关于占城国童宾龙国的尸头蛮的记载就是听信了元朝那个叫汪大渊的《岛夷志略》中的胡说八道。”

费信听得匡愚讲他的《星槎胜览》里写的关于占城国、童宾龙国的尸头蛮的记载是胡说八道，不禁脸红了起来：“啊啊，有请匡大师指正！”

匡愚直来直去地说：“费兄，你的《星槎胜览》第一篇占城国中关于尸头蛮是这样写的：‘相传尸头蛮者，本是妇人也，但无瞳人为异。其妇与家人同寝，夜深飞头而去，食人粪尖，飞回复合其体，仍活如旧。若知而封固其项，或移体别处，则死矣。如有病者遇食其粪，妖气入腹，病者必死。此妇人亦罕有者，民家有而不报官者，罪及一家。番人爱其头，或有触弄其头者，必有生死之恨。’这说法与事实严重不符。这尸头蛮和尸头蛮神庙我们在童宾龙国见过，只是这种传闻所说的‘尸头蛮者’是一种病人，是因受瘴疠毒气致高烧昏迷而寻水喝，而不辨粪屎，弄得浑身臭不可闻，又到处乱窜，容易将这种病传染他人，造成恐慌，因为他们缺医少药，便只能用迷信来解释。我们在占城国曾救助过一位‘尸头蛮者’，她就是后来留在我们船上的女孩马溜溜。我认她当了义女，跟着我学医，你是见过的。童宾龙国人把她当作尸头蛮，且要把她绑了血祭尸头蛮神，是我们把她治好了。你能把马溜溜写成那么可怕的尸头蛮吗？别再受元代那个叫汪大渊人写的《岛夷志略》的骗了。”

费信一听说匡愚的义女马溜溜当年曾被当作尸头蛮要血祭尸头蛮神，立即道歉说：“对不起，匡大师，这确实是我抄了汪大渊《岛夷志略》中关于尸头蛮的传闻，我得把它删掉！否则也对不起马溜溜姑娘了！”

匡愚说：“删掉就好，只是马溜溜现在还不知在何处呢。”说着不禁流下泪来。

原来马溜溜和陈小狗他们曾乘一条小船去巡诊，船翻了，至今下落不明，生死难定。

陈以诚却接着尸头蛮的传说又扯开了：“其实尸头蛮的传说也不是汪大渊的独创，这个传说还要久远。最早起源于干宝的《搜神记》，这是晋代著名的奇谭异闻录，其中提到的‘落头氏’就是长颈妖怪。故事里说平时它看起来和普通人没什么两样，可是一到了夜里，等到众人都睡着了，妖怪的脖子开始伸长，然后头部从脖子的地方彻底和身体分离。还曾有人亲眼看见身体还盖着棉被，好端端地睡在床上的人，她的头却连着脖子，一溜烟从窗外飞走了，直到鸡鸣时分才回到原来的身体。这时候头部和身体才会重新结合在一起，醒来后就像正常人一样行动。本人往往不记得前一个晚上看到了什么，或做过了什么事。长颈妖怪在化身成人形的时候，有些人并不知道自己就是长颈妖怪，所以是在无意识的状态下去做那些不可思议的事情的。故事还说长颈妖怪在飞行的时候，会吃虫子，以耳朵代替翅膀。说得神乎其神。”

匡愚听得陈以诚又在掉书袋，不耐烦了：“书蠹头，可以闭嘴了！”

陈以诚说：“好好好，芋头，我不说了，知道你又在想你的义女马溜溜了！我给她相过面，她有福相，只是暂时遭难，不会有大碍的！”

“真的，你会看面相？借你吉言，但愿马溜溜早点脱险回来！”匡愚像个小孩子一样笑了起来。

陈良绍从尸头蛮这件事上引出教训，要求所有写胜览一类下西洋见闻录的诗文时杜绝把传闻当见闻，要以亲历亲见亲闻为基础。不要把西洋说得神神秘秘，稀奇古怪，要写出一个真实的西洋来。

接着马欢送来《瀛涯胜览》，匡愚送来《华夷胜览》，陈良绍整理写出了他在爪哇、渤泥、满剌加办大明永乐医局的纪实《海国医案》。沈舟的《浮海闻见录》、张仕奇的《再造门东》、彭正的《结香探奇》、李海的《阿拉伯奇方》、洪涛的《放血疗法》、沈舟的《海国贸易》，朱溪的《热病施治》等也陆续送来。

最后一位送来的是巩珍的《西洋番国志》。巩珍，应天府人，是从卫所中士兵选拔出来最后几批下西洋的，因为向往先辈下西洋的传奇经历，每次郑和率船队从龙江船厂出发或从海外归来回到龙江船厂修整宝船，巩珍常常带着小伙伴们一起跑到龙江船厂去欢送或迎接，缠着下西洋的船员讲述下西洋的故事。他十六岁应征去了太仓千户卫所，跟着费信学番语。费信很喜欢跟他一样勤勉苦读的徒弟，每次下西洋回来，他都把一路记录的见闻给巩珍看，向他传授了学番语的方法和西洋的天文地理知识，后来巩珍也成了卫所百户长、千户长的幕僚，应征下了最后两趟西洋，到了二十多个国家。他把《西洋番国志》抄录一份送到苏州天妃宫来展示。

匡愚救治的波斯朋友曾送给他一册《回回药方》，他请马欢翻译成汉文后抄录了两册，一册送到了苏州天妃宫中展出，另一册他准备好好研读一番，参照中医治疗方案与回回医方作些比对，开拓思路，取长补短，互为助益。匡愚心想："书蠹头啊书蠹头，你有花花肠子，我有《回回药方》，你叫我芋头，你说我实心脑袋不开窍，哈哈，我就借这本《回回药方》来来回回地读它几十遍，借得《回回药方》他山石，来攻中医一块玉，来开我的实心脑袋的窍。"

殊不知，匡愚倒也真是个实心脑袋，这陈以诚"书蠹头"的绰号不是随便起的，他可是见书就读，且能钻进去，还能钻得出来，把读的书的内容结合自己的经历一五一十地讲出来。匡愚把马欢翻译的《回回药方》陈列在苏州天妃宫内，陈以诚每天晚上就拿出来读。这本一尺多厚一千多页的手抄本，他花了半个月就读完了。陈以诚说这一千多页的书在他脑袋里只存下了几十页几百句话了，这叫把厚厚的书读薄了；他还能把读书后记住的几百句话结合自己的经历滔滔不绝地说个半天，这叫把书读厚了、读活了，成了自己的东西了。他说他是能钻进书里去的书蠹，但不是死在书里的书虫，而又是能钻出书外来飞舞的蝴蝶。

半个月后，当匡愚还在哼哧地读着《回回药方》里的"针灸门"章节，为阿拉伯人不谈针刺，只谈灸法而好奇。这时候陈以诚与他谈起了《回回药方》中的灸法。他说："《回回药方》中的针灸门谈到三种灸法，即艾灸、药灸、烙灸。我们也有艾灸，采艾、制作艾绒、做成艾条配合针刺来灸艾，这办法郁震兄最为精通。他们没有经络穴位之说，不施金针。灸艾也不灸穴位上。他们的药灸用的药五花八门，当然用香料来作药灸较多。他们的烙灸就比较神奇了，我们中医没有这一套。《回回药方》中的烙灸法所占篇幅最长，烙灸涉及的范围很广，包括了内科、外科、眼科、皮肤科等多种疾病，他们用铜铁制作的大小型制不一的烙斗放在火上烧热后，用来烫烙皮肤，令相关部位的皮肤破损、溃烂、流脓，而且还不能早用生肌收口之药。必须令其脓外流，使体内之恶液因之排出，最后再施用生肌收口之药，以达到疗效。这倒是蛮有意思的，可以给我们很多启发。”

匡愚听得陈以诚这番议论，倒吃惊不小，感叹这书蠹头的读书功夫真的厉害。匡愚接了陈以诚的话头说：“烙灸引流这方法应当与我们治疗疮放脓插药捻子引流是一个道理。他们的这种烙灸法倒是很大胆，也是很厉害的一种诊治方法。”

郁震对匡愚和陈以诚谈论《回回药方》中的针灸门很感兴趣：“回回的这种灸法、烙法倒是很有新意的，我要抽空好好读读，研究一番。”

陈良绍说：“好啊，天妃宫不只是用来祭祀妈祖的，也是下西洋的成果展，还是我们医师们学习交流的大课堂啊！”

【第六十四回】

郑和少师揭牌匾　良绍缥缈大团圆

天妃宫落成庆典，永乐帝题匾降宣。

郑和少师同揭彩，良绍缥缈大团圆。

香山帮的工匠师傅不愧是建筑的圣手，阊门外护城河边的天妃宫日益显出了它辉煌的规模，远观已见粉墙黛瓦、楼宇森森、飞檐翘角、牌坊重重。进入各殿，可见雕梁画栋目不暇接，细看壁画如走在西洋各国，泥塑木雕的神像正在填漆贴金，后花园里的亭台楼阁已经就位，奇花异木也在顾品莲的指点下种植在相应的位置，号称东洋、西洋的两个水池间有一条狭窄的水道，标着满剌加海峡，这些号称海洋的池底都依照玉山草堂水池的理水法铺了石板，一可保持池水长清，二可限制荷花乱长。东洋用太湖石驳岸，西洋用黄石驳岸，满剌加海则用武康石驳了岸，水岸逶迤曲折。东西洋水池中又设小岛若干，名为瀛涯诸岛。沿着水池岸边便是曲廊亭台楼阁。曲廊既连接起了各处景点，也可遮阳蔽雨。亭台或可坐可息，有可观可俯可仰四周景致。楼阁多建于坐北朝阳处，其间必有茶室可供品茗，友朋聚谈以解颐；有书斋以藏图书，备笔墨以便吟诗作文绘画以抒情怀。

天妃宫后花园中有两个书斋，一曰“海天胜览斋”，专门收藏陈列下西洋医生海员记述的见闻录。如费信的《星槎胜览》、马欢的《瀛涯胜览》、匡愚的《华夷胜览》、巩珍的《西洋番国志》等都收藏和陈列在这里，还有陈良绍记录他与蔡缥缈落海漂浮到孤岛上求生的鱼皮书《浮海求生记》，他的鱼皮画和鱼皮书法挂屏也存放在这里。陈良绍应郑大帅要求编写的《落海求生手册》在船上便编撰刻版印好发到了每条船上。这份手册的木版也存藏在了“海天胜览斋”中。

还有一个书斋曰“海国奇珍斋”，收藏陈列下西洋医师海员捐赠的西洋各国的物品以及图画。陈以诚的《海国一百零八图》就收藏陈列在这个书斋中。牵星师周海德赠送的牵星板、航海仪，各位火长描绘的下西洋海图和牵星图、顺风相送海程册。有人带回来的宝石、海外飞鸟的彩色翎毛、异兽角片，海滩上捡拾的海贝、龟壳、珊瑚，西洋各国人使用的头饰、雕刻等也都陈列在这里，对下西洋的人是一种回忆，对没有下过西洋的人也足以引起好奇。

西洋池边造了一座石舫，名曰宝船不系舟，系仿照郑大帅的宝船缩小相应比例用金山石制作而成。宝船上下三层，第二层陈列一些西洋物件，海上奇珍。第三层为敞开的甲板，在甲板上可以远观、垂钓、喝茶。船头桅杆上悬挂一只大铜钟，铜钟钟额部镌“海天悬壶”四字，钟身四周镌有一百八十八员下西洋医师的姓名字号郡望。撞击大钟，声音洪亮而悠扬，寓海医声名远播。

“海国奇珍斋”中近来又有人送来了一份特殊的画册——《海错图录》。海错，是指海洋里种类繁多、错综复杂的生物。《海错图录》指这本图册中画的就是海洋里的各种各样的生物。这本图录的制作者是郑和大帅宝船上高高大大、胖胖墩墩的大厨师聂王黄。

聂王黄原是宫廷厨师，是永乐皇帝吩咐郑和带上船去的。永乐皇帝曾对郑和说：“郑和奴才，你下西洋去，在海上看到什么，有什么好吃的、好玩的回来后要给朕带点，带不回来的要给朕画下来！”

郑和说：“奴才遵命！奴才想，这西洋大海一定有好吃的鱼、好啃的蟹。我听说有海鲜一说，说海里的鱼虾是最鲜的。只是奴才不会烹饪。奴才请皇上赐一位宫廷厨师到宝船上制作海鲜，奴才先在船上尝尝海鲜的味道，好吃的我给皇上带些回来。”

永乐皇帝说：“你个奴才！自己嘴馋，倒借孝敬主子的名义来问朕要宫廷厨师！好吧，你去御厨选一名大厨带上宝船便是。”

郑和伏地磕头："谢主隆恩！奴才遵旨！"

郑和曾管过一阵皇上起居的事。永乐皇帝每次用餐，郑和都是先尝第一口，以防有人下毒。因此，他对宫廷厨师很熟悉，他便挑选了聂王黄大厨作宝船上的首席厨师。他对聂王黄说："聂大厨，我把你从御膳房带到宝船上去，交给你一个任务，就是要把从海里捞上来的海鲜画下来，做好后要把烹饪方法详细记下来，将来皇上要看海鲜的样子。"

聂王黄说："谢谢大帅抬举！我正想乘宝船去海上见识见识哩。大帅关照的事，奴才一定做好。"

这聂王黄倒是有点艺术天赋的。他在御膳房中做大厨就会把各种菜肴拼装成各色花样，题上吉祥如意的名称，逗皇上开心，什么"福如东海""金鸡报晓""春色满园""太平万年"等。郑和把聂王黄带上宝船，是让他开开眼界，也学学西洋各国人如何烹饪海鲜，把海鲜的膳食做到极致，让皇上能品尝最美的海鲜滋味。

聂王黄没有辜负郑和的一番苦心。他想了很多办法把海上各式各样的可以用来烹饪的海鲜都描绘了出来。他把捕获的各种鳞片类的海鱼待它晾干后，用墨汁涂遍鱼身，然后蒙上宣纸，轻轻涂抹，揉擦按压，揭下宣纸，一条活灵活现的海鱼便拓在了宣纸上。有时候，聂王黄又用朱砂、石青、墨汁等作颜料，在一张宣纸上拓出红的、青绿色的、灰白的、玄黑的各色海鱼来。拓海里的大龙虾那是顶级的技术活。他看过宫廷画师拓金石鼎彝，向宫廷画师学习了各种拓碑的技艺，什么墨拓、朱拓、彩拓、蜡拓，还有什么乌金拓、蝉翼拓、镶拓、隔麻拓、瓜皮拓、夹纱拓、打拓、扫拓、响拓、影拓等，他都用在了拓海错上。有的海洋生物个体巨大，即使分段也拓不全，他就来个局部拓，拓个头或尾，而对那些不能拓片的软体生物就用笔来绘画。这册《海错图录》开创了金石鼎彝拓片之外的海洋生物拓的新类型。

《海错图录》裱拓和描绘了三百多种海洋生物，还描绘了一些特殊的海滨植物。每幅画，聂王黄又配上了诗文。有的是观察记录，有的是文献考证，看图读文使人兴趣盎然。永乐皇帝观看了聂王黄的《海错图录》后龙颜大悦，提笔御书名曰《海错大观》，一连写了三张。刚好聂王黄整理出了三份《海错图录》，便这三张分别裱贴，作为原《海错图录》的封面。郑大帅惦记着苏州天妃宫的筹建，特别关照聂王黄送一份《海错大观》存苏州天妃宫展示。

聂王黄的《海错图录》早就送到了苏州天妃宫。永乐皇帝御书了书名后，聂王黄又专程将御书送到苏州，一番隆重的恭迎后请裱装大师重新装帧了《海错图录》的封面，苏州天妃宫又增添了一件圣物——御书《海错大观》。

有一天，匡愚略带讥讽地对陈以诚说："书蠹头，你看人家聂王黄的《海错图录》给皇上看过，便让皇上看中了，御题了《海错大观》，你何不把你的《西洋百图》呈送给皇上看看，也让皇上给御批个《海国大观》，让我们也同沾皇恩，一起风光一下呢？"

陈以诚说："芋头，谢谢你提了个醒。我过段时间就敬呈给皇上御览，你就等着沾光吧！哈哈哈，大芋头！"

哈哈哈！天妃宫工地上的几位医师们也都笑了起来。

承建天妃宫的工匠师傅对天妃宫的镇宫之宝——由少师姚广孝转赠的永乐帝御赐妈祖神像的处理倒是颇费了一番匠心的，因为神像小，供奉在常规制作的神龛中不显眼，如何让御赐神像在天妃宫中显眼，那就必须在神龛的制作上下功夫。这尊神像是用名贵的紫檀精工雕刻而成，本来是永乐帝御赐给少师下西洋时作为护身符揣在怀里的，高不过八寸。在天妃宫中，它是最神圣的供品。如何让八寸大小的神像显得突出，蒯鲁班与工匠们想出了几个办法。

首先，神龛必须用名贵木材制作，以与紫檀相配。第二，神龛制作时用层层叠加推进的方式制作，从里向外，由大到小地推进，以最突出的办法尽可能的把神像推到前方。第三，神像要贴上金箔，在采光上动足脑筋，使得自然光能直接照到神像上，使神像显得金光灿烂，让参拜者看得清清楚楚。第四，关照陈以诚设计壁画的时候要反复突出御赐神像。凡是壁画中出现妈祖神像的地方都要以御赐神像为模型，并贴上金箔，以示突出。

经过香山帮师傅的一番匠心独到的以小搏大、以精显微的构思制作，人们一进天妃宫大殿，就会被御赐妈祖神像所吸引。

一位又一位随郑和下西洋的儒生，送来了一册又一册各自撰写的西洋记。陈良绍按照姚广孝的要求，成立了一个审稿班子，略作修订，重新誊抄，陈良绍专程送到京城庆寿寺，供少师选编《永乐大典》时参考。陈良绍还禀报了在苏州筹建天妃宫的进程，盛邀少师于天妃宫落成后的三月廿三日妈祖诞辰回苏州为天妃宫开宫揭彩。

姚广孝非常高兴地接受了邀请，并为天妃宫撰写一联曰：

三吴大地拜阿婆四海龙王朝圣母

六方恩波汇莆海九州香火兴苏州

姚广孝说："苏州天妃宫供奉的可是永乐皇帝御赐的天妃神像，你们精心准备，构思精巧，精工细作，确实是大手笔，大制作。届时我要邀请三宝郑和一起到苏州为天妃宫揭彩。我更要力争恭请永乐皇帝为苏州天妃宫御笔题名。对了，皇上看了我们走访支提寺的记录，很是高兴，说要特别嘉奖你。皇上本要提拔你为御医，我在皇上面前说你家中有老有小，在外辛苦奔劳，让他在家先享受一下天伦之乐再说。皇上恩准了我的请求。你送来的各位下西洋的儒生们撰写的下西洋文稿，我争取把它们都编进《永乐大典》中去，以永载史册，光耀中华。"

"谢谢少师！"陈良绍说。

"上次我给你的三万两你全部拿出来修建天妃宫了，我这里再给你补上一万两。这是给你为我做幕僚的酬劳，切记用这钱把家里安顿好，你在西洋八年，王氏辛苦了，你要补偿一下。大明下西洋的人员都应得到朝廷的优渥待遇，不能让他们在海上颠簸受苦了，到家里还是一样苦。上次我给吴县县衙写了一封信，要他们拨发一笔钱给你安家，他们给你送去了吗？"

陈良绍说："谢谢少师关心，吴县县衙已送来两千两银子，我已收下了。少师你的这一万两我不能再收了。"

姚广孝说："搔搔，不得推辞，这是你应得的酬劳。我是和尚，了无牵挂，我要这些身外之物有何用？你再推辞就是不把我当老乡了，连我们渡过一条船的老乡都不待见我，我还有何面目回乡去为家乡的天妃宫剪彩呢？！"

姚广孝说得如此真诚动情，陈良绍只得收下姚广孝递过来的银票。

转眼便到开春，梅花开得正盛。少师姚广孝请得永乐皇帝"敕建天妃宫"的御笔，安排加急驿传送来苏州。

这下苏州官场从苏州知府到吴县县令都忙乎起来了，又是恭迎圣墨，又是加急请工匠制成牌匾。还在天妃宫前修建一条官道，以便开宫时各方官员前来庆贺。

听说少师姚广孝早早就给苏州天妃宫写好楹联，各级官员也都纷纷附庸风雅，题写了楹联。这些楹联也都严格遵守规范，字数不得超过上级。

谨选择其中的几副，以示对天妃的敬重。

江苏布政使（从二品）题款的：

世间无水不朝宗，岂止黄河一派；
天上有妃能降福，何愁碧波千层。

太常寺卿（正三品）题款的：

护国着高勋，荡荡巍巍昭日月；
庇民施厚泽，肫肫浩浩沛乾坤。

宣慰同知（正四品）题款的：

海不扬波，稳渡星槎道迹；
民皆乐业，遍歌母德恩深。

苏州知府（从四品）题款的：

圣德参天，庇万民吉庆；
母仪配后，佑四海安澜。

太医院使（正五品）题款的：

圣母普慈衷，海邦一体；
斯人皆赤子，锡口咸宁。

吴县知县（正七品）题款的：

四海恩波颂莆海；

五洲香火祖湄洲。

所有的联对都已制作成牌匾，挂在了天妃宫殿堂相应的位置。

桃花李花次第开放，历经三年，苏州天妃宫即将落成开宫。

三月廿三日，天妃娘娘妈祖的生日来临。这一天苏州城内天妃宫前人头簇拥，锣鼓喧天，旌旗招展。随郑和下西洋的苏南一带的随员都早早来到了天妃宫。这是他们的节日，更是他们聚会欢庆的时机。陈良绍、匡愚、郁震、陈以诚把他们迎进配殿药王殿、华佗殿中用茶。

一乘乘官轿晃晃悠悠地抬进天妃宫后花园茶厅休息。

先到的官员当然是吴县知县。他是地方父母官，应当先来迎候各方贵宾。元和县知县也早早来了，他知道少师姚广孝要来，当然要尽地主之宜，套套近乎。临近各县的知县也来了，各县都有下西洋的人，早已得到苏州天妃宫开宫揭彩的消息，不能不来。然后来的是苏州知府，他是管辖吴县、长洲、元和、吴江、嘉兴、无锡诸县的长官，他有督察之职；他知道苏州天妃宫被永乐皇帝敕封，上方将有重要官员前来揭彩，不得有所闪失。

宣慰使来了，御医院使来了，太常寺卿来了，江苏布政司使来了，吴县知县把他们一个个迎候到后花园茶厅茶叙。

巳时已到，陈良绍等召集一众下西洋的朋友列队在天妃宫前，吴县知县则招呼各方官员来到天妃宫正殿前就坐，等待少师姚广孝和三宝太监郑和前来揭彩。

只见一块大红绸布罩在永乐皇帝御题的“敕封天妃宫”匾牌之上，两条丝带垂下。踏着巳时正点，少师姚广孝三宝太监郑和来到了天妃宫正殿前，众官员和一众人等全体起立，苏州知府把姚广孝与郑和引到敕封匾牌前，少师和三宝太监提起了红丝带，知府宣告：“有请资善大夫、太子少师道衍大和尚、下西洋正使三宝太监总兵郑大帅为苏州天妃宫落成典礼揭牌！”

一时间鼓乐齐鸣，鞭炮轰响，少师和大帅轻轻拉起红丝带，红绸缓缓飘下，永乐皇帝书写的“敕封天妃宫”五个金色大字在阳光下熠熠生辉。

揭彩后，苏州知府领着众官员参拜天妃和众神。天妃宫内和一应配殿中灯火通明，香烟缭绕，钟磬和鸣。

供奉在天妃娘娘前的几株并蒂莲引起了少师的注意。他看到这株荷花一茎上开着两朵花，而且当下所有的荷花都没有开放，便问这荷花从何而来。

苏州知府却不知所问，便找来陈良绍询问。陈良绍说这并蒂莲是从昆山正仪茜泽的顾氏草堂引种而来，顾氏前辈顾阿瑛是从西洋佛国引种而来。为了赶在天妃诞辰开放，顾阿瑛的孙子顾品莲在温室中用了催熟技术催开了并蒂莲花。陈良绍还介绍了天妃宫的后花园是请顾品莲来设计的，下午的昆剧《大明海医》也是顾家昆曲戏班子来演出。

众人听了陈良绍讲顾家并蒂莲的来历皆都称奇。

在陈良绍和众医师的引导下，少师、郑和及一众大小官员拜谒了天妃殿后，又参谒了药王殿、华佗殿、龙王殿等一众配殿，对各殿中精美的壁画赞不绝口。陈以诚听得赞扬，心花怒放，忙不迭地将他的《西洋百图》画册赠送给各位官员。

少师、郑和与众官员来到了天妃宫的后花园，翻阅了“海国胜览斋”中各位海员医师记录的下西洋见闻录，浏览了“海国奇珍斋”中下西洋医师海员捐赠的各种珍宝。

郑大帅说：“这些陈列好啊，看了觉得又去了西洋一趟！我那里倒有一些西洋人送的玩意儿，下次我派人送到这里来给大家看看！”

陈良绍说：“谢谢大帅鼓励支持！”

众官员纷纷说：“稀奇古怪，开了眼界！”

少师却说道：“不只是稀奇古怪，下西洋更是睦邻友邦，互通有无，老纳也曾有幸下了趟西洋。各位若有兴趣，何不也乘郑大帅的宝船去西洋走一遭！”

郑大帅说：“哈哈哈，免了免了！海上风大浪高，难保诸位官员安全！”

各处参观结束，陈良绍把一众官员让进茶室品茗叙谈后单独引荐顾品莲与少师见面，少师称赞顾品莲是治园大师，顾品莲拜谢少师题赠诗书和一向的眷顾，并敬请少师观看昆剧《大明海医》。顾品莲拜别少师后便匆匆来到戏班子，为演出做最后准备。

当各位官员坐定品茗，少师姚广孝把陈良绍拉到一边，悄悄地说：“播播，你快去后花园别院，那里有两个人正在等你。”

陈良绍问：“谁呀？”

“你去了就知道了！”姚广孝故作神秘。

陈良绍急急来到后花园的别院，一路上他心中暗暗地想，是不是缈缈和儿子来了。当他一踏进别院，蔡缥缈就扑进了他的怀里，一声“良郎”，泪眼湿了陈良绍的衣襟，五岁的儿子呆呆地站在一旁，牵着蔡缥缈的衣襟喊：“娘、娘。”

蔡缥缈赶紧领着儿子对着陈良绍叫他喊爹：“快喊爹爹，这是你的爹爹呀!”

陈良绍抱起儿子，亲了又亲，喊着：“漂漂，宝宝，你们终于回来了，太好啦！”

蔡缥缈告诉陈良绍，他们是随渤泥国王麻那惹加来到大明的，渤泥国国王正在京城等待永乐皇帝的接见，是少师姚广孝把他们娘儿俩从京师带到了苏州。

一场意外的相见，陈良绍欣喜万分。

午后，天妃宫戏台演出了昆剧《大明海医》。

开场锣鼓响过，但见戏台上一群演士兵的演员翻着跟斗、举着帅旗轮番地疾走。

一位官生唱起【北醉太平】：

千樯百舡，齐向洋东，浪汹涌宝船如龙，看西洋在望中。

万炮鸣响顺风送，千张白帆祥云捧，瀛涯远处雾重重，管今宵宿龙宫。

台前台后齐唱（前腔）：

千樯百舡，齐向洋东，浪汹涌宝船如龙，看西洋在望中。

支支金针穴位捅，丸丹膏散双手捧，海岛瘴疠病重重，管百病关囚笼。

戏台上生旦净末丑，你方唱罢我登场，进进出出，咿咿呀呀的昆腔唱颂起龙涎香敬奉天妃来了：

迟日侵阶，和风入户，朱弦欲奏还倦。

一幅鸾笺，五云飞下，赐予内家琴苑。

音随指动，犹仿佛、虞薰再见。
妙处谁能解心，和平自无哀怨。

猩罗帕封古洗，有龙涎、渗花千片。
骤睹瑶台清品，眼明如电。
爇白桐窗竹儿，渐缕缕腾腾细成篆。
就祝天妃，恩德长远。

梁同轩编的昆剧《大明海医》共三场十九出：

第一场　出征

一出，访古。二出，合约。三出，搏浪。四出，哭诉。五出，颂海。

第二场　医局

一出，医匪。二出，网水。三出，尸蛮。四出，割鼻。五出，巫医。六出，采硫。七出，飞针。八出，保胎。九出，落海。

第三场　祭海

一出，漂海。二出，求生。三出，龙涎。四出，结盟。五出，敬神。

《大明海医》一场又一场、一出一出地演着，天妃宫中很热闹，少师道衍、郑和大帅和一众大小官员看得有滋有味。

【尾声】

刘大夏火烧档案　天妃宫荒草掩埋

档案销亡迷海路，宫中徒唱下西洋。

通商下海终不再，殿废宫额遗梦长。

蔡缥缈带着海漂回到了苏州，陈良绍一家团圆。

待少师郑和与一众官员剪彩参观天妃宫结束后，陈良绍宴请儿女亲家匡愚、郁震和老搭档陈以诚等下西洋的老友。

苏州天妃宫中昆剧《大明海医》咿咿呀呀地唱得热闹，似乎一切都很圆满，然而所有的圆满都只是时间的骗局。

明永乐二十二年（1424），朱棣驾崩于征讨北元的途中，最支持郑和远航的人去世了，郑和下西洋的争议在朝廷上又公开争论了起来。永乐皇帝曾一度用从西洋运回来的胡椒香料折抵官员的俸禄。初始倒也稀奇，一旦胡椒香料盈市贬值，官员们便怨言四起。反对下西洋的官员们借假道德高地，认为下西洋消耗国帑，劳民伤财，不顾百姓死活，利少弊多等说辞不绝于耳。

永乐二十二年八月新登基的朱高炽要实行仁政，第二年改元洪熙，洪熙元年（1425）二月初八日，仁宗命于去年自西洋回国的太监郑和率领下番官军守备南京待命，伺机再下西洋。然而洪熙元年五月，登基不到一年的朱高炽病逝，下西洋的事还没来得及作出决断，下西洋的船队就只能等待下一位皇帝的决断了。

洪熙皇帝的长子，永乐皇帝的孙子朱瞻基即位（1426），改元宣德。其时兄弟争夺帝位，朱瞻基忙于平叛，待稳固帝位后，直到宣德五年（1430）一月，明宣宗以外番多不来朝贡为由，下令郑和再次出航，其时离第六次下西洋已过去八年多了，人员大多遣返，船只多有腐蚀。郑和已是六十三岁的老人了，虽对新皇帝再次命令下西洋极度兴奋，但因长期的海上风雨摧残，身体已大不如前，再下西洋已是勉为其难了。返航期间，郑和因劳累过度于宣德八年（1433）四月初在印度西海岸古里去世。船队由太监王景弘率领返航，宣德八年七月初六返回南京。

这次下西洋的各种传闻陆续传来：

马欢陪同郑和终于到了天方，朝觐了天方的黑屋子默罕默德的墓，摸了那块大石头。

匡愚和一众医师们在波斯商人帮助下在忽鲁谟斯建了官厂，采购大量的忽鲁谟斯的苏泥麻青，学习了《回回药方》中所说的烙灸治病之术。

太监保洪、百户长周满统率的一支船队因大风脱离了大队伍，被海风一直吹向慢八撒的南边。他们沿着海岸航行，开拓了新的航线，到了极西之地。这是一个从来没有到过的地方，不知地名，不通语言。很久很久之后，有人传来信息，说在那边看到过大明人。他们的船被扣了，他们的船烂了，他们在那边住了下来，他们开垦荒原，建设家园，结婚生子，遥望东方，他们渐渐老了。一年又一年，一代又一代，语言变了，肤色改了，习俗淡了，只在他们的坟头上还嵌着瓷片，只在他们的祖屋里还有瓷碗，不烂不变的有瓷器。

陈小狗、马溜溜乘坐的巡诊船也翻了。陈小狗和马溜溜被慢八撒渔民救起，把他们关押在一座山洞里，陈小狗竟如此近距离地与心仪的马溜溜处在一起，即使不自由，倒也很快乐，后来他们用学到的医术救了慢八撒的一位酋长，最终为族人们推崇，陈小狗成了慢八撒的酋长，马溜溜便成了酋长夫人。他们等待着下一批下西洋的大明船队再到慢八撒。

听说郑和再下西洋，浙北闽南一带的渔民鱼贯尾随，到满剌加、苏门答腊、爪哇、渤泥等岛国去开店做生意，跑码头。

东洋西洋又渐渐热闹了起来。

明宣德十年（1435），朱瞻基英年早逝，此后的皇帝就再也没有下过西洋了。

过了四十年，到了成化十一年（1475）的时候，西厂都督太监汪直力劝明宪宗朱见深恢复下西洋，汪直说他从历年的内库作过调查，每次下西洋带回国来的西洋香料、苏泥麻青、回回石头等西洋货，在国内销路特好，因此国库充盈，当下五十多年不下西洋了，朝贡的船来得也不多，带来的贡物也不对路，应当再下西洋去采办国人需要的西洋货，以充实国库，汪直本人愿意效仿郑和，带队重走郑和下西洋之路。

宪宗皇帝十分赞同汪直的提议，在汪直的布置下，江浙一带船厂已造好了一百二十只下西洋的大船。于是成化皇帝下旨令兵部调出当年郑和下西洋的所有档案，供汪直率船队下西洋去。可就在这个关键时候，兵部却回话称档案找不到了。

郑和去世后，下西洋档案是由郑和的副手王景弘亲自整理的。这些档案记载了七次下西洋的所有资料，包括去过哪些国家，航海线路是怎样走的，到了海外都干了些什么，特别是航海图、针路图等导引下西洋的海路等，王景弘整理好后便移交给兵部存了档。离第七次下西洋不到五十年，这些档案怎么就没有了呢？

原来在成化七年（1471）的时候，安南攻占了占城，安南与占城皆是明朝的附属国，一直听从朝廷之令，两国互不侵犯，而就是成化七年安南国王黎灏发兵攻入占城，俘其国王盘罗茶全及家属五十余人。盘罗茶全之弟盘罗茶悦逃亡山中，遣使至京告难。主战派要求出兵安南。宪宗派人去兵部尚书项忠那儿调取安南和占城的档案作攻打安南的准备。当时管理档案的兵部职方司郎中刘大夏对这批档案做了手脚，入库的吏卒找了很久都没找到，库吏还被兵部尚书项忠骂了一通，打了屁股。刘大夏偷偷地向兵部尚书项忠说：“衅一开，西南立糜烂矣。”项忠明白了刘大夏的苦心，便向宪宗皇帝以找不到安南、占城国的档案搪塞过去，在反战主和派官员的力谏下，征讨安南的主张不了了之。

过了六年，成化十三年（1477），宪宗听信西厂都督汪直下西洋的主张，再次调郑和下西洋的档案时，管理兵部档案的职方司郎中刘大夏依然以找不到这批档案搪塞敷衍，事后更是偷偷地一把火烧了郑和下西洋的全部档案，他一边烧一边狠狠地说：“三保下西洋费钱粮数十万，军民死且万计。纵得奇宝而回，于国家何益！此特一敝政，大臣所当切谏者也。旧案虽存，亦当毁之以拔其根。尚何追究其有无哉！”

当时，西厂之设正被文官谴责，宪宗皇帝朱见深只得删撤西厂，将西厂提督汪直削职为民，下西洋的计划只得作罢。兵部职方司郎中刘大夏是隐匿还是烧毁郑和下西洋的档案也就不去追究了。

嘉靖年间，倭寇进犯沿海，朝廷下令实施海禁，沿海地区实施封锁，寸板不得下海。

成化二十三年（1487）九月九日，宪宗皇帝朱见深病逝。又过了五十多年，到了嘉靖年间，伶人们在内府中竟唱起了《奉天命三保下西洋》的戏，情切切、意沉沉，宫廷内府中竟又忆起了郑和下西洋的往事，想起了郑和大帅远扬的威名。

这时候，意大利航海家哥伦布发现了美洲大陆，西班牙航海家横渡太平洋到达亚洲，大航海时代已经掀起海上贸易的大市场。时势造就英雄。在东洋大海之上，出现了一个也叫汪直的人。这位汪直是安徽歙县人，少有大志，踏浪蹈海，做起海上的贸易，有时也明里暗里地做着海盗。汪直从西班牙人手中倒卖枪支，从泰国购买硝石，从日本购买硫黄制成火药，促使亚洲各国从冷兵器时代向热兵器过渡。汪直的海上贸易做得很大，有人描绘他的赫赫威仪“绯袍玉带，金顶五檐黄伞……侍卫五十人，皆金甲银盔，出鞘明刀”。他乘坐的巨舰可容纳两千人，甲板上可以驰马往来。汪直这样的兼有海盗兼贸易巨商，大明皇朝容不得他。他便与日本人合作做起了海上的贸易，日本的“三十六岛之夷，皆其指使”。

对汪直其人，是招降还是剿灭，朝廷上是两种意见，最终汪直被诱降。嘉靖三十八年（1559）十二月二十五日汪直在杭州西湖边被砍了头。汪直的砍头导至海上的通道更加混乱，海上的走私活动有增无减，大明帝国面对由哥伦布发现美洲新大陆和麦哲伦横渡太平洋引发的大航海时代只能关起门来称大王，唱唱《奉天命三保下西洋》的戏，却在海洋上无所作为。

嘉靖四十五年（1566）十二月，嘉靖帝驾崩，裕王朱载垕即位。次年改元隆庆。隆庆元年（1567），隆庆帝宣布废除海禁，允许民间私人远贩东西二洋，史称隆庆开关。隆庆元年，鉴于日益紧张的财政危机和海禁政策的失败，隆庆帝在福建漳州试点开海禁，不久后又开放福建漳州府月港，并以月港为治所设立海澄县，设立督饷馆，负责管理私人海外贸易并征税。“市通则寇转而为商，市禁则商转而为寇”，当年的倭寇海盗不剿而转为商人，当地百姓生活改善，国家税收增加，民间私人的海外贸易获得了合法的地位，东南沿海各地的民间海外贸易进入了一个新时期。明朝出现一个比较全面的开放局面，史载：隆庆初，仅月港一地，“所贸金钱，岁无虑数十万，公私并赖”，成效明显。

隆庆六年（1572）五月二十六日，隆庆帝崩于乾清宫。六月初十，皇太子朱翊钧正式即位。次年改元万历。万历皇帝十岁登基，在内阁首辅张居正的扶持下，合力进行改革，推行新政。经济领域的改革，除了继续推行隆庆开关的政策外，另一项最突出的事是清丈全国田亩，各省均按三年期限基本完成，总计新增一百四十余万顷。万历十年（1582）六月，一代名臣张居正病逝，神宗从此开始亲政。万历皇帝在位四十八年，是有明一代在位最长的皇帝，但他后期三十年不出宫门、不理朝政、不郊、不庙、不朝、不见、不批、不讲，史称万历怠政。

万历二十五年（1597）出现了一部二南里人罗懋登的长篇小说《三宝太监西洋记》，这部一百回五十余万字的长篇小说，叙述的是永乐年间太监郑和在碧峰长老助他用法术降服外夷三十九国，一为“抚夷”，二为“取宝”。所谓抚夷，是出自古代固有的华夷意识；所谓取宝，除了因袭外国“进贡方物”的传统之外，还有一点就是寄托了人们对未知世界的想象——秦汉时期的神仙方士都鼓吹海外有“仙岛”。故事描述郑和在燃灯古佛的护持下，一会外国妖魔作怪，一会便是神佛下凡，最终便是降妖取宝。故事情节把郑和下西洋的历史事实写得虚无缥缈。它只是一本热热闹闹的神魔小说，然而它在郑和下西洋后的近一百年之后出现，既是人们对郑和下西洋的怀念，更反映了人们对下西洋的向往。

万历四十八年（1620）七月，明神宗驾崩。八月，皇太子朱常洛即位，是为明光宗。这位光宗帝只当了一个月便于九月二十六日驾崩了，借着万历四十八年，添了一个泰昌的年号。

光宗驾崩后由朱由校登上了皇位，改年号为天启。

朱由校在位期间，魏忠贤与客氏专权，主要忧患来自辽东后金对明朝的威胁。海上继续推行隆庆开关的政策。天启七年（1627）八月二十二日，熹宗驾崩于乾清宫。

朱由检于天启七年八月二十四日登基，次年改年号为崇祯。朱由检成为明朝第十六位皇帝，也是大明朝的最后一任皇帝。

朱由检继位后的第一件大事就是铲除阉党。十一月一日，崇祯皇帝将魏忠贤贬往中都凤阳祖陵司香。然而，魏忠贤出京的时候，竟然还带着一千卫兵、大车四十余辆，浩浩荡荡地向南而去。这无疑刺激了崇祯皇帝的神经。于是即刻下了一道谕旨，命锦衣卫旗校将魏忠贤缉拿回京。十一月六日，在阜城县（今河北阜城）南关的旅舍中，亲兵散尽的魏忠贤孤零零地呆在客栈中，听着旁边房间里一名书生哼着《桂枝儿》小曲。只听得“势去时衰，零落如飘草……似这般荒凉也，真个不如死”。魏忠贤在客栈中绕房疾走，最后自缢而亡。

崇祯帝是大明皇帝中不失勤政的一个，生活节俭，曾下过六道罪己诏，是位年轻有为的皇帝。然而大明气数已尽，北方大旱不断，赤地千里，寸草不生，南方水灾连连，各地瘟疫不断，内忧外患。崇祯十五年（1642），松山、锦州失守，清兵入关。崇祯十七年（1644）三月十七日，闯王李自成农民起义军围攻京城。十八日晚，朱由检与贴身太监王承恩登上煤山，在景山歪脖树上自缢身亡，死时光着左脚，右脚穿着一只红鞋。时年三十三岁。

隆庆开关这一开放政策并没有随着隆庆皇帝的逝世而闭关，民间商人私自出海已成常态。商船东洋线在琉球、长崎中转，西洋线在马六甲中转。西洋人直接在福建和澳门进货。天启年间的大商船甚至长161.18米，宽61.4米，吨位达4600吨。大明的瓷器、丝绸、茶叶换来了大量的白银，从1567年到1644年这段时间，海外流入大明朝的白银总数大约为三亿三千万两，相当于当时全世界生产的白银总量的三分之一。澳门开造了红夷大炮。中西交流还导致明朝西学盛行，大量翻译西方著作、地图，收录了当时西方最新的天文学知识，包括日心说。

隆庆开关后，明朝对民间贸易依然有着很大的限制，除了月港，全国其他地区依然是一个比较封闭的状态。另外，对贸易的对象、规模的严格限制，这也让开关的效果大打折扣了。由于和日本的贸易依然是不允许的，因而明朝后期东南沿海的海盗集团依然十分强盛。历史再也回不到郑和下西洋的时代了。

陈良绍早就去世了，匡愚、郁震、陈以诚等一位又一位随郑和下西洋的医师们也都去世了，除了入选为大明御医者外，他们的名字偶尔也会出现在地方志上，或他们的墓志铭重见天日，披露了他们曾下过西洋。

当年停泊在刘家港码头、南京龙江船厂码头上的航队散了，宝船倾覆了、沉没了、解体了。

医师们撰写的日记有没有录入《永乐大典》，有人说录入了，有人说没有录入，只有少数几本胜览之类的小册子留存于世。

苏州天妃宫热闹了一阵之后，渐渐地颓废了，墙倒了，屋塌了，水填了，草长了，一件又一件的物品被毁被丢被废被埋，苏州天妃宫与随郑和下西洋的医师们的英名一起消失在人们的视野中、记忆里。

哥伦布以后，海盗占领了海洋，枪炮控制了世界。

郑和之后，再无郑和，他们的事迹却不时传布于世。

海医之后，医术精进，因海医下过西洋，中国的药典扩充了，中医的手段增多了，中国人受惠了。

后记

36万余字的章回体历史小说《大明海医——随郑和下西洋医行之风云录》（简称《大明海医》）即将交付四川文艺出版社出版了。

20年前的2002年的春天，我收藏了一幅随郑和下西洋的苏州医生陈良绍的墓志铭拓片，中央电视台《郑和下西洋600周年》纪录片摄制组前来采访，我开始关注和研究郑和下西洋这一史无前例的开创性历史事件，撰写了《苏州儒医陈良绍墓志研究报告》一文，并应邀参加2005年7月在南京召开的“郑和下西洋600周年国际学术论坛”，论文编入《纪念郑和下西洋600周年国际学术论坛论文集》。此后我专题搜集资料，研究了随郑和下西洋医生们的历史，2007年撰写了万字论文《海医下西洋》，参加在马来西亚槟城召开的“世界华人华文论坛”，受到与会者的广泛关注。首都师范大学的郑庆利教授住持时评说道：《海医下西洋》是郑和下西洋大主题下的冷门课题，谭金土先生广泛搜索资料，深入研究，开拓了郑和下西洋研究的广度和深度。这是历史研究的好课题，从文学的角度讲更是小说的好题材。

受郑庆利教授的启发，我开始考虑撰写长篇历史小说《大明海医》，并借参加世界华人华文论坛的机会，先后游历了马来西亚、新加坡、印度尼西亚、泰国、越南以及韩国、澳大利亚、新西兰，对东南亚、南太平洋诸国风情有所了解，特别是搜集了一些早期的东南亚国家的图片资料、医学文献资料，丰富了创作的素材，开始撰写长篇历史小说《大明海医》，从2002年收藏随郑和下西洋的苏州医生陈良绍墓志铭起，到2022年8月小说《大明海医》截稿，经历了20年写写停停的漫长的创作历程。这期间也撰写和出版了百万余字的包括散文集《那些》和小说故事集《叫化》在内的六部作品。不停地思考和写作，也为

《大明海医》的创作储备了知识。

关于郑和下西洋的小说有明末罗懋登的《三宝太监西洋记》，可惜如同《西游记》一样，它是一部神怪小说。郑和下西洋的事件在这部小说中显得虚幻、怪异，虽偶有细节的真实，但却失去了历史的真实。

后来读到英国舰长加文-孟席斯关于郑和下西洋的两本书，在《1421——中国发现世界》中，孟席斯写道："明成祖永乐十九年（1421），中国人发现美洲大陆，早于哥伦布70年；中国人发现澳洲，先于库克船长350年；中国人到达麦哲伦海峡，比麦哲伦的出生还早一个甲子；中国人解决计算经度的问题，远远领先欧洲三个世纪。"此后这位英国退休舰长加文-孟席斯又出版了《1434—— 一支庞大的中国舰队抵达意大利点燃文艺复兴之火》。

对于孟席斯的研究结论，中外史学家有不同的议论，赞同者有之，否定者更多，特别是以欧洲文化中心论者更不接受。孟席斯认为他不是信口开河，他经过了14年的潜心研究，做了大量的调查，足迹遍及120个国家，查核了900多家图书馆、档案馆和博物馆。但如果孟席斯的说法带有想象的成分，这种想象力对一位小说作者来说倒是颇具吸引力的。他的具有想象力的研究毕竟给我们提供了更加广阔的想象空间。

不过孟席斯的研究局限在郑和下西洋与西方航海家的早和远上，我认为郑和下西洋与西方航海家的关键区别在于，西方航海家基本是以海盗的面目出现，他们以侵占异国领土、杀害土著异族为手段去征服，而郑和下西洋是以国家的名义，高扬睦邻友好的旗帜，带给邻邦的是中国精美的瓷器、华丽的丝绸，虽有武力作后盾，那只是为了自卫，从来没有占领异国的企图。特别是下西洋的船队每次都精选了近百名医术高明的中医师，除了船队海员自身的健康需求，一路上还为他国的百姓和王室成员治病，造福当地民众，传播中医文化。这是客观的历史事实，但是海医们在下西洋的过程中具体是怎么做的，又做了些什么，历史文献中缺失，且在地方史料中除了几个冷冰冰的名字外鲜有具体记载，这为创作《大明海医》提出了合理想象的要求。

今年是中国援外医疗队派遣60周年，1963年，我国向阿尔及利亚派出第一支援外医疗队。60年来，累计向非洲、亚洲、美洲、欧洲和大洋洲的76个国家和地区派遣医疗队员3万人次，诊治患者2.9亿人次，赢得国际社会广泛赞誉。目前，援外医疗队在全球56个国家的115个医疗点工作，其中近一半在偏远艰苦地区。中共中央总书记、国家主席、中央军委主席习近平2022年2月9日给第19批援助中非共和国的中国医疗队队员回信，向他们以及广大援外医疗队员致以问候并提出殷切期望。习近平指出，中国人民热爱和平、珍视生命，援外医疗就是生动的体现。希望你们不忘初心、牢记使命，大力弘扬不畏艰苦、甘于奉献、救死扶伤、大爱无疆的中国医疗队精神，以仁心仁术造福当地人民，以实际行动讲好中国故事，为推动构建人类卫生健康共同体做出更大贡献。

可以说中国派遣援外医疗队的做法是郑和带着中医师下西洋为他国民众治病的一种延续，同样我们也可以由当今的中国援外医疗队反观下西洋的中医师们可能为异国外邦民众做些什么：治病、培训当地医生、采集当地药材、与土著医生交流医术、改善当地卫生环境等。把这样的医疗行为放在600多年前的历史条件和历史语境中就可以生动地描述了。

在撰写陈良绍在西洋各国创立大明永乐医局的故事时，我脑海里一直浮现着2010年前后游历韩国、马来西亚、新加坡、印度尼西亚、泰国、越南的景象。

从中国江苏连云港乘客货两用船两天两夜到达韩国仁川港，看碗口粗的缆索收放，听海风吹浪拍打船舷浪花飞溅，观海上日出日落，见贩运商品的民工身驮如山的货物，似见宝船上的舵工负力操舵的模样。

在马来西亚沿着马六甲海峡，从吉隆坡北上怡保到槟城，又南下马六甲，穿行槟城的中国祠堂会馆街，在马六甲参观官厂遗址，凭吊明代海员墓地，在吉隆坡逛中国老街，钻进古旧书店和古玩店，搜集旧书老照片，喜获《闽南语马来由》（用闽南语标注马来话）和娘惹、峇峇等的一些老照片，有了时代背景、人物形象甚至音容笑貌的印记。

在泰国的旧街巷中寻得了大量中国式泰山石敢当、八卦图、道教神符、中国门神神荼郁垒，更有三宝郑和神像作为避邪驱灾的神符张贴门首，感慨中国民俗文化是如此地深入异邦的民间。

到胡志明市（西贡）参加胡志明大学60周年校庆之机走访西贡多处博物馆美术馆古玩店，又购得一大批老照片，乘船沿湄公河到九龙江见万舟穿梭，货杂人欢，看两岸美景。又乘船穿行岘港和九龙湾的美丽岛屿，听美丽的传说。从新加坡乘海轮赴印尼民丹岛参加“世界华人华文论坛”，随论坛与会者寻访民丹岛上的中国土地庙、太伯庙（最早登陆的中国先民）、华人墓地墓碑、走访华人海滩高脚屋、走过华人华屋为联络在海滩边架起的称作海上长城的木桩木板搭起的浮桥、与岛上印尼籍华人交谈。乘飞机到印度尼西亚首都雅加达，走街穿巷，寻访古玩市场，购买老照片，花三小时买火车票乘雅加达到古代爪哇政治中心日惹，坐在印度尼西亚的慢速蒸汽火车上观看窗外徐徐滑过的村寨，看插秧和割稻同时进行，看远处连绵的山川和火山冒出的烟尘，在日惹坐三轮车赴王宫听古乐、欣赏皮影，温习元爪战争历史，租车参拜婆罗浮屠和普兰巴南印度教遗迹，见证火山的威力，飞抵巴厘岛领略海岛美景、购买印尼民俗物品。

我似乎就是一位随郑和下西洋的海员游走其间。我也阅读了大量有关东南亚、非洲的游记。他们描述的景致，他们拍摄的照片，他们旅游中的感受，使我有了更直观和更开阔的眼界。我在东南亚诸国的深入游历，使我在撰写《大明海医》中医师们在各国创办大明永乐医局时的景物、风俗、人物如在眼前。

写作《大明海医》时，很多想法、情节都是突然冒出来的。看来小说，就是不断地写着写着写出来的。记得有人说过思想的电光石头，稍纵即逝，写作就是即时把它记录下来。写作的过程中为什么会突然冒出一些想法和情节，其实这也不是无根之木、无源之水，这是我对郑和下西洋，对随郑和下西洋的医师以及中医史的长期关注、积累、研究的结果。写小说实际也是写知识的积累，写自己的生活感受。

600多年过去了，时代不同了，虽然是四海云水翻腾，五洲时局震荡，但大海大洋早已成为坦途，先人们开拓的陆上丝绸之路得以接续，海上的丝绸之路也得以振兴，先人们披荆斩棘、劈浪前行的精神是对当代人的鼓励，友好交往，医疗先行，成为中国援外、结交非洲第三世界国家的最亲善最温暖人心的善举，白衣天使的美名传扬四方。大明永乐医局在西洋各国的设立在我的分析中当是题中之义，在小说中便理所当然地做了描述，虽然在历史的现实中还有待考证，但中国中医师们出国行医的史实是很悠久的。

我的丹阳方言口音很重，说话和读书又不是一个调，很难分清平仄，对章回体小说的回目和导引诗难以很好地把握，为此，我请对诗词格律颇有研究的大学同学李云锦对《大明海医》的回目和诗词作了修改和润色。在此对李云锦同学的帮助表示感谢！

在我生病期间，李铮涢女士帮我代管老照片收藏馆，整理输送资料，在此致谢！

衷心感谢长期关心《大明海医》的创作、出版的王慧骐先生、长岛先生、海剑先生、吴声和先生！衷心感谢所有为我创作本书给予关心支持的朋友们！

特别鸣谢著名诗人老风对我创作本书的鼓励和支持！

在我的创作生涯中，我常常废寝忘食，长期以来我从不问家事，一切的家务都是我爱人陈敏操持。没有陈敏的支持，我写不出《大明海医》和其他作品。女儿如丹和外孙女乐乐也给我很多鼓励和支持。《大明海医》算是对家人的一种文化回报吧。

谨以小说《大明海医》展示海上丝绸之路上的中华医学异彩，愿以中华医学异彩彰显大明海医们的人类大爱。《大明海医》的出版也将表示我战胜病魔的初步胜利。